Yehezkel Dror
Ist die Erde noch regierbar?
Ein Bericht an den Club of Rome

Yehezkel Dror

Ist die Erde noch regierbar?

Ein Bericht an den Club of Rome

Aus dem Englischen von
Hans-Jürgen Baron von Koskull

C. Bertelsmann

Dieses Buch erschien 1994 unter dem Titel
The Capacity to Govern. A Report to the Club of Rome
im Círculo de Lectores, Barcelona.

Umwelthinweis:
Dieses Buch und sein Schutzumschlag wurden auf
chlorfrei gebleichtem Papier gedruckt. Die vor Verschmutzung schützende Einschrumpffolie ist aus umweltschonender und recyclingfähiger PE-Folie.

1. Auflage
© 1994 by Yehezkel Dror
© der deutschsprachigen Ausgabe 1995
by C. Bertelsmann Verlag GmbH, München
Umschlaggestaltung: Manfred Waller unter
Verwendung einer Computergrafik von
The Image Bank / Infocus International
Satz: Uhl + Massopust, Aalen
Druck und Bindung: Mohndruck, Gütersloh
Printed in Germany
ISBN 3-570-12182-8

Inhaltsverzeichnis

Vorwort des Präsidenten des Club of Rome 7
Stellungnahme des Exekutivkomitees 9
Vorwort des Verfassers 10
Leitmotiv: Globale Veränderungen –
 Umgestaltung der Regierungsformen 14
1. Kapitel Verbesserung der Regierungskapazitäten . . . 21
2. Kapitel Politische Philosophie 28

Problemanalyse

3. Kapitel Unvorbereitete Gesellschaften,
 überholte Regierungen 55
4. Kapitel Schwierigkeiten und Chancen 58
5. Kapitel Schwierigkeiten im Bereich
 der politischen Kultur 81
6. Kapitel Übergeordnete Aufgaben
 der Regierenden 92

Lösungsvorschläge

7. Kapitel Wege zu einer Reform
 des Regierungsapparats 101
8. Kapitel Modell einer möglichen Regierungsform . . . 107

9. Kapitel	Förderung der *raison d'humanité*	116
10. Kapitel	Tugenden und Untugenden	130
11. Kapitel	Der Souverän »Volk«	147
12. Kapitel	Umorientierung der Regierungseliten	167
13. Kapitel	Vertiefung des politischen Denkens	194
14. Kapitel	Stärkung der geistigen Kräfte	212
15. Kapitel	Umstrukturierung der Beziehungen innerhalb der Regierungen	236
16. Kapitel	Stärkung einer künftigen Weltregierung	262
17. Kapitel	Wachsame Aufmerksamkeit	274
18. Kapitel	Umgang mit Krisen	280
Schlußbemerkungen: Quantensprung durch Umgestaltung des Staatsapparats		294
Danksagung		307

Anhang

Anmerkungen	311
Literaturverzeichnis	352
Stichwortverzeichnis	380

Vorwort des Präsidenten des Club of Rome

Die Problematik des Regierens ist eine der wesentlichen Fragen, die den Club of Rome seit seiner Gründung beschäftigen. Die Gründer des Club stellten überrascht fest, daß Regierungen, die von alltäglichen Problemen und politischen Schwierigkeiten völlig in Anspruch genommen wurden, oft nicht fähig waren, langfristige Entscheidungen zu treffen. Diese Perspektivelosigkeit und die Unfähigkeit der Regierungen und internationalen Institutionen, den ernsten Problemen der modernen Welt (Armut, Arbeitslosigkeit, Gewalt, Umweltzerstörung, Drogensucht, Unterernährung usw.) entgegenzuwirken, werfen grundlegende Fragen über Regierungsstrukturen und -methoden sowie über die Kompetenz und Bildung der Politiker auf.

Aus diesen Gründen beauftragte das Exekutivkomitee des Club of Rome Professor Yehezkel Dror mit der Ausarbeitung eines Berichtes, in dem analysiert werden soll, woher die Unfähigkeit der Regierungen kommt, ihre Pflichten zu erfüllen. Er enthält zugleich Vorschläge zur Verbesserung der Regierungsformen und zur Ausstattung der Regierungen selbst, um den derzeitigen globalen Veränderungen begegnen zu können.

Dieser Bericht an den Club of Rome konnte dank der großzügigen Förderung durch den Círculo de Lectores und den Bertelsmann-Konzern sowie aufgrund der engen Zusammenarbeit mit der Stiftung der Banco Bilbao Vizcaya bei der kritischen Ausarbeitung der einzelnen Textbeiträge realisiert werden.

Gestützt auf seine jahrelange akademische Erfahrung, hat Professor Dror bei der zusammenfassenden Darstellung und der Beantwortung unserer Fragen eine bewundernswerte Leistung vollbracht. Auch hat er seinen Bericht mit der typischen Geduld der Gelehrten den unerbittlichen Prüfungen durch interdisziplinäre Expertenversammlungen unterworfen. Sie waren eine unverzichtbare Bedingung des Club of Rome für die Annahme des Manuskriptes.

Die Berichte an den Club of Rome werden im Auftrag des Club of Rome und unter seiner Schirmherrschaft von weltweit anerkannten und kompetenten Institutionen oder Fachleuten erarbeitet. Die Verantwortung für den Endinhalt der Texte liegt jedoch ausschließlich bei den Autoren selbst.

Der Club of Rome, den man gelegentlich auch »das Gewissen der Menschheit« genannt hat, ist eine unabhängige Organisation. Sie wurde mit ihren hundert Mitgliedern im Jahr 1968 gegründet. Die Mitglieder werden weltweit unter Persönlichkeiten verschiedenster Berufe und Ideologien ausgewählt, die sich mit den Problemen unserer Welt beschäftigen – Problemen internationalen Ausmaßes, die ineinander verstrickt sind und die die Menschheit mittel- und langfristig betreffen werden.

Durch seine technischen Berichte und zahlreichen Versammlungen versucht der Club of Rome, der Öffentlichkeit Anhaltspunkte zur Meinungsbildung zu geben, sie zu warnen und den einzelnen zu mobilisieren, um uns alle angehende gravierende Mißstände überwinden oder verhindern zu können.

Der vorliegende Bericht behandelt einen zentralen Aspekt dieses dankenswerten Vorhabens.

Madrid, im September 1994   Ricardo Diez-Hochleitner
                                   Präsident des Club of Rome

Stellungnahme des Exekutivkomitees

Das vorliegende Buch wurde von den Mitgliedern des Exekutivkomitees des Club of Rome eingehend diskutiert und als ein Bericht an den Club of Rome angenommen.

Der Club of Rome hofft, daß dieser Bericht eine breite öffentliche Debatte über eines der kritischen weltweiten Probleme unserer Zeit auslösen und neue Wege zeigen möge.

Vorwort des Verfassers

Dieser Bericht beschäftigt sich mit dem seit langer Zeit bestehenden Interesse des Club of Rome an den Regierungsformen, wie dies in den Arbeitspapieren von Alexander King und Jacques Lesourne zum Ausdruck kommt. In Santander und Barcelona sind Konferenzen abgehalten worden, der Bericht des Rats des Club of Rome aus dem Jahr 1991 enthält gewisse Ideen[1], und in der Deklaration zum 25. Jahrestag des Club of Rome vom 3. Dezember 1993 sind wesentliche Aussagen über Regierungsformen enthalten. Aber dieses Buch geht insofern weiter, als es einen Mittelweg zwischen den konkreten politischen Empfehlungen des Club of Rome zu Themen wie Armut, Weltordnung, Wissenschaft und Technologie, Bevölkerungspolitik, Umweltschutz, Kultur und Erziehung, Arbeit und anderen wichtigen Fragen[2] und einem kollektiven Vorgehen zur praktischen Verwirklichung dieser und anderer dringend erforderlicher politischer Neuerungen aufzeigt.

Doch sosehr auch die Auffassungen einzelner Bürger und die sozialen Bestrebungen von Bürgerinitiativen dazu beitragen, notwendige politische Veränderungen herbeizuführen, das Entscheidende dabei müssen die Regierungen insgesamt (und die einzelnen Regierungen) leisten. Deshalb interessiert sich der Club of Rome insbesondere für Reformen, die es den Regierenden ermöglichen, konkret einen positiven Einfluß auf die Lösung politischer Probleme zu nehmen und sie damit zu befähigen, als entscheidender sozialer Faktor an der Gestaltung der Zukunft der Menschheit teilzunehmen.

Dieses Buch ist eine Fortsetzung schon vorher von mir verfaßter Schriften[3], es unterscheidet sich aber von diesen Veröffentlichungen dadurch. daß es sich an eine breitere Leserschaft wendet und praxisbezogener ist. Es bemüht sich um sachliche Klarheit in dem Sinne, daß es Brücken zwischen abstraktem Wissen und konkreten Problemen bauen will und Ausdruck aktionsorientierten Denkens sein soll.[4] Der Gewinn und die Darstellung neuer wissenschaftlicher Erkenntnisse ist nicht mein wichtigstes Ziel, und ich habe auch nicht die Absicht, irgendwelche unwiderlegbaren »Beweise« vorzulegen, was ohnehin nicht möglich ist, wenn man sich mit außerordentlich ungewissen Zukunftsalternativen beschäftigt.[5] Statt dessen will ich in erster Linie Vorschläge machen, die sich mehr auf eine Philosophie des Handelns und eine Philosophie des Urteils stützen als auf eine wissenschaftlich begründete Philosophie. Die Denkweise der Geisteswissenschaften, also die des Historikers und des Philosophen sowie des Rechtswissenschaftlers, bildet die Grundlage für meine Überlegungen ebenso wie die Erfahrungen, die uns die Gesellschaftswissenschaften vermitteln.

Die rationale Behandlung eines Themas entbindet den Verfasser nicht von der ethischen und menschlichen Verpflichtung, auf die moralischen Aspekte einzugehen, auf die sich seine Aussage gründet: Dieses Buch beschäftigt sich mit den Grundwerten der Demokratie und der Menschenrechte. Es berücksichtigt aber auch gewisse Zweifel, Ausnahmen, Vorbehalte und Komplexitäten und fragt danach, wie weit die Grundsätze der westlichen Demokratie auch in der übrigen Welt gelten und unsere heute gültigen Wertmaßstäbe in Zukunft unser Leben beherrschen sollten.

Dieses Buch konzentriert sich auf die Regierungskapazitäten auf der Ebene der Staaten, überstaatlicher und globaler Strukturen mit regierungsähnlichen Befugnissen. Dabei bleiben andere wesentliche Regierungsformen unberücksichtigt wie etwa die Verwaltungen kleinerer Gemeinwesen auf der Ebene der Gemeinden und Bezirke, zusammengewachsener Städte und Großstädte, der zunehmend einflußreicher werdenden außerhalb von Regierungen stehenden Organisationen (der NGOs), der religiösen Institutionen und der in ihrer Bedeutung zunehmend umstrittenen Verwaltungen von Großunternehmen. Ich habe mich entschlossen, auf die Behandlung dieser Themen zu verzichten, weil ich in diesen Bereichen nur über begrenzte Erfahrungen verfüge und es den Rahmen dieses Buches sprengen würde. Zudem werden, wie ich glaube, in der voraussehbaren Zukunft die Regierungen die vorherrschende Form des Regierens darstellen, auch wenn andere mit Regierungsvollmachten ausgestattete Institutionen schon heute eine größere Rolle spielen und man damit rechnen kann, daß sie auf die Dauer zunehmende Bedeutung erlangen werden.

Viele der von mir vorgetragenen Ideen werden vielleicht Leser überraschen, die es gewohnt sind, in den Kategorien der politischen Platitüden und ideologischen Schlagworte zu denken und zu fühlen, die gegenwärtig einen großen Teil der in der Öffentlichkeit geführten Diskussion beherrschen. Um nur ein Beispiel zu nennen: Die Forderung, der Wissensstand der gewählten Politiker sollte erhöht werden, könnte beleidigend und antidemokratisch erscheinen. Ich bin jedoch überzeugt, daß wir den Herausforderungen des Regierens angesichts der akuten Veränderungen der allgemeinen Weltlage nur begegnen können, wenn wir viele als »selbstverständlich« angesehenen Auffassungen revidieren und uns sogar von ihnen trennen, soweit es die fundamentalen demokratischen Wertvorstellungen betrifft. Deshalb müssen die Abkehr von diesen Vorstellungen und die Zuwendung zu neuen Methoden oft gemeinsam erfolgen, um wesentliche Verbesserungen der Regierungstätigkeit zu ermöglichen.

Man kann über viele in diesem Buch gemachten Empfehlungen verschiedener Meinung sein. Wenn wir jedoch nur in gewohnter Weise »weitermachen«, werden nicht die Regierungskapazitäten entstehen, die wir brauchen, um den globalen Veränderungen gerecht zu werden. Doch konventionellere Formen der öffentlichen Verwaltungen und Regierungen werden, so nützlich sie auch für die bessere Erledigung der »normalen« Regierungsaufgaben sein mögen, um die Wirksamkeit des Dienstes an der Öffentlichkeit zu erhöhen[6], nicht ausreichen, um die sehr viel wichtigeren Aufgaben zu erledigen, welche die Regierenden zu Zeiten weltweiter Veränderungen übernehmen müssen. Wir müssen daher bereit sein, im

Hinblick auf Regierungsreformen im Rahmen der herausragenden »Superwerte«[7] der Demokratie und der Menschenwürde »das Undenkbare zu denken«.

Dieses Buch ist für einen weiten Leserkreis bestimmt: für Bürger, die sich um die Zukunft ihres Gemeinwesens und der Welt Sorgen machen, und für politische Führer, die ihre Verantwortlichkeiten ernst nehmen. Seine Empfehlungen betreffen uns alle und werden daher diesen großen Leserkreis nicht weniger interessieren als Fachleute und Politiker.

Deshalb habe ich soweit wie möglich auf die Verwendung technischer Fachausdrücke und wissenschaftlicher Begriffe verzichtet, um meine Gedanken so klar wie möglich zum Ausdruck zu bringen. In den Anmerkungen nenne ich jedoch die Autoren, denen ich zahlreiche Anregungen zu verdanken habe, und möchte damit auch den Lesern helfen, die, wie ich hoffe, daran interessiert sein werden, sich eingehender mit den in diesem Buch behandelten Themen zu beschäftigen.

In seiner Betrachtungsweise gehört dieses Buch zur Literatur des »Widerstandes«. Es kritisiert zahlreiche Aspekte gegenwärtiger und künftig zu erwartender Realitäten und versucht, neue Regierungsformen zu empfehlen, die die kollektive Kapazität erhöhen und die Zukunft in positivem Sinne zu beeinflussen vermögen. Ich wünschte, der Maxime Heideggers besser folgen zu können, wenn er von der »Strenge der Meditation, der Sorgfalt der Aussagen und der Sparsamkeit mit Worten« spricht.[8] Aber ich habe mein Bestes versucht und hoffe, der Leser wird mir die zahlreichen Unzulänglichkeiten meines Textes verzeihen.

Kinalizade Ali Celebian, ein osmanischer Dichter, politischer Intellektueller und Moralist aus dem 16. Jahrhundert, hat gesagt: »Wahre Freundschaft bedeutet, die Arbeit eines Freundes mit den Augen eines Feindes anzusehen.«[9] Ich darf meine Leser bitten, diesem Rat zu folgen und mich bei meinen weiteren Arbeiten über Regierungsformen mit ihren Reaktionen und Empfehlungen, ihrer Kritik und ihren Anregungen zu unterstützen.

Jerusalem, März 1994
The Hebrew University of Jerusalem   Yehezkel Dror

Leitmotiv

Globale Veränderungen – Umgestaltung der Regierungsformen

Heraklit hat etwa 500 v. Chr. geschrieben: »Alles fließt.« Doch in Wirklichkeit sind Veränderungen im Verlauf der Menschheitsgeschichte gewöhnlich nur sehr langsam eingetreten; die Lebensverhältnisse des Menschen sind über lange Zeiträume hinaus relativ stabil geblieben und nur gelegentlich von gewaltigen Umwälzungen unterbrochen worden. In prähistorischer Zeit kam es zum Beispiel zu drastischen Veränderungen der Lebensumstände, als aus nomadisierenden Jägern und Sammlern ortsgebundene Ackerbauern wurden. In neuerer Zeit haben wir im sogenannten Axialzeitalter und im 17. Jahrhundert rapide und entscheidende Veränderungen erlebt.[1]

Auch jetzt leben wir in einer Zeit radikaler Veränderungen in der Demographie, der Wissenschaft und Technologie, in unserem Erkenntnisstand und in unseren Kulturen, im Bereich der Kommunikation sowie der Aspekte der Weltwirtschaft und der globalen Strategie, in den Regierungsformen und in den Wertmaßstäben. Die Widersprüche in diesen und anderen Aspekten der menschlichen Existenz erzeugen Wechselwirkungen und werden dabei immer deutlicher, was weitere Turbulenzen erzeugt.[2]

Wenn ich hier das Wort »Veränderungen« in der Mehrzahl benutze, dann will ich damit auf die Vielfalt dieser Veränderungen und ihres Wesens hinweisen, die wir gegenwärtig erleben. Die Vielgestaltigkeit muß besonders betont werden, um den heute verbreiteten Verallgemeinerungen zu begegnen, nach denen sich alles rasch in Richtung auf homogene und begrenzte liberale, demokratische, kapitalistische, konsumorientierte Gesellschaften hin entwikkelt.[3] Solche Ansichten, hinter denen oft die verborgene oder auch bewußte Vorstellung von der »wahren Bestimmung« der Menschheit steht, bieten weder ein zutreffendes Bild dessen, was geschieht, noch eine akzeptable Vorstellung dessen, was geschehen sollte. In einer Hinsicht kommt darin jedoch eine unsere Zeit in besonderer Weise kennzeichnende Tatsache zum Ausdruck, daß nämlich diese Veränderungen sich *weltweit* vollziehen.[4] Doch obwohl wir überall auf der Welt ähnliche Phänomene beobachten können, unterscheiden sich diese Veränderungen in ihrem Wesen, in ihrem Ausmaß und in ihrer Richtung in den einzelnen sozialen und kulturellen Bereichen ganz deutlich voneinander.

Diese Unterschiede können durch das Zusammentreffen von Ähnlichkeiten in der Terminologie und gemeinsamer technologischer Merkmale verschleiert werden. Vor allem aber können auf der ganzen Welt vorherrschende Ideologien die Realität verzerren[5], denn sie führen dazu, daß in verschiedene Richtungen gehende Tendenzen nicht erkannt werden oder ihre Langzeitauswirkungen unterschätzt werden, weil sie als vorübergehend angesehen werden. Aber wenn wir die Probleme des Regierens in angemessener Weise bewältigen wollen, müssen wir die divergenten Tendenzen ebenso erkennen wie die konvergenten. Das ist angesichts der Spannungen innerhalb eines zunehmend integrierten globalen Systems zwischen stark zentrifugalen und zentripetalen Kräften besonders wichtig. Am besten wird es vielleicht sein, sich eine für die Zukunft abzeichnende globale Zivilisation als Ausdruck eines weitgehenden kulturellen Pluralismus vorzustellen, innerhalb dessen es erhebliche Konflikte gibt.

Die ständigen Veränderungen, denen unsere Lebensumstände ausgesetzt sind, schaffen ernste Herausforderungen für die Regierungsfähigkeit, und zwar sowohl im Hinblick auf die allgemeinen Probleme, mit denen es eine Regierung angesichts der radikalen Veränderungen zu tun hat, als auch auf die besonderen Probleme, die als Folge einzelner umwälzender Ereignisse entstehen. Die Notwendigkeit, neue Regierungsformen zu finden, um sicherzustellen, daß die Regierungsfähigkeit angesichts globaler Veränderungen erhalten bleibt, ist das Leitmotiv dieses Buches.

Schon der Umstand, daß wir es mit »Veränderungen« zu tun haben, sollte uns erkennen lassen, welche Schwierigkeiten diese Aufgabe mit sich bringt. Wie die Chaostheorie deutlich zeigt, gelten in Übergangsphasen andere Regeln als am Anfang oder am Ende einer Entwicklung.[6] Wir mögen zum Beispiel glauben, etwas von Kommandowirtschaften und freien Marktwirtschaften zu verstehen, aber deshalb können wir nicht sagen, was während des Übergangs von einer Kommandowirtschaft in eine freie Marktwirtschaft geschieht, wie wir ihn heute in Rußland erleben. Hinzu kommt, daß wir nicht sagen können, wie sich die Lage als Folge globaler Veränderungen entwickeln wird, denn hier ist es noch schwieriger vorauszusagen, mit welchen Ereignissen wir in der Zukunft rechnen müssen.

Die Grenzen der Voraussagbarkeit und die allgemeine Ungewißheit bedeuten auch eine Beschränkung des Themenkreises, der in diesem Buch behandelt werden kann, und damit werden auch die Hauptmerkmale der Arbeit festgelegt. Insbesondere müssen wir uns darauf beschränken, in erster Linie die unmittelbar voraussehbare Zukunft zu behandeln, das heißt etwa die erste Hälfte des 21. Jahrhunderts. Doch viele entscheidend wichtige Probleme stellen sich den Regierungen aufgrund allgemein menschlicher Charaktereigenschaften und sind deshalb stets die gleichen. Dies zeigt sich daran, daß die Hauptfragen, mit denen sich die klassische griechische und politische chinesische Philosophie beschäftigt haben, bis heute fortbestehen und das Handeln der Regierungen bestimmen. Je grundlegender wir daher die sich hier ergebenden Fragen behandeln und je tiefer wir in das Wesen der Probleme des Regierens eindringen, desto überzeugender werden unsere Schlußfolgerungen sein. Um nun die Analyse weniger von wechselnden Einzelheiten und unvermeidlichen Unsicherheiten abhängig werden zu lassen und die Gültigkeit ihrer Feststellungen und Empfehlungen im Rahmen größerer Zeiträume und sozialer Gegebenheiten zu festigen, konzentriert sich dieses Buch auf Grundfragen im Hinblick auf die Regierungskapazität und versucht, die komplexen Phänomene gemäß den gegebenen Grundvoraussetzungen zu entwirren.

Dieses Buch erhebt jedoch nicht den Anspruch, das Thema in

jeder Beziehung umfassend zu behandeln. Die Regierungsformen werden nicht aus einem psychologischen Gesichtswinkel auf ihre Problematik und die Möglichkeit hin untersucht, wie sie verbessert werden könnten. Wir behandeln auch nicht die ökonomischen Probleme des Regierens[7] oder wesentliche Fragen des öffentlichen Managements.[8] Fragen des Konstitutionalismus und Theorien über eine mögliche Verbesserung demokratischer Regierungsformen werden nicht ausführlich erörtert.[9] Spezielle Probleme in verschiedenen Teilen der Welt wie etwa die Aufgaben der Regierung für eine wirtschaftliche Weiterentwicklung sowie die möglichen Regierungsformen für die ehemaligen kommunistischen Länder werden nicht eingehender besprochen.[10] Die Auswirkungen der Gegebenheiten in Informationsgesellschaften auf die Regierungsformen sowie viele andere beachtenswerte Themen werden nur kurz gestreift.[11]

Daß ich mich lediglich auf eine Auswahl von Vorschlägen für eine Verbesserung der Regierungsformen beschränke, liegt nicht nur daran, daß ich nur über ein begrenztes Wissen verfüge und meine Interessen nur einem bestimmten Themenkreis gehören, diese Tatsache läßt sich vielmehr vor allem wie folgt begründen: Die Regierungen und die ganze Menschheit stehen vor einem historischen »Knoten«, wie Solschenizyn das nennen könnte[12], wenngleich es diesen Knoten bereits seit Generationen gibt. Die Menschheit kann ihn nicht durchschlagen, wie es Alexander der Große mit dem Gordischen Knoten getan hat, es sei denn im Rahmen einer weltweiten Katastrophe. Nun müssen wir diesen Knoten lösen, und wir haben nicht mehr viel Zeit dafür, diese Aufgabe zu bewältigen.

Es ist diese Dringlichkeit – für die ganze Menschheit und für die meisten einzelnen Länder –, mit der jede Gelegenheit genutzt werden muß, während wir die Gefahren vermeiden, die solche Bemühungen begleiten könnten, die mich in erster Linie dazu drängt, mich für die Stärkung der wesentlichen Regierungskapazitäten einzusetzen. Welches sind nun die entscheidenden Fähigkeiten, die eine Regierung braucht, um ihre Aufgaben auf die Dauer in befriedigender Weise zu lösen, und welche Vorschläge, seien sie auch noch so anspruchsvoll, könnten gemacht werden, um in der voraussehbaren Zukunft das Ziel zu erreichen? Weil es nicht leicht sein wird, auf diesem Gebiet auch nur die geringsten Fortschritte zu erzielen, sollten wir unsere begrenzten Möglichkeiten auf eine kleine Zahl von Verbesserungen konzentrieren, mit denen wirklich Entscheidendes erreicht werden kann. Dieses Vorgehen nenne ich *selektiven Radikalismus.*

Ein Verfahren, in dessen Verlauf immer wieder neue Verbesserungsvorschläge gemacht werden, kann seinen Zweck nicht erfüllen, wenn den globalen Veränderungen nur dadurch Rechnung getragen wird, daß man ihnen ständig mit den gleichen Lösungen begegnet, auch wenn diese Lösungen jeweils geringfügig verbessert werden. Im übrigen ist es unmöglich, bei Null anzufangen und ganz neue Regierungsformen zu erfinden, denn eine solche Aufgabe wäre weder intellektuell noch praktisch zu bewältigen. Das beste Verfahren besteht deshalb darin, sich auf eine begrenzte Zahl von Reformen zu beschränken, die zumindest teilweise praktisch durchführbar und gleichzeitig radikal genug sind, um wesentliche Regierungskapazitäten entscheidend zu beeinflussen.

Wenn wir uns für einen Augenblick bestimmte historische Zusammenhänge vergegenwärtigen, dann wird uns die Dringlichkeit dessen, was ich in dieser Einführung empfehle, bewußt werden; dabei werden aber auch gewisse Zweifel an ihrer Durchführbarkeit geweckt. Gehen wir also kurz zurück zum Beginn des 20. Jahrhunderts und vergleichen die Lebensumstände und das Denken jener Zeit mit den heutigen Verhältnissen und mit dem, was wir vom 21. Jahrhundert erwarten. Offensichtlich haben sich die Lebensverhältnisse eines großen Teils der Menschheit und zum Teil auch ihre Grundeinstellung radikal verändert und werden sich in der voraussehbaren Zukunft weiter verändern. Auch die politischen Wertvorstellungen und die herrschenden politischen Kräfte sind andere geworden. Betrachten wir jedoch die inneren Machtstrukturen und die Methoden, mit denen die Regierenden ihre Entscheidungen treffen, dann lassen sich in den vergangenen hundert Jahren keine entscheidenden Veränderungen erkennen.[13] Das scheint weitgehend für die ganze Geschichte der Regierungsformen seit der Bildung der ersten Staaten mit ihren Regierungen zuzutreffen: Die Kosmologien haben sich verändert, nicht aber die Herrschaftsstrukturen. Ich nenne dafür nur zwei Beispiele: Anhand der ausführlichen Memoiren von Babur, dem Begründer des indischen Mogulreichs im 16. Jahrhundert, erhalten wir einen Einblick in das Denken und die Entscheidungen eines der kultiviertesten Herrscher, die es auf dieser Welt gegeben hat. Und aufgrund der aufschlußreichen Tagebücher von Richard Crossman können wir verfolgen, wie die Regierung in Großbritannien in den 1960er und 1970er Jahren aus der Sicht eines hochgebildeten Gelehrten und Politikers ihre wichtigen Entscheidungen getroffen hat.[14] Auch hier können wir über den ganzen Zeitraum keinen wesentlichen Unterschied erkennen. Im großen und ganzen wird diese Feststellung in allen mir bekannten Studien über die Art, wie die Regierungen ihre Entscheidungen treffen, bestätigt. Gewisse technische Dinge wie die Informationsbeschaffung sind verbessert worden, aber sie haben bei der Gesamtbeurteilung dieser Vorgänge nur periphere Bedeutung. Es wird vielleicht auch zu wesentlichen Verbesserungen kommen, wenn durch zuverlässige Theorien eine solide Grundlage für die Entscheidungen geschaffen wird, wie das ökonomische Theorien zeitweilig getan haben.

Nachdem ich ein Leben lang die Persönlichkeiten beobachtet habe, die an oberster Stelle die Entscheidungen treffen, und zwar aus der Sicht des Historikers und im Vergleich miteinander, als Außenstehender ebenso wie als Mitglied der Regierung, komme ich zu dem Schluß, daß es in der Art, wie sie zu kritischen Entscheidungen gekommen sind (abgesehen von Variationen aufgrund der persönlichen Qualitäten weniger hervorragender Individuen), keinen Fortschritt gegeben hat.

Diese Erkenntnis mag zwar einem Uneingeweihten schockierend erscheinen, wird aber aufmerksame Beobachter der politischen Entscheidungsprozesse auf höchster Ebene nicht überraschen. Doch die Konsequenzen dieses Mangels an Fortschritt werden zunehmend bedrohlicher. Wenn die Entscheidungen auch weiterhin aufgrund der gleichen Voraussetzungen getroffen werden – wobei immer wieder die Möglichkeit des Irrtums besteht –, während die zahlreichen Probleme, um die es geht, an Bedeutung zunehmen, werden die für die einzelnen Länder und für die ganze Menschheit entstehenden Risiken sehr hoch. Deshalb ist es dringend erforderlich, die Regierungsmethoden zu verbessern und dabei der Fähigkeit, kritische Entscheidungen zu treffen, die die Richtung beeinflussen, in welche die Gesellschaft künftig gehen wird, besondere Aufmerksamkeit zu schenken.

Der zweite Teil dieses Buches stellt sich der Herausforderung, neue Formen für die Regierungstätigkeit zu finden, aber unter dem Vorbehalt, daß einige Postulate, von denen wir ausgehen, sehr bald überholt sein können. Sollte zum Beispiel eines Tages eine neue und die Umwelt nicht belastende Energiequelle überall zur Verfügung stehen, wie etwa durch den Einsatz der Kernfusion, dann könnten sich die Formen sozialer Organisationen radikal verändern, da relativ kleine Gemeinwesen in die Lage versetzt würden, ihre materiellen Lebensbedürfnisse selbst zu befriedigen. Ein solcher grundsätzlicher Wandel würde das Wesen der Regierungsformen vollständig verändern, und die gegenwärtigen Vorstellungen auf diesem Gebiet, einschließlich der von mir vorgetragenen, wären damit überholt. Wenn etwas Derartiges geschieht, werden andere sich um die Lösung der Problematik des Regierens bemühen und sie in einer Weise zu finden suchen, die einer ganz neuen Weltlage entspricht. Um jedoch eine Verbesserung der Weltlage herbeizuführen, müssen wir zunächst die Regierungsmethoden verbessern und dabei mit den gegenwärtigen Mängeln und Notwendigkeiten beginnen.

1. Kapitel

Verbesserung der Regierungskapazitäten

Zunächst müssen wir uns mit der Regierungsfähigkeit von nationalen und internationalen Institutionen beschäftigen, die entweder als Vorformen von Regierungen anzusehen sind oder ähnliche Aufgaben übernehmen wie Regierungen, weil solche Körperschaften immer noch die Hauptlast der Regierungsverantwortung tragen und dies in der voraussehbaren Zukunft auch so bleiben wird.

Damit soll nicht gesagt werden, daß Bürgerbewegungen und die Verwaltungen von Kommunen keinen wesentlichen Einfluß auf die Lebensqualität vieler Menschen haben[1] oder daß nicht zu den Regierungen gehörende Organisationen auf lokaler und nationaler[2] und immer mehr auch auf internationaler Ebene[3] eine zunehmend wichtigere Rolle spielen. Schon Aristoteles erkannte, daß die Familie und andere menschliche Gruppierungen viele Elemente des »Regierens« aufweisen wie zahlreiche andere Formen der Machtausübung.[4] Dennoch haben die Regierungen in ihren verschiedenen Formen die Befugnis, wichtige Entscheidungen zu treffen, und verfügen über die Instrumente, ihre Entscheidungen durchzusetzen. Dazu gehört auch das staatliche Gewaltmonopol. Aus diesem Grunde versuchen außerhalb der Regierung stehende Organisationen und andere an der Öffentlichkeit wirkende Körperschaften, die wichtige Entscheidungen beeinflussen wollen, anders als die Bürgerinitiativen mit ihrem Bemühen um Selbsthilfe direkt oder indirekt auf Entscheidungen und Maßnahmen der Regierungen Druck auszuüben.

Die Behauptung, daß Regierungen die primäre und entscheidende Form der Herrschaftsausübung darstellen, widerspricht auch der Meinung derer, die glauben, die Bedeutung der Regierungen verringere sich dadurch, daß die Kräfte des Marktes und ähnliche Mechanismen, welche die für die Öffentlichkeit wichtigen Entscheidungen beeinflussen, oder die »bürgerliche Gesellschaft« gelegentlich die Aktivitäten der Regierungen bestimmten.[5]

Es ist eine Ironie der Geschichte, daß viele Theoretiker der freien Marktwirtschaft augenscheinlich die marxistische Überzeugung teilen, daß der Staat im Lauf der Zeit an Bedeutung verlieren werde; sie vergessen dabei, daß eine im verborgenen wirkende Hand einen Körper und ein Gehirn braucht, die hinter und über ihr stehen. Vergleichbar damit ist auch die verbreitete Ansicht, daß die Geschäftswelt fähiger, erfolgreicher und vertrauenswürdiger sei als die Regierungen und man daher die Aufgaben der Regierung soweit wie möglich den Märkten überlassen sollte, wobei das, was von den Regierungen übrigbleibt, den Regeln des »Busineß« folgen müsse.[6]

Diese Ansichten sind zum Teil völlig falsch und haben ernste Konsequenzen für die Qualität der Regierungen. So mißachten sie die Bedeutung von Begriffen wie »Berufung« und »Pflicht« in der Politik[7] und setzen an ihre Stelle eine kommerzielle Ethik.[8] Demnach sollten die Märkte für die Regierungen weitere Dienstleistungsfunktionen übernehmen und Entscheidungen treffen, die sich dezentralisieren lassen, was den begrenzten Fähigkeiten des Marktes entsprechen würde. Aber die Märkte können zahlreiche für die Öffentlichkeit wichtige Entscheidungen nicht treffen, vor die die Menschheit in zunehmendem Maß gestellt wird. Die Regierungen sind daher qualitativ stärker gefordert, auch wenn sich die Zahl ihrer Funktionen verringert hat. Angesichts der Tatsache, daß die sich ständig ausdehnenden Märkte selbst gesteuert werden müssen[9], ist es unvermeidlich, daß die Regierungen eine Schlüsselrolle übernehmen und in der vorhersehbaren Zukunft auch weiterhin spielen müssen. Die Richtigkeit dieser Erkenntnis wird bestätigt durch die Notwendigkeit, neue Formen für die Leitung großer Geschäftsunternehmen zu finden. Die großen Firmen beherrschen die ökonomischen Aktivitäten. Das ist ihr Daseinszweck. Daneben erfreuen sie sich einer gewaltigen Macht und eines starken Einflusses außerhalb der ökonomischen Sphäre, und das wiederum kann zu Unvereinbarkeiten führen. Die wachsende Bedeutung der multinationalen Unternehmen und die Tatsache, daß sie sich zunehmend dem Einfluß der Regierungen entziehen, machen Reformen um so dringlicher.[10] Hier werden die Regierungen eine wichtige Rolle spielen müssen, ebenso aber auch die Verbraucher, die Umweltschützer, die Aktionäre und andere Gruppierungen.[11]

Da die Märkte die Bedeutung der Regierungen eben nicht eliminieren, bezweifeln wir auch die Auffassung, daß die bürgerliche Gesellschaft die Autonomie der Regierungen verringert und daher Reformen, die sich allein auf den Regierungsapparat beziehen, bedeutungslos seien. Sicherlich sind die bürgerliche Gesellschaft und ihre Gruppierungen außerordentlich einflußreich, doch gibt es gute Gründe, aus dieser Erkenntnis den Schluß zu ziehen, daß sowohl die Regierungen im allgemeinen als auch einzelne Regierungen über eine erhebliche Entscheidungsfreiheit verfügen und deshalb dringend reformiert werden müssen.[12]

Außerdem müssen wir die Tatsache berücksichtigen, daß es innerhalb weiter sozialer Gebiete gegenwärtig keine bürgerliche Gesellschaft oder ähnliche Gruppierungen gibt, besonders auf globaler Ebene. Obwohl viel über das Entstehen einer »globalen Gesellschaft«, das »globale Dorf«, gesprochen wird, wird keine »globale bürgerliche Gesellschaft«, die diese Bezeichnung verdient, in der vorhersehbaren Zukunft die Tätigkeit einer globalen Regierung beeinflussen.

Gewisse rudimentäre Formen einer globalen bürgerlichen Gesellschaft lassen sich erkennen, und zwar in den sich allmählich bildenden globalen Eliten und Zusammenschlüssen, aber sie können nicht die Funktionen übernehmen, welche die bürgerliche Gesellschaft in den Nationalstaaten erfüllt. Das Modell einer »bürgerlichen Gesellschaft« eignet sich wahrscheinlich nicht, weltweit übernommen zu werden. Pluralistischere globale Gesellschaftsstrukturen sind vielleicht eher denkbar und entsprechen besser den Erfordernissen der Völkergemeinschaft. Auf jeden Fall aber werden weltweite Entscheidungen in den kommenden Jahren in erster Linie von den

Regierungen der einzelnen Staaten getroffen werden (wo sie der Kontrolle der jeweiligen bürgerlichen Gesellschaft und anderer sozialer Kräfte unterliegen), und nicht von irgendeiner globalen bürgerlichen Gesellschaft.

Um diese Auffassung noch weiter zu untermauern, weise ich darauf hin, daß nicht nur einzelne Regierungen und die Gesamtheit der Regierungen über eine ganz wesentliche Entscheidungsfreiheit verfügen, sondern sich ein großer Teil dieses Einflusses in den Händen sehr kleiner Gruppen von Entscheidungsträgern und einzelnen beherrschenden Persönlichkeiten befindet. Darüber hinaus können solche Machtkonzentrationen die bürgerliche Gesellschaft beeinflussen und tun das auch, wobei sich ihre Handlungsfreiheit noch vergrößert. Beispiele dafür sind die Vollmacht der demokratischen Regierungen, Kriege zu beginnen, und in noch größerem Maß ihre Fähigkeit, die politische Meinung zu beeinflussen.

Die Kernelemente der Regierungen haben einen entscheidenden Einfluß auf die Zukunft der Gesellschaften. Da die Ausrichtung auf neue Ziele zu einer zunehmend wichtigen Aufgabe wird, werden die größten Herausforderungen für die Reform der Regierungsmethoden darin bestehen, die Art der zu erreichenden Werte und die Wirksamkeit des dazu erforderlichen Instrumentariums zu verbessern.

Ein Studium der Geschichte der sozialen Institutionen läßt erkennen, daß die Regierungsformen zum Teil im Verlauf der historischen Entwicklung als Ergebnisse menschlicher und sozialer Gegebenheiten entstanden sind. Aber wie man aus dem Bemühen, zum Beispiel in der italienischen Renaissance und in den Vereinigten Staaten schriftliche Verfassungen aufzuzeichnen, sehen kann, ist jede Regierungsform auch ein menschliches Kunstprodukt. Als solches kann die Regierungsform bewußt umgestaltet werden, um sich verändernden Bedürfnissen und Bestrebungen gerecht zu werden, und innerhalb der gegebenen Grundnormen stehen zahlreiche Alternativen zur Verfügung: Als Beispiele seien die demokratische Regierungsform und die Beachtung der Menschenrechte angeführt.

Es ist bemerkenswert, daß man nur selten an die Möglichkeit gedacht hat, die Voraussetzungen für die Beeinflussung künftiger Entwicklungen zu schaffen, und sich die Reformen in erster Linie nur darauf richteten, die Staatsausgaben zu senken, die Leistungen der Regierungen zu erhöhen, »bürgerfreundlich« zu regieren und die Demokratie zu stärken.[13] Es gibt eine umfangreiche Literatur über die Probleme, denen wir uns angesichts des herannahenden 21. Jahrhunderts werden stellen müssen, und es werden ungezählte Konferenzen, Gipfeltreffen, Seminare und ähnliches veranstaltet, auf denen diese Fragen erörtert werden. Ein oft behandeltes Thema ist die Notwendigkeit, das Zusammenwirken der Regierungen weltweit zu verbessern. Das gleiche gilt aber auch auf kontinentaler Ebene, zum Beispiel im Hinblick auf die Europäische Union. Aber hier fehlt noch die Beantwortung einer wichtigen Frage: Wie sollen die nationalen Regierungen, die auch weiterhin eine entscheidende Rolle spielen werden, ihre neuen und anspruchsvollen Aufgaben lösen, um die Richtung zu bestimmen, in die sich ihre Gesellschaften entwickeln? Statt dessen besteht die in die Irre führende Tendenz, über die »Unregierbarkeit« zu klagen, anstatt nach einer Lösung des eigentlichen Problems zu suchen, und das ist die *Unfähigkeit zu regieren.*

Die Verwendung des Begriffs »Unregierbarkeit« trifft oft nicht den Kern und ist gefährlich. Er ist unzutreffend, weil die sogenannte gesellschaftliche Unregierbarkeit oft die Folge des Versagens der Regierungen ist, die sich veränderten Situationen nicht anpassen können. Und er ist gefährlich, weil er nicht die Unzulänglichkeiten der Regierungen berücksichtigt, sondern den Gesellschaften die Schuld gibt. Allerdings gibt es Gesellschaften, die selbst von hervorragenden Regierungen nur schwer zu führen sind. Doch auch wenn alle heutigen Regierungen erhebliche Schwächen zeigen, sollte man sich darauf konzentrieren, die Regierungskapazitäten zu verbessern, anstatt den Gesellschaften vorzuwerfen, sie seien »unregierbar«.

Es gibt einige vielversprechende Neuschöpfungen wie das Regierungssystem der Europäischen Union[14], und auch in der Literatur finden wir zahlreiche interessante Ideen, zum Beispiel in den Berichten des Club of Rome. Aber im großen und ganzen sind die heute bestehenden Regierungsformen weitgehend überholt, die bisher eingeführten Neuerungen sind völlig unzureichend, und die Ideen für eine mögliche Verbesserung der Regierungsformen entsprechen bei weitem nicht den dringenden Bedürfnissen. Deshalb steht die Menschheit vor der großen Herausforderung, die Regierungskapazitäten zu verbessern, und zwar als entscheidende Voraussetzung für die Lösung der Probleme und die Wahrnehmung der Möglichkeiten, die uns das 21. Jahrhundert bringen wird.

Es gibt aber keine Garantie dafür, daß wir uns dieser Herausforderung in angemessener Weise stellen werden. Einige fürchten, daß die Menschen als Individuen und innerhalb ihrer Gemeinwesen von Natur aus an gewisse Grenzen stoßen, die es ihnen unmöglich machen, Regierungsformen zu entwickeln und zu realisieren, mit denen sie den zu erwartenden Herausforderungen erfolgreich begegnen können, und dies selbst dann, wenn ein solches Versagen dazu führen könnte, daß der *Homo sapiens* als Spezies zu existieren aufhört. Weniger pessimistische Beobachter meinen, daß nur durch eine sprunghafte positive Veränderung der menschlichen Wertbegriffe und des menschlichen Bewußtseins ein Regierungssystem entstehen kann, das in der Lage ist, völlig neuen Herausforderungen zu begegnen. Zu einer solchen Veränderung könnte es durch einen Schock oder eine größere Katastrophe kommen, zum Beispiel durch einen vernichtenden, mit Kernwaffen geführten Krieg, der nicht die ganze Menschheit auslöscht, oder als Folge eines moralischen Sprungs nach vorne, etwa durch eine neue überlegene Religion. Noch optimistischer ist die Auffassung, daß die Menschen im Verlauf ihrer ganzen Geschichte wiederholt ihre Fähigkeit bewiesen haben, die Lebensumstände zu verbessern; dies würde bedeuten, daß sie auch imstande sind, bessere Regierungsformen zu finden, um sich neuen Herausforderungen zu stellen.

Dieses Buch vertritt eine solche optimistischere Auffassung, und zwar gekoppelt mit der intellektuellen Position, daß es im Hinblick auf die menschlichen Potentiale keine Gewißheit gibt, und der moralischen Forderung, daß wir uns nach besten Kräften um eine Verbesserung unserer Lage bemühen müssen, auch wenn es keine Garantie dafür gibt, daß dies genügen wird. Wenn wir bereit sind, konventionelle Ansichten aufzugeben, wenn wir neue Regierungsformen entwerfen können und offensichtlich gewagte Neuerungen einführen wollen, läßt sich zumindest zunächst die Auffassung vertreten, daß die Regierungsformen wesentlich verbessert werden können, um den Herausforderungen des 21. Jahrhunderts zu begegnen.

2. Kapitel

Politische Philosophie

Wenn wir uns angesichts der globalen Veränderungen um die Klärung fundamentaler Fragen bemühen und die für die Regierenden maßgebenden spezifischen Normen aufzählen wollen, müssen wir untersuchen, welche praktische Bedeutung bestimmte Probleme im Bereich der politischen Philosophie haben. Das ist besonders wichtig im Hinblick auf die moralischen Dimensionen der Fähigkeit zu regieren, da sonst das Risiko besteht, daß sich Interventionen zum Nachteil und nicht zum Nutzen der Regierten auswirken.

Einige der fundamentalen Alternativen in der politischen Philosophie ergeben sich aus einer Gegenüberstellung der beiden klassischen chinesischen staatsphilosophischen Richtungen, wie sie sich im 4. und 3. Jahrhundert v. Chr. entwickelt haben. Sie vertreten jeweils die Auffassungen der Legalisten und des klassischen Konfuzianismus. Die Haltung der Legalisten geht von den folgenden Grundwerten und Auffassungen aus:

1. Der Mensch ist unmoralisch und selbstsüchtig.
2. Er existiert, um dem Staat und dem Herrscher zu dienen.
3. Die Menschen müssen daher durch Belohnung und harte Strafen zum Gehorsam veranlaßt werden.
4. Das Gesetz ist Ausdruck einer höchsten, vom Staat bestimmten moralischen Verhaltensnorm, seine Befolgung muß mit allen Mitteln durchgesetzt werden.
5. Die Beamten müssen gehorsame und willfährige Instrumente des Herrschers sein und sind ihm allein verantwortlich.

6. Das Zweckdienlichkeitsprinzip muß die Grundlage allen staatlichen Handelns und aller staatlichen Dienstleistungen sein.
7. Der Staat kann nur gedeihen, wenn er so organisiert ist, daß der Wille des Herrschers sofort und wirksam in die Tat umgesetzt wird.

Andererseits erklären die klassischen Konfuzianer in direktem Gegensatz dazu:
1. Der Mensch läßt sich moralisch vervollkommnen.
2. Der Staat und sein Herrscher existieren um der Menschen willen.
3. Die Menschen müssen daher durch Erziehung und tugendhafte Vorbilder zum Wohlverhalten angeregt werden.
4. Das Gesetz ist eine notwendige, aber auch notwendigerweise fehlbare Dienerin des von der Natur gegebenen Sittengesetzes, und seine Befolgung muß flexibel durchgesetzt werden.
5. Beamte müssen moralisch hochstehende, dem Herrscher treu ergebene Männer sein, sind aber vor allem und letzten Endes dem Himmel verantwortlich.
6. Die Moral – besonders die in den klassischen Schriften geforderten Grundsätze für eine gute Regierung, wie sie im Verhalten würdiger Männer der Vergangenheit zum Ausdruck kommen – muß die Grundlage aller politischen Entscheidungen des Staates und aller staatlichen Dienstleistungen sein.
7. Der Staat kann nur gedeihen, wenn sich die Menschen von der Moral leiten lassen, die sich auf das Vertrauen zur Tugend des Herrschers stützt.[1]

Die in den westlichen Staaten geltenden liberalen demokratischen Werte stehen denen des Konfuzianismus näher. Hier gibt es aber drei entscheidende Unterschiede. Erstens werden die Herrscher vom Volk gewählt, und es wird von ihnen erwartet, daß sie in dieser oder jener Weise den Willen des Volkes vertreten und ihm dienen. Zweitens werden die Menschen als Individuen gewürdigt und nicht nur als »das Volk« in seiner Gesamtheit, und es kommt in erster Linie auf die Rechte des Individuums an. Drittens sind die moralischen Ziele und moralischen Grundlagen der Regierungstätigkeit nicht eindeutig bestimmt und absolut, sondern werden relativiert.

Die Grundnormen beschränken sich auf die Festlegung der Werte, die eine liberale Demokratie rechtfertigen, und dazu gehören auch die Menschenrechte. Im übrigen bestimmen die wechselnden Wünsche der Mehrheit und in gewisser Weise auch die Staatsräson die Gesetzgebung und die Regierungstätigkeit. Das »Wie« bedeutet mehr als das »Was«, und die Betonung liegt stärker auf der Befolgung von Vorschriften als auf der Sittlichkeit. Moralische Argumente haben dennoch ein gewisses Gewicht, aber die Werte, die innerhalb der Grundnormen von den Regierungen zu berücksichtigen sind, werden, während sie sich im Lauf der Zeit verändern, durch Wahlen bestimmt und als Ausdruck des Willens der Bevölkerung gerechtfertigt, nicht aber als Bestandteile eines absolut geltenden Sittengesetzes.

Das gute Leben

Vor diesem Hintergrund kommen wir zu einigen wichtigen Fragen der politischen Philosophie, die sich in einer Zeit großer Veränderungen ergeben. Wir beginnen mit der grundsätzlichen Frage: »Was ist das Ziel der Regierungstätigkeit?«

Die Antwort lautet zunächst: »Die Ermöglichung eines guten Lebens.« Oft wird diese Antwort jedoch insofern modifiziert, als dabei für eine möglichst große Zahl von Menschen ein möglichst hohes Maß an Glück erreicht werden soll. Aber damit ergeben sich sehr viel mehr Probleme, als gelöst werden können, und es ist nicht leicht, genau zu sagen, was praktisch geschehen soll.

Die erste Gegenfrage lautet, ob sich ein »gutes Leben« in erster Linie durch seine moralischen oder seine materiellen Qualitäten auszeichnen soll oder ob es um eine Kombination dieser beiden Erfordernisse im Hinblick auf die »menschliche Entwicklung« geht. Radikale Indeterministen und weniger entschieden auch Liberale werden erklären, daß dies eine irrelevante Frage ist, weil jeder einzelne entscheiden müsse, was für ihn oder sie ein »gutes Leben« innerhalb sehr flexibler Grenzen bedeutet, solange er oder sie das Recht anderer, das gleiche zu tun, nicht direkt verletzt.

Der gleiche Einwand läßt sich auch etwas anders formulieren: Sollte ein solches Ziel – wie etwa der »Perfektionismus«, ob dieser Begriff nun sehr eng im Hinblick auf die menschliche Natur oder weiter interpretiert wird[2], das »Glück« oder ein gewisses »Wohlbefinden« sein[3], oder sollten irgendwelche transzendentalen Werte damit gemeint sein – für menschliche Wesen gefordert werden, und von wem? Und, wenn das so ist, sollte das Erreichen dieses Ziels dem Bemühen des einzelnen überlassen bleiben, sollte er durch kollektive Bemühungen dabei unterstützt werden, oder sollten die einzelnen Individuen durch kollektive Kontrollen zu solchen Bestrebungen gezwungen werden? Oder sollte man dem einzelnen Menschen keine derartigen Ziele setzen, weil jeder möglichst keinen sozialen Zwängen ausgesetzt sein darf und ohne Einschränkungen in der Lage sein muß, seine Ziele selbst zu bestimmen? Und wenn das zutrifft: Sollte die Aufgabe, das Erreichen dieser Ziele zu ermöglichen, jedem einzelnen und vielleicht irgendwelchen Bürgerbewegungen überlassen bleiben, oder sollte der einzelne bei seinen Bemühungen vom gesamten Kollektiv aller Staatsbürger unterstützt werden?

Hier zeigt sich ein wesentlicher Unterschied zwischen einer liberaldemokratischen und einer von der »substantiven Moralität« gekennzeichneten quasikonfuzianischen Auffassung von den Aufgaben einer Regierung. Nach der ersten sollte jeder einzelne entscheiden, was für ihn ein »gutes Leben« ist, während nach der zweiten Auffassung die Natur des guten Lebens ein bestimmtes Wertsystem oder kollektive Entscheidungen erfordert, die von der Regierung als verpflichtend für jedermann gefördert werden müssen. Nach der ersten hier genannten Auffassung ist es die Aufgabe der Regierenden, den Bürgern (oder Landeseinwohnern?) die größtmögliche Freiheit zu gewähren, die Art des guten Lebens zu verwirklichen, für die sie sich selbst entschieden haben, und zwar unter der Voraussetzung, daß anderen dadurch nicht ein unangemessener Schaden zugefügt wird. Im Gegensatz dazu müssen die Regierungen nach der zweiten Auffassung eine vom Kollektiv akzeptierte Art des guten Lebens fördern und diese nach Auffassung einiger sogar den Bürgern aufzwingen, die sich solchen Forderungen widersetzen.

Innerhalb dieser beiden Auffassungen kann die Regierung verpflichtet sein, eher passiv oder eher aktiv zu sein – entweder nur Hindernisse beseitigen, die der Verwirklichung eines guten Lebens entgegenstehen, wie dieses auch aussehen mag, oder solche Bemühungen energisch zu unterstützen. So kann den Bürgern geholfen werden, ihre persönlichen Vorstellungen von einem guten Leben zu verwirklichen, und zwar auf relativ passive Art durch den Abbau der Diskriminierung und die Gewährung gewisser minimaler Chancen oder aktiv durch Bevorzugung und die Chancengleichheit für alle. Wenn wir die Aufgabe der Regierenden so definieren, ergibt sich ein besonderes Problem aus den Beziehungen zwischen Mehrheiten und Minderheiten, und das erfordert eine ausgewogene Festlegung dessen, was als nützlich angesehen werden kann. Nehmen wir zum Beispiel an, daß eine Mehrheit das »gute Leben« in einer Weise verwirklichen möchte, die eine Minderheit daran hindert, auf eine ganz andere Weise ihre Vorstellungen von einem guten Leben durchzusetzen. Soll nun der Befriedigung der Wünsche der Mehrheit gegenüber denen der Minderheit der Vorzug gegeben werden? Oder müssen die Rechte einer Minderheit, die Verwirklichung eines guten Lebens nach ihren Vorstellungen anzustreben, garantiert werden, selbst auf Kosten eines guten Lebens der Mehrheit? Und wie weit darf man mit solchen Zugeständnissen gehen?

Was nun die zweite Position betrifft, so wäre es eine schwache Form der staatlichen Unterstützung einer kollektiven Vorstellung von einem guten Leben, die Hindernisse zu beseitigen, die entsprechenden Bemühungen anderer Interessenten entgegenstehen wie etwa denen einer Kirche, die auf die freiwillige Mitarbeit ihrer Mitglieder angewiesen ist, während eine aktive Indoktrination und andere Zwangsmaßnahmen eine starke Form der Intervention darstellen würden.

Heute wird nach den im Westen geltenden Wertmaßstäben der liberalen Demokratien im allgemeinen die Meinung vertreten, daß es Sache jedes einzelnen ist, sich das Leben so einzurichten, wie es ihm am besten erscheint, wobei dafür gesorgt werden muß, daß die Demokratie als solche geschützt wird, kein Schaden für die Mitmenschen und die Zukunft entsteht und die von der Mehrheit für wesentlich gehaltenen moralischen Werte anerkannt werden (wie etwa die Ablehnung oder Befürwortung des Rechts auf Abtreibung oder die Ablehnung des Drogenmißbrauchs). Die Intensität des Eingreifens der Regierungen ist nicht überall die gleiche. Wer sich ideologisch besonders für die allgemeine Wohlfahrt und Gleichberechtigung einsetzt, unterstützt ein aktiveres Vorgehen der Regierungen. Dabei gehen viele so weit, die unterschiedliche Behandlung einzelner Gruppen sowie Quoten und gerichtliches Eingreifen zu fordern, um sicherzustellen, daß Frauen die Möglichkeit haben, ihre Vorstellungen von einem »guten Leben« zu verwirklichen. Die Vertreter eher konservativer Ideologien neigen dazu, den Regierungen eine passivere Rolle zuzuweisen.

Wenn nach den in den westlichen liberalen Demokratien geltenden Grundsätzen jeder einzelne Bürger für sich selbst entscheiden darf, auf welche Weise er das »gute Leben« für sich verwirklichen will, bleiben wenigstens drei schwierige Fragen offen. Das ist einmal die Frage, wie weit künftige Generationen die Möglichkeit haben werden, ihre eigenen Vorstellungen von einem guten Leben zu verwirklichen. Zweitens besteht dann die Gefahr, daß eine große Zahl von Bürgern, die angeblich ihre Vorstellungen von einem guten Leben durchzusetzen versuchen, in Wirklichkeit vielleicht gegen ihre eigenen Interessen handeln und sich damit möglicherweise selbst ins Verderben stürzen. Und drittens stellt sich die Frage, wie man sich gegenüber Ländern und Kulturen verhalten soll, die sich für eine quasikonfuzianische Lösung entschieden haben und kollektive Vorstellungen von einem »guten Leben« etwa durch eine Lebensführung zu verwirklichen suchen, die den Geboten einer Religion folgt.

Die Rechte künftiger Generationen

Wenn wir künftigen Generationen das Recht zugestehen, ein gutes Leben anzustreben, das ihren Vorstellungen entspricht, dann bedeutet das in erster Linie die Anerkennung ihres Anspruchs, ein Leben zu führen, in dem andere Prioritäten gelten als für uns, und das uns vielleicht sogar abstoßend erscheint. Das widerspricht unserem tiefverwurzelten Verlangen, unsere Wertmaßstäbe an künftige Generationen weiterzugeben und sie zu veranlassen, uns auf dem Weg zu folgen, den wir gegangen sind; doch das ist sehr schwer für Menschen, die zutiefst von der Richtigkeit ihrer Vorstellungen von einem guten Leben und einer guten Gesellschaft überzeugt sind. Man kann deshalb kaum annehmen, daß überzeugt religiöse Menschen die Möglichkeit akzeptieren, daß ihre Nachkommen Atheisten sein könnten, und daß sie ihnen aktiv die Gelegenheit geben, sich zu ihrem Atheismus zu bekennen. So wird es auch denen, die eine Trennung von Kirche und Staat für richtig halten, schwerfallen, die Möglichkeit in Erwägung zu ziehen, daß ihre Kinder die Einführung einer Staatsreligion unterstützen könnten.

Wenn man dafür sorgen will, daß auch künftige Generationen die Möglichkeit haben, ihre eigenen, bisher noch nicht erkennbaren Wertvorstellungen zu verwirklichen, dann steht man vor dem Problem, zwischen den Generationen nicht zweckgebundene Mittel zur Verfügung zu stellen:[4] Wie weit geht die Bereitschaft der Menschen, die eigenen Chancen für ein gutes Leben zu verringern, um solche Chancen für eine spätere Generation zu verbessern? Das führt in einer Zeit globaler Veränderungen der Lebensverhältnisse zu einem weiteren großen Problem für die Regierenden: Wie kann man angesichts der zahlreichen gegenwärtig zu bewältigenden Aufgaben und der mit großer Leidenschaft geführten Wahlkämpfe die sich auf längere Zeit ergebenden Probleme im Hinblick auf die Wertvorstellungen der einzelnen Generationen angemessen berücksichtigen? Die hier bestehenden Schwierigkeiten erhöhen sich noch dadurch, daß eine von der heutigen demokratischen politischen Philosophie und unseren Institutionen erhobene Forderung nicht erfüllt werden kann: Wie soll eine Interessenvertretung für künftige Generationen aussehen, die jetzt noch nicht wählen können? Dazu müssen neue Regierungsmethoden entwickelt werden, die es erlauben zu beurteilen, wie sich die Wertvorstellungen im Lauf der Zeit wandeln werden, und es müssen Möglichkeiten gefunden werden, heute noch nicht geborene Generationen angemessen zu vertreten.

Kontraproduktives Verhalten

Die zweite Frage betrifft die Gefahr, daß zahlreiche Einzelpersonen, die versuchen, ihre privaten Vorstellungen von einem »guten Leben« möglichst weitgehend zu verwirklichen, damit ihre Chancen nur verringern. Das wird theoretisch kurz in den Modellen des »Prisoner's Dilemma« behandelt[5] und wird deutlich in dem klassischen Problem, das entsteht, wenn es darum geht, den Bedürfnissen der ganzen Bevölkerung gerecht zu werden. In solchen Situationen führen die Bestrebungen einzelner Gruppen, ihr Leben so angenehm wie möglich zu gestalten, oft zu negativen Auswirkungen für viele, wenn auch nicht für alle Angehörigen dieser Gruppen.[6]

Dem Problem kann man mit einer Kombination aus drei verschiedenen Vorgehensweisen begegnen. Erstens muß den Bürgern begreiflich gemacht werden, welche Folgen es haben kann, wenn sie sich ausschließlich um ihr persönliches Wohlbefinden bemühen – doch das wird nicht viel nützen, weil sehr oft ein Widerspruch zwischen einem Streben nach dem eigenen Wohlbefinden ohne Rücksicht auf das Wohlbefinden anderer und der Förderung des guten Lebens für eine ganze Gruppe von Individuen besteht (abgesehen davon, daß in einer Wohlstandsgesellschaft die Bestrebungen von Außenseitern zu weiteren Schwierigkeiten führen können).

Um diesem Problem zu begegnen, müssen sich die Bürger nicht nur der Konsequenzen ihres persönlichen Verhaltens bewußt werden, sondern auch bereit sein, ihre persönlichen Ansprüche auf ein gutes Leben zurückzuschrauben, um anderen eine bessere Möglichkeit zu geben, das gleiche zu tun, ob sich das nun mit einem wohlbegründeten persönlichen Interesse rechtfertigen läßt oder nicht. Dazu gehört unter anderem die Bereitschaft, auf die Vorteile zu verzichten, die die persönliche Unabhängigkeit dem einzelnen bringt, und das Vertrauen darauf, daß andere das gleiche tun werden. Um diese Bedingungen zu erfüllen, müssen Mitgefühl, Altruismus, Solidarität oder ähnliche moralische Gefühle von den meisten, wenn auch nicht von allen Bürgern als notwendige Voraussetzungen für ein gutes Leben anerkannt werden. Andernfalls oder daneben muß das Äquivalent solcher Gefühle durch Maßnahmen der Regierungen erzwungen werden.

Die Notwendigkeit eines Eingreifens der Regierung würde sich noch deutlicher zeigen, wenn man die subjektiven Vorstellungen von einem guten Leben im Lichte der Psychologie und der Ethik überprüfte und auswertete. Dann wäre die Frage, welche subjektiven Vorstellungen des »guten Lebens« im »realen Interesse« der Menschen liegen. Wenn wir uns vorstellen, was sich die Menschen wirklich wünschen würden, wenn sie gut unterrichtet und hochentwickelt wären und nicht unter einem Mangel an Entschlußfreudigkeit litten, oder wenn sie ihre Entscheidungen treffen könnten, ohne durch ihre Unwissenheit im Hinblick auf konkrete Zukunftsaussichten daran gehindert zu werden, könnte das dazu beitragen, diese Analyse zu vertiefen (oder zu erschweren). Doch all das ändert nichts an den Grundfragen, denen wir uns stellen müssen.

Möglichkeiten für eine Lösung unserer Probleme

Zur Vorbereitung auf eine genauere Untersuchung dieses Problems möchte ich zunächst eine Anzahl von Schritten nennen, die uns dabei angesichts der zahlreichen globalen Veränderungen helfen könnten. Erstens sollte es sich jede Regierung zur Aufgabe machen, ihre Bürger aufzuklären und ihre Moral zu stärken. Das heißt, sie sollten lernen, Verständnis für die Bedürfnisse anderer zu haben, uneigennützig zu denken und zu handeln, und ein Gefühl für die weltweite menschliche Solidarität entwickeln. Die an der Regierung beteiligten Eliten sollten der Bevölkerung durch ihr vorbildliches Verhalten in dieser Beziehung ein Beispiel geben. Im Sinne der ersten Forderung, aber darüber hinausgehend, sollte die Idee der Menschenrechte ergänzt und vervollständigt werden, indem jeder einzelne dazu erzogen wird, verantwortungsbewußt und pflichtgemäß zu handeln.[7] Und drittens sollten die menschliche Solidarität und das Verantwortungsgefühl füreinander als Grundlage eines sittlichen Lebens erkannt werden, und zwar als ethisches Gegengewicht gegen einen selbstsüchtigen Individualismus, aber ohne daß dabei das Gefühl entstehen könnte, die einzelnen Menschen seien Teile einer »höheren« kollektiven Entität.

Es ist nicht schwierig, diese Forderungen moralisch zu rechtfertigen, und zwar am leichtesten damit, daß man sagt, die Menschen würden sich für ein solches Verhalten entscheiden, wenn sie wüßten, welche Konsequenzen es für sie hätte, es nicht zu tun. Doch diese Rechtfertigung bleibt in den Grenzen des Eigennutzes, auch wenn diese Überzeugung aufgrund klarer und umfassender Einsichten gewonnen wurde, und wird bestimmt von individuellen Prioritäten, die allgemeinen menschlichen Bedürfnissen zuwiderlaufen können. Darüber hinaus gibt es keine empirische Basis, aufgrund derer sich feststellen läßt, was aufgeklärte Menschen unter verschiedenen Voraussetzungen oder angesichts einer ungewissen Zukunft sein oder tun würden, und alle gegenteiligen Behauptungen bleiben unbeweisbar und können nur als willkürliche Vermutungen angesehen werden.

Um hier weiter voranzukommen, müssen wir uns mit der schwierigen Frage beschäftigen, wie weit menschliche Wesen etwas wünschen und verlangen, was ihnen in ihrer Eigenschaft als Menschen zusteht und was ihnen vielleicht erlaubt, bestimmte Privilegien zu beanspruchen, und zwar im Gegensatz zu sozial bedingten Ansprüchen oder vorübergehenden hedonistischen Wünschen. Spekulationen über evolutionär bestimmte Prioritäten, ob diese nun als natürliche Zwänge, als Basis für Normen oder als Hindernisse für den moralischen Fortschritt angesehen werden, die überwunden werden müssen, erhöhen zusätzlich die Komplexität dieses Problems.[8]

Hier ist nicht der Ort, näher auf heißumstrittene, philosophische, theologische, biologische, anthropologische, soziologische, historische, erkenntnistheoretische und psychologische Überlegungen einzugehen, besonders weil dabei die fundamentalen Fragen nach moralischen Entscheidungen unbeantwortet bleiben. Statt dessen werden wir zwei alternative Positionen behandeln; dann werden wir einen Kompromiß als Basis für eine Neugestaltung der Regierungstätigkeit vorschlagen.

Zum einen könnte man sagen, daß menschliche Wesen gewisse angeborene Charaktereigenschaften und Fähigkeiten haben, die ihre Grundvorstellungen von einem »guten Leben« bestimmen, und zwar mit individuellen Variationen, die in gewissem Grade frei sind von kulturellen und sozialen Einflüssen. Man könnte sagen, daß diese angeborenen Eigenschaften von neurologischen Strukturen und biologischen Zwängen bestimmt werden, wie sie sich im Verlauf evolutionärer Prozesse ergeben haben, oder daß sie von einer spirituellen Wesenheit stammen, im Rahmen einer transzendentalen Schöpfung entstanden sind oder auf eine »Erbsünde« zurückgeführt werden können und so weiter. Was die Erklärung auch sein mag, im allgemeinen bezeichnet man den Menschen als ein Lebewesen, das die Fähigkeit hat, klar zu definieren, was ein »gutes Leben« ist, auch wenn das im einzelnen von bestimmten Situationen und Einflüssen abhängt. Deshalb ist es nach dieser Auffassung richtig, wenn man sagt, die Voraussetzung für ein gutes Leben sei »das Wohlbefinden des Menschen«, auch wenn wir, bis auf einige Banalitäten, nicht im einzelnen sagen können, wie ein solches Leben aussieht.

Die von Norbert Elias[9] sehr entschieden vertretene entgegengesetzte Auffassung, die allerdings ideologisch nicht so radikal ist wie die von Foucault, besagt, daß die Psychogenese im wesentlichen von der Soziogenese bestimmt wird: Das Charakteristische an dem einzelnen Menschen wird weitgehend von sozialen Prozessen gestaltet, und dazu gehören seine besonderen Neigungen sowie die Art, wie er seine Gefühle zum Ausdruck bringt und seine fundamentalen Bedürfnisse befriedigt. So kann man also nicht sagen, daß sich aus der »menschlichen Natur« ergibt, was über die Befriedigung der biologischen Grundbedürfnisse hinaus der Inhalt eines guten Lebens sei. Vielmehr sind die geltenden Vorstellungen von einem guten Leben, auch wenn sie tief im Inneren jedes einzelnen verwurzelt sind, in der Hauptsache das Ergebnis sozialer Gegebenheiten und Wirkungen.

Als vorläufige Grundlage für die Neugestaltung der Regierungstätigkeit empfehle ich eine Kombination dieser beiden Grundpositionen. Der wesentliche Einfluß der sozialen Gegebenheiten auf die Vorstellungen des einzelnen von einem »guten Leben« muß anerkannt werden. So wird der Lebensstil durch die täglichen Realitäten einer von der Fernsehwerbung bombardierten Verbrauchergesellschaft entscheidend beeinflußt. Deshalb entspricht die Auffassung, daß der unabhängige einzelne Bürger, der autonom sein Leben gestaltet, um seine Entscheidungen so zu treffen, wie es für ihn am nützlichsten ist, nicht der Wirklichkeit. Doch schon in der Sowjetunion hat es sich deutlich gezeigt, daß die Wunschvorstellungen des einzelnen nur begrenzt manipuliert werden können und der Mensch aus innerem Antrieb immer wieder versuchen wird auszubrechen, auch wenn die Möglichkeiten, das zu tun, von den herrschenden sozialen und kulturellen Kräften stark eingeschränkt werden.

Eine solche Haltung wird, da sie einen Kompromiß zwischen den beiden obengenannten Positionen darstellt, eine wesentliche Bedeutung für die praktische Erfüllung der Aufgaben einer Regierung haben. Das kommt sehr deutlich in einem Zitat aus dem Buch von Elias zum Ausdruck: »Wenn in dieser oder jener Region die Macht der zentralen Autorität zunimmt, wenn die Menschen in einem größeren oder kleineren Gebiet gezwungen werden, miteinander im Frieden zu leben, werden sich der Umgang mit den Gefühlen der Menschen und die Normen für die Ökonomie der Instinkte ebenfalls ganz allmählich verändern.«[10] Das muß radikale Folgen haben: Wenn wir die sozialen Realitäten von Grund auf verändern wollen, um etwa das menschliche Leiden zu verringern, den Krieg unmöglich zu machen und die Gerechtigkeit weltweit zu fördern, und wenn wir das auf demokratischem Weg und im Einklang mit dem Willen der Bürger tun wollen, dann müssen die Regierungen die geltenden Vorstellungen von einem »guten Leben« beeinflussen, zum Beispiel dahin, daß dazu auch eine weitgehende menschliche Solidarität gehört.

Das ist eine unausweichliche Schlußfolgerung – es sei denn, wir nehmen an, daß eine Reduzierung der Bemühungen der Regierungen auf diesem Gebiet irgendwie dazu beitragen werde, daß sich weitere moralisch vertretbare Vorstellungen von einem »guten Leben« entwickeln, oder wenn wir nicht glauben, daß irgendeine »seelische Fähigkeit«[11] der Regierenden sich mit Sicherheit negativer als positiver auswirken werde. Nach meiner Ansicht läßt sich die erste dieser Vermutungen nicht begründen, und der zweiten kann man entgegenwirken, wenngleich eine Beteiligung der Regierungen an der moralischen Erziehung des Menschen sehr ernst genommen werden muß und man sich entschieden dagegen wehren sollte.

Die Regierenden müssen willens und in der Lage sein, sich mit ihren »seelischen Fähigkeiten« in positivem Sinne für die Menschheit einzusetzen. Das muß aufgrund demokratischer Entscheidungen und in Übereinstimmung mit demokratischen Normen geschehen, aber ohne durch indeterministische falsche Vorstellungen von der »Souveränität« der vorhandenen menschlichen Bestrebungen oder durch eine zu optimistische Vorstellung von der angeborenen Güte der Menschheit behindert zu werden.

Nachdem wir diese schwierigen und gefährlichen Aufgaben der Regierenden genannt haben, stellt sich mit besonderer Schärfe die fundamentale Frage: Wer vertritt das »öffentliche Interesse«? Wer ist verantwortlich dafür, die gewünschten moralischen Werte zu fördern, sich um das Wohl künftiger Generationen zu bemühen und sich um Gruppen zu kümmern, die unter einem Mangel an politischer Entscheidungsfreiheit leiden?

Wenn das »öffentliche Interesse« mehr sein soll als die Summe der Bedürfnisse der einzelnen Bürger, dann wird es gefährlich, und viele üble Diktaturen haben sich dahinter verborgen. Rousseau[12] meinte, dieser Begriff werde allzu leicht mit dem Begriff des »Volkswillens« verwechselt, und damit erhöht sich die Gefährlichkeit. Und doch wird man es nicht vermeiden können, ein breiter gefaßtes und tiefergehendes Konzept des öffentlichen Interesses zu entwikkeln, als es in Meinungsumfragen, Volksbegehren und periodisch abgehaltenen Wahlen zum Ausdruck kommt, wenn wir uns den Herausforderungen des 21. Jahrhunderts stellen wollen.

Diese Notwendigkeit kann mit den Grundnormen der Demokratie in Einklang gebracht werden, solange wir uns der Tatsache bewußt sind, daß auch die Demokratie eine aus vielen Komponenten bestehende Regierungsform ist. Ein gutes Beispiel ist das Oberste Gericht in den Vereinigten Staaten, das gelegentlich hochpolitische Entscheidungen mit weitreichenden Auswirkungen auf das politische Leben treffen muß, obwohl die Richter nicht gewählt werden und das Gericht nicht dem Druck der öffentlichen Meinung ausgesetzt ist.

Innerhalb der Demokratie als einer gemischten Regierungsform bedürfen wir dringend eines modernisierten, offenen, repräsentativen und demokratischen Verständnisses für den Begriff der »staatstragenden Eliten« (im Plural), um eine umfassende Interpretation des öffentlichen Interesses zu gewährleisten, das die Bedürfnisse der gesamten Menschheit berücksichtigt. Zu diesen Eliten gehören gewählte Politiker, bestimmte hohe Regierungsbeamte und verschiedene Kategorien aktiv am öffentlichen Leben beteiligter Persönlichkeiten.

Wir brauchen solche Eliten besonders dringend, weil wir heute wieder vor dem alten Problem der Beziehungen zwischen Wissen und Macht stehen, wobei sich einerseits unser Wissen wesentlich erweitert hat und den Regierenden zur Verfügung stehen muß und andererseits die politische Macht mit Argumenten legitimiert wird, die kaum etwas mit Wissen zu tun haben. Doch um eine demokratische Ausgewogenheit zwischen den Regierenden und dem Volk zu bewahren und sicherzustellen, daß das Wissen in die politischen Entscheidungsprozesse einbezogen wird, müssen alle Versuche, die Qualität der staatstragenden Eliten zu erhöhen, Hand in Hand gehen mit einer gezielten Unterrichtung der Öffentlichkeit, um die öffentliche Meinung umfassend über die politischen Gegebenheiten zu unterrichten und die Menschen zu befähigen, die Regierenden wirksam zu kontrollieren.

Wir brauchen verantwortungsbewußte und qualifizierte demokratische staatstragende Eliten, die bereit und fähig sind, die Interessen künftiger Generationen zum Wohl der ganzen Menschheit wahrzunehmen und das Zusammenwirken von Wissen und Macht zu verbessern. Zugleich müssen energische Anstrengungen unternommen werden, um das Verständnis der Öffentlichkeit für komplexe Fragen zu wecken.

Aus der Perspektive der politischen Philosophie läßt sich eine differenzierte demokratische Theorie mit dem Konzept staatstragender Eliten vereinbaren, die den verschiedensten Kategorien angehören und die Überwachung der Regierungstätigkeit übernehmen können, und zwar unter der Voraussetzung, daß bestimmte Bedingungen strikt eingehalten werden. Die Regierungstätigkeit sollte transparent sein. Alle an der Regierung beteiligten Personen müssen sich vor Übernahme ihrer Ämter zur Wahl stellen und klar zum Ausdruck bringen, daß sie den Willen ihrer Wähler vertreten. Die staatstragenden Eliten müssen offen, repräsentativ und pluralistisch sein. Die Möglichkeit einer gewissen Rotation muß sichergestellt sein, und die Aufnahme in diese Eliten muß aufgrund von Wahlen und der persönlichen Eignung erfolgen. Die für die Wahlen geltenden Regeln sollten es der Öffentlichkeit erlauben, sich vor der Abstimmung eingehend zu informieren. Beamte sollten aufgrund bestimmter Kriterien gewählt und befördert werden, die den Erfordernissen einer Regierung zu einer Zeit großer Veränderungen entsprechen. Und ein strenger Moralkodex sollte alle Angehörigen der staatstragenden Eliten einschließlich der gewählten Politiker verpflichten, alle innerhalb ihres Verantwortungsbereichs an sie gestellten Forderungen gewissenhaft zu erfüllen.

Diese letzte Forderung führt uns zurück zu den Pflichten, dem Charakter, den Tugenden und Untugenden der Politiker, wie sie seit jeher aus der Sicht der politischen Philosophie betrachtet wurden und denen eine noch größere Bedeutung zukommt, wenn sich der Verantwortungsbereich der Regierenden erweitert. Eine wesentliche Frage im Hinblick auf die Reform der Regierungsarbeit ist die folgende: Darf man an die Moral der Regierenden einen strengeren Maßstab anlegen, wenn die Wahlen immer mehr zu einer Unterhaltungsveranstaltung des Fernsehens werden und die politische Moral durch legitimierte Habsucht, die Kräfte des Marktes, die Ansprüche der Verbraucher und dadurch unterminiert wird, daß es den Menschen in erster Linie um ein sorgenfreies und vergnügliches Leben geht?

Kollektive und individuelle Entscheidungen

Wenn wir uns nun den Gesellschaften zuwenden, die es wirklich oder nur angeblich vorziehen, eine kollektive Vorstellung vom »guten Leben« wie etwa eine religiös begründete zu fördern, und dabei ihren Bürgern keine individuelle Entscheidungsfreiheit zugestehen wollen, dann ergibt sich folgende Frage: Was wäre angesichts des »Fundamentalismus« die angemessene moralische Haltung[13] unter der Voraussetzung, daß letzterer eine Gefahr für die Sicherheit und das Wohlbefinden anderer darstellt? Wenn die Mehrheit der Bevölkerung in den fundamentalistischen Ländern diese Auffassung teilt, dann sollte ihre Entscheidung respektiert werden. Wenn keine Gefahr für andere besteht, dann gibt es keine ethische Rechtfertigung für den Versuch, westliche liberale demokratische Werte in Ländern einzuführen, deren Leben von anderen Glaubensvorstellungen geprägt ist – es sei denn, wir betrachten die westlichen Werte nicht nur als überlegen, sondern auch als zwingend –, vorausgesetzt, daß bestimmte Mindestnormen, die wir als moralisch zwingend ansehen, ihre Geltung behalten wie zum Beispiel die Beachtung der menschlichen Grundrechte.

Diese Haltung läßt sich natürlich auch kritisieren. Viele Liberale im Westen werden behaupten, unsere Werte seien offensichtlich so überlegen, daß wir das moralische Recht und sogar die Pflicht haben, sie zu propagieren und andere von der Notwendigkeit zu überzeugen, sie anzunehmen, ob nun freiwillig oder nicht. Um diese Behauptung zu untermauern, könnte man behaupten, daß das offensichtliche Einverständnis der Bewohner eines Landes damit, daß die individuellen Vorstellungen von einem guten Leben gemäß den im Westen geltenden Grundsätzen einem kollektiven Ideal untergeordnet werden sollten, entweder nur dem Anschein nach besteht oder die Folge einer Gehirnwäsche, der Unterentwicklung und der Unwissenheit sei. Deshalb, so wird argumentiert, sollten alle Gesellschaften veranlaßt werden, eine individualistische Auffassung vom guten Leben zu übernehmen, weil dies die einzige »vernünftige« und »moralisch vorstellbare« ist, zu der sich alle menschlichen Wesen mit Sicherheit bekennen werden, wenn sie »aufgeklärt« worden seien.

Nach meiner Ansicht ist das eine im Grunde völlig falsche, weder historisch noch anthropologisch, psychologisch, philosophisch oder moralisch zu begründende Haltung. Aus historischer und anthropologischer Sicht sollte uns die Tatsache, daß andere Gesellschaften die von ihnen vertretenen Werte als überlegen betrachten, selbst wenn uns das befremdet (wenn wir diese Haltung nicht sogar für völlig falsch halten), bedenken lassen, daß auch unsere Werte von anderen jetzt oder in der Zukunft für falsch gehalten werden könnten. Psychologisch gibt es keinen überzeugenden Grund für die Annahme, daß die gegenwärtig im Westen geltenden Werte eher den menschlichen Grundbedürfnissen entsprechen als andere Wertsysteme – soweit dieses Konzept mehr als eine nur triviale Bedeutung hat –, und zwar im Hinblick auf die existentiellen Ängste und Befürchtungen, auf die Bedeutung des Lebens und die überkommenen »religiösen« Gefühle. Philosophisch leiden die vom Westen vertretenen Grundwerte an ernsten moralischen Schwächen, zum Beispiel wenn hier enge egozentrische und hedonistische Vorstellungen von einem »guten Leben« herrschen, die Gewinnsucht gefördert wird, die Menschen im Überfluß leben und als Verbraucher die Befriedigung all ihrer materiellen Wünsche verlangen, während sie genau wissen, unter welchen Entbehrungen andere zu leiden haben. Und moralisch wäre es, selbst wenn wir das nicht beabsichtigen, eine neue Form des kulturellen Imperialismus, wenn wir andere zwingen wollten, die westlichen Grundwerte zu übernehmen.[14]

Im übrigen würde es uns eine Ethik der Toleranz und des Pluralismus[15] nicht erlauben, anderen Gesellschaften westliche Wertmaßstäbe aufzuzwingen, allerdings mit der wichtigen, aber auf bestimmte Gebiete beschränkten Ausnahme, daß wir grobe Verstöße gegen die Menschlichkeit wie die Apartheid, Massenmorde und die systematische Anwendung von Terror und Folter scharf verurteilen müßten. Ein solches Verhalten verletzt moralische Grundsätze, die zu verteidigen und überall durchzusetzen unser Gewissen und die bei uns geltenden Wertmaßstäbe uns verpflichten (obwohl wir das nur sehr selektiv und sporadisch tun – eine Tatsache, die das moralische Fundament unseres Anspruchs untergräbt, anderen zu sagen, was sie zu tun und zu lassen haben).

Wenn der Wettbewerb zwischen den Kulturen und das Lernen voneinander dem Fortschritt der ganzen menschlichen Gesellschaft dient, läßt sich die Weitergabe der eigenen Werte rechtfertigen, solange dies mit der gebotenen Zurückhaltung und ohne Zwang geschieht. Auch moralische Bewertungen sind gerechtfertigt, solange wir dabei das Recht anderer anerkennen, entgegengesetzte Meinungen zu vertreten.[16] Aber aus historischer und globaler Perspektive sowie einer für alle Menschen geltenden pluralistischen politischen Philosophie kann kein Wertsystem den Anspruch auf absolute universale Gültigkeit erheben, obwohl wir uns für die Durchsetzung der von uns als zwingend angesehenen moralischen Gebote einsetzen können und sollten, auch wenn wir wissen, daß andere sich unseren Bemühungen widersetzen und, wenn sie dabei ihren eigenen Überzeugungen folgen, die moralische Berechtigung haben, dies zu tun.

Raison d'humanité

Ein weiteres moralisches Argument für die Einführung einer liberalen demokratischen Staatsform, wie wir sie im Westen anstreben, in anderen Ländern gründet sich auf die *raison d'humanité*, und zwar als konstruktiven Ersatz für das Konzept der »Staatsräson«. Dahinter steht die Idee, daß die ganze Menschheit Bedürfnisse und Bestrebungen hat, die von globalen und auf lokaler Ebene arbeitenden politischen Institutionen als eine ihrer Hauptaufgaben gefördert werden sollten.

Im wesentlichen fordert die *raison d'humanité*, daß wir einige fundamentale Grundsätze und Regeln der politischen Philosophie und des öffentlichen Rechts von Grund auf überprüfen und verbessern. Zum Beispiel sollten Länder, die eine Bedrohung der Bedürfnisse der gesamten Menschheit darstellen, im Zaum gehalten werden. Von Fanatikern regierte Länder dürften keine Kernwaffen besitzen. Die weltweite Völkergemeinschaft (*global commons*)[17] muß erhalten und in ihren Strukturen verbessert werden. Und die für Verbrechen verantwortlichen politischen Führer müssen bestraft werden. Diese Beispiele geben einen Hinweis auf einige in der politischen Philosophie und im internationalen Recht notwendige Veränderungen: Konzepte wie »Souveränität«, »nationale Selbstbestimmung«, »innere Angelegenheiten« usw. müßten zum Teil durch Normen und Grundsätze ersetzt werden, die den Ansprüchen der ganzen sich weiterentwickelnden Menschheit gerecht werden.

Zur Stärkung der Regierungskapazität im moralischen Sinne gehört unter anderem das zunehmende Vertrauen zur raison d'humanité *als einem wichtigen Kriterium für wesentliche Entscheidungen der Regierungen.*

Im Lichte der *raison d'humanité* zeigt sich das Problem von Gesellschaften, die nach den Grundsätzen eines Wertsystems leben wollen, das sich stark von dem in liberalen demokratischen Staaten geltenden unterscheidet, aus einer anderen Perspektive. Selbst wenn wir das moralische Recht, nach den Grundsätzen anderer Wertsysteme zu leben, anerkennen und respektieren, könnten die Kosten eines Pluralismus für die gesamte Menschheit zu hoch sein, weil ein solcher Pluralismus womöglich zu gefährlichen kulturellen Konflikten führt.[18] Doch wenn wir der *raison d'humanité* folgen, dann bedeutet das auch, daß es eine ganze Reihe verschiedener Wertsysteme geben sollte, damit die Menschen künftig über eine größere Zahl von Entscheidungsmöglichkeiten verfügen als heute. Im Rahmen bestimmter Situationen und mit Hilfe der angemessenen Kriterien (sowie unter Berücksichtigung der Realpolitik, was im übrigen eine ganz andere Sache ist) müssen die Risiken, die eine zu große Vielfalt mit sich bringen könnte, deshalb dem Preis gegenübergestellt werden, der gezahlt werden müßte, wenn es zu wenige Entscheidungsmöglichkeiten gäbe.

Einer der Vorzüge des Begriffs *raison d'humanité* liegt darin, daß er uns an das Konzept der Staatsräson erinnert und uns damit vor Mißbräuchen warnt. Die Staatsräson ist im Lauf der Geschichte in ihrer Bedeutung abgewertet worden, weil sie oft zum Vorwand genommen wurde, schädliches Verhalten zu rechtfertigen, obwohl es zunächst eine sehr fortschrittliche Idee war, da sie es den Herrschenden zur Pflicht machte, das Wohlbefinden des Kollektivs höher zu bewerten als dynastische und persönliche Interessen.[19] Die *raison d'humanité* ist ein wesentliches Konzept für die politische Philosophie im 21. Jahrhundert; wir müssen jedoch dafür sorgen, daß auch sie nicht mißbraucht werden kann.

Es ist leicht, sich auf die *raison d'humanité* zu berufen, um Gesellschaften zu kritisieren und anzugreifen, deren Wertsysteme uns nicht gefallen, die andere jedoch in Wirklichkeit nicht gefährden. Es liegen aber auch gewisse Risiken in einer zu weit gehenden Toleranz gegenüber Systemen, die in der Praxis zu einem gefährlichen Fanatismus führen können.

Um deutlich zu zeigen, welche Probleme der politischen Philosophie und der Geopolitik noch gelöst werden müssen, wollen wir untersuchen, wie weit das Argument zu rechtfertigen ist, daß die Geburtenziffern verringert werden müssen, wenn der Lebensstandard verbessert werden soll. Eine solche Politik wird von vielen Gesellschaften als unmoralisch und als Verstoß gegen religiöse Gebote, als aggressive Einmischung in private und intime Entscheidungen der Familien und als grobe Verletzung der staatlichen Unabhängigkeit angesehen. Die Regierungen in einer sich verändernden Welt müssen fähig sein, mit den moralischen, wissenschaftlichen und politischen Dimensionen solcher Probleme fertig zu werden und eine politische Linie durchzusetzen, die von der Mehrheit als lebensnotwendig anerkannt wird, auch wenn eine Minderheit glaubt, sie widerspräche bestimmten Grundwerten. Wenn das geschehen soll, müssen neue Institutionen entwickelt und geeignete Formen für die Legitimierung der Regierungen gefunden werden. Schließlich müssen wir die Qualität der politischen Aussagen und der moralischen Argumentation verbessern.

Vor welche Probleme stellt uns unser Bemühen um globale Unparteilichkeit und Gerechtigkeit?

Eine der schwierigsten Fragen, denen sich die Menschheit stellen muß, betrifft die Lösung von Problemen, die sich im Hinblick auf eine globale Unparteilichkeit und Gerechtigkeit ergeben. Dazu gehören die eklatanten Unausgewogenheiten im Lebensstandard und auf dem Gebiet der menschlichen Entwicklung[20] oder die gerechte Aufteilung der Kosten für die Erhaltung des Allgemeinguts auf der ganzen Welt (zum Beispiel der Schutz der Regenwälder oder die Aufrechterhaltung der biogenetischen Vielfalt) angesichts fehlender moralischer Normen, die auf der ganzen Welt in gleicher Weise gelten.[21] Die in einem Teil der westlichen Literatur zunehmende Neigung, den reichen Ländern die praktische Distanzierung von den armen Ländern und den Unruheherden auf dieser Welt zu empfehlen[22] – eine Vorgehensweise, die an die Idee des *cordon sanitaire* erinnert, wie er im 18. Jahrhundert vom Westen gegen schädliche Einflüsse aus dem Osten errichtet wurde[23] –, illustriert die moralischen (und geostrategischen) Gefahren, die sich aus dem mangelhaften Rechtsempfinden ergeben, einem Rechtsempfinden, das wir brauchen, um den Bedürfnissen des 20. Jahrhunderts gerecht zu werden.

Ein typisches Beispiel dafür ist die Hypothese, daß die schweren und vernichtenden Dürreperioden in Afrika sich günstig auf das Leben in anderen Teilen der Welt auswirken, weil sie dem Plankton im Atlantischen Ozean lebenswichtige Mineralien zuführen, die dann in den nährstoffarmen Boden der amerikanischen Gebiete gelangen und damit das Wachstum der Vegetation fördern. König Salomo, einem platonischen Philosophen und einem weisen konfuzianischen Herrscher würde es schwerfallen zu entscheiden, was in einem solchen Fall zu tun ist, und so ist es kaum überraschend, wenn heutige Regierungen und Politiker aufgefordert werden, sich vorzustellen, sie müßten als Angehörige eines »Weltgerichts« Entscheidungen über die Aufteilung entsprechender Kosten und Gewinne treffen. Vielleicht werden sie in der politischen Philosophie nach einer Lösung suchen, sie aber für so umfassende moralische Probleme kaum finden, wie sie mit Sicherheit als Folge weltweiter Veränderungen entstehen müssen. Die weltweite Chancengleichheit und Gerechtigkeit könnte im Rahmen der politischen Philosophie, der geopolitischen Realpolitik, der Durchsetzbarkeit politischer Ziele, der öffentlichen Moral und des politischen Wissens in der vorhersehbaren Zukunft zum schwierigsten Problem für die Regierenden werden. In der politischen Philosophie nimmt das Interesse an Chancengleichheit und Gerechtigkeit zwischen den Nationen und Kulturen zu, aber das genügt noch nicht[24], und viele bedeutende politische Philosophen ignorieren oder unterschätzen die Bedeutung der Probleme einer globalen Gerechtigkeit[25] und konzentrieren sich statt dessen auf die Wertmaßstäbe in den Wohlstandsgesellschaften des Westens.[26]

Einer der Hauptgründe für diese Interesselosigkeit ist die im

Westen bestehende Neigung, ethnozentrisch und nur mit sich selbst beschäftigt zu sein. Doch das Problem ist viel komplexer. Es gibt überzeugende moralische Argumente dafür, daß die reichen Länder den Armen ihre Hilfsmittel zur Verfügung stellen sollten, vorausgesetzt, daß sie verwendet werden, um die Lebensqualität der Bevölkerungen auf die Dauer zu verbessern, und zwar gemäß einer Definition des guten Lebens, der beide Seiten zustimmen können. Dennoch ist es unvermeidlich, daß die im Wohlstand lebenden demokratischen Länder die dafür notwendigen Maßnahmen nicht treffen können, weil solche Bemühungen von der Öffentlichkeit nicht unterstützt werden. Das führt zu ernsten Bedenken im Hinblick auf die moralische Unzulänglichkeit der heute üblichen demokratischen Verfahren. Das wiederum zeigt, daß bestimmte Grundsätze des liberalen Humanismus westlicher Prägung einer Überprüfung bedürfen, doch die meisten politischen Philosophen im Westen sind weder bereit noch in der Lage, einen solchen Versuch zu unternehmen.

Zudem läßt sich immer deutlicher erkennen, daß die materielle Unterstützung auf die Dauer kaum einen Wert hat und sogar schädlich sein kann, wenn sie nicht von Maßnahmen begleitet wird, die die Empfängerländer und ihre Regierungen nicht treffen wollen oder können. Das gilt nicht so sehr im Hinblick auf konventionelle Empfehlungen der Weltbank und des Internationalen Währungsfonds in verzweifelten Situationen, wie sie gegenwärtig in Somalia herrschen, wo Maßnahmen, die von humanitärer und wirtschaftlicher Hilfe begleitet werden, um auf die Dauer nützlich zu sein, dem Willen der örtlichen Machthaber widersprechen oder von diesen Leuten nicht ergriffen werden.

Ein noch schwierigeres Problem haben wir bereits erwähnt: Ist es fair und gerecht (abgesehen von der Frage, ob es weise und politisch durchführbar ist), Gesellschaften materielle Hilfe zu gewähren, die diese Mittel verwenden werden, um die bereits sehr hohen Geburtenziffern weiter zu erhöhen? Oder ist es andererseits fair und gerecht, sehr arme Gesellschaften zu zwingen, als Voraussetzung für eine Gewährung weiterer Mittel die Geburtenraten zu reduzieren? Hier geht es um einander diametral entgegengesetzte Werte und um die Notwendigkeit, Strategien durchzusetzen, die auf den ersten Blick völlig unannehmbar erscheinen, wie etwa das Erzwingen von Lösungen durch internationale Organisationen und vielleicht sogar eine radikale soziale Umstrukturierung durch eine Besatzungsmacht. Es darf uns nicht überraschen, daß die Vertreter einer gemäßigten politischen Philosophie solche Lösungen vermeiden wollen.

Aus welchen Gründen auch immer, moralische Überlegungen und die politische Philosophie haben nicht die Konzepte, Instrumente, Methoden und Normen entwickelt, die notwendig wären, um den Widersprüchen zu begegnen, die sich aus den verschiedenen Wertmaßstäben ergeben. Dabei handelt es sich nicht nur um abstrakte Fragen der globalen Gerechtigkeit und Chancengleichheit, sondern um ganz spezifische Probleme wie etwa die großen Wanderungsbewegungen. Selbst wenn die politische Philosophie keine befriedigenden Antworten auf solch schwierige Fragen geben kann, wird es notwendig sein, gründlich und schöpferisch über die sich neu ergebenden Fragen nachzudenken, die sich im Bereich einer globalen Ethik ergeben, wenn die politische Praxis die notwendige Grundlage zum Handeln haben soll, die ihr noch fehlt. Das ist alles um so wichtiger, weil die Vorstellung der Allgemeinheit von einer globalen Gerechtigkeit einen wesentlichen Einfluß auf das Verhalten der Staaten hat.[27] Schon Thukydides hat das klar erkannt, und zwar trotz der sogenannten »realistischen« Schulmeinungen über internationale Beziehungen.[28]

Die Techniken der »schmutzigen Hände«

Welche entscheidende Bedeutung die Berücksichtigung moralischer Fragen für die Regierungen hat, wird noch deutlicher, wenn wir daran denken, wie oft es ethisch gerechtfertigt wird, daß die Techniken der »schmutzigen Hände« im Umgang mit »unsauberen Problemen« angewendet werden.[29] Das ist ein weiteres klassisches Dilemma der politischen Philosophie und gehört zu der umfassenderen Frage, ob und wie weit der Zweck die Mittel heiligt. Heute nimmt kaum jemand Stellung zu diesem Thema, es sei denn, daß

Fragen wie das Lügen in der Politik oder das Standardproblem wie das der »gerechten Kriege« recht freimütig behandelt werden[30], während die öffentliche Diskussion darüber in den meisten Fällen sehr vereinfachend und scheinheilig geführt wird. Um ein Beispiel zu nennen: Die »konstitutionelle Diktatur« kann in einigen Ländern durchaus eine der Lage angemessene Staatsform sein – besonders dort, wo man radikale Reformen durchsetzen will –, aber die heutige politische und die Rechtsphilosophie tragen kaum zu einer besseren Orientierung bei, und der politische Gedankenaustausch in den westlichen Ländern beschränkt sich auf »Doppelzüngigkeit«.

Um die moralischen Aspekte der »schmutzigen Hände« noch deutlicher werden zu lassen, wollen wir uns zwei Testfälle ansehen: einen hypothetischen, aber nicht unrealistischen und einen zweiten ganz realen. Nehmen wir an, eine Gruppe von Terroristen hat in einer Großstadt eine Atombombe gelegt. Die Bombe wird demnächst detonieren, und man rechnet damit, daß dabei fünf bis zehn Millionen Menschen ums Leben kommen werden. Nun gibt es nur noch eine Möglichkeit, die Katastrophe zu verhindern. Man müßte einen Terroristen, der inzwischen festgenommen wurde, zwingen zu sagen, wo sich die Bombe befindet und mit welchem Code sie sich entschärfen läßt. Nun fragt sich, wie weit wir gehen sollten, um ihn zu dieser entscheidenden Aussage zu zwingen. Natürlich würden wir es zunächst mit humanen Argumenten und den üblichen psychologischen Druckmitteln versuchen. Aber wenn diese Versuche fehlschlagen – sollten wir ihn dann foltern? Und wenn auch das nichts nützt, sollten wir in seiner Gegenwart seine hübsche junge Frau und seine unschuldige Tochter foltern, bis er die Aussagen macht, die es uns ermöglichen, Millionen von Menschenleben zu retten?

Das zweite Beispiel mag weniger kompliziert erscheinen, ist es aber nicht. Ein ehemaliges kommunistisches Land steht kurz vor einer Konterrevolution, zu der es kommen könnte, weil die Regierung nicht über die nötigen Erfahrungen verfügt, die Massen zu beeinflussen, und die Opposition versucht, wirtschaftliche Reformen zu sabotieren. Wäre es nun gerechtfertigt, während der folgenden zwei Jahre die Demokratie abzuschaffen und die Regierungsgewalt einem Diktator zu übertragen – der nach Möglichkeit ein aufgeklärter Mann sein sollte, obwohl man das vorher nicht mit Sicherheit sagen kann –, der seinen Willen nun mit Hilfe des Militärs durchsetzen könnte? Und sollten jetzt drakonische Maßnahmen ergriffen werden, die zur Durchführung der Reformen notwendig erscheinen, und zwar angesichts des Widerstands ehemaliger Mitglieder der *Nomenklatura* und einer beunruhigten Arbeiterschaft? Und wie sollte man gerichtlich gegen eine Mafia vorgehen, deren Mitglieder sich bereichern, die Beamten bestechen, die Unternehmer terrorisieren und eventuelle Investoren abschrecken?

Derartige Testsituationen verdeutlichen zwei miteinander im Zusammenhang stehende Probleme. Man darf erwarten, daß es in einer Periode globaler Veränderungen sehr leicht zu solchen Schwierigkeiten kommt. Dabei kann es notwendig werden, harte Maßnahmen zu treffen, die den gegenwärtig im Westen geltenden Wertmaßstäben und politischen Grundsätzen widersprechen. Aber die Gefahren, die ein solches Vorgehen mit sich bringt, müssen auch erkannt werden, und deshalb wird es notwendig sein, einer Doppelstrategie zu folgen. Dazu müssen gewisse Einschränkungen festgelegt werden, moralische Gebote, an die alle gebunden sind, zum Beispiel das absolute Verbot jeder Art von Gewaltanwendung. Zugleich könnte es gerechtfertigt sein, vorübergehend harte Maßnahmen zu tolerieren oder sogar zu unterstützen, wenn sie die einzige Möglichkeit bieten, mit schwierigen Situationen fertig zu werden. Dazu gehört auch die Einsetzung einer »konstitutionellen Diktatur«, wie es sie zum ersten Mal in der römischen Republik gegeben hat. Ein weiteres Beispiel wäre die Entscheidung, gewisse Länder vorübergehend einer internationalen Aufsicht zu unterstellen und in Extremfällen vielleicht sogar militärisch zu besetzen. So erkennen wir also die Notwendigkeit an, Verfahren und Kriterien zu finden, solche Schritte zu beschließen, Strukturen zu entwickeln, die ihre Durchführung ermöglichen, und Einrichtungen zu schaffen, um sie zu überwachen.

Macht und Moral

An erster Stelle aller die Regierungstätigkeit betreffenden Fragen steht das klassische Problem der Beziehungen zwischen Macht und Moral, dessen sich schon Plato und Konfuzius durchaus bewußt gewesen sind. Die moderne politische Philosophie und die gegenwärtigen politischen Überlegungen vernachlässigen es, obwohl es sich ganz offensichtlich um eine sehr aktuelle Frage handelt. Während bestimmte politische Probleme wie der Umweltschutz oder die Abtreibung im Lichte der geltenden Wertmaßstäbe diskutiert werden und das persönliche Verhalten führender Politiker manchmal nach den für ein moralisches Familienleben und den für die Bekämpfung der Korruption geltenden Normen beurteilt wird, steht der gesamte Fragenkomplex der Moralität der Regierung gewöhnlich nicht auf der Tagesordnung der westlichen Demokratien.

Das ist angesichts der Tatsache, daß dieses Problem in der klassischen politischen Philosophie eine zentrale Bedeutung hat und das Interesse für Tugenden und Untugenden sowie für menschliche Charaktereigenschaften in der gegenwärtigen Moralphilosophie zunimmt, und zwar auch im Hinblick auf die Politik, durchaus bemerkenswert.[31] Es gibt drei Hauptgründe für die Vernachlässigung dieses Themas. Der erste ist die Voreingenommenheit für die in der Philosophie von Kant typische Art, nach festgelegten Regeln Wertmaßstäbe zu setzen. Der zweite liegt in einer Mißdeutung der demokratischen Ideologie, wonach ein Politiker allein deshalb einen Anspruch auf die Ausübung politischer Macht hat, weil er gewählt worden ist. Der dritte Grund ist die bevorzugte Beschäftigung mit bestimmten Grundwerten wie etwa der Gleichberechtigung der Geschlechter, des Umweltschutzes und der großen Bedeutung der Rechtsprechung, wobei die Grundfrage der Beziehungen zwischen Macht und Moral vernachlässigt wird.

Im öffentlichen Bereich stehen sogar noch primitivere Vorstellungen im Vordergrund, zum Beispiel daß alles, was die Mehrheit verlangt oder zumindest akzeptiert, von vornherein »moralisch« sei – solange es »uns« und nicht »die anderen« betrifft. Zwei weitere Faktoren, die zur Vernachlässigung der Beziehungen zwischen Macht und Moral in den politischen Überlegungen des Westens beitragen, sind die nur auf bestimmte Ereignisse gerichtete Aufmerksamkeit der Massenmedien und der verbreitete Zynismus, mit dem politische Fragen behandelt werden. Das hat verheerende Folgen für die gesamte Politik und für die politische Moral.

Abschließend wollen wir noch einmal die zu Beginn dieses Kapitels gestellte fundamentale Frage wiederholen, die weitreichende Auswirkungen auf die erforderlichen und wünschenswerten Regierungskapazitäten hat: Wie weit sollten die Regierenden bei der Durchsetzung moralischer Forderungen gehen, und dazu gehört auch die Bekämpfung der Unmoral, und zwar auch dann, wenn sie anderen keinen großen Schaden zufügt? Oder – um es anders auszudrücken – sollte eine Regierung in erster Linie eine moralische oder, soweit wie möglich, eine wertneutrale Instanz sein?

Problemanalyse

3. Kapitel

Unvorbereitete Gesellschaften, überholte Regierungen

Die Grundprobleme, denen sich die Menschheit stellen muß, lassen sich in zwei Sätzen zusammenfassen:

Die Gesellschaften sind nicht auf globale Veränderungen vorbereitet, und die vorhandenen Regierungsformen bieten nicht die Voraussetzungen, den Erfordernissen und Chancen einer sich verändernden Welt gerecht zu werden.

Obwohl es den Anschein hat, daß die Menschen sehr bald lernen, mit den neuen Technologien umzugehen und ihren Lebensstil darauf einzustellen, erfolgt diese Anpassung im allgemeinen aus rein praktischen Gründen, ohne daß es zu einem tiefgreifenden Bewußtseinswandel kommt.[1] Das gilt in noch stärkerem Maß für die sozialen Institutionen, die (von wenigen, aber wichtigen Ausnahmen abgesehen) in der Regel erstarrt sind und auf rapide Veränderungen oft mit dem Festhalten an überholten Vorstellungen reagieren.

Wenn sich die Veränderungen langsam vollziehen und die Menschen ebenso wie die Gesellschaft genügend Zeit haben, sich ihnen anzupassen, hat die Starrheit der einzelnen und der Institutionen ihre Vorteile, weil die Menschen das Gefühl haben, daß die Kontinuität gewahrt bleibt. Selbst wenn die Veränderungen rasch erfolgen, entsteht oft kein Schaden durch die Verzögerung der individuellen und gesellschaftlichen Anpassung. So hat es zum Beispiel verhältnismäßig lange gedauert, bis man sich an die Auswirkungen der Erfindung des Buchdrucks gewöhnte, obwohl sie den Verzicht auf gewisse andere Möglichkeiten mit sich brachte, aber auf die Dauer ist dadurch kein Schaden entstanden. Doch heute befinden wir uns in einer Situation, in der sich das Leben dramatisch verändert hat.

Angesichts der gegenwärtigen globalen Umwälzungen ist es außerordentlich gefährlich, wenn die Menschen und die Gesellschaften diesen Veränderungen nicht Rechnung tragen, und das kann vielleicht sogar zu neuen Formen der Barbarei und zur Bedrohung des Überlebens der menschlichen Spezies führen.

Die sich gegenwärtig vollziehenden und wahrscheinlich noch zu erwartenden massiven Veränderungen eröffnen ganz neue Möglichkeiten für die soziale Evolution und eröffnen die Aussicht auf noch nicht abzuschätzende gewaltige Verbesserungen – aber auch Gefährdungen unseres Lebens.[2] Die beispiellose Geschwindigkeit und das Ausmaß dieser Veränderungen verlangen, daß wir lernen, rasch und angemessen darauf zu reagieren.[3] Wenn uns das nicht gelingt, dann werden wir nicht nur sehr bald den Preis für versäumte Gelegenheiten zahlen müssen, sondern geraten auch in die Gefahr, daß sich die Lebensbedingungen wesentlich verschlechtern und wir auf die Dauer nicht für eine bessere Zukunft vorausplanen können. Das starke Anwachsen der Bevölkerungszahlen, der hohe Energieverbrauch, die Verschwendung lebenswichtiger natürlicher Rohstoffe usw. könnte dann zu großen Risiken führen.[4] Kriege mit biologischen oder Kernwaffen, in denen Millionen von Menschen sterben würden, bleiben eine ständige Gefahr[5], und das vielleicht Schlimmste wären unter Umständen neue Formen einer Barbarei[6], die die Welt zu einer hochtechnologischen Hölle machen würden, wie sie sich nur mit der Phantasie eines Dante vorstellen ließe.

Mit anderen Worten, die Gesellschaften – und die Regierungen –, die auf diese Veränderungen nicht vorbereitet sind, stehen vor komplexen und schwer zu überschauenden Gefahren, wobei einerseits der Erfolg hohe Gewinne erwarten läßt, andererseits aber das Risiko besteht, in ausweglose Labyrinthe zu geraten.[7] Obwohl es mehr denn je notwendig ist, in jeder Beziehung klare Vorstellungen zu entwickeln, aus Erfahrungen zu lernen und alles zu tun, um eine ungewisse Zukunft zu bewältigen[8], kann man sich darauf verlassen, daß die gegenwärtig herrschenden Kräfte[9] »den Marsch in den Wahnsinn« fortsetzen werden.[10] Zugegebenermaßen scheinen Teile der Gesellschaft bereit und in der Lage zu sein, aus Erfahrung zu lernen; zu ihnen gehören viele Bürgerbewegungen und außerhalb der Regierungen angesiedelte Organisationen. Mit der Europäischen Union ist zumindest eine neue politische Struktur entstanden, die den Bedürfnissen unserer Zeit besser gerecht werden könnte als viele andere. Auch traditionelle Regierungen übertreffen sich manchmal selbst und ergreifen durchaus vernünftige Maßnahmen. Doch der harte Kern der staatlichen Institutionen hält an überholten Vorstellungen fest und ist nicht in der Lage, auf plötzlich entstehende und sich verändernde Ansprüche und Möglichkeiten zu reagieren.

Es wäre überheblich zu glauben, wir könnten selbst »unsere Zukunft bestimmen«[11], aber die Menschen könnten zumindest einen wesentlichen Einfluß auf das Geschehen dadurch gewinnen, daß sie die Wahrscheinlichkeit einer Katastrophe verringern und wenigstens versuchen, die gewünschten Ergebnisse zu erzielen. Um dieses konstruktive Potential effektiv einzusetzen, müssen alle menschlichen Fähigkeiten angewandt werden, besonders die Fähigkeiten zu regieren.

Die Hauptaspekte der Unfähigkeit der Regierungen, sich den Herausforderungen der globalen Veränderungen zu stellen, werden im ersten Teil dieses Buches behandelt werden, und im zweiten Teil werden wir Vorschläge für Maßnahmen machen, die eine Umgestaltung der Regierungsformen ermöglichen sollen. Beides läßt sich jedoch nicht scharf voneinander trennen: Wenn wir die Probleme analysieren, legen wir damit das Fundament für die notwendigen Beschlüsse, und daraus, wie wir diese Fragen behandeln, wird sich ergeben, welche besonderen Gebiete reformiert werden müssen. Im Verlauf der Überprüfung der Erfordernisse und Schwierigkeiten von Reformen werden weitere wichtige Aspekte dieses Problemkreises ans Licht kommen und die Beschlußfassung erleichtern.

4. Kapitel

Schwierigkeiten und Chancen

Die Regierungen müssen ihre Aufgaben in der realen Welt erfüllen – und das ist nicht eine Sache hypothetischer oder optimaler Systeme, die nur als abstrakte Vorstellungen existieren. Bevor wir uns daher im einzelnen den Aufgaben einer Regierung zuwenden und feststellen, in welchen Bereichen Reformen angezeigt sind, müssen wir uns mit den Situationen und Problemen beschäftigen, vor die sie gestellt werden. Das bedeutet eine Untersuchung der wichtigsten Aspekte der globalen Veränderungen, besonders der Schwierigkeiten und Chancen, die sich aus solchen Veränderungen ergeben. Wir lassen uns dabei von der immer umfangreicheren einschlägigen Literatur anregen, die versucht, das 20. Jahrhundert zusammenzufassen und einen Ausblick in das 21. Jahrhundert zu geben.[1]

Die Hauptmerkmale der weltweiten Veränderungen

Fünf deutlich erkennbare Auswirkungen der globalen Veränderungen sind für die Regierenden von entscheidender Bedeutung: verbreitete Unsicherheit; Desorientierung und Trauma; ein komplexeres und intensiveres Zusammenwirken; eine insgesamt zunehmende Prosperität und intensive Frustration, Mutlosigkeit und Beunruhigung angesichts der Befürchtung, daß die Lage noch verzweifelter werden könnte.

Verbreitete Unsicherheit

Die Zukunft ist immer eine in ihrer Zusammensetzung wechselnde Mischung aus Notwendigkeiten, Zufälligkeiten, Chancen und Entscheidungsmöglichkeiten. In einer Zeit globaler Veränderungen ist der Anteil dessen, was die Menschen als Zufälligkeiten und Chancen wahrnehmen, besonders groß. Die sich gegenseitig beeinflussenden dynamischen Faktoren, wie die Gegebenheiten der Demographie, der Technologie, der Wertmaßstäbe usw., erhöhen die in jedem dieser Bereiche vorhandenen Unsicherheiten, die sich dann auf die Entwicklungstendenzen in ihrer Gesamtheit auswirken.

Je weiter wir versuchen, in die Zukunft vorauszuschauen, desto geringer wird die Möglichkeit, sichere Voraussagen zu machen, aber schon im Hinblick auf den ersten Teil des 21. Jahrhunderts ist das nicht leicht, weil sich einige Schlüsselfaktoren so rasch verändern. Wer den plötzlichen und unvorhergesehenen Zusammenbruch des Sowjetimperiums beobachtet hat, muß nicht davon überzeugt werden, daß wir in einer Periode ungewöhnlicher Umwälzungen leben, die weitreichende Folgen für die Zukunft der Menschheit haben werden.

Trotz dieser Ungewißheit gibt es Grundtendenzen, die uns zumindest erlauben, auf Tatsachen gestützte Vermutungen über mögliche Schwierigkeiten und Gelegenheiten zu äußern – vorausgesetzt wir tun das mit dem nötigen Vorbehalt und sehen in der Zukunft eine Gegebenheit, die von Zusammenhanglosigkeiten, unvorhersehbaren Möglichkeiten und Alternativen bestimmt wird.

Eine praktische Konsequenz dieses ständigen Wechsels und dieser Ungewißheit ist es, daß wir die Fähigkeiten des Regierungsapparats auf dem Gebiet des Krisenmanagements verbessern müssen. Die für die Bewältigung von Krisen richtigen Entscheidungen zu treffen ist paradox, weil es als Reaktion auf sich rasch verändernde Situationen sowohl Improvisationen als im Idealfall auch ein vorausschauendes Denken verlangt, um Krisen vorzubeugen, wenn die Regierenden die Krise als eine Gelegenheit begreifen, nach ihrer Überwindung eine günstigere Situation zu erreichen. Die schlimmen Ereignisse in Bosnien und Somalia illustrieren in tragischer Weise das Versagen der internationalen Institutionen.

Desorientierung und Trauma

In der vorhersehbaren Zukunft werden mehr Menschen als je zuvor Veränderungen eines bisher noch nicht gekannten Ausmaßes ausgesetzt sein, und viele Gesellschaften werden in manchen Bereichen einen radikalen Wandel erleben. Die Tatsache, daß ein großer Teil dieser Veränderungen nicht vorhersehbar, nicht geradlinig, sondern »sprunghaft« erfolgt, führt zu Desorientierung und Trauma, obwohl die Folgen oft weitgehend positiv sind und die Verhältnisse stabil bleiben. Es genügt, daran zu denken, daß zwei Gesellschaften – die ehemalige Sowjetunion und die Südafrikanische Republik – gegenwärtig die drastischsten Veränderungen durchmachen, um zu erkennen, wie intensiv diese Traumata sein können, wahrscheinlich wird jedoch die ganze Menschheit in gewisser Weise in dieser Periode globaler Umwälzungen an einer Desorientierung leiden.

Wir wissen verhältnismäßig wenig über die Auswirkungen der durch entscheidende Veränderungen verursachten weitgehenden Desorientierung[2], aber gewisse Vermutungen scheinen aufgrund der bisherigen Untersuchungen und Erfahrungen durchaus gerechtfertigt zu sein. Das Gefühl der »Verunsicherung« wird vermutlich zunehmend zu einer Suche nach einfachen Antworten und dazu führen, daß politischen Gegnern die Schuld gegeben wird, die politischen Führer sich bestätigt fühlen und fundamentalistische Überzeugungen gestärkt werden. Traditionelle Verhaltensnormen werden weiter ausgehöhlt, und an ihre Stelle treten verschiedene Formen des Hedonismus und Nihilismus. An die Stelle von Investitionen in die Zukunft tritt die Befriedigung kurzzeitiger Wünsche, und die Politik wird zunehmend von Emotionen bestimmt sein.

Auf der negativen Seite des Spektrums könnten sich stark traumatisierte Gesellschaften extrem populistischen Regimen zuwenden, die es unternehmen, die Gefühle der Massen besonders mit Hilfe der Medien zu beeinflussen. Dabei würden bisher geltende politische Überzeugungen und die sie vertretenden Eliten diskreditiert, an deren Stelle machtbesessene Abenteurer versuchen könnten, einen stärkeren Einfluß zu gewinnen.

Obwohl es auch positive Auswirkungen einer solchen Desorientierung geben könnte – wie etwa eine größere Kreativität als Folge neuer Anregungen und der Schwächung traditioneller Zwänge –, wird vermutlich ein großer Teil der Welt unter den negativen Auswirkungen sehr rapider Veränderungen im 21. Jahrhundert leiden, was die Regierenden vor erhebliche Schwierigkeiten stellen würde.

Diese Auswirkungen werden verschärft durch die Desorientierung und das Trauma der geistigen Eliten, die manchmal stärker betroffen sind als der Rest der Gesellschaft. Wenn die vertrauten Vorstellungen von der Realität ihre Geltung verloren haben, können die Konsequenzen für Personen, die an höchster Stelle für die politischen Entscheidungen verantwortlich sind, sehr ernst sein. Sie können in Verwirrung geraten und die Fähigkeit verlieren, klare Entscheidungen zu treffen, als stünden sie unter dem Einfluß eines elektrischen Schocks. Andere politische Führer könnten ihre Augen aber auch vor der Wirklichkeit verschließen und sich hinter erstarrten Vorstellungen verschanzen. Dabei geraten sie zunehmend in eine verhängnisvolle, abwärts führende Spirale und wiederholen ihre Fehler, während ein Fehlschlag dem nächsten folgt. Aber hervorragende Politiker können durch die Auflösung erstarrter Formen auch angeregt und ermutigt werden, positive Entscheidungen zu fällen, die bis dahin unvorstellbar waren, wie zum Beispiel die überraschende gegenseitige Anerkennung der Palästinensischen Befreiungsorganisation PLO und des Staates Israel im Jahr 1993.

So können Desorientierung und Trauma durchaus in zwei entgegengesetzte Richtungen wirken, den Menschen neue Herausforderungen und Möglichkeiten bieten und damit die Schwierigkeiten, die sich einer Reform der Regierungstätigkeit entgegenstellen, ebenso erhöhen wie die Dringlichkeit, ebendies zu tun.

Ein komplexeres und intensiveres Zusammenwirken

Wir haben es weitgehend dem modernen Transportwesen und den neuesten Kommunikationstechniken zu verdanken, aber auch den kulturellen Entwicklungen wie der Entstehung gemeinsamer Bestrebungen und Terminologien, daß die Welt immer stärker auf ein

Zusammenwirken der vorhandenen Kräfte angewiesen ist und sich rapide auf die Schaffung eines globalen Systems zubewegt.[3] Dieses Phänomen wird an anderer Stelle ausführlich besprochen und muß hier nicht im einzelnen erörtert werden, abgesehen von der Richtigstellung einiger Mißverständnisse.

Ganz entscheidende soziale und kulturelle Unterschiede zwischen den Gesellschaften können jedoch eher zunehmen als sich verringern, so daß es falsch wäre, von einer »vollständig integrierten Welt« oder sogar von einer »weltweiten Dorfgemeinschaft« zu sprechen.

Es gibt in der Tat zwei einander manchmal entgegenlaufende Tendenzen: Die eine führt in Richtung der Schaffung einer weltweiten Zivilisation, innerhalb derer viele Vorstellungen, Wertmaßstäbe, Konzepte und künstlich geschaffene Strukturen von einem stets größer werdenden Prozentsatz der Menschheit geteilt werden, besonders dort, wo diese Dinge den größten sozialen und politischen Einfluß haben.[4] Die zweite Tendenz richtet sich auf die Bewahrung und Stärkung bestimmter Kulturen.[5] Der Gegensatz zwischen den beiden innerhalb der Gesellschaften und Staaten und in ihrem Zusammenleben ist eine entscheidende Herausforderung für die Regierungen.

Der Umstand, daß wir zunehmend stärker voneinander abhängig sind, hat insofern negative Aspekte, als sich damit neue und günstigere Gelegenheiten für schädliche Entwicklungen und für die Kriminalität ergeben, wie etwa den internationalen Drogenhandel, die Mafia, den Terrorismus und die starke Zunahme der Kriminalität in den oberen Schichten der Bevölkerung. Diese Aktivitäten lassen sich durch die bisher bestehenden nationalen und internationalen Polizeikräfte nicht wirksam bekämpfen. Deshalb muß ein neues globales System der öffentlichen Ordnung entwickelt werden, das den gegenwärtigen für die Zusammenarbeit geschaffenen Vereinbarungen und Behörden überlegen ist. Interpol und die neue Europol sind diesen Aufgaben nicht gewachsen.

Die Intensität der gegenseitigen Beeinflussung nimmt nicht nur ständig zu, die Vorgänge werden auch zunehmend komplexer. Die Informationstechnologien werden zum Beispiel die Beziehungen zwischen Herstellern und Verbrauchern in einer Weise verändern, wie wir sie uns bisher noch nicht vorstellen können. Dabei kann es manchmal zu unerwarteten und paradoxen Ergebnissen kommen wie zum Beispiel zu Kriegen, die die Chancen für den Frieden verbessern und umgekehrt. Positive (aber manchmal auch negative) Rückkopplungsmechanismen werden oft zu extremen Situationen führen und zudem zu komplex sein, um sie richtig zu verstehen und mit ihnen umzugehen. Die Regierenden müssen sich daher mit Vorgängen beschäftigen, die sie zum großen Teil nicht beeinflussen können und deren Bedeutung sie nicht verstehen. Dabei besteht immer die Gefahr, daß ein Eingreifen unvorhersehbare und unwillkommene Folgen haben kann. »Wir erkennen immer deutlicher, daß alles, was gegen einen Gegner unternommen wird, auch die soziale Existenz dessen bedroht, der es tut; es stört den ganzen Mechanismus der Aktionsketten, deren Teil ein jeder von ihnen ist.«[6] Diese Analyse von Norbert Elias gilt nicht nur für die Beziehungen zwischen »Gegnern«, sondern auch für viele globale Wechselbeziehungen. Ohne ein sehr viel größeres Verständnis und eine bessere Funktionsfähigkeit der Regierungen können sich auch in bester Absicht getroffene Maßnahmen als kontraproduktiv erweisen, und zwar mehr als in der Vergangenheit, und der dafür zu zahlende Preis wird erheblich höher sein.

Eine insgesamt zunehmende Prosperität

Politiker und Medien beschäftigen sich so intensiv mit den Konfliktsituationen auf dieser Welt und den Sorgen um die Zukunft, daß man nur allzu leicht die für die Menschheit wichtigste Tatsache übersieht: die allgemeine Prosperität, deren wir uns erfreuen. Auch wenn die Welt immer noch unter Konflikten, Unterernährung, Krankheiten und anderen besorgniserregenden Mängeln zu leiden hat, ist es uns weitgehend gelungen, die Verderben bringenden Rosse der Apokalypse im Zaum zu halten. Mehr Menschen leben heute unter günstigeren materiellen Voraussetzungen länger als je zuvor. Es gibt mehr und bessere Möglichkeiten für eine gute schulische Ausbildung und für die Gestaltung des Lebens entsprechend den Wünschen und Vorstellungen des einzelnen. Trotz aller mit den neuen Entwicklungen verbundenen Schwierigkeiten nimmt die Lebensqualität für die Menschheit im ganzen nach allen dafür geltenden Maßstäben ständig zu[7], wahrscheinlich allerdings auch die Erwartungen eines jeden einzelnen.

Obwohl diese Prosperität in vieler Hinsicht bedroht ist, dürfen wir damit rechnen, daß sie auch weiterhin zunehmen wird und im 21. Jahrhundert noch mehr Menschen daran teilhaben werden. Dabei übersehen wir nicht die Tatsache, daß in weiten Teilen der Welt noch Armut, Stagnation und eine relative Verschlechterung des Lebensstandards herrschen, dem Wachstum Grenzen gesetzt sind und mit Katastrophen gerechnet werden muß. Gewaltige Anstrengungen werden notwendig sein, um das Leiden zu verringern, Ungerechtigkeiten zu beseitigen und das Schlimmste abzuwenden. Doch im großen und ganzen nimmt die Zahl derer ständig zu, die auf eine Besserung ihrer Lebensumstände hoffen dürfen.

Intensive Frustration, Mutlosigkeit und
Beunruhigung angesichts der Erwartung, daß die Lage
noch verzweifelter werden könnte

Trotz des zunehmenden materiellen Wohlstands sind Frustration und Mutlosigkeit weit verbreitet und werden sich vermutlich noch verschlimmern. Dieser Widerspruch läßt sich zum Teil mit einem »subjektiven relativen Mangel« erklären. Als Folge verbesserter globaler Kommunikationsmöglichkeiten, besonders über die Massenmedien, werden sich die armen Menschen überall immer deutlicher des materiellen Überflusses bewußt, dessen sich die vom Schicksal Begünstigten erfreuen, und haben oft übertriebene Vorstellungen davon. Natürlich verlangen sie für sich das gleiche, und doch wird sich, auch wenn wir die Zukunftschancen noch so optimistisch beurteilen, der Lebensstandard der Mehrheit nicht schnell genug verbessern, um den sich rasch steigernden Ansprüchen zu genügen. Das wird wahrscheinlich in der vorhersehbaren Zukunft auch nicht in Frage kommen, weil den Möglichkeiten, überall die gleichen Voraussetzungen zu schaffen, Grenzen gesetzt sind.

Zugleich wird aber auch in den Wohlstandsgesellschaften die

Frustration zunehmen, weil tiefgreifende strukturelle Anpassungsmaßnahmen, demographische Veränderungen und weltwirtschaftliche Verlagerungen die Menschen zwingen werden, auf gewisse vermeintliche Rechtsansprüche zu verzichten und ihre materiellen Ansprüche als Verbraucher einzuschränken.

Das Ergebnis wird eine zunehmende Unzufriedenheit sowohl in den hochentwickelten als auch in den weniger entwickelten Ländern sein, wenn auch in verschiedener Form und in unterschiedlichem Ausmaß im Hinblick auf die moralische Rechtfertigung.

Es ist jedoch nicht so sicher, daß diese Mutlosigkeit auf die Dauer zunehmen wird. Zweifellos werden die Menschen künftig immer mehr freie Zeit haben, und unsere Massenkultur wird ihnen die Unterhaltung bieten, mit der sie diese Zeit ausfüllen können. Materielle Güter werden ihnen fast überall in reichem Maß zur Verfügung stehen. Es ist jedoch wahrscheinlich, daß die Menschen stärker unter existenziellen Ängsten und Befürchtungen leiden werden. Nachdem sie sich mit Hilfe der Automatisierung und neuer Biotechnologien von dem alten Fluch (oder Segen?) befreit haben, viele Stunden schwer zu arbeiten, um das tägliche Brot zu verdienen, werden sie Zeit haben, über das nachzudenken, was für viele eine unerträgliche Furcht vor dem Tode ist.[8] Ihre Reaktionen darauf können auf der einen Seite relativ harmlos sein (wenn sie nämlich ihre Zeit damit zubringen, sich mit den immer komplexer werdenden technologischen Spielen zu beschäftigen, die in ihrer mechanischen Feinheit die Beruhigungsmaschinen weit übertreffen, die Aldous Huxley in seinem Buch *Brave New World* beschreibt). Andererseits können sie aber auch den Sinn des Lebens in alten oder neuen ideologischen, spirituellen oder religiösen Vorstellungen suchen.[9]

Es ist allerdings ein gefährliches Hirngespinst anzunehmen, daß eine große Zahl von Menschen ihre materiellen und von der Massenkultur gegebenen Ziele aufgeben und sich einem »spirituellen« oder »selbstgenügsamen« Lebensstil zuwenden werden. Sehr viel realistischer ist es, für das 21. Jahrhundert mit einem aggressiven Verhalten zu rechnen[10], und zwar als Folge enttäuschter Erwartungen, begleitet von gewissen Formen des Fundamentalismus oder offen eingestandenen materialistischen Motiven. Deshalb werden es die verantwortlichen Politiker als Mitglieder nationaler Regierungen oder internationaler Institutionen zumindest mit Forderungen zu tun bekommen, die sich nicht erfüllen lassen, und mit sozialen Phänomenen, die sie nur schwer akzeptieren können und deren Veränderung zum Besseren kaum möglich sein wird.

Das Ende der Konfrontation zwischen den beiden Superideologien hat – so günstig es sich auch im Hinblick auf die Verringerung der Gefahr eines nuklearen Konflikts und die Erleichterung der Aufgabe, auf die Errichtung einer Weltregierung hinzuarbeiten, ausgewirkt hat – die Ungewißheit bezüglich möglicher Reaktionen auf eine allgemeine Frustration und Mutlosigkeit nur noch erhöht. Die westliche liberale Demokratie und die Marktwirtschaft werden an diesen Gefühlen nichts ändern können – ja, sie werden, durch eine intensive Werbung für den Verbrauch von Gütern, vielleicht sogar noch zunehmen. Nun da die kommunistische Option gründlich diskreditiert ist, gibt es keine deutlich erkennbare Alternative, die als Sicherheitsventil dienen könnte, wenn sich der Druck erhöhen sollte.

Vielleicht werden auch die reichen Länder weniger geneigt sein, den Armen zu helfen, ihre Frustrationen zu überwinden, und so das Entstehen neuer Ideologien veranlassen, über deren Art und Auswirkungen wir heute noch nichts sagen können. Außerdem können alte Gegensätze zu neuen Auseinandersetzungen führen, wie wir dies nach dem Zusammenbruch des Sowjetreichs erlebt haben, als es zu schweren ethnischen Konflikten kam.[11]

Für die Regierungen kann das alles sehr ernste Folgen haben. Es gibt zahlreiche Beispiele für die großen Schwierigkeiten, die durch die Gegensätze zwischen Wohlstand und Mangel entstanden sind. Die in Gewalttätigkeiten ausartende Fremdenfeindlichkeit in reichen, hochentwickelten westeuropäischen Ländern mit einer aufgeklärten Bevölkerung, die zum Teil voller Stolz auf eine lange Tradition der Toleranz und Sympathie für Flüchtlinge zurückblicken können, ist ein beunruhigender Hinweis darauf, was uns noch bevorstehen könnte. Die Regierungen werden damit vor fast unlösbare Probleme gestellt, denn die demokratisch regierten Länder verfügen kaum über die Mittel und die Erfahrung, mit solchen Situationen fertig zu werden. Unter diesen Umständen sind die

Initiativen von Bürgerbewegungen und einer spirituellen Elite sehr viel wichtiger als irgendwelche neuen Regierungsformen. Man kann aber kaum damit rechnen, daß diese Kräfte gerade zu der Zeit zur Wirkung kommen werden, in der sie dringend gebraucht werden. Die Verantwortlichen müssen deshalb bereit sein, in jenen Situationen ihr Bestes zu tun, die sich schwer beherrschen lassen und manchmal sogar »unbeherrschbar« sind, falls sich die Regierungskapazität nicht wesentlich verbessert hat.

Künftige Entwicklungstendenzen werden von den folgenden entscheidenden Faktoren bestimmt

Nachdem wir die fünf allgemeinen Begleiterscheinungen der sich gegenwärtig vollziehenden Veränderungen und einige der sich daraus für eine Reform der Regierungstätigkeit ergebenden Folgen untersucht haben, wollen wir nun feststellen, in welchen Schlüsselbereichen solche Veränderungen erfolgen.

Demographie

Wie in der Vergangenheit werden auch heute Veränderungen in der Größe, der Altersstruktur und der geographischen Verteilung der Bevölkerungen weitreichende Auswirkungen auf die Gesellschaften und ihre Beziehungen zueinander haben. Zu den wichtigsten Tatsachen gehören die folgenden[12]:

Die gesamte Weltbevölkerung wird im Jahr 2025 wahrscheinlich etwa 8,5 Milliarden betragen und bis zum Jahr 2050 auf 10 Milliarden ansteigen.

Der Prozentsatz der in den heutigen Industrieländern lebenden Menschen wird sich von 33 Prozent im Jahr 1950 und 23 Prozent im Jahr 1990 auf etwa 16 Prozent im Jahr 2025 verringern. Das bedeutet, daß im Jahr 2025 etwa 84 Prozent der Bewohner unseres Planeten, also etwa 7,1 Milliarden, wahrscheinlich in den heutigen und vermutlich auch dann noch so zu bezeichnenden Entwicklungsländern leben werden (obwohl in einigen von ihnen der Lebensstandard wahrscheinlich höher sein wird als heute); insgesamt werden etwa 1,4 Milliarden in den Industrieländern beheimatet sein.

Die Unterschiede zwischen den Altersstrukturen der Bevölkerung in den einzelnen Ländern und Regionen werden zunehmen. Der Anteil der weniger als 15 Jahre alten Menschen wird überall zurückgehen, aber in den Industrieländern wird die Zahl der über 65 Jahre alten Menschen von 12 Prozent im Jahr 1990 auf 19 Prozent im Jahr 2025 anwachsen, wobei etwa 3,2 Prozent mehr als 75 Jahre alt sein werden. Im Gegensatz dazu wird der Anteil der mehr als 65 Jahre alten Menschen in einigen Ländern mit großen Bevölkerungszahlen wie China und Indonesien bis zum Jahr 2025 nur um 10 Prozent ansteigen und in Afrika um weniger als 5 Prozent.

Die Urbanisierung wird unaufhaltsam weitergehen, wobei der Prozentsatz der Gesamtbevölkerung in den Städten von 17 Prozent im Jahr 1950 bis zu mehr als 50 Prozent in den ersten Jahrzehnten des 21. Jahrhunderts wachsen wird. Die Zahl der Städte in den Entwicklungsländern mit mehr als jeweils 1 Million Einwohnern wird von den heutigen 125 auf etwa 300 ansteigen, und es wird mehr Großstädte mit über 15 Millionen Einwohnern geben.[13]

Diese zum Teil von Ereignissen innerhalb der Grenzen einzelner Staaten ausgelösten Veränderungen in der Bevölkerungsstruktur werden einen ungeheuren Druck auf internationale Wanderungsbewegungen aus den sehr armen und armen Ländern in wohlhabende erzeugen. Es wird unmöglich sein, ihnen mit gesetzlichen Mitteln Einhalt zu gebieten, und alle Versuche, mit Gewalt dagegen vorzugehen, können die schlimmsten Folgen haben.[14]

Man kann die Bedeutung dieser Statistiken kaum übertreiben, obwohl alle offiziellen Stellen zögern, sich zu den außerordentlich beunruhigenden Konsequenzen einer solchen Entwicklung zu äußern. Wenn es dazu kommen sollte, daß viele Menschen aus dichtbevölkerten Gegenden wie Indonesien oder Malaysia nach Australien und aus Nordafrika nach Südeuropa auswandern, dann könnte das zum entscheidenden Anlaß für Gewalt und internationale Konflikte werden. Verschiebungen in der Altersstruktur könnten das Wirtschaftsgefüge, die Gesellschaften und die Politik in Westeuropa und den Vereinigten Staaten destabilisieren. Die Konzentration zu vieler Menschen in Stadtgebieten, die oft schon jetzt so groß sind, daß die Verwaltungsbehörden den Überblick verlieren und ihre Aufgaben nicht mehr ordnungsgemäß erfüllen können, wird mit Sicherheit zu sozialen Unruhen führen und zu Brutstätten gefährlicher Ideologien und Machtstrukturen werden. Schließlich könnte die Gesamtbevölkerung der Erde so weit anwachsen, daß es ohne heute noch nicht vorhersehbare Durchbrüche in der Naturwissenschaft und der Technologie nicht mehr möglich sein wird, diese Menschen ausreichend zu versorgen, wenn die Verbrauchergewohnheiten in den dichtbevölkerten Entwicklungsländern, besonders in China, Indien und Indonesien, denen der Menschen in den Industrieländern folgen.

Korrekturen im demographischen Bereich könnten zur Lösung einiger dieser Probleme beitragen, wie sich das zum Beispiel an dem unerwarteten Rückgang der Geburtenzahlen in weiten Teilen Asiens zeigt.[15] Es gibt aber auch andere, sehr gefährliche Möglichkeiten. Dabei denken wir an Aids und andere pandemische Krankheiten, welche die Bevölkerungen als eine Art neomalthusischer Kontrollmechanismus dezimieren könnten, allerdings mit unvorhersehbaren sozialen, geostrategischen und moralischen Konsequenzen. Wenn es möglich werden sollte, daß Eltern unter Anwendung bestimmter Medikamente das Geschlecht ihrer Kinder bestimmen können, dann wird das natürliche Gleichgewicht zwischen den Geschlechtern verlorengehen, und die Regierungen könnten sich gezwungen sehen, zwangsweise in die intimsten Entscheidungen der Familien einzugreifen, oder es würden völlig andere Familien und soziale Strukturen entstehen, was das menschliche Leben von Grund auf verändern müßte. So hat man in Bombay zum Beispiel verboten, schwangere Frauen mit Ultraschall zu untersuchen, um die Abtreibung der weniger erwünschten weiblichen Embryos zu verhindern, und in Frankreich denkt man daran, Schwangerschaften durch Implantate nach Eintreten des Klimakteriums zu verbieten. Das ist nur der Beginn einer Entwicklung, in deren Verlauf sich vermutlich noch viele ähnliche Probleme ergeben werden.[16]

So ergeben sich im ganzen gesehen aus den demographischen

Tendenzen explosive Probleme, die die Möglichkeiten der Regierungen weit überschreiten, mit dem vorhandenen politischen Instrumentarium moralisch oder gesetzlich einzugreifen.

Wissenschaft und Technologie

Plötzlich eintretende neue demographische Entwicklungen und Umstellungen der Wertbegriffe haben in der ganzen Menschheitsgeschichte immer wieder wesentliche Veränderungen bewirkt. Doch Wissenschaft und Technologie sind erst in unserem Zeitalter zu Faktoren geworden, die unser Leben entscheidend bestimmen. Sie erzeugen, um José Ortega y Gasset zu zitieren, »eine Welt, die sich verändert hat« und nicht »Veränderungen in der Welt«.[17] Zudem vermehren sie die Ungewißheiten im Hinblick auf das 21. Jahrhundert, weil es – wie Karl Popper gesagt hat – logisch unmöglich ist, Art und Inhalt künftiger wissenschaftlicher Erkenntnisse aufgrund dessen vorauszusagen, was wir heute wissen. Auch das Tempo technologischer Neuerungen beschleunigt sich, und damit wird es noch schwieriger, einigermaßen sichere Voraussagen zu machen.

Dennoch lassen sich einige allgemeine Tendenzen erkennen, von denen viele wegen ihrer immensen gesellschaftlichen Bedeutung weitreichende Auswirkungen auf die Regierungstätigkeit haben werden. Im folgenden nennen wir einige von ihnen[18]:

Die modernen Informationstechnologien lassen die Welt zu einem integrierten Ganzen werden, innerhalb dessen die sofortige Herstellung von Nachrichtenverbindungen zwischen einzelnen Personen und Haushalten bis hinauf zu allen staatlichen Institutionen möglich geworden ist. Das beeinflußt den persönlichen Lebensstil ebenso wie das Geschehen auf dem Weltmarkt und in der Politik. Es kann aber auch die menschlichen Denkprozesse beeinflussen, wenn aufgrund wissenschaftlicher Erkenntnisse neue Gebrauchsgegenstände und neue Methoden entwickelt werden, Informationen zu vermitteln. Schließlich werden es diese Informationstechnologien vielleicht auch erlauben, einem möglichst großen Kreis von Menschen neue Erkenntnisse zugänglich zu machen. In der vorhersehbaren Zukunft wird sich die Distanz zwischen Gruppen und Gesellschaften, die aus diesen Informationstechnologien einen Nutzen ziehen können, und denen, die nicht dazu in der Lage sind, erweitern und damit dazu beitragen, daß sich die sozialen Gegensätze zwischen den einzelnen Gesellschaftsschichten vertiefen und die Herstellung einer sozialen Ausgewogenheit immer schwieriger wird.

Das gleiche gilt für den Zugang zu Wissenschaft und Technologie im allgemeinen: Obwohl alle Länder großen Nutzen daraus ziehen könnten, nehmen sie diese Möglichkeiten durchaus nicht im gleichen Maß wahr.[19] Das geht sehr deutlich aus einer kürzlich vorgelegten Studie der UNESCO hervor, die zeigt, welche Unterschiede es beim Zugang zu wissenschaftlichen und technologischen Erkenntnissen gibt und wie unterschiedlich sie genutzt werden.[20]

Die modernen Informationstechniken haben im Zusammenwirken mit Wissenschaft und Technologie dazu geführt, daß die Bedeutung des Begriffs »Distanz« und der Dimensionen des menschlichen und gesellschaftlichen Raumes sich verändert haben. Psychologisch kommen weitere räumliche Dimensionen als Folge der praktischen Realität und der Technologien der Kybernetik hinzu.[21] Weil der Umgang mit dem Begriff des Raumes weitreichende Auswirkungen auf das menschliche Leben und die sozialen Strukturen hat,[22] könnten solche Veränderungen auch radikale Folgen haben, über die sich heute noch kaum etwas aussagen läßt.

Die künstliche Intelligenz ist schon in ihren gegenwärtig noch begrenzten Formen verantwortlich für eine Revolution in den Produktionsprozessen und den Dienstleistungssystemen, die sich mit denen der Erfindung von mit Dampf getriebenen Maschinen oder elektromagnetischen Apparaten vergleichen läßt. Die menschliche Arbeit einschließlich eines großen Teils der geistigen Arbeit wird zunehmend von »intelligenten« Maschinen übernommen, und das wird sich sehr spürbar auf dem Arbeitsmarkt auswirken.[23] In Ländern, die bereit und in der Lage sind, die Hochtechnologie zu nutzen, werden weniger Menschen mehr Güter erzeugen und Dienstleistungen erbringen, wahrscheinlich allerdings nicht menschliche Dienstleistungen, wie sie in der Altenfürsorge erbracht werden. Die Vorteile billiger Arbeitskräfte werden im Wettbewerb auf dem Markt keine so große Rolle mehr spielen, und deshalb wird es angesichts der Zunahme der Bevölkerungszahlen in vielen Entwicklungsländern schwierig werden, für diese Menschen Arbeit zu finden. Schon jetzt erleben wir eine Zunahme des Bruttosozialprodukts, ohne daß weitere Arbeitsplätze geschaffen werden, und neben dem Wohlstand in den reichen Ländern wächst die Zahl der Arbeitslosen. Durch diese neuen Entwicklungen sind viele Wirtschaftstheorien widerlegt worden, die nur für bestimmte Produktionsmethoden zutrafen. Deshalb haben viele ältere Politiker noch nicht begriffen, welche Ursachen zu diesen neuen Situationen geführt haben. Sie müssen feststellen, daß früher erfolgreiche politische Methoden und Taktiken heute überholt sind und nicht die Grundlage für die Entwicklung neuer politischer Verfahren sein können.[24]

Die neuesten Entwicklungen in Wissenschaft und Technik haben dazu geführt, daß relativ unterentwickelte Länder fähig sind, weitgehend unbemerkt Massenvernichtungswaffen herzustellen und einzusetzen. Die biotechnologischen Möglichkeiten erhöhen die Gefahr, die uns durch leicht herzustellende, tödlich wirkende Kampfstoffe droht, die rasch außer Kontrolle geraten können.

Weitere Beispiele für potentielle Auswirkungen von Wissenschaft und Technologie auf die Gesellschaften sind unter anderem: Die Fortschritte in der medizinischen Wissenschaft könnten zu einer wesentlichen Zunahme der durchschnittlichen Lebenserwartung führen und eine Vorausbestimmung des Geschlechts der Kinder ermöglichen. Lebensmittelfabriken könnten billige Nahrungsmittel in unbegrenzter Menge herstellen. Es könnten Verfahren entwickelt werden, billige und sichere Energiequellen zu erschließen, zum Beispiel durch die kontrollierte Kernfusion. Neue Technologien könnten im Umweltschutz eingesetzt werden, vielleicht bei der Ausschaltung des Treibhauseffekts und der Vermeidung der Umweltverschmutzung zu vertretbaren Kosten. Schließlich könnte durch Genmanipulationen das Klonen möglich werden, um selektiv neue Lebensformen zu schaffen und sogar die menschlichen Erbanlagen zu verändern.[25]

Genauer betrachtet sind Wissenschaft und Technologie daher direkt und indirekt die Haupttriebkräfte der sich gegenwärtig vollziehenden Veränderungen. Das alles erschwert es, dafür zu sorgen, daß sich Wissenschaft und Technologie in eine positive Richtung entwickeln. Ihrem Wesen nach bestimmen Wissenschaft und Technologie, besonders in den Demokratien, die Richtung selbst. Die Regierungen stellen ihnen für wichtige Aufgaben mehr oder weniger Geld zur Verfügung, aber die Märkte und die für die Landesverteidigung zuständigen Behörden haben einen größeren Einfluß auf die wirtschaftlichen Möglichkeiten von Wissenschaft und Technologie als die Entscheidungen der Wissenschaftspolitik. Gewisse Technologien können von den Regierungen verboten werden, oder die Wissenschaftler selbst weigern sich unter dem Druck der Öffentlichkeit oder aus persönlichen und ethischen Gründen, in diesen Bereichen zu arbeiten; und schließlich können solche Vorhaben so kostspielig sein, daß die Regierungen die dafür notwendigen Mittel nicht zur Verfügung stellen. Doch im allgemeinen haben die Regierungen kaum einen Einfluß darauf, was im Bereich von Wissenschaft und Technologie geschieht. Damit bleiben Aktivitäten, die die Zukunft der Menschheit wesentlich mitbestimmen, außerhalb der Kontrolle der Öffentlichkeit und der dadurch gegebenen Einschränkungen, wenngleich die Regierungen oft ihre Vorhaben mit wissenschaftlichen Argumenten rechtfertigen.[26] Es ist richtig, daß die eigenen Entscheidungen der Wissenschaftler und Techniker eine gewisse Bedeutung haben, sie können aber die Hauptrichtungen, in die sie sich entwickeln, nur geringfügig beeinflussen, und die Ergebnisse unterscheiden sich oft sehr stark von den daran geknüpften Erwartungen und Wünschen.

Wenn man nicht grundsätzlich davon überzeugt ist, daß Wissenschaft und Technologie, wenn sie sich in der von ihnen selbst bestimmten Richtung weiterentwickeln, ohne von den Regierungen beeinflußt zu werden, in den meisten Fällen nur günstige Ergebnisse erzielen werden und daß kein Aspekt ihrer Arbeit einen ernsten Schaden verursachen kann, dann ist diese Situation durchaus besorgniserregend. Andererseits ergeben sich aus dem Eingreifen der Regierenden in die Bereiche der Wissenschaft und Technologie ebenfalls erhebliche Risiken, denn auf diese Weise können wichtige Entdeckungen behindert und demokratische Freiheiten gefährdet werden. Skrupellose Regierungen können sich dabei strategische Vorteile verschaffen, während ihre Intervention auf wissenschaftlichem Gebiet kaum irgendwelche Vorteile erbringen wird. Deshalb steht die Menschheit im Hinblick auf die Überwachung der Wissenschaft und Technologie vor einem echten Dilemma. Gewisse interessante, von der Gemeinschaft der Wissenschaftler unternommene Versuche, diese Probleme in eigener Verantwortung zu lösen, zeigen, daß es möglich sein könnte, dafür geeignete Mechanismen zu entwickeln. Doch grundsätzlich muß man wohl sagen, daß die gegenwärtige Neigung der Regierenden, diese Fragen damit zu beantworten, daß man sie ignoriert, oder sie nur rhetorisch zu behandeln und gelegentlich einzugreifen, wenn es darum geht, Geld zu sparen, die Bedürfnisse der Wirtschaft und Industrie oder andere Impulse zu berücksichtigen, die schlechteste aller Optionen ist. Darüber hinaus verstehen die meisten hochrangigen Politiker so wenig von Wissenschaft und Technologie, daß sie nicht in der Lage sind, den Sinn der entscheidenden wissenschaftspolitischen Fragen oder die Probleme und Möglichkeiten der Wissenschaft und Technologie für die Gesellschaften, die Wirtschaften und die Menschheit als Ganzes zu begreifen und zu bewerten.

Leben wir auf dieser Erde in verschiedenen Welten?

Die in den einzelnen Ländern und Regionen herrschenden Verhältnisse werden entscheidende politische und moralische Auswirkungen auf die Zukunft der ganzen Menschheit haben. Sie lassen sich nach bestimmten Kriterien beurteilen. Das sind unter anderem der Lebensstandard, das Niveau der kulturellen Entwicklung, die Regierungsformen und die Frage, ob es sich jeweils um befriedete oder häufig von Unruhen heimgesuchte Gebiete handelt. In einigen dieser Länder hat es in den vergangenen dreißig Jahren viele Veränderungen gegeben. In Südostasien haben wir zum Beispiel aufgrund seiner dynamischen Wirtschaft einen rapiden Aufschwung erlebt, und die wirtschaftliche Entwicklung in China verläuft sehr viel rascher als erwartet. Es ist daher unmöglich, auf diesem Gebiet sichere Voraussagen zu machen. Die Schwierigkeiten bei der Beschaffung von Daten, der Interpretation und beim Anstellen von Vergleichen erhöhen noch diese Unsicherheit, und es ist besonders riskant, ohne ein fundiertes Wissen über Vergangenheit und Gegenwart Vermutungen über künftige Entwicklungen zu äußern.

Dennoch scheint es klar zu sein, daß es auch während der kommenden fünfzig Jahre und wahrscheinlich sogar viel länger große Unterschiede in der Entwicklung der einzelnen Länder und Gebiete geben wird und Reichtum und Mangel sehr ungleich verteilt sein werden. Insgesamt wird sich der Abstand zwischen den Reichsten und Ärmsten nicht wesentlich verringern und vielleicht sogar vergrößern, selbst wenn sich die wirtschaftliche Situation für die meisten Menschen stetig verbessern wird.

Die Aussichten auf die Entwicklung in den »friedlichen« und den unter »inneren Unruhen« leidenden Zonen müssen pessimistischer beurteilt werden, denn nach den uns vorliegenden Schätzungen von Fachleuten werden etwa 85 Prozent der gesamten Menschheit künftig in den letzteren leben.[27] Dieser sich erweiternde Abstand zwischen den Gesellschaften, die sich einer nach außen und innen gesicherten Existenz erfreuen, und denen, die sich ständig bedroht fühlen müssen, ist eine der größten Herausforderungen und eine ernste Gefahr für alle. Im allgemeinen entspricht die Diagnose von Octavio Paz, »eine Erde, vier oder fünf Welten«, auch weiterhin der Wirklichkeit.[28]

Die Unterschiede und der Existenzkampf zwischen den Kulturen und ihren Einflußsphären werden voraussichtlich zunehmen und sich verschärfen, besonders zwischen den christlichen, islamischen und konfuzianischen Traditionen.[29] In diesem Bereich könnte es weltweit zu den größten Spannungen kommen, wenn sich dabei auch manche Gelegenheit zur Zusammenarbeit ergeben wird und es nicht unbedingt zu Konflikten kommen muß. Übereinstimmungen zwischen kulturellen Werten und Erfolg im wirtschaftlichen und politischen Bereich[30] können die Situation aber auch erheblichen Belastungen aussetzen.

Im Bereich des Welthandels werden vermutlich auch weitere Wirtschaftsblöcke entstehen, von denen einige (wie die Europäische Union) stärker integriert sein werden als andere (wie etwa die Wirtschaftsgemeinschaft der Länder in Südostasien). Die Handelspolitik wird wahrscheinlich protektionistischer werden, und das könnte sogar Handelskriege mit weitreichenden geopolitischen Auswirkungen auslösen.[31] Aber die zunehmende Bedeutung der transnationalen Handelsfirmen könnte zur Öffnung der heute noch auf der ganzen Welt bestehenden Handelsgrenzen führen.[32] Im Zusammenwirken mit dem weltweiten Informationsfluß[33] sollte dieser Faktor dazu beitragen, die wirtschaftlichen und kulturellen Konflikte abzubauen und zugleich die Schwächen der Regierungen verdeutlichen, die versuchen, den Welthandel zu regulieren.

Die Zukunft der Weltpolitik ist die bei weitem wichtigste Frage, denn hier geht es um die Möglichkeit mit Gewalt und vielleicht unter Einsatz von Massenvernichtungswaffen ausgetragener Konflikte und ihre Auswirkungen auf die internationale Zusammenarbeit. Als Alternativen bieten sich eine relativ friedliche Weltordnung oder eine Periode erneuter Konflikte zwischen den Supermächten[34] an, in deren Verlauf es zu Gewaltanwendung, zu nuklearen Bedrohungen und sogar zu Kriegen größeren Ausmaßes kommen kann. Es könnten auch neue Arten von Konflikten entstehen, wenn zum Beispiel relativ kleine und unterentwickelte Länder reiche und mächtige Staaten und vielleicht die ganze Menschheit unter Druck setzen, indem sie mit dem Einsatz von Massenvernichtungswaffen wie zum Beispiel biologischen Kampfmitteln drohen.[35] Paradoxerweise erhöht sich die Ungewißheit der Zukunft gerade deshalb, weil die Gestaltung der Weltpolitik in erster Linie Sache der Regierungen ist und in den Regierungen oft die Launen und Gewohnheiten weniger Einzelpersönlichkeiten ihr Verhalten bestimmen, aber auch die erheblichen Schwankungen unterworfene öffentliche Meinung und die jeweilige innenpolitische Situation. Alle diese Gefahren und Chancen erhöhen die Risiken und verlangen eine Reform der Regierungstätigkeit.

Ökologie und Biosphäre

Die Problematik der Ökologie und der Biosphäre wird in vielen theoretischen Studien[36], in der Fachliteratur, in Büchern für einen weiten Kreis interessierter Leser[37] und in den Schriften angesehener und erfahrener Politiker[38] ausführlich behandelt. Es ist daher nicht notwendig, noch einmal auf bekannte Probleme einzugehen wie die Zerstörung der Ozonschicht, mögliche »Treibhauseffekte«, die Bedrohung der biologischen Vielfalt oder der natürlichen Lebensgemeinschaften auf dieser Erde sowie die Probleme des sauren Regens, der Bodenerosion, der Zerstörung der Urwälder, der sicheren Lagerung nuklearen Abfalls und dergleichen.

Statt dessen könnte es hilfreich sein, kurz zu erwähnen, wo sich die Probleme der Ökologie und Biosphäre vor allem auf die Regierungstätigkeit auswirken, um damit auf die Notwendigkeit von deren Reform hinzuweisen.

Beachtliche Fortschritte sind im Bereich des Umweltschutzes erzielt worden: zum Beispiel durch die United Nations Convention on the Law of the Sea, durch den Vertrag über die Nutzung der Antarktis, die Zusätze zum Ozonvertrag und im geringeren Maß mit der Überwachung des Jagens und des Handels mit vom Aussterben bedrohten Spezies. Das zeigt, daß die Regierungsbehörden und viele andere Institutionen außerhalb der Regierungen durchaus in der Lage sind, gewisse Probleme zu lösen. Damit wird die These bestätigt, daß »eine Koalition der Gutwilligen«[39] viel erreichen kann, und es ergeben sich daraus beachtenswerte Modelle für das Wirken internationaler Organisationen.[40]

Untersucht man jedoch genauer, was die internationalen Bemühungen um den Umweltschutz erreicht haben – soweit dies angesichts der raschen Veränderungen in diesem Bereich, der bisher nur unzureichend erforscht wurde, möglich ist[41] –, dann zeigt sich sehr deutlich, daß weitere Fortschritte dringend notwendig sind. Wahrscheinlich werden die Regierungen mit der bisher vorhandenen Behördenstruktur die kritischen Probleme der Umwelt und der Biosphäre nicht lösen können. Dazu müßten die entsprechenden internationalen Institutionen gestärkt und ihre Fähigkeit, neue Verfahren zu entwickeln, verbessert werden, damit sehr schwierige ethische Entscheidungen getroffen werden können.

Wertmaßstäbe, Glaubensvorstellungen und Ideologien

Wertmaßstäbe, Glaubensvorstellungen und Ideologien stellen zusammen mit Wissenschaft und Technologie eine wesentliche Dimension internationaler Veränderungen dar, allerdings eine schwer überschaubare. In der Literatur erfahren der Fundamentalismus[42], die Zukunft der Religionen[43], die religiösen Vorstellungen von der Zukunft[44] und natürlich das Ende des sowjetischen Kommunismus mit seinen nachfolgenden Problemen[45] besondere Beachtung. Doch im großen und ganzen ist die Zukunft der Wertmaßstäbe, Glaubensvorstellungen und Ideologien eine große Unbekannte.

Die für die folgenden fünfzig Jahre gegebenen Möglichkeiten reichen vom Fortbestehen des Status quo in ähnlicher Form bis zu der radikalen Hinwendung zu einem alles erfassenden Fundamentalismus oder zu neuen Ideologien, seien diese nun menschenfreundlich oder fanatisch und aggressiv. Zu einer Zeit weitreichender internationaler Veränderungen sind die Chancen, daß infolge einer allgemeinen Trägheit alles beim alten bleiben wird, verhältnismäßig gering. Und obwohl es in der Vergangenheit meist viele Jahre dauerte, große Massen für neue Ideen und Wertmaßstäbe zu begeistern, könnte das im Zeitalter der Massenmedien nicht mehr zutreffen. Das zeigt sich zum Beispiel darin, wie sich die Wertmaßstäbe der »Grünen« sehr rasch Geltung verschafft haben und zur politischen Kraft geworden sind. Zugegebenermaßen lassen sich im Rückblick viele Vorläufer der heutigen »Grünen« ausmachen[46], aber das gilt wahrscheinlich auch für die meisten anderen Wertbegriffe, die plötzlich allgemein anerkannt worden sind.

Jedenfalls müssen wir zugeben, daß wir nicht wissen können, welche Wertvorstellungen in Zukunft gelten werden. Das stellt die Regierenden vor neue Schwierigkeiten, wenn sie versuchen wollen, mehr oder weniger aktiv bestimmte Wertvorstellungen zu fördern und die Akzeptanz anderer zu verhindern. Auch die Aufgaben internationaler Institutionen werden sich nicht so leicht lösen lassen, wenn sie hinsichtlich der Wertmaßstäbe vor Ungewißheiten und Widersprüchlichkeiten gestellt werden, zum Beispiel wenn sie es verhindern wollen, daß aggressive Ideologien die internationale Sicherheit und die Zukunft der Menschheit gefährden.

Schließlich sollten sich die Verantwortlichen der Tatsache bewußt sein, daß es gewisse, wenn auch entfernte Möglichkeiten für eine rapide Verschlimmerung der Lage gibt. Das sind:
- nicht durch menschliches Eingreifen in die Umwelt erzeugte klimatische Instabilitäten;[47]
- das Herabregnen von Kometen oder Asteroiden auf die Erde, die schwere Verheerungen anrichten können, eine Gefahr, die vielleicht ein weltweites Abwehrsystem rechtfertigt;[48]
- menschliche Aktivitäten im Weltraum, die ethische Fragen aufwerfen[49], deren Beantwortung nach den heute geltenden moralischen Maßstäben nicht möglich ist, oder
- wissenschaftliche und technologische Durchbrüche auf dem Gebiet der Energieversorgung, in der Biotechnologie und der Gentechnologie, die es dem *Homo sapiens* ermöglichen, die charakteristischen Merkmale seiner Spezies zu verändern.

Angesichts der Tatsache, daß es auch in der Vergangenheit nicht immer möglich gewesen ist, zutreffende Vorhersagen über künftige Entwicklungen zu machen[50], wird es ebenfalls im Lichte der vielen nicht vorhersehbaren Schwankungen im Verlauf der gegenwärtigen Veränderungen mit Sicherheit zu Überraschungen kommen, die alles übertreffen, was wir uns vorstellen können.

Um zu der Metapher von dem in viele Richtungen führenden Labyrinth zurückzukehren, müssen wir sagen, daß die für die zu treffenden Maßnahmen Verantwortlichen in eine viel schwierigere Lage geraten können als der General in seinem Labyrinth[51], wenn sie sich zu unangemessenem Handeln oder Unterlassen entschließen, und zwar wenigstens zum Teil, weil sie nicht begriffen haben, wo die Grundursachen für die Veränderungen liegen, und deshalb günstige Gelegenheiten nicht wahrnehmen und sich auf erhebliche Risiken einlassen. Um diese Gefahren des Handelns oder Unterlassens zu verringern, müssen die Regierungen und die gesamte Bevölkerung in ihrem Denken und Handeln den Veränderungen gerecht werden. Das erfordert angemessene Denkmodelle, die alle Ungewißheiten, Überraschungsmöglichkeiten und Unregelmäßigkeiten ebenso berücksichtigen wie die in die gleiche Richtung weiterführenden Tendenzen. Diese Modelle lassen sich mit neuen Verwendungsmöglichkeiten der Kartographie vergleichen, wenn sie den Regierenden als Hilfsmittel dienen sollen, die zu Beginn des modernen Europa geltenden Richtlinien den gegenwärtigen Bedürfnissen entsprechend umzugestalten.[52]

Um mit den globalen Veränderungen fertig zu werden, brauchen die an den Schaltstellen der Macht sitzenden Politiker eine neue »Kartographie«, die den radikalen Turbulenzen und Gewißheiten ebenso gerecht wird wie einer möglichen Kontinuität.

5. Kapitel

Schwierigkeiten im Bereich der politischen Kultur

Der Begriff »politische Kultur« kann je nach kulturellem und linguistischem Kontext verschiedene Bedeutungen haben. Hier umfaßt er die Wertmaßstäbe, Glaubensvorstellungen, Normen und Postulate des Regierens und der Politik im Zusammenhang mit den Merkmalen der gesellschaftlichen Beziehungen, die unauflöslich mit diesen verknüpft sind.[1] Sie verleihen nach Lucian Pye den politischen Prozessen ihre Ordnung und Bedeutung. Almond und Verba nennen noch weitere Elemente: kognitive Orientierungen, das heißt das politische System kennzeichnende Erkenntnisse und Vorstellungen; affektive Orientierungen, das sind die damit verbundenen Gefühle und die Bewertung all dieser Aspekte.[2]

Die politische Kultur und ihre Dynamik stellen hohe Anforderungen an die Fähigkeit zu regieren. Man spricht oft vom Konzept der »Regierbarkeit« – allerdings gewöhnlich in der negativen Form der »Unregierbarkeit« –, das vor allem in den 1970er Jahren von vielen gebraucht und mißbraucht wurde, und zwar kombiniert mit Varianten wie »Legitimationskrise«, »Regierungskrise« usw.[3] Jenseits solcher modischen Begriffe ergeben sich vier Haupttypen von Problemen im Bereich der politischen Kultur. Das sind innenpolitische Schwierigkeiten in den demokratisch regierten Ländern, Spannungen zwischen den politischen Kulturen innerhalb der Länder und den Erfordernissen der Außenpolitik, Probleme bei den Versuchen, die Demokratie zu verbreiten, und das teilweise Versagen internationaler Institutionen.

Schwierigkeiten innerhalb der Demokratien

Viele Probleme, mit denen die Regierungen in den demokratischen (und nichtdemokratischen) Ländern zu kämpfen haben, entstehen im Bereich der politischen Kultur und der für sie zuständigen Institutionen. Zu diesen Schwierigkeiten kommt es vor allem in den folgenden Situationen:[4]

Die Legitimität des Staates und der politischen Autorität wird heute weniger bereitwillig anerkannt, und die überzeugten Nonkonformisten fühlen sich weniger an die von der Mehrheit gefaßten Beschlüsse gebunden.

Auch andere das Leben in den Gemeinwesen mitbestimmende Organisationen verlieren an Einfluß: In vielen Ländern leiden zum Beispiel die Gewerkschaften an einem deutlich erkennbaren Mitgliederschwund, ihre Führung verliert den Kontakt zur Basis, »Aktionskomitees« ergreifen die Initiative und drängen die Mitglieder zu militanten Aktionen.

Die Regierungen geraten immer stärker unter den Druck von Interessengruppen, und dabei verringert sich ihr Handlungsspielraum.[5] Selbst relativ kleine Gruppen können Massendemonstrationen organisieren und zwingen damit sogar »starke« Staaten, ihre Politik zu ändern, wie dies zum Beispiel die französischen Bauern getan haben.

Zugleich werden neue politische Körperschaften international anerkannt und konkurrieren mit den Nationalstaaten, zum Beispiel regionale und ethnische Gruppen oder den einzelnen Ländern übergeordnete Organisationen wie die Europäische Union. Neue ideologische Bewegungen wie die der »Grünen« werden ebenfalls von weiten Kreisen unterstützt, zumindest bis sie sich zu einer politischen Partei zusammengeschlossen haben.

Der Einfluß der Massenmedien nimmt ständig zu und macht die Politik immer mehr zu einer Art Zirkus (obwohl das nicht neu ist – man denke nur an die politischen Verhältnisse in den absolutistisch regierten europäischen Staaten[6]). Damit wird das Verlangen der Öffentlichkeit nach Erregung und Vergnügen befriedigt (vielleicht eine moderne Version der Methode, die Massen mit »Brot und Spielen« für sich zu gewinnen), was wiederum die Politiker veranlaßt, sich mit Hilfe der Medien vor der Öffentlichkeit zu profilieren, und zwar nach dem Prinzip des *videor ergo sum* (»ich werde gesehen, daher existiere ich«[7]); diese Aufgabe übernimmt eine neue Berufsgruppe von politischen Marketingspezialisten.

Die Staatsautorität wird durch ihre Entmystifizierung und einen zunehmenden Zynismus in der Beurteilung der Politiker unterminiert. Diese Tendenzen kommen unter anderem in dem Verlangen zum Ausdruck, daß sich die Regierungen gegenüber der Öffentlichkeit weiter öffnen sollten, daß die Massenmedien eine gewisse Aufsichtsfunktion haben müßten, daß mehr für die Allgemeinbildung getan werden sollte, aber auch in der Bestechlichkeit, Korruptheit und Überheblichkeit der Politiker und der Tatsache, daß die Regierungen ihre Versprechen nicht einlösen und nicht das tun, was man von ihnen erwartet.

Die Amtsperioden der Regierungen in den modernen Demokratien sind viel kürzer als die für die Erfüllung wichtiger Aufgaben erforderliche Zeit. Einige Aktionsgruppen wie die »Grünen« empfehlen eine Verlängerung dieser Amtsperioden. Aber im großen und ganzen werden die Prioritäten unter dem Druck zeitlich engbegrenzter Forderungen bestimmt.

Gegenwärtig ist die politische Kultur in den westlichen Ländern weniger durch Ideologien gekennzeichnet, da die meisten Parteien die dringenden Probleme mit ähnlichen Mitteln zu lösen suchen. Obwohl sich die Kandidaten im Wahlkampf genötigt sehen, Meinungsunterschiede in den Vordergrund zu stellen, nimmt das Fehlen realistischer Alternativen den politischen Debatten viel von ihrer Heftigkeit; an ihre Stelle treten vom Fernsehen übertragene Streitgespräche zwischen den Spitzenkandidaten. Die Parteien verlieren allmählich ihre beherrschende Stellung, und ein immer höherer Prozentsatz der Bürger lehnt das politische Establishment ab. Zugleich bekennen sich Präsidenten und Premierminister gelegentlich zu bestimmten ideologischen Grundsätzen, aber gewöhnlich ohne daß sich die politische Linie für längere Zeit verändert.[8]

Im großen und ganzen nimmt die Bedeutung der Einzelpersönlichkeiten in der politischen Kultur der westlichen Länder zu, und auch das ist zum Teil den Massenmedien zu verdanken. Doch auch andere Kräfte festigen die Positionen der Premierminister und Präsidenten, wie zum Beispiel die Gipfeltreffen und die offensichtliche Notwendigkeit für eine klar überschaubare interministerielle Politik. Zudem treiben Desorientierung und Trauma die Menschen dazu, ihre Unsicherheit dadurch zu kompensieren, daß sie sich auf die Fähigkeiten herausragender und angesehener Persönlichkeiten verlassen, was wiederum das politische Leben in den Demokratien in Richtungen lenkt, die noch nicht deutlich erkennbar sind.

Daß kontroverse Probleme wie zum Beispiel die Frage nach dem Beitritt zur Europäischen Union oder nach der Verwendung der Kernenergie immer häufiger durch Volksentscheide gelöst werden, beweist erneut, daß die hergebrachten politischen Verfahren bestimmten Situationen nicht gerecht werden, es aber noch keine befriedigenden Alternativen gibt.

Einer der größten Erfolge der politischen Kulturen in den westlichen Ländern ist ihre Fähigkeit gewesen, eine zehn- bis fünfzehnprozentige Arbeitslosigkeit zu verkraften. Die politische Stabilität blieb vor allem deshalb erhalten, weil der Staat für die Arbeitslosenunterstützung relativ hohe Summen ausgeben konnte; wir können jedoch heute noch nicht sagen, welche vielleicht außerordentlich schädlichen Auswirkungen eine chronische, stetig zunehmende Arbeitslosigkeit auf die Dauer haben wird.

Es zeichnen sich aber auch noch sehr viel verhängnisvollere Entwicklungen ab, wie etwa die Fremdenfeindlichkeit und Ablehnung der Einwanderer. Diese Haltung wird offenbar von einem wesentlichen Teil der Bevölkerung unterstützt, und zwar auch in traditionell toleranten Gesellschaften.[9] Und als Reaktion auf die Abkehr von den Ideologien läßt sich eine Tendenz in Richtung auf eine »Politik der Resakralisierung« erkennen.[10] Die Anhänger dieser neuen Glaubensrichtungen lassen sich von starken Emotionen leiten, und ihre Bestrebungen gehen nach Meinung der Mehrheit weit über das hinaus, was toleriert werden darf. Dazu gehören auch neue Versionen eines aggressiven und unbelehrbaren Nationalismus.[11] Auch die Wirtschaft zeigt Anzeichen für die Zunahme »theologischen Denkens«.[12] Im Zusammenwirken mit möglichen antidemokratischen Kräften der postmodernen Kulturen[13] können so neue Formen eines gefährlichen Fanatismus entstehen[14], und zwar selbst in Ländern mit einer langen demokratischen Tradition.

Spannungen zwischen der politischen Kultur in den einzelnen Ländern und außenpolitischen Erfordernissen

Eine besondere Herausforderung für die Regierungen ergibt sich aus den Spannungen zwischen außenpolitischen Problemen und Möglichkeiten auf der einen und den von der politischen Kultur erzwungenen Einschränkungen der Handlungsfreiheit durch die allgemeinen sozialen Wertmaßstäbe auf der anderen Seite.[15] In den Demokratien bedürfen außenpolitische Entscheidungen der innenpolitischen Unterstützung oder Zustimmung.[16] Doch die neu entstehenden, die Innenpolitik maßgebend beeinflussenden politischen Kulturen erzwingen besonders einschneidende Beschränkungen der Handlungsfreiheit demokratischer Regierungen im Bereich der Außen- und Weltpolitik und widersprechen damit sehr deutlich den auf längere Sicht zu erwartenden Erfordernissen. So verhindert zum Beispiel der innenpolitische Druck die Einführung einer Einwanderungspolitik, die notwendig wäre, um den von außen auf diese Länder ausgeübten Druck zu verringern;[17] die öffentliche Meinung kann die Teilnahme an internationalen friedenserhaltenden Maßnahmen verhindern, und die großzügige Unterstützung armer Länder mit den dort dringend gebrauchten Hilfsmitteln wird mit an Sicherheit grenzender Wahrscheinlichkeit auf den Widerstand eines großen Teils der Bevölkerung stoßen.

Sehr viel gefährlicher können die mit langatmigen Erklärungen begründeten Versuche sein, die westlichen Länder gegen die »neuen Barbaren« abzugrenzen[18], wobei die Dritte Welt als ein Gefahrenherd angesehen wird. Das erinnert an die These Oswald Spenglers vom *Untergang des Abendlandes* und an einige Aussagen von Ibn Khaldun – es sei denn, aus der Dritten Welt würde eine verwässerte Version des Westens, dessen moralische Überlegenheit man anerkennen müßte.

In den Entwicklungsländern nehmen die Widersprüche zwischen der politischen Kultur im Innern und den Erfordernissen der Außenpolitik noch gefährlichere Formen an. Viele Entwicklungsländer, besonders die kleinen, befinden sich in der unmöglichen Lage, von starken internationalen Organisationen wie der Weltbank und führenden Industrieländern dazu gedrängt zu werden, politische

Entscheidungen zu treffen, die ihrer politischen Kultur widersprechen und die dazu beitragen werden, ihre Regierungen zu destabilisieren. Das könnte auch in Rußland geschehen, wo der Westen versucht, die Wirtschaftsreformen in seinem Sinne zu beeinflussen, ohne auf die politische Kultur Rücksicht zu nehmen.

Schwierigkeiten bei dem Versuch, andere Länder zur Einführung demokratischer Regierungsformen zu veranlassen

Der vom Westen auf nicht demokratisch regierte Länder ausgeübte Druck, sich der Demokratie zu öffnen, führt zu weiteren Problemen als Folge der Gegensätze zwischen äußeren Einflüssen und der jeweiligen politischen Kultur. Wir sollten uns der Tatsache bewußt sein, daß politische Kulturen das Ergebnis eines vielfachen Zusammenwirkens einander beeinflussender und überschneidender Faktoren sind. Das sind die Geschichte der in diesen Ländern beheimateten Gesellschaften und Zivilisationen, die dort geltenden Glaubenssysteme, die sozialwirtschaftlichen und technologischen Strukturen und die Verbreitung von Ideen, welche die Menschen veranlassen, andere Lebensformen zu imitieren, zu übernehmen oder abzulehnen, wobei sie den jeweiligen Bedürfnissen der Bevölkerung mehr oder weniger angepaßt werden. In wenigen Ausnahmefällen wie in Japan und in Deutschland nach dem Zweiten Weltkrieg sind fremde Kulturen zwangsweise, aber mit Erfolg in anderen Ländern eingeführt worden.[19] Wenn es jedoch nicht zu solchen erzwungenen Quantensprüngen kommt, gehen die Auswirkungen dieser Faktoren in vielen Ländern in die verschiedensten Richtungen, was dazu führt, daß die politischen Kulturen unter zunehmenden Streß geraten. Die Spannungen nehmen zu, wenn sich die Bevölkerung gegen die Einführung von Symbolen und Produkten der westlichen Massenkultur wehrt, weil sie darin eine Gefährdung der bodenständigen Kultur erblickt.[20]

Wir dürfen auch nicht vergessen, daß die unterschiedlichen geschichtlichen Erfahrungen dazu führen, daß die Menschen gegenüber den verschiedensten Regierungsformen eine jeweils andere

Haltung einnehmen. So haben die Völker Ostasiens anders als die im Westen noch keine Erfahrungen mit der Demokratie oder sehr tyrannischen und aggressiven Diktaturen gemacht, so daß ihre politischen Kulturen eher gewillt sind, »wohlwollend autoritäre«, »gemäßigt autoritäre« oder »pluralistisch autoritäre« Regierungen als reale Alternativen zu akzeptieren und zu unterstützen, weil die Menschen glauben, sie könnten die wirtschaftliche Entwicklung damit besser voranbringen.[21] Die Bemühungen, in der Dritten Welt auf westliche Erfahrungen gestützte Reformen einzuführen, stoßen deshalb auf »politische Übergangskulturen« und erbringen bestenfalls eine Mischung aus positiven und negativen Ergebnissen.[22]

Dennoch läuft die Entwicklung in den meisten Fällen in Richtung auf eine mit der Marktwirtschaft verbundene liberale Demokratie westlichen Typs.[23] Man muß sich jedoch davor hüten, oberflächlichen Phänomenen und nur kurze Zeit andauernden Vorgängen zu große Bedeutung beizumessen. Es besteht ein riesiger Unterschied zwischen den formalen Strukturen demokratischer Institutionen und der Art und Weise, wie sie in der Praxis funktionieren. Dafür gibt es viele Möglichkeiten je nach der Kultur und den besonderen, vor allem historischen und kulturellen Eigenarten der einzelnen Länder. Es kommt aber auch auf die Größe und Zusammensetzung der Bevölkerung, die ethnische und religiöse Struktur und den traditionellen Lebensstil an. So sind zum Beispiel sowohl die Niederlande als auch Indien Demokratien, aber ihre politischen Kulturen und die reale Bedeutung des Begriffs der Demokratie gleichen sich in keiner Weise. Nach Almond und Verba besteht eine Bevölkerung aus ungleich großen Gruppen, und zwar den politisch völlig Uninteressierten, den Bürgern, die sich für die Erfolge und Mißerfolge der Politik interessieren, und denen, die sie aktiv beeinflussen. Zudem erzeugt das hierarchische Gesellschaftssystem in Indien[24] eine ganz andere Art der Demokratie als der niederländische egalitäre Lebensstil.

So groß die Unterschiede auch sein mögen und obwohl Indien mit ernsten Schwierigkeiten zu kämpfen hat, ist dieses Land eine Demokratie, und zwar eine beeindruckende. Ganz anders liegen die Dinge in jenen hochentwickelten nichtwestlichen Kulturen, die bisher noch niemals über eine längere Zeit von westlichen Mächten beherrscht worden sind. Das herausragende Beispiel ist China. Es muß sehr stark bezweifelt werden, daß eine liberale Demokratie der westlichen Art in China oder einigen anderen Kulturen eingeführt werden kann, wie etwa in Teilen der islamischen Welt. Auch wenn man dort formaldemokratische Institutionen einführte, würden sich ihre Bedeutung und ihre Arbeitsweise wesentlich von den ethnozentrischen Vorstellungen und Erwartungen unterscheiden, die im Westen an sie geknüpft sind.

Die Unterschiede in den politischen Kulturen lassen es daher unmöglich erscheinen, daß sich die Erwartungen und Wünsche erfüllen werden, überall auf der Welt liberale Demokratien westlicher Prägung einzuführen. Bei solchen Versuchen werden unter Umständen gewisse demokratische Grundvorstellungen akzeptiert werden, auch wenn sie sich in der praktischen Durchführung voneinander unterscheiden; sie können aber auch schädliche Auswirkungen haben wie in manchen Teilen Afrikas, wo sich die Gründung von »Nationalstaaten« kontraproduktiv ausgewirkt hat.[25] Wir sollten Kulturen, die nicht bereit oder in der Lage sind, liberale demokratische Ideen in sich aufzunehmen, nicht voreilig als »minderwertig« beurteilen. Was die Durchführbarkeit und Erwünschtheit betrifft, so waren die pluralistischen Vorstellungen von Johann Gottfried Herder richtiger als das von Kant entworfene Bild einer kosmopolitischen Welt.[26] Diese Folgerung wird noch überzeugender, wenn wir die Bedeutung der Religionen oder anderer fundamentaler Glaubenssysteme als entscheidende Stütze der politischen Kultur anerkennen, wie dies auch Eric Voegelin mit Bezug auf die heutige Zeit tut.[27]

Nach einer ähnlichen Analyse lassen sich »fundamentale Institutionen« nur schwer vorsätzlich verändern und entstehen im allgemeinen recht langsam, während »zweitrangige Institutionen« nicht stark genug sind, um die Fundamente der politischen Kultur verändern zu können.[28] Diese Auffassung wird entschieden bestätigt von einer gründlichen empirischen Studie über die Demokratie in einzelnen italienischen Regionen[29] von Robert D. Putman, deren Ergebnisse sich etwa wie folgt zusammenfassen lassen: »Aus unseren Untersuchungen ergeben sich die folgenden Erkenntnisse: *Der*

soziale Kontext und der geschichtliche Hintergrund beeinflussen ganz wesentlich die Wirksamkeit von Institutionen. Auf fruchtbarem Boden gewinnen die Regionen die für ihren Bestand notwendigen Kräfte aus den regionalen Traditionen; wo der Boden jedoch unfruchtbar ist, verkümmern die neuen Institutionen.«[30]
Was daraus folgt, ist klar und läßt erhebliche Zweifel an der Durchführbarkeit dessen entstehen, was mit gewissen Schlagworten in der gegenwärtigen politischen Auseinandersetzung gefordert wird, und zwar ganz abgesehen von allen vernünftigen Überlegungen.

Man darf nicht erwarten, daß die liberale Demokratie westlicher Prägung sehr bald überall auf der Welt eingeführt werden wird. Die Grundideen der Demokratie mögen zwar weitgehend anerkannt werden, doch wieweit sie in der praktischen Politik Ausdruck finden, hängt von den jeweiligen politischen Kulturen ab. Alle Bemühungen, die äußeren Merkmale formaler Institutionen ohne die entsprechenden Veränderungen in der politischen Kultur zu kopieren, können deshalb zum Teil kontraproduktiv sein.

Das teilweise Versagen internationaler Organisationen

Doch wenn in einer Welt, in der die Menschen immer mehr voneinander abhängig sind – trotz der Risiken, die beim Aufeinandertreffen gegensätzlicher Glaubenssysteme und Regime entstehen –, ein harmonisches Zusammenleben oder zumindest eine Koexistenz und Zusammenarbeit im Umgang mit internationalen Problemen möglich sein soll, dann müssen gewisse gemeinsame Elemente der politischen Kultur entwickelt werden, um die Grundlage für eine künftige Weltregierung und den Fortschritt auf dem Wege zu einer *raison d'humanité* zu bilden. Trotzdem sprechen viele Anzeichen dafür, daß diese Entwicklung zur Anarchie ausarten kann.[31] Wenn die internationale Zusammenarbeit und die Verbreitung von Ideen und Technologien aber eine Lösung bringen, könnte es notwendig werden, sich einer »kulturellen Architektur« zu bedienen, um zumindest einige wesentliche Elemente einer gemeinsamen internationalen politischen Kultur zu schaffen. Das ist eine sehr schwierige Aufgabe, besonders da es noch keine internationale bürgerliche Gesellschaft gibt, die es verdient, als solche bezeichnet zu werden.[32] Das wird eine harte Bewährungsprobe für die Bemühungen aller internationalen Organisationen sein.

Bewußt herbeigeführte Veränderungen in gewissen politischen Kulturen mögen notwendig sein, um den Kern einer »globalen politischen Kultur« zu schaffen, zu stärken und für seine Wirkungsmöglichkeiten in jede Richtung zu sorgen, während zugleich der Wert der politischen Kultur anerkannt wird und die Menschen ermutigt werden, sich um ihre Pflege zu bemühen.

In vielen Ländern leiden diejenigen, die sich um die Bewahrung und Förderung der politischen Kultur bemühen, unter dem Gefühl der Hilflosigkeit, obwohl sich die materiellen Lebensverhältnisse im allgemeinen gebessert haben. Mit wenigen Ausnahmen wie etwa in Ostasien scheint dieses Gefühl der Hilflosigkeit große Teile der an den Regierungen mitwirkenden Eliten und der gesamten Bevölkerung ergriffen zu haben. Das zeigt sich auch sehr deutlich an dem in den Presseberichten nicht erwähnten Verhalten der Staatsoberhäupter auf den Gipfeltreffen, die viel Zeit damit zubringen, einander vorzujammern, daß sie nicht wüßten, was sie tun sollten, oder die recht vernünftige Ideen haben, aber von der politischen Kultur und von den Vertretern einzelner Interessengruppen daran gehindert werden, die notwendigen Maßnahmen zu treffen.

In vielen Ländern herrscht in weiten Kreisen das Gefühl, es ginge »bergab«[33], wobei zum Teil keine objektiven Gründe dafür angegeben werden können. In dieser Situation fällt es sogar hochrangigen Politikern schwer, die richtigen Entscheidungen zu treffen, und ihr Verhalten gleicht dem Herumirren in einem Labyrinth[34] und kann sich vielleicht sogar noch verhängnisvoller auswirken.[35] Eine wichtige Voraussetzung für die Regierungsfähigkeit wird es in der vorhersehbaren Zukunft sein, daß die Regierenden lernen, in Krisensituationen mit dem Regierungssystem umzugehen und den »neuen Erfordernissen der hohen Politik« zu genügen.[36]

Es könnte durchaus sein, daß die Auswirkungen der weltweiten Veränderungen in all ihren Dimensionen einen grundsätzlichen Wandel in dem Verständnis für die Politik und in der politischen Kultur insgesamt bewirken.[37] Daraus ergibt sich vielleicht die Möglichkeit für die Entwicklung einer neuen Sozialpsychologie in der Politik[38], einschließlich der Chancen für eine stärkere Demokratisierung in einer den verschiedenen politischen Kulturen angemessenen Form.[39] Eine Verbesserung der Regierungsfähigkeit ist um so dringender erforderlich, wenn man sicherstellen will, daß sich politische Kulturen in eine positive Richtung entwickeln und gefährliche Zufälligkeiten vermieden werden.

6. Kapitel

Übergeordnete Aufgaben der Regierenden

Die ungezählten regulären Aufgaben der Regierenden dürfen uns nicht vergessen lassen, welche Verantwortung sie für die Zukunft der Gesellschaft und der gesamten Menschheit tragen. Diese Verantwortung muß im Mittelpunkt der Bemühungen liegen, die Regierungstätigkeit so umzugestalten, daß sie mit globalen Veränderungen umgehen und sie lenken können.

Die Bemühungen, die Regierungsfähigkeit zu erhöhen, sollten sich auf die übergeordneten Aufgaben konzentrieren, mit denen die Zukunft gestaltet wird. Die mit Problemen, deren sofortige Lösung erforderlich ist, überbelasteten Regierungen vernachlässigen gewöhnlich diese Aufgaben, weil sie an die Leistungsfähigkeit der Regierenden extrem hohe Ansprüche stellen.

Zu den vorrangigen Aufgaben gehören die Beurteilung der jeweiligen politischen Situation, die Entwicklung realistischer, auf geltende Wertmaßstäbe gegründeter politischer Ziele als Basis für das Erreichen einer Übereinstimmung in Grundsatzfragen und das Erarbeiten umfassender politischer Leitgedanken zur Lenkung der gesellschaftlichen Fortentwicklung. Diese politischen Aspekte müssen ergänzt werden durch ein selektives radikales Eingreifen zur Beeinflussung gegenwärtiger Entwicklungstendenzen und durch ein ständiges Lernen, um auf die Reaktionen der Menschen und veränderte Situationen angemessen eingehen zu können.

Diese Auffassung vom Wesen der vorrangigen Aufgaben einer Regierung verdeutlicht, daß eine Regierung sehr viel mehr sein muß als legal, leistungsfähig, erfolgreich, kompetent, reaktionsfähig usw., so wichtig das auch sein mag. Von einer Regierung, die eine so hohe Verantwortung zu tragen hat, können wir nicht weniger als das Beste akzeptieren, und jeder Versuch, solche Aufgaben mit den »normalen« Qualitäten eines modernen Regierungsapparats zu bewältigen, könnte unter Umständen mehr schaden als nützen.

Wenn wir die verschiedenen Lösungsmöglichkeiten untersuchen, erkennen wir, daß es bei der Gestaltung der Zukunft auf die Erfüllung einer ganzen Reihe vorrangiger Aufgaben ankommt. Erstens müssen sich die Politiker darüber klarwerden, welche Möglichkeiten es für die Veränderung der Zukunft der ganzen Menschheit, aber auch bestimmter Gesellschaftssysteme gibt[1], denn dies ist der Bereich, in dem in erster Linie Entscheidendes getan werden muß. Die Auswirkungen eines solchen Eingreifens können positiv und negativ sein, und die Verantwortlichen sollen nicht nur dafür sorgen, daß es keine negativen Folgen gibt, und alle positiven Möglichkeiten wahrnehmen, sondern sie sollten sich auch darum bemühen, die Voraussetzungen für eine weitere Entwicklung der Gesellschaft zu schaffen. Das bedeutet, man sollte es vermeiden, in Sackgassen zu geraten, wie das früher oft geschehen ist, und sich energisch für radikale Veränderungen einsetzen, wenn die Entwicklung offensichtlich in die falsche Richtung läuft. Singapur ist für den Erfolg solcher Bestrebungen ein gutes Beispiel.[2]

Man kann dabei auch von der Vorstellung ausgehen, daß die Menschheit immer wieder auf Wegkreuzungen stößt, an denen es keine Wegweiser gibt. Ein solches Bild zeichnet der konfuzianische Philosoph Hsün-tzu im 3. Jahrhundert v. Chr.: »Yang Chu weinte am Wegekreuz und sagte: ›Ist es nicht hier, daß man einen halben Schritt in die falsche Richtung tut, um erst nach tausend Meilen aufzuwachen?‹« Angesichts von Ungewißheiten, in einer unübersichtlichen Lage wichtige Entscheidungen zu treffen, ist eine der Hauptaufgaben der Regierungen, die Richtung der gesellschaftlichen Entwicklung positiv zu beeinflussen. Das erfordert eine viel größere Bereitschaft der Regierenden und der Gesellschaft, es mit Unwägbarkeiten aufzunehmen, als sie heute in unseren risikofeind-

lichen politischen Kulturen besteht, und es ist in jedem Fall ein
»Glücksspiel mit der Geschichte«. Die Entscheidungen der Regierungen erfordern daher, wie alle menschlichen Wagnisse, viel
Mut.³ Und selbst wenn die Verantwortlichen ihr Bestes geben,
können ihre Entschlüsse durchaus tragische Folgen haben.⁴

*Obwohl es für die heutigen risikofeindlichen politischen Kulturen
ein schwerer Verstoß gegen alle geltenden Grundsätze ist, haben die
Regierenden keine andere Wahl; sie müssen sich auf das Glücksspiel mit der Geschichte einlassen, wenn sie angesichts schwer zu
definierender Unsicherheiten und nicht zu beseitigender Imponderabilien Entscheidungen treffen müssen.*

Drittens müssen die Regierenden fähig sein, sich angesichts drohender Unruhen die Handlungsfreiheit zu bewahren. Das erfordert
eine Mischung aus vier Strategien, deren jede hohe Anforderungen
an die Regierungsfähigkeit stellt:

Erstens sollten die Regierenden in der Lage sein zu erkennen, mit
welchen Veränderungen sie in ihrem Verantwortungsbereich rechnen müssen, und vorbeugende Maßnahmen treffen, um neuen Situationen gerecht werden zu können. Dazu gehört aber auch die
Bereitschaft, unerwartete Gelegenheiten zu nutzen. Das ist jedoch
in einer Periode globaler Veränderungen sehr schwierig und oft
unmöglich.

Zweitens kommt es darauf an, sich rasch auf die schon erfolgten
Veränderungen einzustellen und diese Vorgänge sofort richtig zu
diagnostizieren. Aber auch das ist schwierig, weil es Regierungen
und Gesellschaften gewohnt sind, starr an ihren Vorstellungen
festzuhalten.⁵

Drittens muß die jeweilige Gesellschaft nach außen abgeschirmt
werden, um nach Möglichkeit die unerwünschten Einwirkungen
von Veränderungen in ihrem Umfeld zu reduzieren, wie etwa eine
Bedrohung der kulturellen Einzigartigkeit; außerdem muß ermöglicht werden, daß sich wenigstens einige Aspekte der Gesellschaft
verhältnismäßig unabhängig von dem entwickeln können, was in
ihrem Umfeld geschieht. Doch angesichts der globalen Wechselwirkungen und gegenseitigen Abhängigkeiten ist es nicht leicht, solche

Abwehrmaßnahmen auf die Dauer aufrechtzuhalten. So wird es oft günstiger sein, die innerhalb einer jeden Gesellschaft gegebenen charakteristischen Merkmale zu stärken, damit sie sich erfolgreich gegen äußere Einflüsse zu wehren vermag.

Viertens müssen alle Anstrengungen unternommen werden, die Entwicklungen im Umfeld der Gesellschaft zu beeinflussen, anstatt nur auf sie zu reagieren. Das ist eine vielversprechende Strategie, sie erfordert jedoch die qualitativ oder quantitativ geeigneten Fähigkeiten, die zur Wirkung zu bringen jedoch nicht einfach ist. Das ist ein Hauptmotiv für die Schaffung überregionaler Gruppierungen wie etwa der Europäischen Union, weil die Fähigkeit der Länder, von außen wirkende Kräfte zu beeinflussen, wesentlich gestärkt wird, wenn sie als geschlossener Block auftreten.

Eine ähnlich bedeutsame und erstrangige Aufgabe der Regierungen ist es, sich auf die Verbesserung der Wettbewerbsfähigkeit zu konzentrieren.[6] Diese Aufgabe liegt vor allem im wirtschaftlichen Bereich, gilt jedoch auch im Wettbewerb um hochqualifizierte menschliche Reserven und im Hinblick auf die Sicherheitsbedürfnisse für die Abwehr möglicher Feinde. Was die internationalen Organisationen betrifft, so muß auch hier die Fähigkeit, im Interesse der *raison d'humanité* zu handeln, gestärkt werden, um sich gegenüber der Staatsräson und anderen zentrifugalen Kräften behaupten zu können. Der Wettbewerb schwankt zwischen Zusammenarbeit, Konflikt und neutraler gegenseitiger Beeinflussung im jeweils eigenen Interesse. Hier ist es die wichtigste Aufgabe der Regierenden, den Wettbewerb durch Zusammenarbeit zu mäßigen und dabei seine Vorteile zu nutzen, indem man sich zu Neuerungen anregen läßt und etwas daraus lernt.

Eine weitere vorrangige Aufgabe der Regierenden ist es, sich an »großen Unternehmungen« zu beteiligen[7] – und zwar sowohl an umfassenden Maßnahmen zum Wohle der Allgemeinheit als auch an bedeutenden materiellen Projekten. Das ist auch dann notwendig, wenn es reizvoll erscheint, in kleinen Dingen Erfolg zu suchen, denn ein solcher Erfolg reicht oft nicht aus, unerwünschten weitreichenden Entwicklungen Einhalt zu gebieten.[8] Bemühungen um den Erhalt der Regenwälder und den Schutz der Bevölkerungen vor

Überschwemmungen sowie Maßnahmen zur Rüstungskontrolle gehören in diese Kategorie.

Zwar ist der Erfolg weitreichender politischer Maßnahmen oft durchaus ungewiß, aber wenn die Weigerung, sich an einem großen Projekt zu beteiligen, mit Sicherheit schweren Schaden verursacht oder verhindert, etwas sehr Vorteilhaftes zu bewirken, kann das politische Glücksspiel gerechtfertigt sein. Folglich sollte man sich den gegenwärtigen Tendenzen der politischen Kultur im Westen, bedeutende Vorhaben wie die großen Bewässerungsprojekte in Indien und China abzulehnen, entgegenstellen und erst wenn man nach genauer Untersuchung der Kosten, Vorteile und Risiken feststellt, daß sie sich nicht verantworten lassen, die Beteiligung daran ablehnen.

Wenn wir hier von »umfassenden« Vorhaben sprechen, dann bezieht sich das nicht nur auf den Umfang der Hilfsmittel und der politischen Instrumente, sondern auch auf die für die Durchführung erforderliche Zeit. Die Widersprüche zwischen der Notwendigkeit, eine weit in die Zukunft vorausschauende Politik zu treiben, und der Neigung der gegenwärtigen politischen Kulturen und Regierungen, dies zu vermeiden – unter anderem wegen der in den demokratischen Ländern relativ kurzen Amtsperioden[9] –, sind für die Regierungen ein besonderes Hindernis, gegen das unbedingt etwas unternommen werden muß.

Um künftige Entwicklungen entsprechend den politischen Erfordernissen beeinflussen zu können, müssen bestimmte politische Vorhaben über lange Zeit konsequent verfolgt werden, wenn auch unter Berücksichtigung der dabei gemachten Erfahrungen. Das heißt, die Regierungen müssen eine zukunftsorientierte politische Linie verfolgen.

Weitreichende politische Vorhaben verlangen nicht unbedingt eine »umfassende Vorausplanung« oder eine »ausgewogene Entwicklung«, und in einer unübersichtlichen Lage ist es nicht möglich, die zu ergreifenden Maßnahmen in allen Einzelheiten vorauszubestimmen. Die Politik muß sich vielmehr auf die wichtigsten Bereiche konzentrieren, um dort große und sogar überraschende Wirkungen zu erzielen, wie dies von Albert O. Hirschman gefordert wird.[10] In einem anderen Zusammenhang haben wir diese Strategie als »selektiven Radikalismus« bezeichnet.

Als nächstes erfordert die Bewältigung dieser vorrangigen Aufgaben von den Regierungen und der Gesellschaft Kreativität, die Bereitschaft, aus Erfahrungen zu lernen, und Aufgeschlossenheit gegenüber neuen Ideen. Nach einer weitverbreiteten Auffassung wäre es nicht schwierig, die großen Probleme, denen sich die Menschheit gegenübersieht, zu lösen, wenn die verantwortlichen Politiker nicht korrupt und töricht wären oder sich von kleinlichen Interessen leiten ließen und es gelänge, die Menschen besser aufzuklären. Doch das ist falsch. Aber die meisten in der Literatur und in der politischen Diskussion gemachten Vorschläge eignen sich nicht zur Lösung der wichtigsten Probleme, mit denen einzelne Länder und die gesamte Menschheit zu kämpfen haben. Die falsche Logik, nach der »bestimmte Maßnahmen getroffen werden müssen und dies daher auch möglich ist«, oder der Glaube an irgendeinen *deus ex machina* verstärken nur die Selbsttäuschung hinsichtlich der vermeintlichen »Lösungen« für die Probleme der Welt.

Um künftige Entwicklungen entscheidend beeinflussen zu können, müssen die Regierungen daher neue politische Alternativen finden und entwickeln. Noch wichtiger ist es, daß die Menschen dazu angeregt werden, sich im sozialen Bereich mit der Wirklichkeit vertraut zu machen und, wenn notwendig, umzulernen[11], und bereit sein, Neuerungen durchzuführen. Das kommt sehr gut in einer OECD-Studie über die Neugestaltung der Politik zum Ausdruck – wobei man an die Stelle des Wortes »Jahrzehnt« das Wort »Jahrhundert« setzen und das Gesagte für alle Länder und nicht nur für die hochentwickelten gelten sollte: »Die Aufgabe, der sich während des folgenden Jahrzehnts alle hochentwickelten Länder stellen müssen, ist die Entwicklung einer Kultur der Flexibilität und Anpassung, einer Kultur der Neugestaltung.«[12] Doch es geht noch um sehr viel mehr: Wenn wir glauben, daß die gegenwärtigen politischen Kulturen und Interessensphären auf die Dauer die gleichen bleiben, ergibt sich zuwenig Raum für vernünftige politische Optionen, um Schwierigkeiten und Chancen angemessen zu erkennen und wahrzunehmen. Deshalb müssen die verantwortlichen

Politiker die Tyrannei des *Status quo* überwinden und es vermeiden, sich durch die Definition der Politik als der »Kunst des Möglichen« in eine Falle locken zu lassen. Statt dessen müssen sie versuchen, das Notwendige zu ermöglichen, und zwar durch die Erziehung der Öffentlichkeit, eine Verfeinerung der politischen Kultur und eine neue Art, den demokratischen Willen zum Ausdruck zu bringen.

Die Regierungen neigen dazu, sich in erster Linie auf das Wirtschaftswachstum[13] und andere Aufgaben zu konzentrieren, die nichts mit einer Erneuerung des politischen Systems zu tun haben, und das genügt nicht: Geringe Verbesserungen der bisherigen Methoden können den zahlreichen neuen Bedürfnissen und den sich rapide verändernden Situationen nicht gerecht werden. Um die Regierungskapazität zu steigern, bedarf es eines größeren Ideenreichtums im Hinblick auf die Arbeitsweise in den staatlichen Organisationen, obwohl ein solcher größerer Ideenreichtum oft nur schwer zu erreichen ist.

Viele Institutionen und aktiv am öffentlichen Leben Beteiligte außerhalb der Regierungen sind eher bereit und in der Lage als diese, Neuerungen durchzuführen. Das sind zum Beispiel Wirtschaftsverbände, bestimmte Bürgerinitiativen und geistige Eliten. Regierungsbehörden, besonders in den Regierungen der einzelnen Länder, sollten daher bestimmte Aufgaben anderen Körperschaften übertragen, die sie befriedigender lösen könnten, und sie dabei unterstützen und überwachen.

Die Gesellschaften sind durchaus in der Lage, mit vielen Problemen fertig zu werden, müssen sich dazu aber selbst verändern, um die globalen Veränderungen unbeschädigt zu überstehen. Das ist ein schwieriger und schmerzlicher Vorgang, der durch eine zu starre Haltung in der Gesellschaft behindert wird.[14] Daher ist es eine weitere vorrangige Aufgabe der Regierung, die Gesellschaft zu ermutigen, sich neuen Ideen zu öffnen und sich selbst in Übereinstimmung mit den geltenden Grundwerten und einer sich rasch entwickelnden Umwelt zu verändern. Das wird die Regierung unter anderem veranlassen, zumindest eine »sanfte« Umstrukturierung der Gesellschaft vorzunehmen, zumal man nicht annehmen darf, daß sporadische gesellschaftliche und wirtschaftliche Entwicklungen ausreichen, alle Bedürfnisse zu befriedigen, was in Wirklichkeit jedoch nicht geschieht.

Aber das ist noch nicht alles. Die Regierungen können sich ihrer Verantwortung für eine Verbesserung des Erziehungswesens nicht entziehen, und zwar besonders angesichts des zunehmenden, oft »erziehungsfeindlichen« Einflusses der Massenmedien. Das ist weniger eine Sache des Schulsystems als der Politiker, die sich ihres positiven oder negativen Einflusses auf die Erziehung nicht bewußt und nicht darauf vorbereitet sind, einen wesentlichen Einfluß auf die geistige Entwicklung ihrer Mitmenschen zu nehmen.[15]

Die nächste vorrangige Aufgabe betrifft insbesondere Probleme, die als Folge globaler Veränderungen deutlich geworden sind. Die Regierungen können es nicht vermeiden, dort eine wichtige Rolle zu spielen, wo es um höchst umstrittene Werturteile geht: um die sogenannten »tragischen Entscheidungen«,[16] bei denen unvereinbare absolute Wertmaßstäbe gegeneinander abgewogen werden müssen.

Um zu zeigen, daß Werturteile im Hinblick auf die meisten wichtigen Fragen notwendig werden, die sich aus den globalen Veränderungen ergeben, müssen wir nur an die Frage der internationalen Rechtsprechung und Gerechtigkeit, die sich auf dem Gebiet der Genmanipulation ergebenden ethischen Probleme, die Bedürfnisse der heute in Armut lebenden Menschen gegenüber denen künftiger Generationen und die schwer zu beantwortende Frage erinnern, ob erhebliche Mittel eingesetzt werden müssen, um eine Gefährdung der Umwelt zu vermeiden, die unter Umständen gar nicht eintreten wird. Jede Tageszeitung berichtet über solche Beispiele, wie etwa die Kontroversen hinsichtlich der Abtreibung, die Meinungsverschiedenheiten darüber, wie viele Soldaten einer Nationalität eingesetzt werden sollen, um die Sicherheit einer anderen zu gewährleisten, und vieles andere. Das alles zeigt deutlich den Mangel an Übereinstimmung. Es zeigt aber auch, daß die Regierenden auf allen Ebenen nicht darauf vorbereitet sind, die Frage nach der Gültigkeit bestimmter Wertmaßstäbe zu entscheiden, und daß sie für das Abgeben von Werturteilen dort, wo es sich um widersprüchliche Auffassungen handelt, die vereinbarten Verfahren keine befriedigende Lösung mehr bringen.

Globale Veränderungen erschweren zutreffende Werturteile und können zu tragischen Entscheidungen führen. Daß traditionelle Wertmaßstäbe ihre Gültigkeit verlieren und daß an ihre Stelle keine neuen getreten sind, erhöht die Schwierigkeiten. Es müssen deshalb neue Regierungsformen gefunden werden, um Werturteile in wichtigen Lebensbereichen entsprechend vereinbarten Verfahrensregeln und ethischen Prioritäten zu ermöglichen.

Eine zunehmend wichtiger werdende vorrangige Aufgabe besteht darin, die jeweiligen Regierungen in die zwischenstaatlichen und internationalen Beziehungen zu integrieren. Für die einzelnen Staaten wird es im Lauf der Zeit immer schwieriger, den an sie gestellten großen Aufgaben zu genügen, ohne mit anderen Staaten zusammenzuarbeiten, über den Staaten stehende Organisationen zu bilden und sich an den politischen Aufgaben internationaler Institutionen zu beteiligen. Das erfordert wesentliche Veränderungen in den Strukturen der einzelnen Regierungen und führt uns zu der letzten vorrangigen Aufgabe des Regierungsapparats: Das ist seine für die erfolgreiche Bewältigung der vorrangigen Aufgaben notwendige Umstrukturierung. Sie darf jedoch nicht der Regierung allein überlassen werden, weil diese oft nicht in der Lage ist, aus einem gewissen Abstand die Möglichkeiten für die Überwindung organisatorischer, bürokratischer oder politischer Erstarrung zu erkennen. Deshalb haben die gesellschaftlichen Akteure eine wichtige Funktion zu erfüllen: Sie müssen die Verantwortlichen zur Umstrukturierung des Regierungsapparats ermutigen, sie fordern und unterstützen sowie dazu selbst vernünftige Vorschläge machen. An dieser Stelle führt uns die Darstellung der vorrangigen Aufgaben des Regierens zurück zum eigentlichen Thema dieses Buches und damit zu der schwierigen Frage, die von denen beantwortet werden muß, welche die politischen Entscheidungen treffen:

Ist es möglich, die Qualität der Regierungskapazität dort, wo es darauf ankommt, in genügendem Maß zu steigern, oder sind wir dazu verdammt, die Aufgabe der Gestaltung unserer Zukunft primitiven Regierungsformen zu überlassen, die mehr oder weniger die gleichen sind wie die heutigen?

Lösungsvorschläge

7. Kapitel

Wege zu einer Reform des Regierungsapparats

Nachdem wir uns eingehend mit der Problematik beschäftigt haben, wenden wir uns nun den Entscheidungsprozessen zu und behandeln spezifische Vorschläge für eine Reform der Regierungsapparate. Da es unmöglich ist, dieses Thema ausführlich zu behandeln, konzentrieren sich die Vorschläge auf bestimmte Ebenen und Aspekte der Regierungskapazität, die ich für die bedeutendsten halte und am besten kenne. Deshalb wird meine Darstellung gewisse Lücken aufweisen, die, wie ich hoffe, andere ausfüllen werden.

Die Vorschläge betreffen auch wesentliche Fragen im Zusammenhang mit vorrangigen Aufgaben der Regierungen auf allen Ebenen, von den an der Basis arbeitenden Bürgerbewegungen bis zu den internationalen Institutionen, wobei es mir nicht möglich war, auf jede einzelne Frage wirklich erschöpfend einzugehen. Die wichtigsten Dimensionen der Regierungsarbeit werden jedoch angesprochen. Dazu gehören die zu berücksichtigenden Grundwerte, die Rechtsprechung, die Strukturen, die Frage nach der persönlichen Eignung der Regierungsmitglieder, die Verfahren und die Kultur, wobei es unvermeidlich ist, daß sich diese Bereiche gelegentlich überschneiden. Legen wir die traditionelle Vorstellung von der Gewaltenteilung zugrunde, dann richten sich die Reformen auf die Legislative, die Judikative und die Exekutive sowie auf die in der chinesischen politischen Theorie als »Zensur« bezeichnete Funktion. Damit ist die Beurteilung der Leistungen in den einzelnen

Teilbereichen des Regierungsapparats gemeint (und nicht eine Zensur im heutigen Sinn wie etwa die Pressezensur, die Zensur von Filmen). Doch viele Vorschläge gehen über diese konventionellen Kategorien hinaus und richten sich in verschiedener Weise auf die einzelnen Dimensionen der Regierungstätigkeit.

Für die Entwicklung von Reformvorschlägen verwenden wir vier Methoden. Die erste und wichtigste ist normativ und richtet sich darauf, die Regierenden zu veranlassen, bei ihrem Handeln höhere Wertmaßstäbe anzulegen. Alle bedeutenden Glaubenssysteme verlangen von den Regierungen die Befolgung bestimmter moralischer Verhaltensregeln: So erwarten zum Beispiel gewisse Religionen, daß sich die Regierenden einem göttlichen Gesetz und seinen Vertretern auf Erden unterordnen. Auch der klassische Konfuzianismus hat eine für die Regierenden geltende ethische Konzeption entwickelt. Der Kommunismus strebt die Herrschaft des Proletariats oder seiner Vertreter an. Ein wesentlicher Bestandteil dieser Reform ist auch die Einbeziehung der Rechtswissenschaften, des öffentlichen Rechts und der Rechtsprechung im allgemeinen.

Diese Normen stehen auch im Mittelpunkt der politischen Philosophie und des öffentlichen Interesses, und zwar von Perikles und Plato im klassischen Griechenland bis zu den heute geführten Auseinandersetzungen über den Feminismus, die Rechtsprechung, das Genossenschaftswesen oder das Freidenkertum.

Die moderne Demokratie gründet sich natürlich auf eine Vielzahl von Werten. Das sind zum Beispiel die Rechte des Individuums, die Volksvertretung in den verschiedensten Formen und das Eigentumsrecht. Sie lassen sich historisch und analytisch nach den obengenannten Normen begründen, werden in der politischen Philosophie und im politischen Gespräch neu interpretiert und sind in den politischen Kulturen verwurzelt.

Die zweite und relativ einfache Methode, das politische Leben zu reformieren, besteht in der Beseitigung von Störungen. Sie beginnt mit der Feststellung der Hauptschwächen des gegenwärtigen Regierungsapparats und seiner Anfälligkeit für Irrtümer – entweder mit Hilfe einer wissenschaftlichen Untersuchung oder anhand der praktischen Erfahrung. Anschließend müssen Gegenmaßnahmen entwickelt werden. Eine vielfach dokumentierte Schwäche der Regierenden ist zum Beispiel das »Gruppendenken«, wobei die Überlegungen von Gruppen allgemein dazu führen, daß die Angehörigen jeder Gruppe ihre Hauptaufgabe darin sehen, einander zu unterstützen, nicht aber die vorhandenen Probleme zu lösen.[1] Ein weiteres Beispiel ist etwa der »Mißbrauch der Geschichte«, den man, wie Nietzsche das schon in brillanter Weise dargestellt hat, auch in den höchsten Regierungskreisen antreffen kann.[2] Ein drittes Beispiel ist die Weigerung, aus Erfahrung zu lernen; auch diese Schwäche ist bei vielen politisch Verantwortlichen anzutreffen.[3] Darüber hinaus führt die Tatsache, daß eine Regierung stets aus einer ganzen Reihe von Ministerien besteht, dazu, daß für wichtige Probleme nur Teillösungen gefunden werden, nicht aber eine von allen Regierungsmitgliedern erarbeitete Gesamtlösung. Das ist eine Schwäche, die die Regierungen erkannt haben und zu überwinden suchen,[4] gewöhnlich allerdings mit geringem Erfolg.

Die Regierungen leiden auch unter der gefährlichen Neigung, sich unter dem Druck der Wähler »auf aktuelle Probleme zu konzentrieren und es zu vermeiden, sich mit fernerliegenden, aber oft sehr viel grundsätzlicheren Angelegenheiten zu beschäftigen«.[5] Sie zeigen jedoch auch noch viele andere Schwächen.[6]

Wenn solche Schwierigkeiten erkannt und verstanden werden, lassen sie sich auch beseitigen, zumindest teilweise. So können zum Beispiel einzelne Gruppen im positiven Sinne beeinflußt werden, das »Gruppendenken« aufzugeben. Der Mißbrauch der Geschichte läßt sich vermeiden, wenn man erfahrene Historiker an den politischen Entscheidungsgremien mitarbeiten läßt und die für die politischen Entscheidungen Verantwortlichen lehrt, »historisch zu denken«. Die Lernfähigkeit kann durch Arbeitsgruppen erhöht werden, in denen die Menschen dazu angeleitet werden, Erfahrungen richtig zu beurteilen. Der zeitliche Horizont der Regierenden läßt sich durch die Verlängerung ihrer Amtsperioden erweitern. Dabei wird der Einfluß nichtgewählter Ausschüsse, deren Aufgabe es ist, über politische Langzeitvorhaben nachzudenken (sogenannter »Denkfabriken«), im Rahmen einer »gemischten« Theorie der Demokratie bestärkt, und eine besser unterrichtete Öffentlichkeit wird sich mehr für politische Fragen interessieren. Schließlich werden sich auch aktivere Bürgerinitiativen zunehmend wichtigen

Langzeitproblemen zuwenden, wie etwa dem Umweltschutz. Eine dritte Methode zur Reform der Regierungstätigkeit basiert auf praktischen (das heißt zweckdienlichen und nicht normativen) Modellen des »optimalen« oder des dem bisherigen »vorziehenden« Verhaltens der Regierenden. Solche Modelle werden unter anderem von der Philosophie und der Urteilskraft, den verschiedenen Vorstellungen von der »Rationalität«, den Marktmodellen, einer am Gemeinwohl orientierten Wirtschaft, der Theorie der Entscheidungsfreiheit, der Erkenntnistheorie, der Kybernetik, der allgemeinen Systemtheorie, der Organisationstheorie und anderen Disziplinen der Natur- und Geisteswissenschaften geliefert. Aber auch die reichen Erfahrungen, die die Menschheit mit ihren Versuchen einer Reform der Regierungsmethoden im Verlauf der Geschichte und unter den verschiedensten Voraussetzungen gemacht hat, können noch einmal daraufhin untersucht werden, ob sich nicht auch hier wichtige, wenn auch weniger formale praktische Modelle finden lassen. Sehr beachtlich, wenn auch heute unterschätzt, sind die Modelle, die wir in Teilen der klassischen »Fürstenspiegel« finden, die ihrerseits als Ausdruck dessen verfaßt wurden, was kluge Menschen über die Staatskunst zu sagen hatten.

Die vierte Methode unterstreicht die Bedeutung der Vorstellungskraft und Kreativität, die eingesetzt werden müssen, um neue Modelle für handlungsfähige Regierungen zu finden. Zu dieser Methode gehört gewöhnlich auch eine Mischung aus den drei oben besprochenen systematischeren, es kommen aber auch eigene Elemente hinzu. Die Möglichkeiten reichen von Utopien und Schreckensvisionen, optimistischen Zukunftserwartungen und Szenarien für soziale Science-fiction-Filme bis zu präzisen Vorschlägen von erfahrenen und einfallsreichen Praktikern und Fachleuten.

Ein größerer Einfallsreichtum und eine stärkere Kreativität sind dringend erforderlich, weil die bis heute für die Verbesserung der Regierungsfähigkeit vorgetragenen Ideen zwar interessant und erfolgversprechend sind, aber bei weitem nicht ausreichen. Deshalb will ich mit diesem Buch vor allem dazu anregen, von neuem darüber nachzudenken, wie sich die Qualität des Regierungsapparats verbessern läßt.

Unsere Lösungsvorschläge müssen, wie es der Natur der Dinge

entspricht, eine Mischung aus normativen und praktischen Elementen sein. Was die Normen betrifft, so stützen sich die Empfehlungen in der Hauptsache auf die allgemein anerkannten Grundsätze der Demokratie und der Menschenrechte, die hier so umfassend interpretiert werden, daß sie einer Vielzahl von Kulturen und Wertsystemen gerecht werden können. Was die praktische Seite betrifft, so richten sich die Reformen sowohl darauf, die Schwächen der Regierungssysteme zu überwinden und relativ überlegene Modelle zu entwickeln, wie dies in den Vorschlägen zum Ausdruck kommt und dort, wo es notwendig ist, im einzelnen erläutert wird. Dem Zweck dieses Buches entsprechend steht dabei die Praxis gegenüber der Theorie im Vordergrund.[7]

Viele der weniger konventionellen Empfehlungen gründen sich auf die Erfahrungen des Verfassers als Berater mehrerer Regierungen, berücksichtigen aber auch einige von der Philosophie und den Sozialwissenschaften entwickelte Ideen über die Aufgaben einer Regierung. Wir hoffen, daß unsere Erläuterungen der Vorschläge dem Leser helfen werden, sie im Lichte seiner eigenen Erfahrungen, seines Wissens und seiner Wertbegriffe zu beurteilen.

Die Vorschläge werden gemäß den folgenden Grundsätzen vorgelegt:

Die Vorschläge werden so formuliert, daß sie für die verschiedensten äußeren Umstände gelten können. Sie sollen jedoch praktisch verwirklicht werden können, und ihre Durchführbarkeit wird gelegentlich durch Beispiele illustriert, die ihre Anwendung in einem jeweils bestimmten sozialen Umfeld zeigt.

Die Vorschläge versuchen, einem Mittelweg zwischen Wirklichkeit und Utopie zu folgen. Soweit sie durchführbar sind, unterscheiden die Vorschläge zwischen Mindestforderungen und möglichst erfolgreichen Reformen, wobei die ersteren leichter durchzusetzen, aber weniger nützlich sind, während die letzteren höhere Ansprüche stellen, aber bessere Ergebnisse erwarten lassen.

Zum Teil handelt es sich um Vorschläge für sofort in Angriff zu nehmende Verbesserungen, zum Teil aber auch um Empfehlungen für Langzeitprogramme, die eine relativ lange Anlaufzeit brauchen und zyklisch verlaufen müssen.

Einige wenige Vorschläge empfehlen einzeln durchzuführende

Maßnahmen, aber bei den meisten geht es um das Zusammenwirken von Vorhaben, die einander unterstützen und damit ihre Wirkung verstärken.

Die Empfehlungen werden so formuliert, daß die darin erhobenen Forderungen möglichst deutlich zum Ausdruck kommen und zum kritischen und kreativen Denken anregen.

Es ist nicht notwendig, besonders darauf hinzuweisen, daß die empfohlenen Reformen nur einen kleinen Ausschnitt dessen darstellen, was notwendig und möglich ist. Ihre Auswahl wurde durch zwei Kriterien bestimmt: Das waren ihre Bedeutung und mein persönlicher Sachverstand. Sicher sind sie auch nicht ganz frei von Vorurteilen und zeigen deshalb, wo der Verfasser an die Grenzen seines Urteilsvermögens stößt.

Natürlich müssen die Empfehlungen sehr sorgfältig dem jeweiligen sozialen Umfeld angepaßt werden. Obwohl es daher grundsätzlich richtig sein mag, daß die Beteiligung der Bürger an der Regierung durch eine vermehrte Aufklärung der Öffentlichkeit über die Komplexitäten der Politik gefördert werden muß, hängt die Verwirklichung einer solchen Absicht weitgehend von dem Bildungsstand und den in den verschiedenen Gesellschaften vorherrschenden Ideologien ab. Doch viele Empfehlungen wie etwa der Vorschlag, in der Nähe der für die politischen Entscheidungen zuständigen Zentralbehörden Enklaven zu schaffen, innerhalb derer vorbildliche politische Verhältnisse herrschen, zeigen, daß es die verschiedensten Regierungsformen geben kann, wobei allerdings die Einzelheiten den jeweils daran beteiligten Persönlichkeiten, den politischen Institutionen und Kulturen angepaßt werden müssen.

Wie diese Empfehlungen unter bestimmten Voraussetzungen in die Praxis umgesetzt werden, bleibt daher den Lesern überlassen, die solche Reformen entweder nur in ihrer Vorstellung oder, wie zu hoffen wäre, in der Praxis überprüfen wollen.

8. Kapitel

Modell einer möglichen Regierungsform

Es ist nicht schwierig, die verschiedensten Vorschläge für den Entwurf von Regierungsformen zu entwickeln und jeden einzelnen vorzulegen und zu rechtfertigen. Doch wenn man das tut, können einzelne Empfehlungen unbeabsichtigt übernommen oder übersehen werden, und der Zwang zur Rechtfertigung könnte dazu führen, daß man es versäumt, gründlichere Überlegungen anzustellen. Darüber hinaus werden die hinter diesen Empfehlungen stehenden Grundsätze nicht bewertet oder kritisiert. Vor allem aber bietet ein schrittweises Vorgehen nicht die Möglichkeit, die Voraussetzungen für weitere Reformen zu schaffen und sie den jeweiligen besonderen Umständen anzupassen oder Prioritäten zu setzen.

Im Idealfall brauchen wir ein Modell für die Verbesserung der Regierungstätigkeit, um die weltweiten Veränderungen berücksichtigen zu können; doch dafür gibt es bisher noch keine allgemeingültige Theorie.[1] Bis dahin müssen wir uns mit Aushilfen begnügen. Hier verwenden wir ein Protomodell, um zu bestimmen, was erforderlich ist, um eine angemessene Qualität der Regierungsformen sicherzustellen. Die Ergebnisse unserer Überlegungen sollen überzeugend genug sein, um als Basis für die Entwicklung und Bewertung der Reformvorschläge dienen zu können. Dieses Verfahren birgt das Risiko der Simplifizierung und Kurzsichtigkeit in sich, aber Protomodelle haben zu einem besseren Verständnis für die Aufgaben einer Regierung beigetragen und die Entwicklung neuer Regierungsformen ermöglicht, was sie auch in Zukunft tun können. So haben zum Beispiel die Idee des Aristoteles von einer »gemischten Regierungsform«, die von Polybius weiterentwickelt wurde, und das von Montesquieu erarbeitete Konzept der »überwachten Ausgewogenheit« *(checks and balances)* zu recht erfolgreichen Regierungsmodellen geführt, das gleiche ist in China in klassischen konfuzianischen und legalistischen Schulen gelungen.

An dieser Stelle muß ausdrücklich darauf hingewiesen werden, daß es kein abstraktes Modell einer »optimalen« Regierungsform und keine allgemeingültige Konzeption der »bestmöglichen Regierungskapazitäten« geben kann, weil die Eignung der verschiedenen Formen des Regierens von den Wertmaßstäben und den Situationen abhängt, innerhalb derer eine Regierung wirkt. Dabei ist das Tempo der sich jeweils vollziehenden Veränderungen ein entscheidender Faktor, denn ein System kann sich in relativ stabilen Verhältnissen durchaus bewähren, aber zu Zeiten rascher Veränderungen versagen. So ist zum Beispiel eine auf Wirtschaftswachstum ausgerichtete Politik in Situationen relativer Stabilität oft außerordentlich erfolgreich, und Institutionen, die dazu neigen, konservativ und besonders umsichtig vorzugehen, entsprechen durchaus den Erfordernissen, während es zu Zeiten, die von Umwälzungen gekennzeichnet sind, eher darauf ankommt, sich Neuerungen und Experimenten zu öffnen.

Unser Zeitalter weltweiter Veränderungen erfordert daher zumindest teilweise andere Qualitätsmaßstäbe als die aus früherer Zeit übernommenen. Wenn wir auch die Wertbegriffe berücksichtigen, wird das Konzept der »guten« Regierung noch unbestimmter und flüssiger, und alte Modelle müssen genauer überprüft werden.

Um nicht zu ehrgeizig zu sein und der Versuchung zu widerstehen, zuviel von der Leistungsfähigkeit der Regierungen zu erwarten, auch wenn sie die denkbar besten Voraussetzungen dafür zu bieten scheinen, ziehe ich es vor, ein Modell zu entwerfen, nach dem die Regierung »befriedigende« und nicht »außergewöhnliche« oder »hervorragende« Leistungen zeigt. Trotzdem ist das Verlangen nach »Zweckdienlichkeit« auch anspruchsvoll und ehrgeizig, weil die Qualitäten der Regierungsarbeit danach bei weitem alles übertreffen müssen, was wir heute erleben oder in der Vergangenheit praktiziert haben, um die ernsten Gefahren zu vermeiden und die großen Chancen wahrzunehmen, vor denen alle Länder und die Menschheit als Ganzes heute stehen. Ja sogar die höchste Qualität, deren die Regierungen fähig sind, wird vielleicht kaum ausreichen.[2]

Selbst wenn die Erwartungen im Hinblick auf die Leistungsfähigkeit der Regierungen auf das Mindestmaß dessen beschränkt werden, was absolut notwendig ist, wird die höchste Qualität der Regierungsarbeit, die sich vielleicht erreichen läßt, kaum genügen, um angemessen auf die wahrscheinlichen Schwierigkeiten und Chancen zu reagieren, mit denen wir künftig zu rechnen haben. Wir müssen uns daher nach Kräften bemühen, die Leistungsfähigkeit der Regierungen zu verbessern.

Ohne behaupten zu wollen, wir hätten ein revolutionäres neues Modell anzubieten, konzentriert sich das angebotene Protomodell auf sieben fundamentale Forderungen, die erfüllt werden müssen, um die Regierungen zu befähigen, in Zeiten globaler Umwälzungen ihre Aufgaben wahrzunehmen.

Die Regierungen sollten moralisch, von der Zustimmung der Bevölkerung getragen, kraftvoll, von gründlichen Überlegungen geleitet, zum Lernen bereit, kreativ, pluralistisch und entschlußfreudig sein.

Moralität bedeutet viel mehr, als daß die Regierenden bestimmte Grundnormen wie zum Beispiel Freiheit und Demokratie beachten und dann als neutrale Vermittler zwischen den gesellschaftlichen Kräften und den Wünschen der Individuen tätig werden sollten. Vielmehr verlangt das von der Moral geleitete Regieren ein aktives Bemühen um eine deutliche Aufwertung bestimmter Normen, zum Beispiel im Bereich der Demokratie und der Menschenrechte. Es bedeutet auch ein Bemühen um eine Verbesserung der Wertmaßstäbe, die der Regierungsarbeit zugrunde liegen, und dazu gehört die praktische Verwirklichung dessen, was im Sinne der *raison d'humanité* gefordert werden muß. Zudem müssen die Regierungen selbst in ihrem und dem Verhalten ihrer einzelnen Mitglieder und ihres Personals einschließlich der gewählten ranghohen Politiker strengen ethischen Anforderungen genügen. Eine legitime Regierung muß sich von moralischen Grundsätzen leiten lassen, um auftretenden Schwierigkeiten begegnen und Chancen wahrnehmen zu können, besonders wenn es darum geht, das moralische Niveau der ganzen Menschheit zu heben. Aber ein »moralisches« Regieren kann zum Alptraum werden, wenn man nicht sehr genau darauf achtet, welche Werte dabei gefördert werden sollen. Besonders der Fanatismus muß abgelehnt werden, denn er widerspricht der *raison d'humanité* und dem gewaltlosen Pluralismus sowie der hier geforderten Moral. Hätten die Regierenden nur die Wahl, sich entweder aktiv für verderbliche Zwecke einzusetzen oder sich im Hinblick auf ihre Wertmaßstäbe passiv zu verhalten, dann müßten sie sich selbstverständlich für die zweite Möglichkeit entscheiden. Auch wenn es darum geht, sich bei der Auswahl der Herrscher entweder für jene zu entscheiden, die offensichtlich verderbliche politische Ziele verfolgen, oder für andere, denen man nur Korruption und Ausschweifungen vorwerfen kann, dann sind die letzteren das geringere Übel. Aber wenn dies die einzigen Alternativen sind, die wir bei der Wahl unseres Regierungssystems haben, dann sind unsere Zukunftsaussichten in der Tat sehr trübe.

Es bedarf erheblicher Anstrengungen, dafür zu sorgen, daß sich die Regierenden mehr von moralischen Grundsätzen leiten lassen. Dazu muß klargestellt werden, welche Wertmaßstäbe gelten sollen, und es müssen Institutionen geschaffen werden, die die Erfolgschancen einer wertorientierten Regierung erhöhen. Das ist mit Sicherheit die schwierigste und gefährlichste, aber auch wesentlichste Herausforderung für eine Reform der Regierungstätigkeit.

Daß es notwendig ist, das *Einverständnis* der Bevölkerung mit der Regierungstätigkeit zu erreichen, kann auch als moralische Forderung angesehen werden, denn um wirklich moralisch zu sein, muß sich eine Regierung auf die Zustimmung der Bevölkerung verlassen können. Aber dieser Aspekt hat eine so große Bedeutung, daß er als besondere Dimension dieses Modells anerkannt werden sollte. Diese Forderung ist offensichtlich Ausdruck traditioneller demokratischer Werte, läßt aber auch alternative Formen der Zustimmung zu, wie man sie etwa in Asien antrifft, wo wir es mit anderen Wertvorstellungen, Kulturen und gesellschaftlichen Traditionen zu tun haben als im Westen.

Wir erwähnen die Frage nach der Zustimmung bewußt erst, nachdem wir die des moralischen Imperativs behandelt haben, denn diese hat den Vorrang, weil die Gesellschaften sonst Regierungen mit verderblichen Zielen zustimmen könnten, wie dies im nationalsozialistischen Deutschland geschehen ist. In solchen Fällen wäre ein zeitweiliges internationales Eingreifen notwendig, um die moralische Basis des Regierungsapparats wiederherzustellen wie während der Besatzungszeit in Deutschland nach dem Zweiten Weltkrieg.[3]

Die moralischen Erfordernisse haben auch dort den Vorrang, wo die Gesellschaftsstruktur es nicht zuläßt, daß die Zustimmung der Bevölkerung zum Ausdruck kommt. Auch hier kann es gerechtfertigt sein, Regierungen international zu überwachen, um sie zu veranlassen, sich in »sozial verträglicher Weise« zu verhalten.[4]

Ein *energisch* handelnder Regierungsapparat verfolgt einen Weg, der in die entgegengesetzte Richtung dessen führt, was eine Regierung zu tun bereit ist, die sich darauf beschränkt, nur den Mindestanforderungen zu genügen, und nach Möglichkeit passiv bleiben will. Wenn man sich darauf verlassen kann, daß die wichtigsten Aufgaben auf andere Weise erfüllt werden, dann wäre ein »Nachtwächterstaat« der für die Erfüllung seiner Aufgaben nur eine sehr geringe Energie aufwendet, dem ersteren vorzuziehen, um die Risiken zu vermeiden, die jede energische Staatsführung mit sich bringt. Doch unsere Analyse der Problematik führt zu dem unausweichlichen Schluß, daß spontane Entwicklungen und Einrichtungen außerhalb des Einflußbereichs der Regierungen – wie man dies fälschlich von den freien Märkten behauptet hat – nicht allein den menschlichen Fortschritt angemessen fördern können[5], sondern in Wirklichkeit allzuleicht zu weit gehen und zum Zusammenbruch führen.[6] Energisches Handeln ist daher unbedingt erforderlich, wenn die Regierungen ihrer Verantwortung auf die Dauer gerecht werden sollen. Das bedeutet nicht, daß die Regierenden auf vielen Gebieten direkt in das Geschehen eingreifen sollen: Wir beabsichtigen nicht, einen Dirigismus oder eine Kommandowirtschaft in irgendeiner ihrer alten oder neuen Formen zu empfehlen.

Wenn wir sagen, daß ein *gründliches Nachdenken* eine wesentliche Voraussetzung für das Funktionieren des hier dargestellten Modells ist, dann meinen wir damit, daß sich alle verfügbaren intellektuellen Kapazitäten gedanklich und auf hoher Ebene mit den die Regierungstätigkeit betreffenden Problemen auseinandersetzen sollen. Diese Notwendigkeit ergibt sich aus drei Faktoren. Das sind die besonderen Schwierigkeiten als Folge weltweiter Veränderungen, der hohe Preis, der für Fehleinschätzungen gezahlt werden muß, und die Tatsache, daß wir über immer mehr Informationen und Strukturen verfügen, die es ermöglichen, die Qualität der politischen Überlegungen zu steigern.

Das *Lernen* und die *Kreativität* könnten in die Forderung, gründlich nachzudenken, einbezogen werden, aber dieser Aspekt verdient es, wegen seiner großen Bedeutung besonders beachtet zu werden. Die Bereitschaft, ständig zu lernen, ist in Zeiten rapider Veränderungen entscheidend wichtig, und die Kreativität ist eine unabdingbare Voraussetzung zur Überwindung der Unzulänglichkeit der vorhandenen und leicht nach synthetischen Grundsätzen zu behandelnden politischen Optionen.

Die letzten beiden Dimensionen, der *Pluralismus* und die *Entschlußkraft*, müssen im Hinblick auf die Art, wie sie sich gegenseitig beeinflussen, sorgfältig untersucht werden. Auf den ersten Blick scheint es sich um eine ganz banale Frage zu handeln, aber bei genauerem Hinsehen erkennt man, daß es hier um wesentliche Aspekte des politischen Lebens geht. Um den Pluralismus zu fördern, müssen neben den bestehenden neue Formen des politischen Handelns entwickelt werden, zum Beispiel neue regionale und kontinentale Ebenen für die politische Arbeit und neue Bürgerinitiativen. Im Zusammenwirken mit den Bemühungen um die Verwirklichung demokratischer Werte verlangt der Pluralismus, daß den Bürgern mehr Möglichkeiten eingeräumt werden müssen, sich an politischen Entscheidungen zu beteiligen.

Auch wenn man es zunächst nicht erwartet, bedeutet dies auch die Anerkennung der Tatsache, daß die Demokratie eine aus den verschiedensten Bestandteilen zusammengesetzte Regierungsform ist[7], und daß nichtdemokratische Enklaven und Schichten gelegentlich gestärkt werden und nicht unterdrückt werden dürfen. Sie müssen allerdings der demokratischen Kontrolle unterworfen sein, sollten jedoch die Freiheit haben, wichtige Entscheidungen zu treffen und sich an wesentlichen staatlichen Aufgaben zu beteiligen, wie zum Beispiel an vorausschauenden Überlegungen über das Zusammenwirken der Generationen, auch wenn das einer vom Wähler bestimmten politischen Linie widerspricht.

Das eigentliche Problem des Pluralismus liegt jedoch darin, daß er leicht in Sackgassen und zu in ihrer Entwicklung gehemmten Gesellschaften führen kann.[8] Die traditionelle Idee von der gleichzeitigen »Beherrschung und Ausgewogenheit« der politischen Kräfte berücksichtigt diese Möglichkeit, betrachtet sie jedoch als einen Vorteil und nicht als ein Versagen des Systems. Unsere einzige Antwort auf die von Cicero gestellte Frage: »Wer soll die Wächter überwachen?«, ist, ein pluralistisches Regierungssystem zu schaffen, innerhalb dessen sich die politischen Kräfte gegenseitig ausgleichen. Wenn aber die weltweiten Veränderungen ein aktives Eingreifen verlangen – und manchmal können das sehr einschneidende Maßnahmen sein, die auf erheblichen Widerstand stoßen –, dann muß die Tendenz des Pluralismus, jeden Aktivismus zu vermeiden, als Nachteil angesehen werden.

Darin liegt die große Bedeutung der Entscheidungsfähigkeit. Das heißt, es muß dafür gesorgt werden, daß die verschiedenen Elemente des Regierungsapparats einander stärken, aber auch korrigieren, um zu einer klaren Entscheidung zu kommen, sich jedoch nicht neutralisieren. So sollten die lokalen und globalen Regierungsebenen zusammenwirken, um einer in jeder Beziehung wünschenswerten *raison d'humanité* zu dienen. Zwischen der Exekutive und der Legislative sollte nicht nur das Gleichgewicht gewahrt sein, sondern sie sollten einander anregen, richtige Entscheidungen ermöglichen und dem staatlichen Handeln eine größere Durchschlagskraft verleihen. Und schließlich sollten die Großmächte zusammenwirken, um globale Aktionen auch dort zu ermöglichen, wo zunächst ein Konsens nicht erreicht werden kann. In diesem Fall wird es notwendig sein, die Voraussetzungen dafür zu schaffen, was geeignete Regeln für die Entschlußfassung, wenn notwendig hierarchische Autoritäten und auch die Instrumente sein können, mit denen sich die Befolgung solcher Entschlüsse erzwingen läßt – und das alles im Verein mit dem Pluralismus, aber nicht gelähmt durch pluralistische Vorstellungen, wenn es geboten ist, Entscheidungen zu treffen und zu handeln.

Ähnlich läßt sich auch der Wettbewerb zwischen den Teilen eines pluralistischen Regierungsapparats organisieren, um die Wirksamkeit ihres Handelns zu erhöhen und zur Kreativität anzuregen. Gleichzeitig müssen Verbesserungen der verschiedenen Komponenten so vorgenommen werden, daß alle in gleicher Weise davon profitieren. Die Verbesserung der Qualität der Eliten muß Hand in Hand gehen mit der Beteiligung der Bürger an der politischen Macht und Verantwortung, die Stärkung internationaler Institutionen sollte dabei von einer Förderung lokaler Organisationen begleitet sein. Doch um immer wieder drohende Erstarrungen zu vermeiden, muß es eine übergeordnete Autorität geben, die für die Lösung wichtiger Probleme zuständig ist und in Notfällen eingreifen kann. Das gesamte Aufgabengebiet des reformierten Regierungsapparats muß aufgeteilt werden in konkrete und überschaubare Teilbereiche, um die dort jeweils notwendig werdenden Maßnahmen treffen zu können. Doch das dahinterstehende Gesamtkonzept muß dabei im Auge behalten werden, um einen zusammenhängenden Rahmen zu bilden, innerhalb dessen die genannten Empfehlungen in die Tat umgesetzt werden können. Unser Protomodell erlaubt zudem eine fundamentale Kritik an den Postulaten und Voraussetzungen, auf die sich die Entscheidungen gründen, und zwar außerhalb der Bewertung spezifischer Empfehlungen nach den für sie geltenden Maßstäben. Es bleibt jedoch dem interessierten Leser überlassen, selbst über die hier gegebenen Möglichkeiten nachzudenken und sich eine Meinung dazu zu bilden.

Eine kurze Inhaltsangabe der verschiedenen Kapitel wird dem Leser vielleicht dabei helfen, sich darüber klarzuwerden, wie die Empfehlungen in die Gesamtheit der Lösungsvorschläge zu integrieren sind.

Die Förderung der *raison d'humanité* und der Umgang mit Tugenden und Untugenden (9. und 10. Kapitel) tragen unmittelbar dazu bei, die Regierungstätigkeit auf eine moralische Basis zu stellen. Erreichen zu wollen, daß die Mitglieder einer Regierung bei der Erfüllung ihrer Pflichten alle verfügbare Energie einsetzen, ist ein diffuseres Ziel, zu dem verschiedene Wege führen: Die Bürger müssen vermehrt an der Regierungsverantwortung beteiligt, und die Regierungseliten müssen umgestaltet werden. Außerdem gehören dazu eine Umstrukturierung der innerbehördlichen Beziehungen, eine Stärkung internationaler Organisationen und die Vorbereitung des Regierungsapparats auf die Bewältigung der in Übergangszeiten entstehenden Krisen (11., 12., 15., 16. und 18. Kapitel). Eine Vertiefung des politischen Denkens und Lernens, eine Förderung der intellektuellen Fähigkeiten der Regierungsmitglieder und die Beteiligung der Bürger an politischen Entscheidungen (11., 13. und 14. Kapitel) bewirken vor allem eine Stärkung des politischen Verständnisses und fördern die Bereitwilligkeit zu lernen und die Kreativität. Der Pluralismus wird gestärkt durch die vermehrte Beteiligung der Bürger an der Regierungsverantwortung, während gleichzeitig die Regierungseliten umgestaltet, die innerbehördlichen Beziehungen umstrukturiert und der geistige Horizont aller an der Regierung Beteiligten erweitert werden (11., 12., 15. und 17. Kapitel). Die Entschlußfreudigkeit wird vergrößert durch die Umstrukturierung innerbehördlicher Beziehungen, die Stärkung internationaler Organisationen und Behörden sowie die Vorbereitung der Regierenden auf in Übergangszeiten entstehende Krisen (15., 16. und 18. Kapitel).

Weitere Beziehungen zwischen unserem Modell und spezifischen Reformvorschlägen werden im Verlauf der weiteren Behandlung dieses Themas deutlicher erkennbar.

9. Kapitel

Förderung der *raison d'humanité*

Bei einer Reform des Regierungsapparats kommt es in erster Linie darauf an, seine moralische Basis zu stärken, und zwar vor allem in dem Sinne, daß die *raison d'humanité* stärker berücksichtigt werden muß, wenn die Regierung Aufgaben zu erfüllen hat, die für die Zukunft eine besondere Bedeutung haben. Das ist ein wesentlicher Bestandteil der »ersten globalen Revolution«[1], und wenn sich die Regierungen nicht auf allen Ebenen bei ihren Entscheidungen von der *raison d'humanité* leiten lassen, wird es in den internationalen politischen Beziehungen zunehmend zu Unstimmigkeiten kommen, während sich die Gefahren erhöhen und günstige Gelegenheiten versäumt werden.

Die raison d'humanité *muß zur stärksten moralischen Triebkraft bei allen politischen Entscheidungen werden.*

Doch bevor das geschieht, muß die *raison d'humanité* von der Öffentlichkeit und allen politischen Kulturen grundsätzlich akzeptiert werden. Das führt uns zurück zu den Wechselbeziehungen zwischen dem Regierungsapparat und der politischen Kultur: Außerhalb der Regierungen wirkende gesellschaftliche Kräfte können und sollten ihren Einfluß dahingehend geltend machen, daß die *raison d'humanité* zum besonderen Anliegen der Regierenden wird, während diese die Verpflichtung haben, die Bevölkerung über die Bedeutung der *raison d'humanité* aufzuklären.

Zweitens muß klargestellt werden, was die *raison d'humanité* ausmacht. Wie wir im 2. Kapitel gesehen haben, ist im Hinblick auf gewisse ethische Fragen viel erreicht worden – zum Beispiel im Umweltschutz –, aber Kernprobleme wie die international geltenden Rechtsnormen sind nur selten zum Gegenstand ernster Überlegungen, Analysen und Einschätzungen gemacht worden.

Einige die raison d'humanité *betreffenden Fragen*

Uns geht es hier zunächst um die Stärkung der Regierungsfähigkeit und weniger um den Inhalt des politischen Handelns, aber es wird hilfreich sein, auch näher auf gewisse konkrete Probleme einzugehen, die im Sinne der *raison d'humanité* gelöst werden müssen, um zu erkennen, welche Bedeutung die notwendigen Reformen haben und daß wir eine neue Einstellung zur Moralität entwickeln müssen. Aber bevor wir das tun, möchte ich darauf hinweisen, daß jede Vorstellung vom Wesen der *raison d'humanité* nur eine vorläufige sein kann. Die Bedeutung dieses Begriffs ist bis heute noch nicht ausreichend geklärt, doch mit der Entwicklung neuer Wertmaßstäbe – und damit müssen wir rechnen – werden auch die Inhalte der *raison d'humanité* modifiziert und vielleicht sogar radikal revidiert werden müssen. Darüber hinaus werden sich aus neuen Situationen neue moralische Probleme ergeben[2], Wissenschaft und Technik werden daher einen entscheidenden Einfluß auf die geltenden Wertbegriffe haben.[3] Deshalb wird es hilfreich sein zu erkennen, daß die Menschheit und ihre Teile bestrebt sind, neue Ziele für das politische Handeln zu finden und neue Werte zu schaffen.[4]

Konkret richtet sich die *raison d'humanité* mehr auf die Ergebnisse des politischen Handelns als auf die Absichten, ohne jedoch unbedingt eine utilitaristische Position einzunehmen. Zudem genügt es nicht, nur in dem Sinne »moralisch« zu sein, daß man bereit ist, für bestimmte Werte sein Leben zu opfern, sondern die Substanz der Werte muß danach beurteilt werden, inwieweit sie den Erfordernissen der *raison d'humanité* entsprechen. Die Unterscheidung zwischen »Intentionalismus« und »Konsequentialismus« ist für die

Ethik von grundlegender Bedeutung, und dabei geht es um zahlreiche komplexe Probleme, die hier nicht im einzelnen erörtert werden können.[5] Um in aller Kürze zu zeigen, worum es hier geht, genügt es, auf das von R. M. Hare verfaßte hypothetische Gespräch mit einem überzeugten Nazi hinzuweisen, der im Hinblick auf seine »Werte« höchst »moralisch« ist, da er aufrichtig an sie glaubt und bereit ist, für sie sein Leben zu opfern.[6] Hier zeigt sich, daß der Inhalt der Werte und ihre wirklichen oder wahrscheinlichen Konsequenzen mit all ihren Ungewißheiten für die moralische Beurteilung im Rahmen der *raison d'humanité* entscheidend sind. »Das Beste zu wollen« rechtfertigt noch nicht ein Verhalten, das wesentliche Auswirkungen auf andere Menschen und die ganze Menschheit haben kann.

Wir müssen unterscheiden zwischen Werten, die für den Menschen als Individuum gelten, und solchen, die für Gruppen oder die ganze Menschheit gelten. Beispiele für die erste Art sind humane Werte im engeren oder weiteren Sinne[7], und zu ihnen gehören zunächst die in der allgemeinen Erklärung der Menschenrechte, in der Internationalen Vereinbarung über wirtschaftliche, soziale und kulturelle Rechte und in der Internationalen Vereinbarung über Bürgerrechte und politische Rechte anerkannten Werte. Auch bei der Aufzählung der für einzelne Gruppen oder die ganze Menschheit geltenden Werte beginnen wir mit einer kleinen Auswahl der menschlichen Anliegen, die in wichtigen internationalen Vereinbarungen anerkannt werden, wie der Konvention der Vereinten Nationen über den internationalen Handel mit vom Aussterben bedrohten Arten, der Rahmenkonvention der Vereinten Nationen über Klimaveränderungen, der Internationalen Vereinbarung über die Nutzung tropischer Wälder, den verschiedenen Vereinbarungen über das Seerecht, Teilen der Agenda 21 und anderen Vereinbarungen, die 1992 auf der Weltgipfelkonferenz in Rio beschlossen wurden. Dazu gehören auch wichtige Fragen, die bisher in der internationalen Diskussion vernachlässigt worden sind, wie etwa die Gefahr, daß von den sechstausend heute gesprochenen Sprachen etwa die Hälfte im Lauf der nächsten hundert Jahre vielleicht nicht mehr existieren wird.[8]

Umstrittene Fragen

Die Berücksichtigung der *raison d'humanité* ist mit Sicherheit ein umstrittenes Problem. Eine Schwierigkeit ergibt sich schon aus dem Zeitfaktor: So könnten sich zum Beispiel gentechnologische Experimente mit menschlichen Wesen und Investitionen in sehr kostspielige wissenschaftliche Projekte auf die Dauer günstig für die menschliche Spezies auswirken, werden aber menschlichen Individuen in nächster Zeit nicht unbedingt etwas nützen. Eine weitere Komplikation ergibt sich aus der schon erwähnten Frage, ob und wie weit die für die ganze Menschheit geltenden Wertmaßstäbe es erfordern, daß die Menschen als Individuen veranlaßt werden, sich »moralisch« zu verhalten.[9] Unterschiede in der Risikobereitschaft erschweren es zudem, bestimmte Entscheidungen zu treffen, zum Beispiel im Bereich der Biotechnologie, die es einerseits ermöglicht, daß Fanatiker todbringende Waffen in die Hand bekommen, und/oder andererseits kostengünstige sichere Methoden entwickelt werden, die in der Biosphäre vorhandenen Schadstoffe zu neutralisieren. Die Frage nach den »Rechten«, die wir den Tieren zubilligen sollten[10], betrifft einen anderen Bereich, wo die bestehenden Meinungsverschiedenheiten es erschweren werden, auch nur auf der untersten Stufe der *raison d'humanité* zu einem Konsens zu kommen.

Die möglichen Gegensätze zwischen dem, was wir für »human« halten, und dem, was im Interesse der »Menschheit« geschehen oder nicht geschehen soll, verschärfen sich, wenn es um die Kriegführung geht. Trotz gewisser romantischer Vorstellungen ist der Krieg offensichtlich eine schmerzliche und tödliche Angelegenheit für den einzelnen Menschen. Wir dürfen aber nicht übersehen, was er zur Evolution der Menschheit beigetragen hat.[11] Selbstverständlich verlangen wir die Abschaffung des Krieges sowohl im Interesse der Humanität als auch – seit Erfindung der Kernwaffen – im Interesse der ganzen Menschheit und der für sie geltenden Werte.[12] Wir können aber der Frage nicht ausweichen, was geschehen soll, wenn es notwendig wird, einen Ersatz für die Funktionen zu finden, die in der Vergangenheit vom Krieg erfüllt wurden und die auch künftig für die Menschheit große Bedeutung haben werden.

Umstritten ist auch die Frage nach den international geltenden Rechtsnormen. Ungeachtet der möglichen Kritik an einer »Überentwicklung«[13] und des Verlangens, etwa »Quoten für die Umweltverschmutzung« festzulegen, können wir uns kaum vorstellen, daß es gelingen wird, in der vorhersehbaren Zukunft für alle einen mehr oder weniger gleichen oder ihren Bedürfnissen angemessenen materiellen Lebensstandard zu erreichen. Eine Lösung dieses Problems könnte darin liegen, überall auf der Welt einzelne Bereiche zu schaffen, innerhalb derer für alle Menschen die gleichen Lebensbedingungen herrschen[14], während zugleich für die ganze Weltbevölkerung eine Mindestnorm für die »menschliche Entwicklung« festgelegt wird[15], und zwar unter Anerkennung der Tatsache, daß eine multidimensionale »Unausgewogenheit« bestehen bleibt.[16] Wie schon gesagt, werden solche Fragen nach den internationalen Rechtsnormen heute bei der Erörterung moralischer Probleme oft vernachlässigt, was für jeden, der ernsthaft über die *raison d'humanité* nachdenkt, eine große Herausforderung ist.

Schließlich sollte, wie das schon in einigen Berichten an den Club of Rome zum Ausdruck kommt[17], die Absicht, die Menschenrechte durchzusetzen, vom Verantwortungsbewußtsein der Menschen begleitet und ergänzt werden. Doch bei dem Versuch, diesen Gedanken in praktisch zu verwirklichende Grundsätze umzusetzen, ergeben sich komplexe Fragen hinsichtlich der Bedeutung der »Verantwortlichkeit« für sich selbst und andere[18], über die Beziehungen zwischen Verantwortlichkeit und den Grenzen der einzelnen Gemeinwesen[19] und vieles andere.

Was bedeutet der Begriff raison d'humanité?

Wir kehren noch einmal zu den Möglichkeiten der Regierung zurück, entsprechend den Anforderungen der *raison d'humanité* zu handeln, und zwar mit einem dreiteiligen Gedankenexperiment.[20]

Wir beginnen mit der Annahme, daß ideale Verhältnisse herrschen. Zunächst setzen wir voraus, daß die politischen Kulturen überall auf der Welt ernstlich darum bemüht sind, den Erfordernissen der *raison d'humanité* gerecht zu werden, daß sie erfüllt sind von einem echten Gefühl der menschlichen Solidarität und bereit sind, sie auch auf Kosten anderer Wünsche und Bestrebungen zu fördern. Zweitens nehmen wir an, daß alle an der Regierung beteiligten Institutionen so weit reformiert worden sind, daß sie der *raison d'humanité* dienen können, und daß sie alles tun, um diesen Anforderungen zu genügen. Dabei erfreuen sie sich der Unterstützung durch den allergrößten Teil der Bevölkerung, verfügen über reichliche Hilfsmittel und tun alles, um optimale Voraussetzungen für eine erfolgreiche Zukunft zu schaffen. Wenn das alles zutrifft, was ist dann schließlich die *raison d'humanité*?

Es ist nicht schwer, zu sagen, welche Mindestforderungen erhoben werden müssen, und einige Situationen zu nennen, die vermieden werden sollten. So gebietet die *raison d'humanité* mit Sicherheit die Vermeidung eines großen, mit Kernwaffen geführten Krieges und untersagt die Verschwendung unersetzlicher, für das Überleben der Menschheit dringend erforderlicher Rohstoffe.

Wenn wir uns jedoch den positiveren Kriterien wie etwa den international geltenden Rechtsnormen, dem menschlichen Fortschritt oder der Sicherstellung eines guten Lebens für einen immer größer werdenden Prozentsatz der Bevölkerung zuwenden, dann erweist sich das Konzept als eher kontrovers, relativ und in gewisser Weise auch bedeutungslos. Seine Unbestimmtheit wird noch deutlicher, wenn wir an die Grauzone zwischen der Vermeidung des Übels und den Bestrebungen denken, das Gute zu erreichen. Ist es zum Beispiel gefährlich, durch Genmanipulation eine (hoffentlich »überlegene«) in ihren Anlagen veränderte menschliche Spezies zu schaffen; muß auf einen solchen Versuch verzichtet werden, oder ist es im höchsten Grade wünschenswert als einzige Chance, die der Weiterentwicklung der Menschheit gesetzten Grenzen zu überwinden?[21]

Eine weitere Illustration der Zweifelsfragen, die sich im Umfeld der *raison d'humanité* ergeben, ist das Konzept der »aufrechtzuerhaltenden Entwicklung«. Wahrscheinlich wurde es zum ersten Mal 1972 auf der Umweltkonferenz in Stockholm von Barbara Ward vorgelegt. Die World Commission on Environment and Development übernahm das Konzept in ihrem bekannten Bericht *Our*

Common Future; heute gilt es allgemein als Standardempfehlung für die den Umweltschutz betreffenden Maßnahmen, und das ist verständlich angesichts der Tatsache, daß die Idee und das Konzept des »Fortschritts« ihre Bedeutung verloren haben.[22] Obwohl die Idee der »Erhaltbarkeit« im Hinblick auf gewisse Gebiete und Ressourcen, wie Wälder, Bewässerungssysteme usw., durchaus anwendbar ist, muß man daran zweifeln, ob dieser Begriff auch für die gesamte Entwicklung unserer heutigen Welt gelten soll.[23]

Die Kommission hat diesen Begriff definiert als »Entwicklung, die den Bedürfnissen der Gegenwart entspricht, ohne die Fähigkeit künftiger Generationen einzuschränken, ihre eigenen Bedürfnisse zu befriedigen«[24]. Daraus ergibt sich natürlich die Frage, was mit diesen »Bedürfnissen« im einzelnen gemeint ist – wenn wir davon ausgehen, daß es sich um ein kulturelles Konzept handelt, hinter dem sich keine andere Bedeutung verbirgt, wenn die biologischen Grunderfordernisse befriedigt worden sind. Noch schwerer ist die Frage zu beantworten, weshalb gegenwärtige Bedürfnisse den Vorrang gegenüber künftigen Bedürfnissen haben sollen. Eine alternative Definition des Begriffs der »aufrechtzuerhaltenden Entwicklung« könnte heißen, »eine Entwicklung, welche die Befriedigung potentieller künftiger Bedürfnisse gewährleistet, selbst wenn das den Verzicht auf die Befriedigung gewisser gegenwärtiger Bedürfnisse bedeutet«[25].

Besonders fragwürdig ist der Versuch der Kommission, mit ihrer Definition auf jeden Fall »sicherzugehen« und gleichzeitig die irrige Auffassung zu vertreten, daß die menschliche Entwicklung ein störungsfrei verlaufender Vorgang sein könnte oder sollte. Die Frage, ob die *raison d'humanité* in dem Sinne risikofeindlich sein sollte, daß man versucht, die Lebensbedürfnisse auf die Dauer auf dem gleichen Niveau zu halten und zu befriedigen, oder ob man sich auf »Abenteuer« einlassen dürfe, bereit, ernste Risiken auf sich zu nehmen, um für die Zukunft sehr viel günstigere Lebensbedingungen anzustreben, deren Erscheinungsformen zum Teil jedoch noch nicht voraussehbar sind, verlangt als Antwort ein Werturteil hinsichtlich zahlreicher politischer Entscheidungen. Die Förderung potentiell riskanter, aber vielversprechender wissenschaftlicher Bereiche, Investitionen in umfassenden Projekten zur Veränderung des physischen Lebensraums der Menschheit, das Tolerieren von Ideologien, die den *Status quo* bedrohen könnten – das sind nur wenige Illustrationen des Konzepts der »aufrechtzuerhaltenden Entwicklung«, wenn man es genau interpretiert (selbst wenn diejenigen, die es zunächst vorgelegt haben, es komplexer auffassen), die uns daran zweifeln lassen, ob es zulässig ist, es als Grundsatz in die *raison d'humanité* aufzunehmen.

Obwohl wir nur wenig über weitreichende soziale Veränderungen wissen, wird uns beim Blick auf die Geschichte der Menschheit klar, daß eine erzwungenermaßen im gleichen Tempo verlaufende Entwicklung in der Vergangenheit den menschlichen Fortschritt in einer bestimmten Phase aufgehalten hätte, in der nach unserem heutigen Verständnis sehr unerfreuliche Verhältnisse herrschten. Die Abenteuer, auf die sich der Mensch heute einläßt, sind potentiell sehr viel riskanter und müssen deshalb in gewissen Grenzen gehalten werden, allerdings nicht hinter den Festungsmauern einer »aufrechtzuerhaltenden Entwicklung«, die ohnedies mit Sicherheit niedergerissen werden würden. Man sollte keinen »stabilen Zustand« anstreben, und auch eine angebliche »Ausgewogenheit« im Zusammenleben der Menschheit kann nicht mehr sein als eine vorübergehende Phase, die mit Gewißheit durch die Energie und Dynamik unterbrochen werden wird, die die Menschheitsgeschichte charakterisieren. Aus diesem Grund ist die Terminologie der »aufrechtzuerhaltenden Entwicklung«, wenn sie auf die gesamte Entwicklung angewendet wird und nicht nur auf bestimmte Projekte und die Erschließung bestimmter Ressourcen, viel zu statisch, wenn damit gesagt werden soll, daß jede Entwicklungsrichtung, der wir heute folgen, auf die Dauer weiterverfolgt werden sollte, anstatt zu erkennen, daß die Menschheit durch ständig wechselnde Dimensionen der Entwicklung geht, von denen keine auf die Dauer aufrechterhalten werden kann oder muß. Es wäre deshalb mehr im Sinne der *raison d'humanité*, von einer katastrophenvermeidenden dynamischen Entwicklung zu sprechen, vielleicht mit dem Zusatz, sie solle »künftigen Generationen ein gesteigertes revolutionäres Potential eröffnen«. Das wäre ein Hinweis auf ein ehrgeizigeres Ziel, auch wenn der Erfolg solcher Bestrebungen offenbleiben muß.

Auf diese und andere die *raison d'humanité* betreffende Fragen gibt es keine eindeutigen Antworten, weil es sich hier um Werturteile und Imponderabilien handelt. Und doch kann und muß man sich mit ihnen auseinandersetzen und sie klären, um eine moralische Basis für den gesamten Regierungsapparat zu schaffen. Das kann und darf nicht innerhalb der Regierungen geschehen, sondern ist Aufgabe der gesellschaftlichen Kräfte und ihrer Vertreter, der Intellektuellen, der spirituellen und religiösen Führer, der politischen Philosophen, der Wissenschaftler und Fachleute, der einzelnen Gemeinwesen, der für ethische und ideologische Fragen zuständigen Gremien und der jeweils betroffenen Personen. Auch die Öffentlichkeit muß an der Diskussion beteiligt werden, und zwar mit Hilfe der Massenmedien und Bürgerinitiativen. Auch repräsentativ beratende Gremien können ihren Beitrag leisten, wie dies unter den verschiedensten Gesichtspunkten von Bertrand de Jouvenel und James S. Fishkin empfohlen wird.[26]

Die großen Weltreligionen spielen eine Schüsselrolle bei der Definition des Konzepts der *raison d'humanité* und müssen dazu beitragen, daß dieses Konzept allgemein akzeptiert wird. Wenn sie ihre Lehrmeinungen überprüfen und neu formulieren, werden sie vielleicht auf die große Bedeutung der allgemein anerkannten menschlichen Werte hinweisen und zur menschlichen Solidarität aufrufen, wie Papst Johannes Paul II. dies 1993 in seiner Enzyklika *Veritatis Splendor* getan hat.

Ein wichtiger Schritt auf dem Wege zur Klärung und Förderung der *raison d'humanité* ist es, Möglichkeiten für die praktische Verwirklichung des im 2. Kapitel erwähnten kategorischen Imperativs für die Menschheit zu erarbeiten. Diese Normen wären dann bindend und würden auch gegen den Willen der Staaten und ihrer Herrscher durchgesetzt werden können. Zu ihnen gehören das absolute Verbot des Völkermordes und vergleichbarer Verbrechen gegen die Menschheit sowie aller Aktivitäten, die das menschliche Überleben gefährden. Schließlich sollten diese Imperative in das internationale Strafrecht aufgenommen und ihre Befolgung mit allen Mitteln durchgesetzt werden. Sie sollten den Vorrang gegenüber der nationalen Souveränität, der Nichteinmischung in innere Angelegenheiten und ähnlichen heute überholten Grundsätzen des internationalen öffentlichen Rechts haben.

Die kategorischen Imperative für die Menschheit sollten als rechtliche Dimension der raison d'humanité *entwickelt und als bindend anerkannt werden. Die strikte Befolgung dieser Grundsätze muß durch das internationale öffentliche Recht und das internationale Strafrecht gewährleistet sein.*

Die weltweite Anerkennung der raison d'humanité

Kehren wir nun zu unserem Gedankenexperiment zurück und nehmen an, daß der Inhalt der *raison d'humanité* von den Regierungen verstanden wird, die bereit sind, sich von diesen Grundsätzen leiten zu lassen. Doch demokratische Regierungen können nur wenig tun, die *raison d'humanité* zu fördern, wenn sich die politischen Kulturen dagegen wehren. So ist es, wie schon gesagt, mehr als wahrscheinlich, daß die gegenwärtigen politischen Kulturen in den westlichen Demokratien ihre Regierungen hindern werden, entsprechend zu handeln, wenn die *raison d'humanité* es erfordert, daß reiche Länder den armen wesentliche Ressourcen überlassen und sich bereit erklären, eine große Zahl von Einwanderern bei sich aufzunehmen, und zwar auch dann, wenn erfahrene Politiker überzeugt sind, daß diese Forderungen gerecht sind und auf die Dauer im geostrategischen Interesse ihrer eigenen Länder liegen.

Es kommt daher vor allem darauf an, die politischen Kulturen vom Wert der *raison d'humanité* zu überzeugen, und zwar in erster Linie die Großmächte, die im Bereich der Weltpolitik den stärksten Einfluß ausüben. Das bedeutet eine Stärkung der Solidarität und damit einen wesentlichen Bewußtseinswandel, um den Übergang vom Stammesdenken zu der Erkenntnis zu erleichtern, daß wir alle einer großen Völkergemeinschaft angehören. Kulturelle Indentitäten und der Stolz auf die ethnische Eigenart sollten nicht geopfert werden, aber das Selbstbewußtsein eines Individuums, das mit Recht die persönliche Freiheit beansprucht, muß sich mit der klaren Erkenntnis vereinigen, daß es ein Teil der gesamten Menschheit ist[27], und zwar einerseits zur Sicherung des menschlichen Überlebens, andererseits aber auch als ethischer Imperativ.[28]

Wenn es um die Umstrukturierung des Regierungsapparats geht, dann kommt es darauf an, in der politischen Kultur die Veränderungen zu bewirken, die notwendig sind, um den Regierungen die Förderung der *raison d'humanité* zu ermöglichen. Es gibt drei Wege, auf denen man versuchen kann, das zu erreichen. Der erste ist zweifellos falsch, der zweite fragwürdig und nur der dritte erfolgversprechend, auch wenn sich der Erfolg nicht garantieren läßt. Diejenigen, die sich für den ersten Weg entscheiden, gehen von der logisch nicht zu begründenden Annahme aus, daß das, was geschehen müsse und soll, um das menschliche Überleben zu sichern, irgendwie auch geschehen werde. Diese Auffassung läßt sich historisch nicht begründen und ist auch nach unseren heutigen teleologischen Erkenntnissen äußerst fragwürdig, denn weder aus historischer noch aus teleologischer Sicht dürfen wir erwarten, daß die Menschheit auf unbegrenzte Zeit in ihrer gegenwärtigen, sehr unvollkommenen Form überleben wird. Nur Philosophen, die eine »Intelligenz der Geschichte« postulieren wie Hegel und (in einem anderen Zusammenhang) Marx, sind überzeugt, daß die von ihnen als notwendig angesehenen Mutationen in der Geschichte auch wirklich eintreten werden – eine Haltung, die nichts anderes ist als ein Glaubensakt, aber keineswegs eine Offenbarung.

Bei dem zweiten Verfahren hofft man auf die Mitwirkung breiter Bevölkerungsschichten. Man erwartet positive Veränderungen in der Haltung der Menschen durch von unten nach oben wirkende Impulse, die durch Propheten, charismatische Führerpersönlichkeiten, Intellektuelle, junge Menschen usw. angeregt und gelenkt werden.[29] Wie die Geschichte der großen Religionen zeigt, sind auf diese Weise in der Tat wichtige radikale Veränderungen in der Menschheitsgeschichte bewirkt worden. Es ist daher nicht unmöglich, daß sich so ein revolutionärer Wandel im menschlichen Bewußtsein vollzieht, obwohl man nicht vergessen darf, daß auf ähnliche Weise äußerst verderbliche Ideologien entstanden sind und wir auch für die Zukunft solche Entwicklungen nicht ausschließen können.

Wenn wir es für möglich halten, daß sich das menschliche Bewußtsein in eine positive Richtung verändern kann, dann bedeutet das noch nicht, daß eine solche Veränderung als wahrscheinlich anzusehen ist. Wenn wir an bestimmte Entwicklungen denken, an denen Teile der Bevölkerung einzelner Länder beteiligt sind, wie zum Beispiel die zunehmende Fremdenfeindlichkeit, der ethnische Fanatismus im ehemaligen Jugoslawien oder die destruktiven Kulte und der aggressive Fundamentalismus, dann müssen wir bei einer eher optimistischen Beurteilung der Lage sagen, daß diese Tendenzen nicht weniger deutlich zu erkennen sind als die Anzeichen für ein sich in positiver Richtung entwickelndes menschliches Bewußtsein. Wenn wir deshalb unsere Zukunftshoffnungen darauf gründen, daß die in der Bevölkerung vorhandenen Kräfte schon bald positive Veränderungen in den politischen Kulturen in Richtung auf die *raison d'humanité* bewirken, dann unternehmen wir damit den Versuch, an einer stürmischen Küste auf dem Treibsand ein festes Gebäude zu errichten.

Die dritte Methode besteht darin, sich mit allen geistigen Kräften an einer »kulturellen Architektur« zu beteiligen, und zwar durch bewußtes, von Avantgardisten gelenktes Handeln, an dem sich die Regierenden beteiligen sollten.

Der Ausdruck »Avantgarde« ist nicht besonders beliebt. Er wirkt undemokratisch und wird als Abwertung der Massen verstanden. Die kommunistischen Regime haben ihn mißbraucht, um Menschen in die Straflager zu schicken oder in die *Nomenklatura* aufzunehmen. Doch wer die Demokratie und den Liberalismus als gemischte Regierungsform interpretiert, wird die Bedeutung von Eliten als Vorkämpfer für neue Ideen anerkennen, solange sie offen, pluralistisch und nicht arrogant sind, sich für die Demokratie einsetzen und ihre Gebote befolgen.

Hier besteht das Risiko, daß man sich zu sehr auf einen *deus ex machina* verläßt und an die Existenz oder zumindest die Möglichkeit glaubt, daß eine demokratische Avantgarde die Befolgung der Grundsätze der *raison d'humanité* bewirken könne. Doch das ist vielleicht kein so großer Irrtum wie die Fehleinschätzungen der Befürworter der beiden anderen von uns kritisierten Möglichkeiten. Wesentliche Elemente einer solchen Avantgarde existieren bereits und nehmen Einfluß auf das politische Geschehen, unter anderem in sehr wichtigen internationalen, außerhalb der Regierungen stehenden Organisationen, die ein weltweites Beziehungsnetz bilden und auch weiterhin am Ausbau und der Entwicklung der zwischenstaatlichen Beziehungen arbeiten. Zudem ist es durchaus möglich, daß sich auch innerhalb der Regierungen Eliten bilden, die im Sinne der *raison d'humanité* wirken, auch wenn es für den Erfolg ihrer Bemühungen keine Garantie geben kann.

Wir sollten offen zugeben, daß wir ein weltweites Netz von Avantgarden brauchen, die sich für die raison d'humanité *einsetzen und darauf hinwirken, die politische Kultur und die demokratischen Regierungen entsprechend zu verändern. So ist es dringend erforderlich, die Entwicklung solcher Avantgarden voranzutreiben und zu fördern, die auf bestimmten Gebieten mit den Eliten in den Regierungen zusammenarbeiten.*

Reformen zur Förderung der raison d'humanité

Im letzten Teil unseres Gedankenexperiments wollen wir annehmen, daß es uns gelungen ist, die Ideen der *raison d'humanité* zu verdeutlichen, und daß die politischen Kulturen bereit sind, sie zu übernehmen, die verantwortlichen Politiker sich jedoch noch nicht darauf eingestellt haben, sich in ihrem Verhalten stärker als bisher von moralischen Grundsätzen leiten zu lassen. Deshalb entsteht jetzt die Frage, welche Reformen notwendig sind, um die Regierungen zu veranlassen, der *raison d'humanité* zu dienen.

Dieses fundamentale Problem liegt allen unseren Empfehlungen zugrunde und verknüpft sie miteinander. Die Fähigkeit der Regierenden, im Sinne der *raison d'humanité* zu denken und zu planen, muß gestärkt werden. Der politische Wille und die Energie, entsprechend der *raison d'humanité* zu handeln, müssen deutlich erkennbar werden. Die *raison d'humanité* muß zum Hauptanliegen der führenden Köpfe innerhalb des Regierungsapparats auf allen Ebenen werden. Es muß alles getan werden, möglichst rasch ein internationales Regierungssystem zu schaffen, während schon auf dem Wege dorthin die Erfordernisse der *raison d'humanité* beachtet werden. Dabei ist es notwendig, Sofortmaßnahmen zur Verwirklichung der dringendsten Erfordernisse der *raison d'humanité* zu treffen.

Die in den folgenden Kapiteln erläuterte Umstrukturierung wird jedoch kaum dazu führen, daß sich die Regierungen moralischer verhalten und der *raison d'humanité* dienen, wenn sich die Eliten selbst nicht von ethischen Grundsätzen leiten lassen. Dieses Erfordernis führt uns zu dem schwierigen, aber wichtigen Thema der Tugenden und Untugenden der Politiker, der höheren Beamten und anderer Mitarbeiter der Regierungen.

Bevor wir das Thema *raison d'humanité* abschließen, müssen wir noch kurz auf ein wichtiges Problem hinweisen: Viele der sich im Zusammenhang mit der *raison d'humanité* ergebenden ethischen Fragen sind offenbar innerhalb der einzelnen Länder schwieriger zu lösen als im internationalen Bereich. So sind in vielen Ländern, besonders auch in den ganz armen, die Unterschiede in der Höhe des persönlichen Einkommens sehr groß, und zwar größer als im Vergleich von einem Land zum anderen. Deshalb ist das Bemühen um die *raison d'humanité* noch kein Alibi dafür, den Versuch aufzugeben, einen gerechten Ausgleich in den Lebensverhältnissen innerhalb dieser Länder herzustellen – von denen einige mehr Energie dafür aufwenden, sich über internationale Ungerechtigkeiten zu beklagen als für die Beseitigung extremer Ungerechtigkeiten in ihren eigenen Gesellschaften.

10. Kapitel

Tugenden und Untugenden

Wir dürfen kaum damit rechnen, daß die *raison d'humanité* zu einem vorrangigen Anliegen der Regierungen wird oder daß die Regierungsmitglieder versuchen werden, den Anspruch auf ihre hohe Stellung durch ein besonders moralisches Verhalten zu rechtfertigen, wenn die Eliten in ihrem Land ihnen nicht durch ihre Haltung ein Beispiel geben. Das gilt in erster Linie für die hochrangigen Politiker, die das menschliche Klima innerhalb der Regierungen bestimmen und einen entscheidenden Einfluß auf die politische Kultur haben.

Leider gibt es viele Kräfte, die einen größeren Anreiz für ein korruptes und unmoralisches als für ein sittliches Verhalten bieten. Der durch ein solches unmoralisches Verhalten angerichtete Schaden geht weit über die Folgen derart beeinflußter Entscheidungen hinaus und erzeugt ein Mißtrauen gegenüber den Regierungen. Noch schlimmer ist die Korruption des Staatswesens, wie sie schon im klassischen Griechenland in der gegen Sokrates erhobenen Anklage zum Ausdruck kommt, der beschuldigt wird, das Gemeinwesen »restlos zu zerstören, zu verderben, zu beschädigen, in die Irre zu führen, zu korrumpieren, zu ruinieren, zu bestechen oder zu verführen«.[1] Es ist daher dringend erforderlich, den Untugenden zu widerstehen und die Tugenden zu fördern.

Das ist jedoch eine schwierige Aufgabe. Die Korruption ist keine zufällige Einzelerscheinung, sondern wird teilweise von den inneren Strukturen der politischen und administrativen Institutionen begünstigt, so daß es nicht leichtfällt, das moralische Versagen erfolgreich zu bekämpfen oder in Grenzen zu halten. Wie wir aus den Berichten über korrupte Herrscher in der Bibel und in vielen alten Überlieferungen erfahren, ist das in der gesamten Geschichte nachweisbar. Heute verschärft sich dieses Problem, weil wir es mit Kräften zu tun haben, die in den Regierungseliten besonders verderbliche Formen der Korruption entstehen lassen. Zudem erhöhen sich die Kosten korrupter Regierungen wegen der großen Bedeutung der von ihnen zu bewältigenden Aufgaben und der schädlichen Auswirkungen unmoralischen Verhaltens einflußreicher Politiker auf die ganze Gesellschaft.

Neben den fundamentalen und überall anzutreffenden Ursachen für die Korruption innerhalb des Regierungsapparats, wie etwa den schädlichen Auswirkungen der politischen Macht, gibt es drei Kategorien von Faktoren, die jetzt und in der vorhersehbaren Zukunft in der gleichen Richtung wirken und wirken werden. Es sind die alle Kulturen und Gesellschaften kennzeichnenden Merkmale: die zu stark vereinfachenden Vorstellungen von der Demokratie und die institutionalisierten Anreize für die Korruption. Im folgenden nennen wir einige bezeichnende Beispiele, wenngleich es offensichtlich Unterschiede zwischen den Verhältnissen in den einzelnen Ländern und politischen Kulturen gibt:

Zu den alle Kulturen und Gesellschaften kennzeichnenden Merkmalen gehört eine Überbetonung des Konsums, des Geschäftslebens und der Duldsamkeit im sittlichen Bereich in Verbindung mit dem Anspruch auf Rechte ohne die Bereitschaft, auch Pflichten auf sich zu nehmen.

In einigen Ländern haben traditionelle Verpflichtungen etwa gegenüber der Familie und dem Clan den moralischen Vorrang gegenüber der von den Regierenden zu fordernden Ethik.

In Ländern, wo sich die Verhältnisse sehr rasch verändern, verlieren alte Grundwerte ihre Kraft, während es sehr lange dauert, bis eine neue Ethik entsteht. Damit geraten Politiker und Beamte in ein moralisches Vakuum.

Die zu stark vereinfachenden Vorstellungen von der Demokratie untergraben die an sich demokratische Vorstellung, die Regierungseliten würden den Willen ihrer Wähler widerspiegeln und sollten auch in ihrem moralischen Verhalten etwas Besonderes sein.

Bezüglich institutionalisierter Anreize: In den meisten Demokratien ist der Wahlkampf zu einer äußerst kostspieligen Angelegenheit für die Parteien und ihre Kandidaten geworden, was zu Unehrlichkeit und Korruption unterschiedlichen Ausmaßes führt.

Die Massenmedien interessieren sich mehr für das äußere, von den Public-Relations-Experten geschaffene Erscheinungsbild als für die wirklichen Leistungen der Politiker. Der dreißig Sekunden dauernde Auftritt auf dem Fernsehschirm wird stärker beachtet als vernünftig begründete Argumente oder das moralische Verhalten der betreffenden Persönlichkeit.

Ein halsabschneiderischer Konkurrenzkampf zwingt die Unternehmen, jeden nur denkbaren Vorteil zu nutzen. Wenn die Entscheidungen der Regierungen enorme wirtschaftliche Auswirkungen haben, dann nimmt die Wahrscheinlichkeit der Korruption zu, und die Beträge, um die es hier geht, können sehr groß sein.

In vielen Ländern sehen sich schlechtbezahlte Politiker und Beamte gezwungen, zusätzliche Verdienstmöglichkeiten zu suchen.

In einer zunehmend größer werdenden Zahl von Ländern verbinden die Mafia, die Drogenhändler und andere kriminelle Organisationen das Angebot hoher Bestechungssummen mit physischer Einschüchterung und setzen damit die Regierungsmitglieder und Beamten so stark unter Druck, daß sie sich kaum dagegen wehren können.

Gelegentlich erzwingt die öffentliche Empörung eine politische Säuberung, vor allem wenn sich die Korruptionsvorwürfe bestätigen. Typische Beispiele dafür sind der Kreuzzug für *mani pulite* (»saubere Hände«) in Italien und die Reformbestrebungen in Japan. In manchen Fällen nützen auch eine aufmerksame Presse, eine strengere Überwachung durch besondere Kontrollbehörden, eine energische strafrechtliche Verfolgung krimineller Vergehen und ähnliche Maßnahmen. Es ist aber auch notwendig, die politischen Institutionen zu reformieren und so dazu beizutragen, daß es nur wenige Gelegenheiten für ein unmoralisches Verhalten gibt und die Regierungen sich stärker an die Gebote der Ethik gebunden fühlen.

Institutionelle Reformen werden jedoch unwirksam bleiben, wenn die politische Kultur nicht besonders hohe Anforderungen an die Moral der an leitender Stelle beteiligten Politiker stellt und wenn die Regierungseliten nicht diese hohen Anforderungen an ihr Verhalten als Teil ihres Selbstverständnisses und der gesellschaftlichen Normen anerkennen. Das Kernproblem im Hinblick auf die Moral der Regierungen ist die Frage nach den Tugenden und Untugenden der das Verhalten der Regierungen bestimmenden Eliten.

Vernachlässigung moralischer Erfordernisse

In der praktischen Politik spielt der Verhaltenskodex für Politiker und höhere Beamte eine gewisse Rolle, zum Beispiel wenn es darum geht, die offensichtlichen Konflikte zwischen den Interessen der Politiker und der Überwachung der für den Wahlkampf ausgegebenen Beträge zu verringern.[2] Doch die allgemeineren Fragen nach Tugenden und Untugenden und dem Charakter der einzelnen Persönlichkeiten werden nur selten angesprochen. Die Aufmerksamkeit richtet sich im allgemeinen auf das begrenztere, wenn auch sehr wichtige Problem der Korruption.[3] Diese im heutigen Denken offensichtliche Vernachlässigung bestimmter Fragen steht im Gegensatz dazu, daß im Lauf der Geschichte die Tugenden und Untugenden herrschender Gruppen sehr aufmerksam beobachtet worden sind, und zwar von Plato, Konfuzius, Cicero und Augustinus bis zu den zahlreichen »Fürstenspiegeln«, die man in der Literatur der höher entwickelten Völker überall auf der Welt finden kann.[4]

Heute zeigen die Philosophen wieder ein gewisses Interesse für die Tugenden und Untugenden im allgemeinen[5] und auch für die Charaktereigenschaften der Menschen[6], aber mit wenigen Ausnahmen[7] werden die an die höheren Ränge der Regierungseliten zu stellenden moralischen Anforderungen kaum beachtet.[8] Geistesgeschichtlich betrachtet scheint dieses Versäumnis sechs Hauptursachen zu haben, zum Teil parallel zu den oben erwähnten, das ethische Verhalten behindernden Faktoren.

Erstens bezieht sich der Irrtum, Wahlen seien eine Garantie

dafür, daß man geeignete Politiker findet, sowohl im Hinblick auf ihre intellektuellen Fähigkeiten als auch, und das ist sehr viel gefährlicher, auf die Moralität ihres Charakters. Deshalb werden für das Versagen von Politikern die Schwächen des Wahlsystems oder anderer Strukturen verantwortlich gemacht, die durch Veränderungen des Systems oder der ganzen Gesellschaft behoben werden könnten. Daher müsse das Versagen der Politiker entschuldigt und akzeptiert werden.

Zweitens erlebt die moderne westliche Kultur eine allgemeine Aushöhlung von Begriffen wie »Pflicht«, die nun durch ganz andere Ideale wie »Selbstverwirklichung«, »das Recht auf ein angenehmes Leben« und »das Beste ist für dich gerade gut genug« sowie die allgemeine Duldung moralisch fragwürdigen Verhaltens ersetzt werden. Die Moderne und die Postmoderne scheinen sich der Erkenntnis, daß es Tugenden und Untugenden gibt, verschlossen zu haben. Es genügt zum Beipiel, die *Essays* von Montaigne[9] und Sartre[10] miteinander zu vergleichen, um eine Vorstellung davon zu bekommen, welcher Unterschied zwischen der traditionellen und der modernen Auffassung von der Ethik besteht: Die Begriffe Tugend, Laster und Charakter werden offenbar heute oft bewußt oder unbewußt ignoriert. Folglich werden Verstöße von Mitgliedern der Regierungseliten gegen ethische Gesetze häufig als »töricht«, »illegal«, »unschön« und manchmal auch »kriminell« angesehen, aber nur selten – und in den Vereinigten Staaten noch häufiger als in dem »intellektuell hochstehenden« Westeuropa – als moralisch verwerflich.

Drittens haben die Bewunderung des *Homo economicus*, die Einschätzung des Eigennutzes als einer moralischen Kraft und die utilitaristische und kommerzielle[11] Ethik des Marktes dazu geführt, daß an die Moral der Regierenden keine hohen Anforderungen mehr gestellt werden.

Viertens muß auch im Hinblick auf die Regierungseliten festgestellt werden, daß zu großer Wert auf die »Menschenrechte« gelegt wird, ohne daß man sich allzuviel um die menschlichen Verantwortlichkeiten und Pflichten kümmert. So behindert zum Beispiel das »Recht auf eine Privatsphäre« diejenigen, die sich etwas genauer über das persönliche Verhalten führender Politiker und höherer Beamter informieren wollen. Und wenn findige Journalisten Fälle aufdecken, in denen einzelnen Politikern ein tadelnswertes Verhalten vorzuwerfen ist, beschweren sich die Schuldigen über die unfaire Einmischung in ihr Privatleben, anstatt sich zu schämen. In der Tat sind Scham, das Eingeständnis von Schuld und Reue heute im öffentlichen Leben nur selten anzutreffen.

Fünftens entsteht als Folge der weitgehenden Unstimmigkeit hinsichtlich moralischer Normen im öffentlichen Leben und des moralischen Vakuums im Privatleben ein kulturelles Niveau, dem es an klaren Wertvorstellungen mangelt, besonders in den hochentwikkelten Ländern, und das wiederum wirkt sich auch auf die moralischen Normen der führenden Regierungseliten aus.

Sechstens, und diesen Faktor haben wir bereits erwähnt, müssen ihn jedoch noch einmal betonen, weil er wesentlich zu den Schwierigkeiten mit unseren politischen Eliten beiträgt, betrachtet unsere egalitäre demokratische Kultur Politiker und Zivilbeamte in höheren Stellungen als »gewöhnliche Menschen« und lehnt besondere moralische Anforderungen an sie als »Elitedenken« ab.

In vielen Gesellschaften wirken diese Faktoren nicht nur insofern zusammen, als sie die Moral der Regierenden aushöhlen, sondern sie führen auch dazu, daß diese Tatsache resigniert zur Kenntnis genommen und damit stillschweigend legitimiert wird (abgesehen von einigen Fällen, in denen kurzzeitige Feldzüge gegen die Korruption geführt worden sind, die jedoch wenig bewirkt haben – es sei denn, man hat die Grundübel beseitigt, die das amoralische Verhalten von Regierungsmitgliedern ermöglicht haben).

Die oben erwähnten Faktoren verhindern es, daß von den Regierungseliten ein besonders moralisches Verhalten gefordert wird, und lassen diese Idee als überholt erscheinen. Zugleich höhlen diese Faktoren das Verhalten der Eliten von innen her aus, schwächen jedes Gefühl für »Pflicht« oder »Ehre«, das sie veranlassen könnte, nach höheren moralischen Normen zu streben. Ja sogar jeder offensichtliche Anspruch auf moralische Überlegenheit kann die politische Karriere dessen, der ihn stellt, gefährden, weil eine solche Haltung als überheblich angesehen werden kann, vielleicht aber auch, weil er bei Kollegen und den Wählern Schuldgefühle weckt.

Auf einer eher theoretischen Ebene leiden die Regierungseliten in den westlichen Demokratien weitgehend unter sozialen Anomalien in dem Sinn, wie Durkheim diesen Begriff versteht. Das heißt, die Leidenschaften geraten außer Kontrolle. Und die Überbewertung des Eigennutzes kann, auch wenn dieser als noch so »aufgeklärt« und als zu rechtfertigendes Motiv für das menschliche Verhalten angesehen wird, auch auf das Verhalten der Regierungseliten nur einen sehr negativen Einfluß haben.[12] Die grundsätzliche Ablehnung der Selbstzucht als Voraussetzung für den erfolgreichen Widerstand gegen alle Versuchungen[13] macht alles noch schlimmer.

Die Machthaber sind stets versucht, ihre Einflußmöglichkeiten für eigennützige Zwecke zu mißbrauchen, und sie haben es im Verlauf der Geschichte immer wieder getan. Ebenso gewiß ist aber auch, daß viele Politiker und Beamte ein vorbildliches Verhalten zeigen. Wir müssen jedoch damit rechnen, daß die kulturelle Entwicklung in den westlichen Demokratien in der gleichen Richtung weitergehen wird und sich der sittliche Wert der moralischen Normen für die Regierungseliten, deren Erfüllung die Gesellschaft ebenso fordert wie sie selbst, verringern wird.

In vielen Ländern der Dritten Welt ist die Situation angesichts einer zügellosen und immer weiter um sich greifenden Korruption noch unerfreulicher. Dafür gibt es viele Gründe. Von der Neigung, dem Vorbild des Westens zu folgen, bis zu spezifischen lokalen Faktoren. Dazu gehören die Aushöhlung traditioneller Werte, an deren Stelle keine neuen Wertmaßstäbe treten, das Beispiel offensichtlich korrupter Herrscher[14] und die Widersprüche zwischen neuen Erfordernissen und der traditionellen Verpflichtung zur Loyalität gegenüber der Familie und den Stammesangehörigen. Oft ist die Marktwirtschaft zu schnell eingeführt worden, bevor die Voraussetzungen für die kulturelle Anpassung geschaffen wurden. Oft bieten sich scheinbar günstige Gelegenheiten, unzureichende Einkommen durch hohe Gewinne aus Unternehmen zu ergänzen, die von bürokratischen Entscheidungen abhängig sind, während steigende Ansprüche nicht befriedigt werden können, ohne daß man sich auf illegale Geschäfte einläßt.

So haben wir es hier mit einem spiralförmig abwärts gerichteten Teufelskreis zu tun, der sehr ernste Folgen haben muß. Eine der

Hauptaufgaben der Regierungen ist es, die von der Öffentlichkeit anerkannten Wertmaßstäbe zu erhöhen. Doch wenn die Regierenden selbst nicht bereit sind, diesen moralischen Anforderungen zu genügen, ist das unmöglich. Aber wenn die von der Öffentlichkeit anerkannten Wertmaßstäbe nicht wirklich hohen sittlichen Ansprüchen genügen, behindern demokratische Vorstellungen und Institutionen alle Bemühungen, die Regierungseliten zu veranlassen, höheren moralischen Anforderungen zu genügen, als sie von der politischen Kultur und der übrigen Gesellschaft gefordert werden. Unmoralische Regierungseliten und unmoralische politische Kulturen bestärken sich gegenseitig in ihrem Verhalten, und so wird das öffentliche Leben in zahlreichen Ländern zusehends unmoralischer und sogar regelrecht antimoralisch und korrupt.

Daraus folgt, daß die Untugenden der führenden Regierungseliten überall ein dringend zu bewältigendes Problem darstellen. Zuvor müssen wir uns jedoch mit einem wichtigen Gegenargument beschäftigen, das zwar weitgehend erkannt, aber nur selten offen anerkannt wird. Schließlich, so lautet dieses Gegenargument, verursachen viele Arten der Amoralität und der Korruption in der Regierung keinen großen Schaden. Was wir als Korruption im Regierungsapparat bezeichnen, war zu der Zeit, als Industrialisierung und Demokratisierung in Europa gewaltige Fortschritte machten, dort weit verbreitet, und dies ist vielleicht auch heute noch der Fall. Jedenfalls muß etwas gegen verderbte Herrscher getan werden, die ihre Untertanen töten und foltern oder ihre Nachbarn grundlos angreifen. Soweit dieses Argument. Doch wer sich die Vergabe von Vergünstigungen mit viel Geld bezahlen läßt, seine Macht mißbraucht, um selbst ein angenehmes Leben zu führen, kann durchaus auch eine vernünftige Politik betreiben. Beispiele dafür lassen sich leicht in lateinamerikanischen Ländern finden, wo die Präsidenten persönlich korrupt sind, aber zugunsten ihrer Länder politisch vernünftig und mutig handeln.

Ein geschickter *advocatus diaboli* könnte weitere und komplexere Argumente vorbringen und uns daran erinnern, daß der Ämterkauf, den wir für außerordentlich korrupt halten, bei der Modernisierung Europas eine wichtige Rolle gespielt hat, denn er hat es ermöglicht, daß gebildete Menschen in Stellungen aufrückten, die bisher dem Erbadel vorbehalten waren. In ähnlicher Weise könnte es durchaus sein, daß in einigen Ländern das, was für uns Korruption bedeutet, in Wirklichkeit die Möglichkeit bietet, den Übergang vom Traditionalismus zur Moderne zu erleichtern. Auf diese Weise ließe sich mancher Schaden vermeiden, der als Folge einer zu raschen Einführung moderner staatlicher Gepflogenheiten eintreten könnte. Es gibt ernstzunehmende Gegenargumente, denen man nicht ohne weiteres und nur aufgrund abstrakter Prinzipien widersprechen kann. Dennoch läßt sich ihre Gültigkeit schwer nachweisen, wenn die Regierung vor anspruchsvollen Aufgaben steht, auch wenn sich nachweisen läßt, daß sie in der Vergangenheit durchaus begründet waren (ohne auf das hypothetische Argument einzugehen, daß viel mehr hätte erreicht werden können, wenn die Herrscher tugendhafter gewesen wären, wenn die Beamten rascher Methoden entwickelt hätten, das gleiche unter Beachtung sittlicher Normen zu erreichen usw.).

In vielen Ländern der Dritten Welt, in den Nachfolgestaaten der Sowjetunion und in anderen Ländern, die den Einflüssen des Drogenhandels, der Mafia usw. ausgesetzt sind, verursachen korrupte Praktiken sehr viel mehr Schaden als Nutzen. Sie müssen sich um das Erreichen eines möglichst hohen sittlichen Niveaus bemühen, obwohl das für ihre Gesellschaften schmerzlich sein wird; und doch können sie das nicht tun, ohne daß die ernsthaft um das Wohl des Landes bemühten Regierungseliten als nicht korrupt anerkannt und dadurch legitimiert werden, daß sie ihre Aufgaben zum Wohl der Öffentlichkeit mit uneingeschränkter Hingabe erfüllen.

Wir können zeigen, daß dieses Argument auch im weiteren Rahmen Gültigkeit hat und auf die Verhältnisse in den meisten Ländern zutrifft. Die Aktivitäten der führenden Regierungseliten sind zunehmend der aufmerksamen Beobachtung durch eine interessierte Öffentlichkeit ausgesetzt. Das wird ermöglicht durch die Massenmedien, das heute erweiterte Recht der Öffentlichkeit, informiert zu werden, und die Tatsache, daß die Überwachungstechnologien wesentlich verfeinert worden sind. Deshalb werden die Regierungen viele wichtige Aufgaben nicht erfüllen können, für deren Wahrnehmung sie das Vertrauen der Öffentlichkeit brauchen.

Die praktische Notwendigkeit, eine Fassade der Moralität zu

errichten, um die Regierungsfähigkeit zu erhalten, kann vielleicht in zynischer Weise durch eine geschicktere Manipulation des Erscheinungsbildes der Regierung erfüllt werden. Dazu könnten bessere Desinformationstechniken beitragen, in deren Rahmen sich die verantwortlichen Regierungseliten stärker damit beschäftigen, die Medien in den Griff zu bekommen als mit dem Bemühen um bessere Leistungen innerhalb ihres eigentlichen Aufgabenbereichs. Auf die Dauer müssen solche Versuche aber scheitern und werden dabei hohe Kosten verursachen.

Doch die Situation ist eine ganz andere, wenn wir uns anschauen, welche Qualitäten innerhalb der Regierungen dazu beitragen können, die Regierungsfähigkeit zu verbessern. Die Bewältigung vorrangiger Aufgaben durch die Regierenden während einer Periode vielfältiger Veränderungen ist nur möglich, wenn die Elite charakterlich den höchsten Ansprüchen genügt. Psychologisch gesehen verlangt das Charaktereigenschaften wie Mut, Geduld, Ausdauer, Ernsthaftigkeit, Hingabe, Entschlußkraft, Selbstbeherrschung und Härte, um mit Schwierigkeiten fertig zu werden und Gelegenheiten wahrnehmen zu können. Um die politische Linie zu bestimmen und die jeweilige Lage beurteilen zu können, müssen diese Eliten objektiv und aufgeschlossen sein.[15] Sie müssen kreativ sein und die Fähigkeit besitzen, »gründlich nachzudenken«.[16] Doch das dringendste Erfordernis ist, daß die Werturteile, die bei kritischen Entscheidungen gefällt werden, sowie die Notwendigkeit, der *raison d'humanité* zu dienen, eine moralische Haltung verlangen, und dazu gehören ein starkes persönliches Verantwortungsbewußtsein, ein ausgeprägtes Pflichtgefühl gegenüber den Menschen, Mitgefühl, das Bewußtsein, auf lange Sicht einer positiven Entwicklung verpflichtet zu sein, die Fähigkeit, Versuchungen und schädlichen Leidenschaften zu widerstehen, die Bereitschaft, uneingeschränkt der *res publica* zu dienen und sogar sich selbst zu opfern, wenn dies notwendig werden sollte. Deshalb ist eine hohe Moral der führenden Regierungseliten eine unabdingbare Voraussetzung für die Verbesserung der Regierungskapazitäten.

Es ist unbedingt erforderlich, die Moralität der führenden Regierungseliten radikal zu verbessern, wobei die Tugenden ein größeres

Gewicht haben müssen als die Fähigkeit, nur »nett zu sein« und »freundlich lächeln zu können«. Wenn diese Voraussetzungen nicht erfüllt werden, könnten Verbesserungen der Regierungskapazitäten zum Nachteil der Bevölkerung mißbraucht werden.

Einige spezifische Fragen

Nach allem, was wir gesagt haben, bleiben noch viele Fragen offen. So kann man darüber streiten, wie weit das persönliche Leben von Angehörigen der Regierungselite der Öffentlichkeit als Vorbild dienen sollte, oder ob man diesen Personen eine gewisse persönliche Freiheit zugestehen muß, um zu verhindern, daß sich die zu intensive Beschäftigung mit ihrem Privatleben ungünstig auf die Regierungsfähigkeit auswirkt. Ein weiteres in diesen Zusammenhang gehörendes Thema ist die Ausgewogenheit zwischen einer Moralität, die sich auf die Konzeptionen von Kant und der Neo-Kantianer von der »Pflicht« stützt, und den Moralbegriffen, die wünschenswerte Leidenschaften zulassen und, den Auffassungen Schopenhauers folgend, den Willen und die Emotionen als wesentliche Antriebskräfte ansehen. Wir haben oben nur einige positive Charaktereigenschaften erwähnt und nicht davon gesprochen, welche Untugenden zu unterlassen und welche Sünden zu verurteilen sind. Wir dürfen auch nicht übersehen, daß – wie Adam Smith es sehr richtig erkannt hat – sich irregeleitete Tugend in gefährlichen Fanatismus verwandeln kann, was unter Umständen sehr viel ernstere Folgen hat als der Eigennutz in seiner übelsten Form.

Eine Situation, in der gewisse Probleme der Tugenden und Untugenden in der Politik im Zusammenhang mit anderen wichtigen Fragen der Regierungsreform deutlich werden, entsteht, wenn die Persönlichkeiten, die maßgebend an den politischen Entscheidungen beteiligt sind, krank werden.[17] Die dabei auftretenden Schwierigkeiten werden in einer Reihe kürzlich erschienener Bücher behandelt.[18] Man hat die verschiedensten Vorschläge gemacht, wie man mit diesem Problem fertig werden könnte, und zwar im Hinblick auf die gründliche Untersuchung der Erkrankten, die Verfahren zur Übergabe der Regierungsverantwortung an andere und die zur Sicherstellung der reibungslosen Fortführung der Regierungsgeschäfte notwendigen Maßnahmen.[19] Aber leider sind nur wenige Spitzenpolitiker bereit zurückzutreten, auch wenn sie mit Sicherheit wissen, daß ihre Leistungsfähigkeit durch Krankheit oder hohes Alter[20] wesentlich eingeschränkt wird. Das ist ein Zeichen für eine ernste moralische Schwäche in den Reihen der führenden Regierungseliten.

Es muß daher alles getan werden, um die für die führenden Regierungseliten geltenden ethischen Normen auf ein höheres Niveau zu bringen. Dazu sollte ein Moralkodex für hochgestellte Politiker und höhere Beamte entwickelt werden. Ebenso notwendig ist es, strenge Regeln und Gesetze gegen ein quasikriminelles Verhalten, erhebliche Interessenkonflikte und ähnliche klare Verstöße gegen Mindestnormen zu erlassen. Politische Strukturen und Verfahren wie etwa die für die Wahlen geltenden Bestimmungen müssen neu gestaltet werden, um die Anreize für ein unzulässiges Verhalten zu verringern. So brauchen wir geeignete Bestimmungen für die Ablösung handlungsunfähiger Spitzenpolitiker, die es erlauben, eine solche Maßnahme durchzusetzen, ohne auf Widerstand zu stoßen. Die Versorgungsbezüge für aus dem Amt scheidende ältere Politiker müssen hoch genug sein, um sie davon abzuhalten, sich einen illegalen Nebenverdienst zu verschaffen.[21] Strenge Vorschriften über die Offenlegung ihrer finanziellen Verhältnisse sollten dafür sorgen, daß sie auf jede Art der illegalen Bereicherung verzichten. Auch sollten strenge Verbote des Machtmißbrauchs für private Zwecke erlassen und durchgesetzt werden.

Zugleich müssen korrupte Praktiken im Hinblick auf das Regierungsgeschäft ausgeschlossen werden, wie zum Beispiel das Anbieten von Sondervergünstigungen, das bereits nach in den Vereinigten Staaten geltendem Recht mit dem Foreign Corrupt Practices Act von 1978 verboten worden ist. Zu den notwendigen drastischen Maßnahmen gehören internationale Sanktionen gegen offensichtlich korrupte Herrscher, ein entschiedenes internationales Vorgehen gegen Drogenkartelle und ähnliche Krebsschäden und ein Moralkodex, der für hochrangige Politiker und Regierungsbeamte überall auf der Welt zu gelten hat.

Alle diese Normen sollten international anerkannt werden. In den hochentwickelten Ländern sollte es nicht erlaubt sein, bei geschäftlichen Unternehmungen mit Bestechung zu arbeiten. Diese Bestrebungen könnten von Selbsthilfeorganisationen erfolgreich unterstützt werden: wie etwa von der 1993 gegründeten Transnational International (TI), die es sich zur Aufgabe gemacht hat, die großen Unternehmen davon zu überzeugen, daß sie darauf verzichten müssen, Beamte zu bestechen, und die versucht, den Beamten klarzumachen, daß es gegen ihr eigenes Interesse verstößt, diese Bestechungsgelder anzunehmen.[22] Doch angesichts der Tatsache, daß sogar die Regierungen einiger Länder andere Regierungen bestechen und damit gegen ihre eigenen Vorschriften verstoßen, um die Exportwirtschaft zu fördern, wie dies Lord Justice Scott bei seinen Untersuchungen der Rolle Großbritanniens bei der Aufrüstung des Irak im Vereinigten Königreich festgestellt hat, sind strenge Bestimmungen dringend erforderlich. Ihre Befolgung muß mit aller Härte durchgesetzt werden, und zwar mit strafrechtlichen Sanktionen gegen hochrangige Politiker, die gegen solche Vorschriften verstoßen. Staatsoberhäuptern sollte jede Unterstützung verweigert werden, wenn sie sich in schamloser Weise auf Kosten der Öffentlichkeit bereichert haben. Gleichzeitig sollten Länder, die versuchen, die Korruption einzudämmen, unterstützt werden, wenn notwendig dadurch, daß man ihnen militärische Kräfte zur Verfügung stellt und ihnen anbietet, Personen von einem internationalen Gerichtshof aburteilen zu lassen, deren Vergehen im eigenen Land nicht strafrechtlich geahndet werden können.

Das genügt aber noch nicht. Es müssen für die Wahlen und für die Auswahl der Kandidaten neue Regelungen gefunden werden, um die Qualität der führenden Regierungseliten zu verbessern, und die politischen Kulturen müssen sich bereit finden, höhere ethische Normen von den Eliten zu verlangen. Vor allem aber muß der Tendenz entgegengewirkt werden, zu zynisch oder zu nachsichtig gegenüber den Tugenden, Untugenden und Charakterschwächen der Herrscher und der führenden Regierungseliten zu sein. Der Grundsatz, daß gewählte Politiker und ernannte höhere Beamte moralisch und charakterlich den höchsten Anforderungen genügen müssen, sollte als Voraussetzung für ein normales Funktionieren des politischen Lebens in einer Demokratie anerkannt werden.

Die von den führenden Regierungseliten geforderten Qualitäten sollten hinsichtlich ihrer Tugenden und Untugenden sowie ihrer Charaktereigenschaften neu formuliert und zur Basis der demokratischen Theorie und der politischen Kultur werden. Die Kandidatenauswahl, die Bestimmungen für die Durchführung der Wahlen, für Beförderungen, für die Anerkennung der Leistungen, für die Entwicklung, die Unterstützung und die Überwachung der führenden Regierungseliten sollten diesen Forderungen entsprechend neu festgelegt werden.

Es wird eine gewisse Zeit in Anspruch nehmen, bis sich das politische Leben in dieser Richtung zu entwickeln beginnt. Aber schon kleine Schritte können hilfreich sein und den Boden für später zu treffende entschiedenere Maßnahmen bereiten. Doch in einer Hinsicht ist jede Verzögerung gefährlich: Übelgesinnte Herrscher müssen entmachtet werden, wenn notwendig durch internationales Eingreifen. Angesichts unserer Ausführungen über die *raison d'humanité* ist es nicht schwer, Staatsoberhäupter und Regierungschefs als übelgesinnte Herrscher zu identifizieren, die sich des Völkermordes und »ethnischer Säuberungen« schuldig gemacht haben, die durch die Unterstützung des Terrorismus den internationalen Frieden gefährden, die Massenvernichtungswaffen wie etwa Atombomben herstellen lassen, obwohl sie sich verpflichtet haben, das nicht zu tun, und die Angriffskriege beginnen.

Eine internationale Strafkammer als Erweiterung des Gerichtshofs, der 1993 gebildet wurde, um die Schuldigen an den Greueltaten in Jugoslawien zu ermitteln und gegen sie vorzugehen, sollte führenden Politikern, denen solche Verbrechen gegen die Menschlichkeit vorgeworfen werden, jede Gelegenheit geben, sich zu verteidigen. Es muß jedoch alles unternommen werden, den schwersten Verbrechen auf internationaler Ebene entgegenzutreten, und dazu gehört auch das militärische Vorgehen gegen führende Politiker, die sich solcher Straftaten schuldig gemacht haben. Dieses

Konzept sollte zudem auch auf andere Gebiete ausgeweitet werden, zum Beispiel auf eine verbrecherische und schwere Gefährdung der Umwelt.

Staatsoberhäupter und andere hochrangige Entscheidungsträger sollten für Verbrechen gegen die Menschlichkeit im weitesten Sinne dieses Begriffs persönlich verantwortlich gemacht werden. Wenn notwendig sollten internationale Streitkräfte eingesetzt werden, um solche Herrscher vor Gericht zu stellen. Derartige Maßnahmen sollten ausdrücklich damit gerechtfertigt werden, daß sie sich im Rahmen einer sich entwickelnden politischen Weltordnung gegen ein die Völkergemeinschaft bedrohendes Unrecht wenden.

Höchstwahrscheinlich wird es auch in Zukunft Persönlichkeiten geben, deren politische Laufbahn unter anderen Voraussetzungen ganz ähnlich verläuft wie die des Alkibiades.[23] Wir sollten uns nicht zuviel von der Wirkung eines Moralkodex oder von dem Versuch versprechen, das Verhalten der führenden Regierungseliten dadurch beeinflussen zu können, daß ihre Moral und Charakterstärke zur Bedingung für ihre Bestätigung im Amt gemacht wird. Auch eine Reform der Regierungstätigkeit wird hier kaum etwas bewirken können. Es ist jedoch notwendig, eine klare Vorstellung davon zu gewinnen, daß es die Aufgabe der Regierenden ist, sich aus moralischen Gründen darum zu bemühen, eine Basis für realistische Versuche zu schaffen, das moralische Niveau des Regierungsapparats zu heben und die Regierenden daran zu hindern, sich für Ziele einzusetzen, die aus moralischen Gründen nicht gebilligt werden können.

Der folgende Entwurf eines Moralkodex für hochrangige Politiker soll zusammenfassend zeigen, was wir in diesem Kapitel zum Ausdruck bringen wollten:

1. Betrachten Sie Ihre Position in der Regierung als einen Vertrauensbeweis und eine »heilige« Verpflichtung. Es ist besser, wenn Sie Ihre Position verlieren oder zurücktreten, als Ihre Integrität zu verlieren, weil Sie Pflichten als Regierungsmitglied persönlichen Interessen untergeordnet haben.

2. So intelligent und kenntnisreich Sie auch sein mögen, die Aufgaben, die Ihnen als Regierungsmitglied gestellt werden, verlangen sehr viel mehr. Bemühen Sie sich nach Kräften darum, zu lernen und gründlich nachzudenken, und umgeben Sie sich mit hochqualifizierten Beratern, denen Sie das Recht einräumen, Ihre eigenen Vorstellungen zu kritisieren.

3. Eine Ihrer Hauptaufgaben ist es, als »Erzieher« der Öffentlichkeit zu wirken und dabei Ihre Aufmerksamkeit insbesondere auf die langfristigen Auswirkungen Ihrer Entscheidungen zu richten. Sagen Sie stets die Wahrheit, auch wenn Ihre Anhänger und Wähler sie nicht hören wollen.

4. Sie sollten ein vorbildliches Privatleben führen. Üben Sie Zurückhaltung in Ihrem Sexualleben, und zügeln Sie Ihre finanziellen Ansprüche.

5. Unterrichten Sie die Öffentlichkeit über alles, was einen Einfluß auf Ihre Leistungsfähigkeit hat, und dazu gehören ihr Alter, Ihr Gesundheitszustand, Ihr Einkommen und besondere persönliche Probleme. Und treten Sie zurück, wenn Sie das Gefühl haben, Ihrer Aufgabe nicht mehr gewachsen zu sein, oder wenn Ihre Ärzte Ihnen sagen, daß Ihre Kräfte nachlassen.

6. Nehmen Sie keine Zahlungen und keine direkten oder indirekten Vergünstigungen an mit Ausnahme dessen, was Ihnen offiziell zusteht. Nach Ihrer Pensionierung lassen Sie sich keine Leistungen, die Sie aufgrund Ihrer ehemaligen Stellung erbringen, mit hohen Summen bezahlen, und erklären Sie öffentlich, wieviel Sie auf diese Weise verdient haben.

7. Sehen Sie die Vorbereitung Ihrer Nachfolger auf die ihnen bevorstehenden Aufgaben als eine Ihrer wichtigsten Verpflichtungen an. Und helfen Sie Ihrem Nachfolger auch während der Übergangszeit, selbst wenn Sie ihn oder sie nicht ausstehen können.

8. Bewahren Sie schriftliche Unterlagen über alle wichtigen Entscheidungen und Aktivitäten auf, um darüber berichten und die Verantwortung dafür übernehmen sowie zu einem späteren Zeitpunkt Ihre Memoiren schreiben zu können, die einen historischen Wert haben und damit andere aus Ihren Erfahrungen etwas lernen können.

Das nächste Kapitel wird sich mit einigen der Herausforderungen beschäftigen, die sich aus diesem Verhaltenskodex ergeben, und mit den Möglichkeiten, die darin enthaltenen Empfehlungen zu verwirklichen. Doch zugegebenermaßen scheinen Teile dieses Kodex utopisch zu sein. Das führt uns zu zwei Schlüsselfragen, auf die ich noch keine Antworten habe, die jedoch für die Zukunft des Regierungsgeschäfts und seine Auswirkungen auf die Zukunft der Menschheit von entscheidender Bedeutung sind: Ist es nicht gefährlich, die konkreten Möglichkeiten des Regierens zu verbessern, ohne das moralische Niveau der verantwortlichen Regierungseliten zu heben? Und gibt es eine reale Chance, die Regierungseliten zu einem sittlicheren Verhalten innerhalb der kulturellen Normen zu veranlassen, von denen das politische Leben auf der ganzen Welt immer stärker beherrscht wird?

11. Kapitel

Der Souverän »Volk«

Der bekannte Satz »Alle Staatsgewalt geht vom Volke aus«* ist Ausdruck eines demokratischen Grundprinzips. Auch nichtdemokratische Staaten akzeptieren, zumindest theoretisch, diese Idee. Deshalb würde grundsätzlich die vermehrte Beteiligung der Bevölkerung an den Regierungsgeschäften und damit auch an der Staatsgewalt allgemein gebilligt und sollte die Basis für eine Regierungsreform sein, und zwar innerhalb eines breiten Rahmens der Integration individuellen Handelns in kollektiv getroffene Entscheidungen[1] und einer allgemein akzeptierten Auffassung dessen, was unter »Macht« und »Ohnmacht« im täglichen Leben zu verstehen ist.[2]

Es gibt viele Hinweise darauf, daß »das Volk« durchaus in der Lage ist, an den Entscheidungen einer Regierung mitzuwirken. Zum Beispiel:

Bürgerinitiativen und gesellschaftliche Gruppen zeigen oft, daß sie durchaus fähig sind, an erfolgreichen wirtschaftlichen Aktivitäten teilzunehmen[3], die staatliche Autorität von der Basis her zu stützen[4] und sich über die gerechte Verteilung jeweils vorhandener Ressourcen zu einigen.[5]

Zahlreiche Untersuchungen beweisen, daß von Bürgern gebildete Interessengruppen sehr wohl in der Lage sind, komplexe politische Probleme zu erörtern und zu verstehen[6] und dabei auch zu

---

* In der Präambel der Verfassung der BRD (der Übersetzer).

berücksichtigen, welche Auswirkungen bestimmte Entscheidungen auf längere Sicht haben werden.[7] Zudem verdanken wir manche vielversprechenden Entwicklungen wie etwa die Tatsache, daß wir mit an Sicherheit grenzender Wahrscheinlichkeit damit rechnen können, daß die Demokratien in der vorhersehbaren Zukunft keine Kriege gegeneinander führen werden, vor allem den Gefühlen und Meinungen normaler Bürger.[8]

Es gibt aber auch deutliche Anzeichen dafür, daß die Menschen auch heute in den fortschrittlichen Gesellschaften nicht die Voraussetzungen dafür besitzen, bei Entscheidungen über komplexe politische Fragen wirksam Einfluß zu nehmen.

Die große Mehrheit der Wähler ist augenscheinlich erschreckend schlecht unterrichtet über die wichtigsten Tatsachen, Fragen und Probleme, und zwar sowohl im internationalen als auch im nationalen Bereich. Stillschweigende Übereinstimmung und der »gesunde Menschenverstand« gleichen diese Schwäche teilweise aus, und zwar wenn es um das Interesse für die örtlichen Gegebenheiten geht – daher die oft sehr positiven Ergebnisse bei Wahlen und Volksbefragungen –; man kann sich aber auf diese Faktoren nicht verlassen, wenn es die Lösung komplexer internationaler Probleme betrifft.

Das heutige Fernsehen bietet in seinen politischen Sendungen zu wenige ausführliche Berichte über aktuelle politische Fragen.[9] Zudem fehlen in den Fernsehprogrammen, die von den meisten Menschen (einschließlich der lokalen Meinungsmacher) gesehen werden, in den Radioprogrammen, die sie hören und in den Zeitungen, die sie lesen, in den meisten Fällen die internationalen Perspektiven.

Obwohl die Massenpsychologie heute kaum noch auf großes Interesse stößt, sollten die Ergebnisse ihrer Untersuchungen nicht ignoriert werden.[10] Sie zeigen, daß die Spannungen, die als Folge globaler Veränderungen entstehen, das kollektive Verhalten der Menschen nicht gerade günstig beeinflussen, sondern zu ihrer Desorientierung führen und eine traumatische Wirkung haben. Durch das Fernsehen werden aus den »Massen«, die früher als »Straßenpöbel« bezeichnet wurden, ungezählte Individuen und kleine Gruppen, die sich vor dem Fernsehschirm von den gleichen Bildern fesseln lassen. Welche Folgen das haben wird, wissen wir noch nicht, es wird sich aber nicht unbedingt günstig auswirken.

Es gibt den überzeugenden Nachweis dafür, daß der Mensch, wenn er mit Ungewißheiten konfrontiert wird, besonders zu Irrtümern neigt[11], falls er nicht einem vorher festgelegten Weg folgt. Das führt zu vielen falschen Vorstellungen, inneren Widersprüchen, »motivierten Irrationalitäten«[12] und Abweichungen von der Logik, was wiederum zur Folge hat, daß die Risikobereitschaft in einem solchen kulturellen Umfeld zurückgeht.[13] Angesichts der Tatsache, daß heute die meisten Fragen mit Unsicherheiten belastet sind, führen solche Fehlleistungen dazu, daß man sich bei der Beurteilung komplexer Fragen kaum noch auf die »Intuition der Öffentlichkeit« verlassen kann.

Diese und ähnliche Feststellungen bedeuten jedoch keineswegs eine Abwertung des gesunden Menschenverstands, der sich in der öffentlichen Diskussion nach wie vor als hilfreich erweist, und sie erlauben es auch nicht, an der Fähigkeit und dem Recht der Menschen zu zweifeln, sich für die Werte zu entscheiden, die für ihr Leben und Sterben bestimmend sind. Sie lassen uns jedoch erkennen, daß institutionelle Möglichkeiten geschaffen werden müssen, »die Rationalität in der Gesellschaft zu fördern«[14], und dazu gehören die Allgemeinbildung und die Fähigkeit, folgerichtig zu denken.

Mit anderen Worten: Wenn mehr Menschen bedenken, welche hohen Anforderungen durch die Komplexitäten weltweiter Veränderungen an die Demokratie gestellt werden[15], dann ist die »Sorge um den Menschen«, wie Romano Guardini dies nennt[16], durchaus begründet.

Wenn die Bürger nicht ein besseres Verständnis für komplexe Fragen entwickeln, dann wird die Demokratie entweder zu einer Fiktion werden, oder die Demokratien werden bei ihrem Versuch, ihre Aufgaben zu erfüllen, schmählich versagen. Wenn den Bürgern das Recht eingeräumt wird, an den politischen Entscheidungen mitzuwirken, dann muß gleichzeitig ihre Erkenntnisfähigkeit gestärkt werden.

Die Aufklärung der Bevölkerung

Der ganze Problemkreis und die Reformen, die notwendig sind, diese Probleme zu bewältigen, rücken wieder in den Vordergrund unserer Betrachtungen, wenn wir zu der Frage der Moral in der Regierung zurückkehren. Wie schon gesagt, sind die Moralität und die Qualität der Regierungen und ihrer Eliten abhängig von den Gesellschaften und besonders den Kulturen, in denen sie verankert sind.[17] Hier besteht jedoch eine zweiseitige Beziehung: Die Regierung bestimmt die Form der Gesellschaft, und die Gesellschaft wiederum nimmt Einfluß auf die Regierungsform. Das ist auch in absolutistisch regierten Ländern so, denn auch ihre Regierungen sind abhängig von gesellschaftlichen und kulturellen Prozessen, Kräften und Attributen[18], sie treffen aber oft einschneidende, das kulturelle Leben der Gesellschaft beeinflussende Entscheidungen. Beispiele dafür sind die zwangsweise Einführung bestimmter religiöser Bekenntnisse zur Reformationszeit in Europa[19] oder das Entstehen von Nationen innerhalb der Grenzen neugegründeter Staaten.[20] Andererseits zeigt der Versuch im nationalsozialistischen Deutschland[21] und in der Sowjetunion[22], das Sozialverhalten zu verändern, auch die Grenzen, an die solche Bestrebungen stoßen.

Eine etwas andere Situation entsteht dort – und das ist besonders wichtig für unsere Zeit –, wo die Gesellschaften und die Regierungen übermächtigen kulturellen Einflüssen ausgesetzt sind, und zwar mit oder ohne Unterstützung der Regierenden und manchmal gegen ihren Willen. Die Einflüsse des Buddhismus auf das politische Leben in Thailand und des Konfuzianismus in Korea[23] sind in dieser Beziehung sehr lehrreich. Heute werden alle Länder der Dritten Welt und die ehemaligen kommunistischen Länder mit westlichen Wertmaßstäben bombardiert, wobei gleichzeitig die Gesellschaften, die Kulturen und die politischen Strukturen verändert werden. Manchmal leiten die Regierenden selbst diesen Prozeß ein, und manchmal werden sie von diesen Einflüssen überwältigt und verändert. Oft werden sie zur Übernahme dieser Werte gezwungen, versuchen aber gleichzeitig, diesen Prozeß zu lenken.

Auch in den Demokratien bemühen sich die Regierungen darum, die Bevölkerung aufzuklären, und müssen das als Vorbedingung für die Übertragung eines größeren Anteils an der Staatsgewalt tun, doch ohne daß damit die Erfüllung wesentlicher Aufgaben behindert wird oder die *raison d'humanité* darunter leidet.

Die Forderung Lincolns nach einer »Regierung des Volks durch das Volk und für das Volk« ist im abstrakten Sinne ein unerschütterliches Prinzip oder zumindest ein Motto für jede Demokratie. Doch aus dieser Forderung ergeben sich mehr Fragen als Antworten, und die grundsätzlichste ist, wie die Wechselbeziehungen zwischen den Einflüssen der Regierung auf das Volk und der Erfüllung des Volkswillens durch die Regierung geregelt werden sollen. Im Hinblick auf den begrenzten Problemkreis, mit dem wir es hier zu tun haben, lautet die Frage:

Wie sollte der Regierungsapparat umgestaltet werden, um die Bürger besser in die Lage zu versetzen, eine größere Rolle im Rahmen einer stärkeren Demokratisierung und angesichts der zunehmend komplexer werdenden Schwierigkeiten und Chancen zu spielen, ohne daß damit in Wirklichkeit die autonomen Einflußmöglichkeiten der Menschen untergraben werden?

Die Schwierigkeiten verschärfen sich durch die Notwendigkeit, die Wähler davon zu überzeugen, daß die Forderungen der *raison d'humanité* erfüllt werden müssen, und ihre Fähigkeit zu stärken, sich mit der ganzen Menschheit zu identifizieren,[24] und zwar trotz der deutlichen Anzeichen dafür, daß die Interessen einzelner ethnischer Gruppen immer mehr in den Vordergrund treten und das Verständnis für andere abnimmt. Das kommt in den folgenden Ausführungen von King und Schneider sehr gut zum Ausdruck: »Die komplexe und ungewisse Lage wird die Entscheidungsträger auf allen Ebenen – und besonders die Politiker – dazu verdammen, nach neuen Wegen zu suchen und eine untraditionelle Haltung einzunehmen. Es wird ihnen aber nicht möglich sein, ihre Entscheidungen durchzusetzen, so mutig und so angemessen sie auch sein mögen, wenn es ihnen nicht gelingt, die Unterstützung einer breiten Öffentlichkeit zu gewinnen. Doch der allgemeine Widerstand gegen Veränderungen und die Furcht vor dem Unbekannten erzeugen ein für energische, aber ungewohnte Maßnahmen ungünstiges Klima. Die Dynamik der öffentlichen Meinung wird sich nicht positiv auswirken, wenn die Individuen, aus denen diese Öffentlichkeit besteht, nichts über das Wesen der globalen Phänomene erfahren und durch ihr Verständnis für sie begreifen, worum es hier geht – nämlich um das Überleben der menschlichen Spezies. Es ist jedoch klar, daß die Beredtsamkeit der Tatsachen allein nicht genügen wird, jeden einzelnen davon zu überzeugen, daß ihn diese Phänomene unmittelbar etwas angehen.«[25]

Vier Gesichtspunkte könnten als Basis für geeignete Reformen dienen. Der erste ist die vielleicht am wenigsten umstrittene Forderung, daß die Aufklärung der Bürger eine der vordringlichsten Aufgaben der Regierungen ist. Der zweite dehnt den Rahmen dieser Aktivitäten über den intellektuellen Horizont der »Aufklärung« hinaus auf eher gefühlsmäßige Bezirke aus, auch wenn hier ganz bestimmte Sicherungen eingebaut werden müssen. Der dritte regelt die Beziehungen zwischen öffentlicher Meinung und Regierung in der Weise, daß die Absichten der Regierung grundsätzlich den Bedürfnissen der Öffentlichkeit untergeordnet sind, die Regierenden aber auch vor Gefühlsschwankungen in der Öffentlichkeit und davor geschützt werden, daß lautstarke Minderheiten sie unter Druck setzen. Nach dem vierten Gesichtspunkt muß dafür gesorgt werden, daß der Bürger stärker an den politischen Entscheidungen beteiligt wird und seine Meinung in den Wahlen wirksamer zum Ausdruck bringen kann, indem die Oberflächlichkeit der politischen Programme im Fernsehen und in der politischen Werbung reduziert wird und die Öffentlichkeit die Gelegenheit bekommt, die Spitzenkandidaten so zu erleben, wie sie wirklich sind.

Zwei Umstände lassen erkennen, daß in dieser Richtung nicht genug getan wird und es durchaus die Möglichkeit gibt, sehr viel mehr zu versuchen. Erstens verlangt man, soweit ich das weiß, in keinem Land von allen Studenten an der Universität die Teilnahme an Lehrveranstaltungen über wichtige politische Fragen. Auch werden ihnen keine derartigen Möglichkeiten geboten, geschweige denn gutbesuchte Vorlesungen über weltpolitische Fragen. Zweitens gibt es zwar in den Schulen einen Unterricht über »Bürgerkunde«, aber was hier geboten wird, ist im allgemeinen sehr oberflächlich; und über weltpolitische Fragen wird kaum gesprochen, während die Fakten und die hierzu empfohlenen Wertmaßstäbe aus sehr chauvinistischer Sicht behandelt werden.

Bei den Medien ist die Situation ganz ähnlich, denn ihnen kommt es in erster Linie darauf an, die Einschaltquoten zu erhöhen, und sie sind ganz auf den Massenmarkt eingestellt. Was das Angebot betrifft, so bemühen sich lediglich sehr wenige Organisationen darum, ausführlich auf Fragen einzugehen, welche die Öffentlichkeit interessieren. Darüber hinaus ist es dringend erforderlich, neue Methoden zu finden, um einem breiten Publikum komplexe Probleme nahezubringen, ohne daß dabei die Analysen zu stark vereinfacht werden, während sie trotzdem allgemein verständlich bleiben.

Einigen Fernsehsendern gelingt es, komplexe Probleme in verständlicher und interessanter Weise aufzubereiten. Eine sehr nützliche Einrichtung ist die deutsche Bundeszentrale für politische Bildung. Sie zeigt, daß die Regierung die Möglichkeit hat, die Öffentlichkeit objektiv über umstrittene Fragen zu unterrichten. Eine Reihe internationaler Aktionsgruppen, die sich mit der Analyse solcher Probleme beschäftigen, wie zum Beispiel Earthwatch, hat es sich zur Aufgabe gemacht, eine immer breitere Öffentlichkeit mit ihren Feststellungen und Auffassungen bekanntzumachen. Die Einrichtung der Commission on Arms Control Education ist ein kleiner, aber interessanter Schritt in die richtige Richtung. Es muß jedoch noch sehr viel mehr unternommen werden, um das Verständnis der Öffentlichkeit für wichtige politische Fragen zu wecken, und zwar insbesondere im internationalen Bereich.

Es ist dringend erforderlich, dafür zu sorgen, daß die Öffentlichkeit ein besseres Verständnis für die wichtigsten politischen Fragen gewinnt, wobei langfristige und globale Perspektiven besondere Aufmerksamkeit verdienen. Die Regierungen sollten solche Aktivitäten anregen und sie unterstützen, aber auch selbst daran mitwirken, wobei eine solche Beteiligung von unabhängigen Gremien streng überwacht werden muß.

Praktische Schritte in diese Richtung schlagen King und Schneider vor, wenn sie fordern, »daß ›Welterziehung‹ oder noch besser die ›Einführung in die großen Weltprobleme und deren Bewältigung‹ als Pflichtfach in die Lehrpläne der Schulen und der Erwachsenenbildung aufgenommen werden sollte«.[26] Darüber hinaus gibt es die folgenden Möglichkeiten: (1) Fernsehprogramme, die sich ausführlich mit wichtigen, die Öffentlichkeit interessierenden Fragen beschäftigen, und zwar auch aus weltpolitischer Perspektive; (2) einen nach modernen Gesichtspunkten in den Schulen erteilten Unterricht in Staatsbürgerkunde, bei dem wichtige Fragen auch aus globaler Perspektive ausführlich behandelt werden und bei dem die Schüler insbesondere lernen sollen, wie sie selbst Überlegungen über komplexe Probleme anstellen und sich eine eigene Meinung darüber bilden können; und (3) ähnliche, aber auf höherem Niveau gehaltene Vorlesungen an den Universitäten.[27] Parallel dazu muß auch das Angebot für Informationsmöglichkeiten erweitert werden: Organisationen außerhalb der Regierungen sollten pluralistische Fernsehprogramme, Videobänder, Fachbücher und andere Lehrmittel über wichtige, die Öffentlichkeit interessierende Fragen unter besonderer Beachtung globaler Perspektiven herstellen und verteilen.[28] Außerdem brauchen wir dringend ein weltumspannendes Fernsehsystem zur Darstellung und Analyse weltpolitischer Fragen aus der Sicht der verschiedensten daran interessierten Gruppen.

Steuerung der Emotionen

Maßnahmen, die ergriffen werden, um die Gefühle einzelner und der gesamten Öffentlichkeit in positivem Sinne zu beeinflussen, sind gefährlicher, und ihr Wert ist deshalb umstritten. Sie sind jedoch notwendig, wenn die *raison d'humanité* gefördert werden soll, denn sie muß zum integrierenden Bestandteil jener Werte werden, denen sich jeder einzelne verpflichtet fühlt. Dabei sollten wir bedenken, daß die Einzelpersönlichkeit immer in erheblichem Maß von gesellschaftlichen Faktoren geformt wird. Deshalb sind sogar Versuche, die seelischen Kräfte zu stärken, kein Eindringen in die Intimsphäre, sondern nur der Austausch einer Methode der Einflußnahme gegen eine andere.

Die Regierungen müssen direkt und indirekt dafür sorgen, daß der einzelne Bürger in Übereinstimmung mit einer demokratischen Grundhaltung ein Gefühl der Solidarität mit der ganzen Menschheit entwickelt, wobei es notwendig ist, Sicherungen gegen jeden Mißbrauch einzubauen.

Solche Bemühungen sind um so wichtiger, als es keinen konkreten Grund für die Annahme gibt, daß die Menschen aufgrund ihrer Abhängigkeit voneinander jeweils mehr Verständnis für die Probleme des anderen haben werden.[29] Bei den meisten Menschen wird wahrscheinlich sehr bald an die Stelle des Mitgefühls mit den Leiden anderer eine »Mitleidsmüdigkeit« treten, vor allem dort, wo sich die Lebensbedingungen verschlechtern. Aber besonders bei der Entwicklung der psychischen Kräfte steckt der Teufel im Detail. Wenn wir in der empfohlenen Richtung etwas unternehmen wollen, dann muß es sich um sorgfältig vorbereitete und auf ihre wahrscheinlichen Auswirkungen hin überprüfte Maßnahmen handeln. So ist es dringend erforderlich, den erzieherischen Einfluß von führenden Persönlichkeiten zugunsten der Solidarität mit der gesamten Menschheit zu mobilisieren. Führende Politiker beeinflussen neben anderen im öffentlichen Leben stehenden Persönlichkeiten wie etwa religiösen Führern in einem gewissen Maß das Gefühlsleben, und diese Rolle nimmt in Zeiten globaler Umwälzungen an Bedeutung zu.[30] Hier liegt einerseits die Gefahr, daß die Rhetorik an die Stelle konkreten politischen Handelns tritt[31], aber auch die Chance, daß führende Persönlichkeiten die Massenmedien mehr als bisher einsetzen werden, für konstruktive Ziele zu werben.

Nur sehr primitive Vorstellungen von der Demokratie übersehen die entscheidende und unvermeidliche erzieherische Rolle der politischen Führer, ob nun zum guten oder zum schlechten, und vertreten die falsche Auffassung, sie seien nur passive Instrumente für die Verwirklichung dessen, was die Bevölkerung verlangt. Die emotionale Steuerung wird dann der Empfindungsfähigkeit des einzelnen und dem Zufall überlassen. Es ist richtig, daß mit der Beherrschung der Emotionen auch sehr viel Böses bewirkt werden kann, wie wir es im 20. Jahrhundert mehr als einmal erlebt haben – vor allem im nationalsozialistischen Deutschland –, und deshalb ist es notwendig, hier Sicherungen einzubauen. Doch die Nichtbeachtung des möglichen Einflusses der Herrschenden erhöht die Risiken, anstatt sie zu reduzieren.

Eine andere Möglichkeit, die Solidarität zu fördern, ist die Verwendung von Symbolen. Clifford Geertz definiert sie als »greifbare Formulierungen von Ideen, Abstraktionen von Erfahrungen in greifbarer Form, konkrete Verkörperungen von Ideen, Geisteshaltungen, Urteilen, Sehnsüchten oder Glaubensinhalten«.[32] Da sie Gefühle ausdrücken und erzeugen[33], ist das Erfinden und Verändern von Symbolen eine häufig angewendete Methode, Gefühle zu beeinflussen, wie dies in der Geschichte immer wieder geschehen ist. Wir müssen deshalb unsere ganze Phantasie und Kreativität einsetzen, um Symbole zu erfinden, die eine globale Solidarität ausdrücken. Das sind zum Beispiel Flaggen, Nationalhymnen, Gedenktage[34] und ähnliches. Da wir wissen, wie stark Gemälde und bestimmte Bauwerke als politische Symbole wirken[35], sollte eine neue Ikonographie der menschlichen Solidarität entwickelt werden.

Die Sprache hat einen noch stärkeren Einfluß auf das menschliche Denken. Zamenhof, der 1887 das Esperanto erfand, hat richtig erkannt, wie nützlich eine gemeinsame, von allen Menschen beherrschte Sprache wäre, unterschätzte jedoch die emotionale Bedeutung und den kulturellen Wert der vielen verschiedenen Sprachen und war sich offenbar nicht der Tatsache bewußt, daß eine Kunstsprache nicht das gleiche leisten konnte wie die jeweiligen Nationalsprachen.[36] Aus diesem Grund und angesichts der Schwierigkeiten, die sich in der Praxis ergeben würden, wäre es sinnlos, die Schaffung einer universalen zweiten Sprache wie etwa des Esperanto zu empfehlen. Doch als Teil der notwendigen »Revolution der Begriffe«[37] sollten bestimmte Worte wie *raison d'humanité* und ähnliche Wertbegriffe in alle Sprachen aufgenommen werden.

Weitere Faktoren, die einen starken Einfluß auf das menschliche Gefühlsleben haben, sind gewisse Institutionen. Die Menschen sollten direkt oder durch geeignete Organisationen angeregt werden, in ihrem Denken die globalen Zusammenhänge zu berücksichtigen. Repräsentative Gruppen von Bürgern könnten sich intensiv mit der Untersuchung komplexer und auch weltpolitischer Probleme beschäftigen. Die Vertreter solcher internationalen Körperschaften könnten in ähnlicher Weise wie die Mitglieder des Europäischen Parlaments direkt gewählt werden. Aber auch weniger radikale Schritte können nützlich sein, wie zum Beispiel der Vorschlag von Ricardo Diez-Hochleitner, die Annahme mehrerer Staatsbürgerschaften zu ermöglichen und geeignete Persönlichkeiten zu ermutigen, es zu tun. Sie könnten dann als Vermittler zwischen den verschiedenen Ländern, deren Bürger sie sind, wichtige Aufgaben übernehmen. Der 1994 von der Europäischen Kommission gemachte Vorschlag, daß Bürger der Mitgliedsländer der Europäischen Union das Wahlrecht in dem Lande haben sollten, in dem sie wohnen, ist ein weiterer Schritt in die richtige Richtung, und das gleiche Recht sollte allen Bewohnern eines Landes zugestanden werden.

Um zu den Massenmedien zurückzukehren, müssen wir sagen, daß die Fernsehserie »Raumschiff Enterprise« ein hervorragendes Beispiel dafür ist, wie sich moralische Werte und die Solidarität der Menschheit lebendig darstellen lassen und ein großes Publikum interessieren und belehren können. Wir erkennen daraus, daß es viele andere Möglichkeiten gibt, sich ernsthaft um die »moralische Erziehung« der Bürger zu bemühen – vielleicht sogar durch entsprechende Gesetze, wie Robert P. George es vorgeschlagen hat.[38] Doch da solche Vorschläge immer ein gewisses Risiko einschließen, wir in jüngster Zeit kaum Erfahrungen auf diesem Gebiet gemacht haben und die Gefahr besteht, daß es dabei zu Mißbräuchen und unerwünschten Rückwirkungen kommen kann, muß man solche Maßnahmen sehr sorgfältig vorbereiten.

Konkrete, aber sorgfältig vorbereitete Maßnahmen zur Steuerung menschlicher Gefühle in Richtung auf die Solidarität mit der gesamten Menschheit sollten mit Unterstützung führender Politiker und spiritueller Führer getroffen werden. Dazu gehören aber auch die entsprechenden Symbole, neue sprachliche Ausdrucksformen, die Einflußnahme durch bestimmte Institutionen und die Förderung geeigneter Programme in den Massenmedien sowie das kreative Mitwirken der Künste. Möglichkeiten für eine Stärkung der psychischen Kräfte durch Erziehung und Gesetzgebung sollten in einzelnen Fällen auf ihre Wirksamkeit hin getestet werden.

Der Wähler muß vor den Wahlen über das politische Programm der Kandidaten und ihrer Parteien genau unterrichtet werden

Der Hauptzweck einer umfassenden Aufklärung des Bürgers ist es, ihn auf eine stärkere Beteiligung an den politischen Entscheidungen vorzubereiten. Viele in den folgenden Kapiteln empfohlene institutionelle Reformen dienen diesem Ziel. Im folgenden möchte ich auf die wichtigsten demokratischen Möglichkeiten hinweisen, das zu erreichen. Das sind vor allem die Wahlen und die direkte demokratische Einflußnahme. Zwar sollten demokratische Regierungen in ihrer Tätigkeit nicht durch die täglichen Schwankungen in der öffentlichen Meinung irritieren lassen, doch die Abhängigkeit der Regierenden von den Wahlberechtigten und Wählern gehört zum Wesen der Demokratie und darf daher nicht außer acht gelassen werden.

Eine erhebliche Gefahr für die demokratischen Beziehungen zwischen der Bevölkerung und den Regierungsmitgliedern entsteht durch die Art, wie führende Kandidaten in dem hauptsächlich über das Fernsehen geführten Wahlkampf auftreten.[39] Die zunehmende Tendenz, die Wahlen zu einem Medienrummel werden zu lassen, befriedigt vielleicht das allgemeine Bedürfnis nach Unterhaltung, verringert jedoch die Möglichkeiten der Wähler, aufgrund zutreffender Informationen die Auswahl zwischen den verschiedenen Kandidaten, den unterschiedlichen Regierungsmethoden und Ideologien zu treffen.

Während die Vermarktung politischer Ideen und Kandidaten zunehmend professioneller wird und die Wahlergebnisse immer mehr vom Fernsehen beeinflußt werden[40], haben vernünftige und halbwegs vernünftige Kandidaten kaum eine andere Wahl, als den Spielregeln eines neuen Typs von »Schönheitswettbewerb« zu folgen, bei dem die auf dem Fernsehschirm attraktiver wirkenden Kandidaten eine bessere Gewinnchance haben, und zwar ganz unabhängig von ihren moralischen oder intellektuellen Vorzügen oder Schwächen. Die dramatisch inszenierten Streitgespräche zwischen den Kandidaten im Fernsehen und die theatralischen Begegnungen mit »der Bevölkerung«, bei denen Hände geschüttelt, Babys abgeküßt werden usw., lassen den Wahlkampf immer mehr zu einem Zirkus werden, ohne den Wählern die Gelegenheit zu geben, hinter die äußeren Erscheinungen zu blicken und sich eine Vorstellung von der Eignung der Kandidaten zu machen.

Wenn die Wahlen eine vernünftige Methode sein sollen, eine bewußte und auf einigermaßen zuverlässige Informationen gestützte Auswahl zu treffen, dann muß erkennbar werden, was sich hinter dem äußeren Erscheinungsbild der Kandidaten verbirgt, um sie zu zwingen, mehr von ihrem wirklichen Selbst zu zeigen. Das ist besonders wichtig, weil die Art, wie die Wahlen durchgeführt werden, einen wesentlichen Einfluß darauf hat, ob sich die Menschen dafür entscheiden, in die Politik zu gehen oder nicht. Die gegenwärtig bei den Wahlen und den Wahlkämpfen zu beobachtenden Praktiken halten wahrscheinlich gerade Persönlichkeiten von diesem Entschluß ab, die hervorragend geeignet wären, politische Ämter zu bekleiden. Die Wähler sollten möglichst viel über die führenden Kandidaten wissen und auch die Möglichkeit haben, sie in Situationen zu erleben, in denen ihr wahrer Charakter hinter der manipulierten äußeren Erscheinung sichtbar wird. Wenn man heute die finanziellen Mittel kürzen will, die den Kandiaten zur Verfügung stehen, dann ist das ein Schritt in die richtige Richtung. Doch so wünschenswert es auch aus anderen Gründen ist (wie zum Beispiel um die Bedeutung des Geldes in der heutigen Politik zu reduzieren), so muß doch noch sehr viel mehr geschehen, um den Wählern die wirklichen Qualitäten der Kandidaten zu verdeutlichen. Dazu die beiden folgenden Empfehlungen:

1. Die führenden Kandidaten sollten verpflichtet sein, die Öffentlichkeit über ihre eigene Biographie, ihre Vermögensverhältnisse, ihren Militärdienst und ihre Gesundheit zu unterrichten. Ein aus unabhängigen Personen bestehendes Team zur Überprüfung der Kandidaten sollte berechtigt sein, weitere Informationen zu verlangen, und alle falschen Angaben sollten als strafbare Handlungen gerichtlich geahndet werden können.

2. Führende Kandidaten sollten an einer Reihe jeweils zwei Stunden dauernder öffentlicher Anhörungen im Fernsehen teilnehmen, bei denen sich das Team zur Überprüfung der Anwärter ein zutreffendes Gesamtbild von diesen machen sollte.

Der Wert dieser Empfehlungen hängt von dieser neuen Einrichtung zur Überprüfung der Kandidaten ab. Man könnte die Mitglieder dieses Teams als »Kandidatentribunal« bezeichnen in Anlehnung an die Volkstribune in der Römischen Republik, allerdings jetzt in einer modernen Form. Man könnte aber auch von einem »Kandidatengerichtshof« sprechen, um dieser Körperschaft das Prestige der Gerichte zu verleihen und ihre quasirichterlichen Funktionen und ihren Status hervorzuheben. Die Mitglieder des Teams, vielleicht fünf bis zehn Personen, sollten aus zwei Personenkreisen ausgewählt werden. Das heißt, es sollten erstens hochangesehene, im öffentlichen Leben stehende Persönlichkeiten wie Richter, Akademiker und geistige Führer und zweitens »Vertreter der Öffentlichkeit« sein, die durch das Los bestimmt werden und ähnliche Voraussetzungen zu erfüllen haben wie die Geschworenen bei den amerikanischen Gerichten. Ihre einzige Aufgabe würde es sein, dafür zu sorgen, daß sich die Öffentlichkeit ein zutreffenderes Bild von den Kandidaten machen kann, das durch die Vermarktung politischer Ideen und der Kandidaten verzerrt wird. Besondere Einzelheiten – etwa die Art der persönlichen Informationen, die Methode zur Ernennung der Mitglieder dieser Teams, die Organisation der öffentlichen Anhörungen – würden sich nach den Bedürfnissen der einzelnen Länder richten. Aber bestimmte Schritte in dieser Richtung sind notwendig, um allen Versuchen zu begegnen, die Kandidaten hinter sorgfältig konstruierten Masken zu verbergen und diesen politischen Zirkus so zu gestalten, daß den Wählern zumindest geholfen werden kann, ihre Entscheidung aufgrund fundierter Informationen zu treffen.

Wenn es möglich werden sollte, zuverlässige Persönlichkeitsüberprüfungen vorzunehmen, dann könnten künftig führende Kandidaten verpflichtet werden, sich solchen Überprüfungen zu stellen, deren Ergebnisse veröffentlicht werden müßten. Das könnte dazu führen, daß Persönlichkeiten mit ausgefallenen Charaktereigenschaften die Eignung zum Kandidaten für höhere Ämter abgesprochen wird, obwohl man mit solchen Urteilen außerordentlich vorsichtig sein sollte, weil es, wie wir wissen, manchmal sehr schwer ist, zwischen »Genie« und »Wahnsinn« zu unterscheiden[41] und uns die Maßstäbe für solche Unterscheidungen fehlen. Zudem wird der Laie kaum die Bedeutung dieser sehr komplexen und oft problematischen Überprüfungen richtig verstehen, über deren Wert sogar Experten heftig gestritten haben. Sollte es uns gelingen, zuverlässigere Techniken für die Bewertung von Persönlichkeiten zu entwickeln, dann muß noch einmal über die Frage nachgedacht werden, welche Informationen den Wählern zugänglich gemacht werden sollen. Doch bis dahin kann ich die beiden oben gemachten Vorschläge mit gutem Gewissen empfehlen. Und sie sind radikal genug, um die Erneuerungsfähigkeit des Regierungssystems einer strengen Überprüfung zu unterziehen.

Umstrukturierung des Wahlvorgangs

Gegen diese und andere Bemühungen, den Wahlvorgang zu reformieren – etwa neue Regeln für die Mehrheitsbeschaffung und für Möglichkeiten zu sorgen, die Reihenfolge der Kandidaten auf den Wählerlisten der Parteien zu verändern, sowie verfeinerte mathematische Ideen, die hier nicht berücksichtigt werden müssen –, wird der radikale Einwand erhoben, daß alle Wahlergebnisse nicht dem Wählerwillen entsprechen und direkte demokratische Entscheidungen vorzuziehen seien. Das traditionelle Gegenargument, daß sich die direkte Demokratie in einer Massengesellschaft nicht verwirklichen läßt, gilt nicht mehr, weil es mit Hilfe der modernen Technik durchaus möglich ist, jeden Tag eine Volksbefragung durchzuführen. Deshalb, so sagen die Verfechter dieser Idee, steht der Weg offen, die indirekte Demokratie mit all ihren Schwächen zugunsten der direkten Demokratie einzuschränken.

Unter Hinweis auf die umfangreiche Literatur zu diesem Thema möchte ich meine persönliche Meinung dazu wie folgt zusammenfassen:

Die direkte Demokratie kann in kleinen Gemeinwesen sehr gut funktionieren, denn dort haben die Wähler persönliche Erfahrungen mit den meisten Problemen – vorausgesetzt, komplexe Fragen, über die die Wähler zu entscheiden haben, werden ihnen von Fachleuten in geeigneter Weise erläutert.[42]

Die Erfahrungen mit häufigen Volksentscheiden über komplexe Fragen, an denen eine große Zahl von Wählern beteiligt ist, sind unterschiedlich. Wenn es sich bei diesen Volksentscheiden um globale Veränderungen handelt wie etwa den Beitritt zur Europäischen Union, dann habe ich den Eindruck, daß die Wähler dazu neigen, zu konservativ zu sein und notwendige Neuerungen abzulehnen – aber hier gehen die Meinungen auseinander.

Andererseits haben sich gelegentliche Volksentscheide über heftig umstrittene nationale Probleme, die außerhalb der gewöhnlichen politischen Tagesordnung liegen, als wirksames Mittel erwiesen, zu übereinstimmenden Entscheidungen zu kommen, die zwar nicht immer der Weisheit letzter Schluß gewesen sind, mit denen man jedoch leben konnte und die sich nötigenfalls revidieren ließen. Auch zu diesem Schluß bin ich aufgrund der Erfahrungen gekommen, die man in Europa mit besonderen Volksentscheiden über Angelegenheiten der Europäischen Union gemacht hat.

Wenn wir diese Bewertungen im Zusammenhang mit der Notwendigkeit betrachten, die Bürger an den Entscheidungen der Regierungen zu beteiligen und zugleich die Regierungsfähigkeit zu fördern, dann führt das zu zwei Empfehlungen:

1. Wenn es um wichtige nationale Fragen geht, die mit den normalen politischen Mitteln nicht entschieden werden können, sollten auf Veranlassung der Legislative Volksentscheide herbeigeführt werden.

2. In den örtlichen Körperschaften und Gemeinwesen sollte häufiger der direkte demokratische Weg beschritten werden. Dazu gehören auch Experimente mit elektronischen Volksbefragungen, die von Maßnahmen zur Förderung des Verständnisses der Öffentlichkeit für die jeweiligen politischen Probleme begleitet werden sollten.

Denkbar sind auch andere Versuche, zum Beispiel das Ausschreiben von Volksentscheiden über alternative politische Entscheidungen, die sich auf eine Entwicklung über einen längeren Zeitraum hinaus auswirken, wie Bertrand de Jouvenel das vorgeschlagen hat.[43] Wegen der damit verbundenen Ungewißheiten und Komplexitäten wird das vielleicht eher auf lokaler als auf nationaler Ebene durchführbar sein. Der Gedanke, die Mitglieder einer gesetzgebenden Versammlung durch das Los zu bestimmen[44], wie das im klassischen Altertum in Athen üblich war, ist auch durchaus interessant und könnte versuchsweise und auf lokaler Ebene für einen Teil beratender und gesetzgebender Körperschaften befolgt werden.

Besonders bemerkenswert sind verschiedene Ideen über die Möglichkeit, die demokratische Beteiligung der Bevölkerung an den politischen Entscheidungen in Beratungsgremien und auch durch die Gewährung eines weitergehenden Mitbestimmungsrechts innerhalb der verschiedensten gesellschaftlichen Bereiche zu fördern.[45] Auch der Vorschlag, bessere Methoden zu entwickeln, um besonders in der Außenpolitik zu einer Übereinstimmung aller Beteiligten zu gelangen, ist vernünftig.[46] Intensive Bemühungen in dieser Richtung sind zu empfehlen.

Schließlich müssen wir uns auch mit der Frage beschäftigen, wie oft Wahlen abgehalten werden sollten. Hier liegt das Dilemma darin, daß einerseits dafür gesorgt werden muß, daß die Regierenden besser auf den Willen der Bevölkerung reagieren, was häufigere Wahlen erforderlich macht, und es andererseits notwendig ist, Verzerrungen zu reduzieren, die auftreten können, wenn die Wahlen zu rasch aufeinanderfolgen.

Mein Vorschlag ist es daher, um die nach diesen Überlegungen notwendige Ausgewogenheit zu erreichen, seltener allgemeine Wahlen abzuhalten, zugleich aber den Wählern die Möglichkeit zu geben, häufiger über ganz bestimmte Probleme abzustimmen.

Die Wahlperioden sollten verlängert werden, so daß die Wahlen für die Exekutive und die gesetzgebenden Körperschaften alle fünf bis sechs Jahre stattfinden, wobei die lokalen und nationalen Wahlen zusammengelegt werden sollten, um zu vermeiden, daß in geringeren zeitlichen Abständen als alle drei Jahre irgendwelche Wahlen anstehen. Parallel dazu sollten die Voraussetzungen für das Abhalten spezieller Wahlen verbessert werden, damit sie von der Regierung, unter besonderen Umständen vom symbolischen Staatsoberhaupt und auf Initiative eines hohen Prozentsatzes der Wahlberechtigten, angeordnet werden können.

*Fanatiker müssen gezwungen werden,
demokratischen Regeln zu folgen*

Ein zunehmend wichtiger werdender Aspekt des Problems, der auch internationale Fragen berührt, ist das Recht kleiner, aber sehr engagierter Minderheiten, ihre Auffassungen der Mehrheit aufzuzwingen. Um ein konkretes Beispiel zu nennen, nehmen wir an, daß der Walfang von einem Land aufgrund einer demokratischen Entscheidung der Bevölkerung und in Übereinstimmung mit von diesem Land bestätigten internationalen Vereinbarungen aufgenommen wird. Welche legitimen Möglichkeiten des Protests und des Widerstands haben nun diejenigen, die im Walfang die Gefährdung einer vom Aussterben bedrohten Spezies sehen oder die den Walfang für eine moralische, ja sogar tödliche Sünde halten?

Das energische Bemühen um Unterstützung einer solchen Haltung im politischen Bereich sowie gewaltlose Proteste sind zulässig, wenn eine Minderheit versuchen will, eine Mehrheit für ein bestimmtes Problem zu sensibilisieren und vielleicht schließlich selbst zur Mehrheit zu werden. Doch was ist zu einer Gruppe überzeugter Gegner des Walfangs zu sagen, die sich berechtigt fühlen, mit Gewalt gegen die Fangschiffe vorzugehen?

Selbstverständlich wird jeder, der eine demokratische Grundauffassung vertritt und sich an international geltende Vereinbarungen halten will, eine Minderheit verurteilen, die bereit ist, mit Gewalt gegen Aktionen vorzugehen, die durch demokratische Entscheidungen legalisiert worden sind. Sosehr man auch die ethischen Motive gewisser Aktivisten respektieren mag – wenn sie das Recht in Anspruch nehmen, ihre Meinungen der Mehrheit mit Gewalt aufzuzwingen, und sogar Gewalt anwenden, um das zu tun, müssen sie durch überlegene Gegenkräfte daran gehindert werden, um die Integrität der Demokratie und der Weltordnung aufrechtzuerhalten.

Es könnte durchaus sein, daß man künftig einige dieser Gruppen bewundert und die Mehrheit verurteilt, aber kleine Gruppen entscheiden zu lassen, wann es gerechtfertigt ist, Gewalt anzuwenden, entspricht nicht dem Grundsatz »Die Staatsgewalt geht vom Volke aus.« Vielmehr wird damit der Terrorismus legitimiert und jede

Bemühung unterminiert, eine Weltordnung zu schaffen, die den Grundsätzen der *raison d'humanité* dient, wie diese sich im Lauf der Zeit entwickeln.[47]

Um zu den wichtigsten Argumenten zurückzukehren, mit denen wir uns in diesem Kapitel beschäftigt haben, müssen wir sagen, daß alle Bemühungen, die Bürger stärker an den politischen Entscheidungen zu beteiligen und ihr Verständnis für diese Belange zu wecken, weitere innovative Maßnahmen notwendig machen können. Offensichtlich müssen sich solche Bemühungen auf radikale Verbesserungen im Erziehungswesen stützen, und zwar in bestimmten Bereichen wie in der Gesundheitsfürsorge[48], aber auch im weitesten Sinne, wie dies von Jacques Lesourne vorgeschlagen wird.[49] Es fehlt uns jedoch alles, was sich mit der griechischen Tragödie vergleichen ließe, um die kollektive Konfrontation mit fundamentalen Fragen zu erlauben und zu fördern[50] sowie »eine Methode zu schaffen, die es erlaubt, gemeinschaftlich vor der Öffentlichkeit einen politischen Konflikt zu behandeln oder den Wert politischer Gegebenheiten philosophisch zu untersuchen«.[51] Im übrigen leiden wir vielleicht alle unter einer gewissen Abkapselung unseres Bewußtseins, wie Allan Bloom diesen Zustand diagnostiziert hat.[52]

Was auch immer gesagt und getan sein mag, die angemessene Aufklärung »des Volkes« wird lange Zeit in Anspruch nehmen und vielleicht angesichts des Wesens und der Stärke des Einflusses der heutigen Massenmedien sogar oft unmöglich sein. Deshalb müssen wir uns bei der Reform des Regierungsapparats drei in diesem Zusammenhang sehr beunruhigenden Fragen stellen, die für gewisse demokratische Grundvoraussetzungen eine echte Herausforderung sind:

Sollten wir die Bürger auch dann stärker an der Staatsmacht beteiligen, wenn es uns nicht gelingt, sie besser aufzuklären, entweder in der Hoffnung, »mit dem Amt wächst auch der Verstand«, oder weil wir eine solche Mitwirkung für grundsätzlich erforderlich halten, obwohl wir noch nicht wissen, welche logischen Konsequenzen das haben wird? Oder sollte die konkrete Beteiligung des Volkes an den Regierungsaufgaben im Hinblick auf komplexe und globale Fragen begrenzt bleiben, zum Beispiel dadurch, daß nichtdemokratischen Einrichtungen im Rahmen einer pluralistischen Konzeption der Demokratie mehr Verantwortung übertragen wird? Oder kann vielleicht eine Umstrukturierung der Regierungseliten aus dieser Sackgasse hinausführen, indem die Aufklärung der Öffentlichkeit und ihre Beteiligung an den Entscheidungen der Regierungen mit ihren eigenen Initiativen kombiniert werden, die ethischen Grundwerten entsprechen und demokratischen Kontrollen unterworfen sein müssen?

Dieser letzten Möglichkeit wenden wir uns jetzt zu.

12. Kapitel

Umorientierung der Regierungseliten

In einer Buchbesprechung hat sich Arthur Schlesinger jr. gegen die Auffassung des Verfassers gewendet, daß man auf Regierungseliten verzichten könne (oder daß es nicht notwendig sei, ihnen eine führende Stellung einzuräumen), weil sie »antidemokratisch« und »antiegalitär« seien: »Alle Regierungen, die wir aus der Geschichte kennen, sind Minderheitsregierungen gewesen, und es liegt im Interesse aller Bürger, besonders der Armen und Machtlosen, daß die regierende Minderheit aus tüchtigen, intelligenten, verantwortungsbewußten und anständigen Personen besteht, denen es in erster Linie auf das Allgemeinwohl ankommt. Es besteht ein großer Unterschied zwischen einer Elite des Gewissens und einer Elite der Privilegien. Diese Unterscheidung macht Thomas Jefferson zwischen ›der natürlichen Aristokratie‹, deren Herrschaftsanspruch sich auf ›moralische Werte und Fähigkeiten‹ stützt, und der ›künstlichen Aristokratie, die sich auf Reichtum und Geburt‹ stützt. Er fügt hinzu, daß die natürliche Aristokratie ›das wertvollste Geschenk der Natur‹ für die Regierung jeder Gesellschaft ist.«[1]

Seine Argumentation geht ganz eindeutig von der Tatsache aus, daß die konkreten Leistungen einer Regierung weitgehend von der Qualität, den Motiven und dem Charakter ihrer führenden Mitglieder bestimmt werden, und dazu gehören die Politiker, die Beamten und andere an der Regierungsarbeit beteiligte qualifizierte Fachleute. Damit soll nicht bestritten werden, daß das Verhalten der Menschen wesentlich von den Strukturen beeinflußt wird, innerhalb derer sie leben.² Aber Thukydides hatte recht, als er darauf hinwies, daß eine gute Regierung aus hervorragenden Persönlichkeiten bestehen müsse, während Hobbes diesen Gesichtspunkt nicht gelten lassen wollte.³ Je höher die Ansprüche sind, denen eine Regierung entsprechen muß, und je geringer die Zahl derer ist, die diesen Ansprüchen genügen, desto größer ist die Bedeutung der charakterlichen Eignung der Angehörigen der Regierungseliten im Vergleich zu den strukturellen Erfordernissen. Das trifft besonders für die oberste Führungsschicht zu, mit der eine kleine Gruppe die gesamte politische Linie bestimmt. Sie ist dabei zwar gewissen Einschränkungen unterworfen, genießt aber gleichzeitig eine sehr weitgehende Handlungsfreiheit.

Auf das tägliche Leben und das Wohlbefinden einzelner und ganzer Gruppen haben die an Ort und Stelle zuständigen Beamten oft einen entscheidenden Einfluß. Besonders dort, wo die Zentralregierung nicht in der Lage ist, in den lokalen Bereich einzugreifen, geben die örtlichen Eliten oft den entscheidenden Anstoß für das Entstehen von Bürgerinitiativen. Doch örtliche Politiker und Beamte haben nur selten die Gelegenheit, an Entscheidungen mitzuwirken, bei denen es um langfristige Entwicklungen geht, die auch zu Veränderungen im lokalen Bereich führen können. Wenn sich die Welt in einer stabilen Entwicklungsphase befände, käme es sehr viel weniger auf den Einfluß der nur aus wenigen Persönlichkeiten bestehenden Eliten an, die für die hohe Politik im nationalen ebenso wie im internationalen Bereich verantwortlich sind, weil unter solchen Umständen die Aktivitäten der Zentralregierungen eine geringere Auswirkung auf die Zukunft hätten. Doch zu Zeiten globaler Umwälzungen ist die Situation ganz anders.

Da die führenden Regierungseliten die meisten Entscheidungen über Zukunftsprojekte treffen, müssen sie ganz besonders für diese verantwortungsvolle Aufgabe qualifiziert sein.

Wer gehört zu diesen Eliten?

Bei der Verwendung des Begriffs »Eliten« müssen wir sehr genau darauf achten, welche Aufgaben die so bezeichneten Persönlichkeiten erfüllen sollen. Dabei müssen wir uns der Gefahr bewußt sein, daß dieser Terminus eine enge, falsche und sogar rassistische Bedeutung haben kann, und davor müssen wir uns hüten. Wenn wir andererseits versuchen, ohne diesen Begriff auszukommen, soweit damit die Personen gemeint sind, die den höchsten Ansprüchen an ihre persönliche Integrität genügen, dann riskieren wir, die Mittelmäßigkeit zu einer Tugend zu machen und auch unfähige Personen einzubeziehen.[4] Diese Gefahr besteht besonders in den modernen politischen Kulturen, wo der Anspruch auf die Verwirklichung der Menschenrechte mit dem Erreichen menschlicher Homogenität verwechselt wird und die Normen und Tugenden der Gleichberechtigung, der Gerechtigkeit, der sozialen Fürsorge, des Mitgefühls und der Solidarität als eine Art Gleichschaltung aufgefaßt werden. Hier werden die Wertmaßstäbe der Demokratie fälschlich als Ausdruck des Glaubens angesehen, daß jedermann die Regierungsaufgaben ebensogut übernehmen könnte wie die an der Spitze einer Regierung stehenden Politiker.

Solche unbegründeten Vorstellungen haben ernste Konsequenzen für die Menschheit, denn sie hindern uns daran, einen sehr hohen Maßstab an die Qualität des Regierungsapparats anzulegen (neben anderen Gefahren für die Kultur und Zivilisation, auf die im einzelnen einzugehen den Rahmen dieses Buches sprengen würde).[5] Um solchen Hindernissen entgegenzuwirken, verwenden wir bewußt den Ausdruck »führende Regierungseliten«, selbst wenn er umstritten sein mag.

Daß es in den Regierungen führende »Eliten« geben muß, läßt sich nicht bestreiten, vorausgesetzt, sie zeichnen sich durch eine hohe Moral und eine überdurchschnittliche Intelligenz aus, sind bereit, dem Wohl des Ganzen zu dienen, sind offen, pluralistisch, repräsentativ, werden in ihrem Verhalten überwacht, können abgerufen werden und folgen in ihrem Verhalten einem strengen Moralkodex.

Es ist nicht leicht, genau festzustellen, wer alles zu den führenden Regierungseliten gehört, besonders wenn man versucht, diejenigen zu nennen, die einen spürbaren Einfluß auf das politische Leben nehmen und nicht nur wohlklingende Titel besitzen. Hier spielen verschiedene Faktoren eine Rolle, und zwar die Größe des Landes, die in der Gesellschaft bestehenden sozialen Unterschiede, das Wesen der politischen Kultur und die in der Verfassung festgelegte Regierungsform. (Länder mit einer vielschichtigen Sozialstruktur, einer egalitären politischen Kultur und einer dezentralisierten Regierung haben in den meisten Fällen eine aus mehr Personen bestehende Elite als weniger differenzierte Gesellschaften mit hierarchischen Kulturen und einer zentralisierten Regierungsform.)

Angesichts dieser Unterschiede wird die Zahl der zu den Eliten gehörenden Personen zwischen 100 und 1000 für jedes Land liegen, wobei es in den kleinen Staaten weniger und in den großen mehr sind. Da die meisten der etwa 200 Länder der Welt recht klein sind[6], gehören zusammen wahrscheinlich höchstens etwa 50 000 Personen zu den führenden Regierungseliten dieser Welt, einschließlich der multinationalen, supranationalen und internationalen politischen Institutionen.

Die führenden Regierungseliten, die Personen, die direkt die wichtigsten Entscheidungen treffen und für ihre Durchführung verantwortlich sind, machen vielleicht ein Zehntel dieses Personenkreises aus, das wären dann höchstens 5000 Personen. Wahrscheinlich werden jedoch die Entscheidungen von nur etwa 1000 Personen für die ganze Menschheit von Bedeutung sein, doch damit überschätzen wir ihre Zahl vermutlich schon. Zu ihnen gehören höchstens etwa 400 Politiker, von denen nicht mehr als vielleicht 200 nach den im demokratischen Westen geltenden Regeln gewählt wurden.

Um noch einen Augenblick mit der Schätzung von Zahlen fortzufahren, wollen wir nicht nur die Regierungseliten berücksichtigen, sondern auch andere Personen, welche künftig Entwicklungen wesentlich beeinflussen, wie zum Beispiel religiöse Führer, kreative Wissenschaftler, führende Persönlichkeiten bei den Bürgerinitiativen und anderen Bewegungen, leitende Geschäftsführer großer Firmen, Prominente im kulturellen Bereich, Stars in den Massenmedien. Nach unseren Schätzungen gehören zu dieser Gruppe sehr viel mehr Personen als zu den führenden Eliten in den Regierungen. Für die gesamte Menschheit gehören also ungefähr 10 000 Personen zu den globalen Eliten, die über unsere Zukunft entscheiden werden.

Viele dieser Zahlen mögen zu hoch liegen, aber jedenfalls ist es klar, daß die wichtigsten Entscheidungen von einer geringen Zahl einflußreicher Politiker, Industrieller und freiberuflicher Fachleute getroffen werden. Selbst wenn die jeweiligen Zahlen in Wirklichkeit sehr viel größer oder sehr viel kleiner sein sollten, sind die Schlußfolgerungen, die wir daraus ziehen, die gleichen.

Nur sehr wenige Menschen bestimmen im wesentlichen die Zukunft der Menschheit.

Wir müssen jedoch auch den Einfluß der Bürgerinitiativen und sozialen Bewegungen berücksichtigen und bedenken, daß die Auswahl einiger besonders wichtiger Entscheidungsträger von sehr vielen Einzelpersonen getroffen wird. Darüber hinaus agieren Regierungseliten innerhalb von politischen, sozialen, kulturellen, wirtschaftlichen und wissenschaftlichen Infrastrukturen und in einem Umfeld, das ihre Bewegungsfreiheit objektiv und subjektiv erheblich einschränkt. Dieser Mangel an Entscheidungsfreiheit ist zwar zum Teil ein Erbe aus der Vergangenheit, wird aber weitgehend von der Gesamtbevölkerung bewirkt. Die Menschen setzen der Politik als der Kunst des Möglichen enge Grenzen, besonders in den Demokratien[7], aber auch in nichtdemokratisch regierten Ländern.

Die Macht dieser winzigen Elite ist eine ernüchternde und düstere Vorstellung und macht das menschliche Streben nach Gleichheit, Selbstbestimmung und echter Demokratie mit jener platonischen Höhle vergleichbar, aus der nur ihre Schatten wahrgenommen werden können. Es ist richtig, daß die westlichen Demokratien zumindest aus dem Volk und, wie wir hoffen dürfen, für das Volk regiert werden, was allerdings nur dann zutrifft, wenn die Regierungseliten ethischen Grundsätzen folgen und sich der *res publica* verpflichtet fühlen. Wenn die Regierung jedoch lebenswichtige Entscheidungen zu treffen hat, dann sind wir auch weiterhin von wenigen Einzelpersonen abhängig, und selbst Volksentscheide und ähnliche Mechanismen der direkten Demokratie werden oft von wenigen Amtsinhabern und Meinungsmachern beeinflußt und entschieden.

Wir brauchen eine sorgfältigere Auswahl

Unter diesen Umständen sollte man erwarten, daß ein lebhaftes Interesse daran besteht, sicherzustellen, daß die führenden Regierungseliten (sowie andere Gruppen, zum Beispiel die an der Spitze großer transnationaler Firmen stehenden Unternehmen) moralisch und intellektuell den höchsten Ansprüchen genügen. Doch bedauerlicherweise ist das nicht der Fall. Das darf uns allerdings nicht überraschen. Zwar besteht ein berechtigtes Interesse an den institutionellen Mechanismen, die es erlauben, das Verhalten von Entscheidungsträgern zu überwachen und dafür zu sorgen, daß sie die ihnen gesetzten Grenzen nicht überschreiten, es wird aber kaum etwas dafür getan, die Qualität der Beamten und (das ist am bedenklichsten) der Politiker zu verbessern, und zwar sowohl in der praktischen Politik als auch in der politischen Philosophie.

Die Bürger sind zwar keineswegs immer mit ihren Politikern einverstanden. Das den Politikern entgegengebrachte Vertrauen nimmt im Gegenteil fast überall ab, und wir müssen damit rechnen, daß es auch weiterhin abnehmen wird, weil die Erwartungen und Forderungen der Bürger nicht berücksichtigt werden und ständig neue Korruptionsfälle aufgedeckt werden. Das lateinische Sprichwort »An nescis, mi fili, quantilla prudentia mundus regatur?« (Weißt du nicht, mein Sohn, mit wie wenig Klugheit die Welt regiert wird?), das vermutlich auf Papst Julius II. (1550–1555) zurückgeht[8], ist auch heute noch Ausdruck einer verbreiteten Stimmung. Aber diese Gefühle haben bisher kaum eine öffentliche Diskussion darüber ausgelöst, wie man hier etwas verbessern könnte. Statt dessen werden die Politiker gewählt und, wenn sie versagen, von Protestwählern zum Rücktritt gezwungen, aber ohne daß der ernsthafte Versuch gemacht wird, die eigentlichen Ursachen ihres Versagens zu beseitigen. Und wenn institutionelle Veränderungen vorgenommen werden wie etwa eine Begrenzung der Amtsperioden oder des Wahlverfahrens, dann geschieht das oft aufgrund emotionaler Reaktionen und falscher Voraussetzungen. Diese Vorgänge werden deshalb nicht besser verstanden, und das wirkt kontraproduktiv. Es ist so, als wenn man mit der Faust auf ein nicht funktionierendes Fernsehgerät schlägt: Man macht seinem Ärger Luft, aber der Defekt im Fernsehgerät wird nicht behoben.

Im allgemeinen wird den Politikern heute vorgeworfen, sie hätten versagt, doch das ist ebenso falsch wie das blinde Vertrauen darauf, daß durch demokratische Wahlen automatisch nur geeignete Persönlichkeiten in ihre Ämter berufen werden. Die Biographien führender Politiker, psychologische Charakteranalysen und die genaue Untersuchung der von ihnen getroffenen Entscheidungen zeigen, daß sich viele von ihnen verpflichtet fühlen, dem öffentlichen Interesse zu dienen, daß sie sich moralisch und ehrenhaft verhalten, über eine überdurchschnittliche Intelligenz verfügen und Entscheidungen treffen, die dafür sprechen, daß es kluge und erfahrene Persönlichkeiten sind. Und obwohl nicht wenige ungeeignete, unzurechnungsfähige und törichte Politiker in sehr einflußreiche Stellungen aufrücken, wird das zum Teil dadurch ausgeglichen, daß manchmal im richtigen historischen Augenblick hervorragende Persönlichkeiten an die Spitze gelangen.

Dennoch sind die Zweifel der Öffentlichkeit an der Eignung der Politiker wohlbegründet. Fast alle Untersuchungen über Politiker und ihr Verhalten lassen ernste Schwächen erkennen, die sich sehr nachteilig auswirken können.[9] Das hat sich auch bei meiner Zusammenarbeit mit führenden Politikern in den verschiedensten Ländern als richtig erwiesen. Oft werden die Politiker auch durch die äußeren Umstände veranlaßt, Fehlentscheidungen zu treffen. Wenn zum Beispiel, wie in vielen westlichen Demokratien, große finanzielle Aufwendungen notwendig sind, um einen Wahlkampf zu bestehen, dann bleibt Politikern, die nicht sehr vermögend sind, oft nichts anderes übrig, als sich sehr zweifelhaften Regeln zu beugen, um die Mittel aufzubringen, die es ihnen ermöglichen werden, der Öffentlichkeit so zu dienen, wie sie es für richtig halten.

Andererseits wird der Entschluß, sich nicht am politischen Leben zu beteiligen und/oder die eigenen Schwächen einzugestehen und zu versuchen, sie irgendwie auszugleichen[10], gewöhnlich nichts an diesem System ändern können, sondern es nur weniger verantwortungsbewußten Kandidaten ermöglichen, die Wahlen zu gewinnen. Zumindest werden die Verlierer das so empfinden. Doch wo die Ursachen auch liegen mögen – es entsteht der Eindruck, daß die führenden Politiker im allgemeinen den an sie zu stellenden Ansprüchen nicht genügen.

Diese Situation wird in einer von Alexander King im Dezember 1984 verfaßten internen Denkschrift an den Club of Rome sehr zutreffend dargestellt: »Man wird sehr gründlich darüber nachdenken müssen, welche Qualitäten von den politischen Führern und den Eliten zu fordern sind, die in jedem beliebigen System, so egalitär es auch sei, immer noch eine wesentliche Rolle spielen werden. Was in den Ländern, deren Regierungen nicht korrupt sind, die Politiker veranlaßt, ein hohes Amt zu übernehmen, sollten theoretisch zwar das Bedürfnis sein, der Gesellschaft zu dienen und die Befriedigung, die darin liegt, gute Arbeit zu leisten. In der Praxis ist es aber vor allem das Streben nach Macht. Daher sind diejenigen, die sich zur Wahl stellen, sehr oft überdurchschnittlich eitle und machthungrige Personen. Das sind jedoch kaum die Kriterien für die Auswahl der weisesten Personen, denen man die Aufgabe anvertrauen darf, die Welt durch die Schwierigkeiten in einer Periode der Umwälzungen zu führen, in der wir heute leben. Wie die Dinge jetzt liegen, vermeiden es viele hochqualifizierte Persönlichkeiten, die alle Voraussetzungen bieten, in der Politik ihres Landes oder in der Weltpolitik eine führende Rolle zu spielen, im Rahmen eines politischen Systems zu arbeiten, in dem Gemeinheiten und Verleumdungen an der Tagesordnung sind und das denen nur wenig zu bieten hat, die nicht in erster Linie an die politische Macht denken ... Die Qualitäten, die von den Inhabern höchster Staatsämter in erster Linie gefordert werden müssen, sind daher häufig die Faktoren, die gerade diese Personen veranlassen, sich von der Politik fernzuhalten.«

Deshalb ist es dringend erforderlich, an den Charakter und die Leistungsfähigkeit der Regierungseliten einen strengeren Maßstab anzulegen. Wenn sich das sittliche Niveau der führenden Regierungseliten und besonders der Spitzenpolitiker nicht wesentlich erhöht, dann sieht es nach meinem Dafürhalten mit den Zukunftsaussichten für die Menschheit sehr düster aus. Auch durch alle Bemühungen, die Abhängigkeit von den Spitzenpolitikern zu verringern, indem man seine Hoffnungen auf Institutionen außerhalb der Regierung, wie die Marktmechanismen und nicht zur Regierung gehörende Organisationen oder auf von der Basis gegebene Möglichkeiten, setzt wie die Bürgerinitiativen und Volksentscheide – die vernünftig eingesetzt durchaus nützlich sein können –, verringert sich die Verantwortlichkeit des Regierungsapparats auf lange Sicht in keiner Weise, und das bedeutet selbstverständlich, daß die Eliten eine Schlüsselrolle übernehmen müssen. Spitzenpolitiker müssen deshalb außerordentliche intellektuelle und charakterliche Qualitäten haben, die es mit allen Mitteln zu fördern gilt. Das könnte die allerwichtigste, wenn auch sehr schwierige Aufgabe im Rahmen einer politischen Umorientierung sein, besonders wenn man sich dabei stärker auf das Fachwissen und die Erfahrungen der Regierenden stützen und weniger darauf achten muß, einfach bestimmten Regeln zu folgen.[11]

Es ist dringend erforderlich, für eine bessere Moral und eine Steigerung der intellektuellen Qualitäten der Spitzenpolitiker zu sorgen. Die Tabus, die es erschweren, dieses Thema offen anzusprechen, müssen durchbrochen werden, um Möglichkeiten für unkonventionelle, aber praktische Methoden für den Umgang mit diesem Problem in den Demokratien zu finden.

Steigerung des Leistungsniveaus

Wenn wir geeignete Kandidaten für die Mitarbeit in der Politik gewinnen wollen, ergeben sich einige schwierig zu beantwortende Fragen. Zunächst geht es darum, welche intellektuellen Fähigkeiten und persönlichen Charaktereigenschaften, die demokratischen Wertmaßstäben entsprechen, angesichts der Tatsache gefordert werden müssen, daß sich die äußeren Umstände ständig verändern. Hier müssen wir zwischen den Attributen, die von den Politikern als solchen verlangt werden, und denen unterscheiden, die sie haben müssen, um kritische Entscheidungen zu treffen. Wenn wir glauben, erkannt zu haben, welches die optimalen Charaktereigenschaften der Personen sein sollten, die wir für die Mitarbeit in der Politik gewinnen wollen, dann lautet die nächste Frage: Wie weit entsprechen unsere Kandidaten diesen Forderungen? Und wie läßt sich eine unbefriedigende Situation im positiven Sinne beeinflussen?

Für die meisten Länder läßt sich die erste Frage leider nur allzu leicht beantworten, selbst wenn wir nicht im einzelnen darauf eingehen, was als optimal anzusehen ist. Von den moralisch integersten, intelligentesten und gebildetsten Personen entscheiden sich nur die wenigsten dafür, Berufspolitiker zu werden; und wenn sie es tun, werden sie sehr oft enttäuscht und ziehen sich ernüchtert wieder ins Privatleben zurück. Hätte die Politik nicht eine so große Bedeutung bei lebenswichtigen Entscheidungen, wäre das vielleicht gar nicht so schlecht, denn die »Besten« würden als spirituelle Führer in der Wissenschaft, der Wirtschaft, der Kultur und auf anderen die Zukunft bestimmenden Gebieten wertvolle Beiträge leisten. Doch unter den gegenwärtig herrschenden Umständen dürfen wir uns hier keine allzu großen Hoffnungen machen.

Obwohl die Zukunft der Menschheit in erster Linie von der Politik bestimmt wird, sind viele der am besten dafür geeigneten Menschen nicht bereit, Berufspolitiker zu werden. Diese Situation muß unbedingt korrigiert werden.

Wenn sie sich dieser Situation bewußt werden, wird es vielleicht dazu beitragen, daß die »Besten« die Politik zu ihrer Lebensaufgabe machen. Erzieher werden versuchen, ihre besten Schüler dazu zu bewegen, in die Politik zu gehen, und Bürgerbewegungen, die hohe moralische Ziele verfolgen, werden das gleiche tun.[12] Es könnte auch nützlich sein, die für die Wahlen geltenden Regeln zu ändern oder zum Beispiel bessere Gehälter und andere Vergünstigungen zu gewähren, die einen angemessenen Lebensstandard sichern, oder die Spesen, die bei der politischen Tätigkeit entstehen, zu übernehmen.

Während der Blütezeit der römischen Republik und des römischen Kaiserreichs war es eine der anerkannten Pflichten der Herrscher, nach geeigneten Nachfolgern zu suchen und sie auf ihre Aufgaben vorzubereiten.[13] Diese Tradition sollte wiederbelebt und den Verhältnissen in den modernen Regierungssystemen angepaßt werden. Gute Spitzenpolitiker sollten sich dafür verantwortlich halten, junge Kandidaten auszuwählen, sie zu prüfen, zu schulen und ihnen zur rechten Zeit die politische Verantwortung zu übertragen. Das ist in den nichtwestlichen Demokratien leichter, wie das Beispiel von Singapur zeigt. Aber auch in den Demokratien können Spitzenpolitiker hochqualifizierte Kandidaten anwerben und fördern. Dabei dürften sie die Konkurrenz dieser jüngeren Leute nicht fürchten und nicht versuchen, mit ihren weniger geeigneten Kollegen im Rampenlicht zu bleiben.

Es muß aber noch sehr viel mehr geschehen. Nur wenn die Politik nicht mehr als »schmutziges Geschäft« angesehen wird und wir die Ursachen für diese falsche Auffassung erfolgreich bekämpfen[14], werden hochmotivierte, moralisch hochstehende Menschen sich für eine politische Laufbahn entscheiden, dabeibleiben und Erfolg haben, ohne sich korrumpieren zu lassen.

Es gibt hier einen regelrechten Teufelskreis: Weil moralisch hochstehende Personen die Politik für ein »schmutziges Geschäft« halten und das manchmal auch zutrifft, weigern sie sich, politische Ämter zu übernehmen, scheitern, wenn sie es tun, oder müssen moralische Zugeständnisse machen. Außerdem raten Bürgerbewegungen, die behaupten, hohe moralische Ansprüche zu stellen, ihren Mitgliedern, nicht in die Politik zu gehen. Damit verschärft sich die Lage, und es wird immer schwieriger, die Entwicklung im positiven Sinne zu beeinflussen.

Gelegentlich treten hervorragende politische Führer auf, die sowohl Intelligenz als auch moralische Integrität beweisen, wie zum Beispiel Charles de Gaulle. Durch ihr Beispiel bewirken sie eine Anhebung der moralischen Normen; wir können uns aber nicht darauf verlassen, daß immer wieder so vorbildliche Persönlichkeiten zur Verfügung stehen werden, besonders da unter normalen

Umständen aus dem Rahmen fallende Kandidaten nicht bis an die Spitze aufsteigen.[15] Zudem wirkt ihr Einfluß gewöhnlich nur kurze Zeit, selbst wenn es ihnen gelingt, neue Verfassungen durchzusetzen, und die Politik kehrt sehr rasch zu den normalen niedrigen Normen zurück. Deshalb sind radikale Maßnahmen notwendig, um die Qualität der Politiker zu erhöhen.

Wenn meine Studenten in den höheren Semestern zu selbstsicher werden und fälschlich glauben, sie seien jetzt in der Lage, weltpolitische Probleme zu lösen, erinnere ich sie daran, daß es sehr viel schwieriger ist, Spitzenpolitiker zu werden als Professor, denn in der praktischen Politik ist der Konkurrenzkampf sehr viel härter. Das Schlimme ist, daß der politische Wettbewerb in den Demokratien Eigenschaften begünstigt, die nichts mit der Gestaltung der Politik oder einer erfolgreichen Regierungsarbeit zu tun haben. Diese Situation verschärft sich noch dadurch, daß der Medienzirkus eine moderne demokratische Politik wesentlich behindert. Deshalb sind die Politiker oft mehr mit dem politischen Ränkespiel beschäftigt als mit ihren wirklichen politischen Aufgaben. Ihr Aufstieg erfolgt nicht so über die politische Stufenleiter, daß sie sich stetig fortentwickeln können und jeweils daraufhin geprüft werden, ob sie über die für höhere Positionen erforderlichen Qualitäten verfügen. Oft werden sie nur aufgrund ihrer Leistungen in ihrer gegenwärtigen Stellung befördert, die nicht unbedingt beweisen, daß sie den ganz anderen Anforderungen der nächsten Position gewachsen sind.[16]

Mit anderen Worten: Sie werden in Positionen eingesetzt, die auszufüllen sie nicht die Fähigkeit haben. In anderen demokratisch regierten Ländern können einzelne Personen direkt zur Übernahme von Spitzenpositionen berufen werden, ohne daß sie über irgendwelche Erfahrungen in ähnlichen Stellungen verfügen. In nichtdemokratisch regierten Ländern ist die Situation gewöhnlich noch ungünstiger: Der Aufstieg erfolgt über Intrigen, Schmeicheleien, Cliquenwirtschaft und Rücksichtslosigkeit, wobei kaum etwas dafür getan wird, die betreffenden Personen auf ihre Arbeit in den Spitzenpositionen vorzubereiten.

Die Unvereinbarkeit zwischen den Kriterien für eine Beförderung und den Erfordernissen für Spitzenstellungen in der Regierung kann ein wenig verringert werden, wenn der Aufstieg in der Politik vom Erfolg in einer Reihe untergeordneter Positionen abhängt und dafür gesorgt wird, daß die Kandidaten für die Spitzenpositionen geprüft und auf die dort von ihnen verlangte Arbeit vorbereitet werden, damit sie Erfahrungen sammeln und ihre Begabung bei der Arbeit in untergeordneten und mittleren Stellungen innerhalb des Regierungsapparats nachweisen können. Doch weil es in der heutigen Politik einen so harten Konkurrenzkampf gibt, müssen es ehrgeizige Politiker vor allem verstehen, ihr Image zu pflegen.[17] So ist es möglich geworden, daß dilettantische Politiker in schwierigen Zeiten in einigen sehr wichtigen Ländern in Spitzenstellungen aufrücken.

King und Schneider äußern sich wie folgt zu diesem Problem: »Eine Reform der Strukturen, der Verfahren und des Verhaltens wird nur wenig bewirken, wenn nicht qualifizierte und fähige Männer und Frauen bereit sind, dem Staat zu dienen, und wenn die Bürger, die diese Qualitäten zu schätzen wissen, ihnen nicht ihre Stimme geben. Es genügt ganz einfach nicht, daß das Aufrücken in Spitzenpositionen durch ein gekonntes Auftreten im Fernsehen und primitive Reden erreicht werden kann, mit denen die Massen mit leeren Versprechungen und ohne sie mit den Realitäten zu konfrontieren manipuliert werden, um sie zu veranlassen, diese Kandidaten begeistert zu unterstützen.«[18]

Was zu einer Regierungsreform gehören muß, ist im Grunde schon klar.

Die Strukturen des Berufsstandes der Politiker sollten es erfordern, daß die Kandidaten über untergeordnete und mittlere Positionen innerhalb des Regierungsapparats aufsteigen und dabei Erfahrungen sammeln, nicht aber direkt von der unteren Ebene aus in Spitzenpositionen gelangen. Besonders begabte junge Politiker sollten die Möglichkeit haben, rasch aufzusteigen; dabei sollte aber weniger Gewicht auf die Imagepflege als der wichtigsten Voraussetzung für den raschen Aufstieg gelegt werden.

Es ist schwierig, dieses Ziel in konkrete Vorschläge umzusetzen, denn alle Maßnahmen müssen den jeweils örtlichen Situationen angepaßt werden. Zum Beispiel könnte es ratsam sein, die Wahlverfahren zu ändern, um, wie schon gesagt, bessere Kandidaten zu finden; doch in Wirklichkeit kann man sich nicht darauf verlassen, daß sich die Qualität der Kandidaten, die Berufspolitiker werden und Spitzenstellungen erreichen wollen, rasch verbessern wird. Es muß deshalb auch einiges getan werden, um die Qualität der Politiker zu erhöhen, die bereits nach den bestehenden Regeln für die Auswahl und Beförderung in den Staatsdienst übernommen worden sind.

In vielen Ländern könnte es auch empfehlenswert sein, die Gehälter und Pensionen der Politiker, Zivilbeamten und anderer Angehöriger der Regierungseliten zu erhöhen, wobei zugleich besonderer Wert auf ihre moralische Integrität gelegt werden muß. Doch in stabilen Demokratien sollten die materiellen Anreize nicht über das hinausgehen, was einen angemessen Lebensstandard für aktive und ehemalige Politiker garantiert, um ungeeignete Personen nicht zu veranlassen, in die Politik zu gehen und sich an der Regierung zu beteiligen und nicht den Sinn für die Bedeutung des politischen Handelns und das Interesse für das Wohl des Ganzen zu unterminieren[19] oder die Gesellschaft dadurch zu beunruhigen, daß einerseits überhöhte Gehälter gezahlt werden, während andererseits Arbeitslosigkeit und Armut zunehmen.[20]

Welche Fähigkeiten muß der Kandidat für Spitzenpositionen in der Politik haben?

Die meisten Politiker, mögen sie noch so intelligent, politisch klug und von den besten Absichten beseelt sein, nehmen hohe und höchste Positionen ein, obwohl für sie das zutrifft, was John Ralston Saul, der Verfasser von *Voltaire's Bastard*, im folgenden beschreibt: »Das einzige, was moderne Manager und Politiker nicht wirklich verstehen, ist die Verwaltung... Sie können zwar einfache Verwaltungsaufgaben lösen, sind aber nicht imstande, ordnend in das gesamte kulturelle Leben einzugreifen.«[21] Was also sollte getan werden, um diesem Mangel abzuhelfen? Wir wollen uns im folgenden auf die intellektuellen Fähigkeiten konzentrieren, nachdem wir uns bereits ausführlich zu den wichtigeren moralischen Fragen geäußert haben. Alle zur führenden Regierungselite gehörenden Persönlichkeiten einschließlich der Spitzenpolitiker müssen über ausreichende Kenntnisse in den folgenden Bereichen verfügen:

– Sie müssen über die Vorgänge im gesamten politischen Umfeld gut unterrichtet sein und sie beurteilen können, und zwar sowohl in ihrer eigenen Gesellschaft und Kultur als auch in der Weltpolitik und den sich dort ergebenden Schwierigkeiten und Chancen. Sie müssen erkennen, mit welchen demographischen Entwicklungen, weltwirtschaftlichen Veränderungen, innenpolitischen Neuerungen, gesellschaftlichen und wirtschaftlichen Tendenzen usw. zu rechnen ist und welche internationalen Veränderungen man erwarten kann. Eine »Globalisierung«[22] der Erkenntnisse und des Denkens ist unbedingt erforderlich, wenn die führenden Regierungseliten in der Lage sein sollen, die zunehmende Zahl der Aufgaben zu übernehmen, die ein einzelnes Land nicht bewältigen kann, und mit besonderem Nachdruck die *raison d'humanité* fördern.

– Sie müssen in den Bereichen der Wirtschaft und der Technologie ausreichende Kenntnisse besitzen, um diesen neuen Faktor beim politischen Handeln berücksichtigen zu können.

– Sie sollten neben ihrer eigenen möglichst zwei Fremdsprachen beherrschen. Besonders wichtig ist die Beherrschung der englischen Sprache. Zudem sollten sie – und das ist ein Faktor, der oft vernachlässigt wird – mit Zahlen umgehen können, denn die Mathematik ist eine wichtige Grundlage für jedes logische Denken.[23]

– Der Spitzenpolitiker braucht einigermaßen klare historische Vorstellungen und Kenntnisse über die fundamentalen geschichtlichen Vorgänge, um in der Lage zu sein, in »historischen Kategorien zu denken«. Zudem muß er mit den Grundsätzen und Methoden der Darstellung politischer Ziele und ihrer Analyse vertraut sein, die im nächsten Kapitel ausführlich behandelt werden.

– Er muß die Fähigkeit haben, philosophisch und moralisch zu argumentieren, um die Wertvorstellungen beurteilen zu können, die wichtigen, die Öffentlichkeit betreffenden Entscheidungen zugrunde liegen. Dazu gehören aber auch gewisse theoretische Fragen hinsichtlich der wirtschaftlichen Bedeutung und Wohlfahrtseinrichtungen und der Methoden, mit denen die Öffentlichkeit an politischen Entscheidungen beteiligt werden kann.
– Er muß sehr gründliche Kenntnisse über die Zusammenhänge in den wichtigsten politischen Bereichen haben und gut mit weitreichenden gesellschaftlichen und politischen Entscheidungen umgehen können.
– Er braucht zumindest ein elementares Wissen in den Fachbereichen, die traditionell im engen Zusammenhang mit der Regierungsarbeit stehen. Das sind zum Beispiel das öffentliche Recht, die Wirtschaftswissenschaft und die Politikwissenschaft.

Eliten müssen fähig sein und sich daran gewöhnen, Brücken zwischen abstraktem Wissen und konkreten Problemen zu bauen. Sie müssen nüchtern sein und dürfen sich nicht auf den äußeren Anschein verlassen. Zudem müssen sie bestimmte Charaktereigenschaften haben. Dazu gehören Objektivität, die Bereitschaft, wenn nötig ihre Meinung zu ändern, sich selbst zu beobachten, zu lernen und die Dinge vorurteilslos zu beurteilen.

Um den Politikern Möglichkeiten und Anregungen zu geben, diese Eigenschaften zu entwickeln, bedarf es einer Reihe von institutionellen Reformen. Das sind zum Beispiel Lehrgänge an Universitäten, für die Weiterbildung zu nutzende Ferien, politische Lehranstalten, die vermehrte Herausgabe von geeigneten Lehrbüchern und die Teilnahme an kurze Zeit dauernden Arbeitsgemeinschaften.

Die Ausbildung der Regierungseliten

Zwischen der Ausbildung eines Arztes und der eines Spitzenpolitikers besteht ein auffallender Unterschied. Ein Arzt muß ein sieben Jahre dauerndes, sehr schwieriges und intensives Studium absolvieren und anschließend mindestens zwei Jahre in seinem Fachgebiet ausgebildet werden. Kaum jemand, der an einer ernsten Krankheit leidet, würde sich von einem Arzt behandeln lassen, der noch nicht über mehrjährige Erfahrungen verfügt. Doch von unseren Spitzenpolitikern werden solche Erfahrungen nicht verlangt. Höhere Zivilbeamte, die als ausgesprochene Fachleute für die Regierung tätig sind, machen eine Ausbildung durch, die sie weniger auf die wichtigen Aufgaben in der Regierung vorbereitet, als ein Krankenpfleger durch seine Ausbildung befähigt wird, eine Gehirnoperation durchzuführen. Heute lassen sich die meisten höheren Regierungsbeamten ohne Übertreibung mit »Feldscheren« vergleichen[24], die zwar nützliche Arbeit geleistet haben und noch leisten, aber ihr Verantwortungsbereich läßt sich kaum mit dem eines hochrangigen Regierungsbeamten vergleichen.

Darf man denn behaupten, daß die Aufgaben der Spitzenpolitiker geringere Anforderungen stellen als die eines Arztes? Oder müssen sie, um allen Anforderungen zu genügen, weniger lernen als dieser? Das darf man wahrscheinlich nicht sagen. Dennoch ist Frankreich das einzige Land, das versucht, künftigen Spitzenpolitikern und Zivilbeamten eine angemessene Ausbildung mit seiner École Nationale d'Administration (ENA) zu bieten, die zwar auch umstrukturiert und erweitert werden müßte, aber allem überlegen ist, was in anderen Ländern geboten wird.

Ein Vorschlag für die Zukunft wäre es, eine »Akademie für Forschungen auf dem Gebiet der politischen Wissenschaft« zu gründen[25], die ein bis zum Abschlußexamen etwa fünf Jahre dauerndes Studium anbietet, innerhalb dessen sich die Studenten nach der ersten Zwischenprüfung für ein Spezialgebiet entscheiden könnten. Nach dem Abschlußexamen würden die Studenten die Möglichkeit haben, das Studium mit zwei praktischen Jahren fortzusetzen, um anschließend den Doktorgrad in den politischen Wissenschaften zu erwerben.

Wenigstens eine derartige Lehranstalt sollte eingerichtet werden, vielleicht auf internationaler Ebene und mit der Maßgabe, daß bei den Lehrveranstaltungen die weltpolitischen Aspekte im Mittelpunkt stehen müssen. Sie sollte als Prototyp dienen und – beispielsweise – Methoden für die Auswahl der Studenten, des Lehrstoffs, der Form des Lehrens und Lernens, des Lehrmaterials, der praktischen Ausbildung zur Vorbereitung auf das Doktorexamen entwickeln.

Eine praktische Möglichkeit, in der empfohlenen Richtung weiterzugehen, wäre es, an Universitäten Fachseminare für politische Wissenschaften abhalten zu lassen, bei denen von den Studenten weniger verlangt wird als in der oben erwähnten Akademie für Forschungen im Bereich der politischen Wissenschaften. Akademien für Staatswissenschaften gibt es bereits, nicht nur in den Vereinigten Staaten, und die United Nations University richtet gerade eine Akademie für Staatswissenschaften in Barcelona ein. Auch die für Studenten, die bereits ihr erstes Staatsexamen abgelegt haben, eingerichteten Lehrgänge für öffentliche Verwaltung könnten hier als Vorbild dienen. Diese Akademien und Seminare bieten ihnen zwei Jahre dauernde Lehrgänge auf dem Gebiet der politischen Wissenschaften oder die Möglichkeit, in diesem Fachgebiet das Doktorexamen abzulegen. Das ist zum Beispiel an der RAND Graduate School möglich, wo man sich auf bestimmten Gebieten fortbilden kann (zum Beispiel im Rahmen des Global Security Program an der Universität von Cambridge).

Die schon bestehenden Einrichtungen können an der Ausbildung von Politikern und Spezialisten in den führenden Regierungseliten in drei wichtigen Richtungen mitwirken und tun das auch. Erstens bieten sie Seminare für Studenten an, die sich für Politik interessieren, besonders wenn sie sich nach Abschluß dieser Lehrgänge in bestimmten Fächern für die Mitarbeit in den Regierungen qualifizieren können. Solche Lehrgänge gibt es an der Harvard-Universität in den Fächern Rechtswissenschaft und Politische Wissenschaft. Zweitens gibt es hier die Möglichkeit einer Ausbildung für Studenten, die als Fachberater in den Regierungen arbeiten wollen. Drittens werden Möglichkeiten für die Fortbildung von Politikern in der mittleren Laufbahn und für leitende Beamte geboten, wo diese zu Studienzwecken einen längeren Urlaub nehmen können, um während dieser Zeit selbst an ihrer Weiterbildung zu arbeiten.

Wo es solche Ausbildungsmöglichkeiten gibt, leisten sie einen wichtigen Beitrag zur Qualität des Regierungsapparats, wenngleich noch wesentliche Veränderungen in den Lehrplänen und Unterrichtsmethoden erforderlich sind, um die Regierungen in den Stand zu setzen, den Anforderungen zu genügen, die sich ihnen angesichts globaler Veränderungen stellen.

Von der Öffentlichkeit unterhaltene und geförderte Lehranstalten und Seminare für die Fortbildung in den politischen und Staatswissenschaften sollten in den Ländern eingerichtet werden, wo es sie noch nicht gibt, oder auf zwischenstaatlicher Basis wie etwa im Rahmen der Europäischen Union. Noch dringender ist die Förderung der Forschung auf dem Gebiet der Weltpolitik und der zwischenstaatlichen Beziehungen.

Der Vorschlag, den Spitzenpolitikern Studienurlaub zu gewähren, sollte befolgt werden, und jeder Politiker, Zivilbeamte und auch jedes andere Regierungsmitglied der Führungselite sollte den Anspruch auf eine solche Beurlaubung haben, und zwar unter der Voraussetzung, daß diese Gelegenheit zur Weiterbildung und zum Sammeln von Erfahrungen genutzt wird.

Es könnte auch angezeigt sein, aktiven Politikern kürzere, vollbezahlte Studienurlaube zu gewähren, und es wäre sehr nützlich, wenn sie diese Zeit für ihre Fortbildung an einer Universität oder an einem politischen Kolleg nutzen würden. Vielleicht sollte man auch daran denken, in der Zeit zwischen den Parlamentswahlen und dem Sitzungsbeginn sowie zwischen den Sitzungsperioden Pausen einzulegen, um den Parlamentsmitgliedern Zeit für ihre Fortbildung und für Studien zu geben, damit sie die gesammelten Erfahrungen gedanklich verarbeiten können. Das würde bedeuten, daß die gesamten Legislaturperioden zwischen den einzelnen Wahlen, wie schon oben vorgeschlagen, erheblich verlängert werden müßten.

Den Politikern mittlerer und höherer Ränge sollten längere oder kürzere bezahlte Studienurlaube gewährt werden. Die Legislaturperioden der gesetzgebenden Versammlungen sollten so gelegt werden, daß den Parlamentsmitgliedern genügend Zeit zum Selbststudium bleibt, wobei die neugewählten Abgeordneten besonders berücksichtigt werden sollten.

Die Studienurlaube sollten nicht nur als ein Recht, sondern auch als Pflicht wahrgenommen werden, die von allen Zivilbeamten erfüllt werden muß und die Politiker zur freiwilligen Fortbildung anregt, wenn sie zum Beispiel die Möglichkeit erhalten, sich im Fernsehen über ihre Studien und deren Bedeutung für ihre politischen Aufgaben zu äußern. Es wird eine gewisse Zeit dauern, bis diese Studienurlaube für Politiker eingeführt werden können und auf diese Weise erreicht wird, daß sich ihre Leistungen erheblich bessern. Es ist daher sehr wichtig, daß sie für kurze Zeit beurlaubt werden, und dazu sollten auf nationaler, multinationaler und internationaler Ebene politische Kollegs eingerichtet werden.

Diese Idee stützt sich auf Erfahrungen mit Ausbildungsprogrammen für den öffentlichen Dienst und Geschäftsführer großer Unternehmen sowie mit Militärakademien und Arbeitskreisen politischer Parteien. Unser Vorschlag läßt sich wie folgt zusammenfassen: Eine aus Spitzenpolitikern und angesehenen Persönlichkeiten des öffentlichen Lebens bestehende Gruppe wird für die Dauer von vier bis sechs Wochen an einem geeigneten Ort untergebracht und nimmt dort an einer Arbeitsgemeinschaft teil, um sich über bestimmte politische Fragen zu informieren. Dazu steht reichlich Informationsmaterial zur Verfügung, das von Fachleuten in Vorträgen und Einzelgesprächen erläutert wird.

Das kann sehr nützlich sein, denn erstens fördert es das Wissen und das Verständnis der Teilnehmer, und zweitens führt es, zumindest was Grundsatzfragen betrifft, zur Übereinstimmung in wichtigen Fragen, weil alle Beteiligten mit Hilfe des Lehrmaterials und der zur Verfügung stehenden Fachberater gemeinsame Erfahrungen sammeln. Ein solches Vorhaben läßt sich leicht verwirklichen, und die Kosten sind im Verhältnis zu dem daraus gewonnenen Nutzen relativ niedrig.

Ein besonderes Problem besteht für die Spitzenpolitiker, und damit meinen wir die Regierungschefs und die Leiter der wichtigsten Ministerien. Sie könnten sich bei kurzen Freizeiten und Gipfeltreffen informieren, von Fachleuten beraten lassen und an kurzzeitigen Seminaren und Arbeitsgemeinschaften teilnehmen. Das könnte in Form der Aktivitäten des Aspen Institute geschehen, aber das genügt noch nicht. Erfahrungen mit solchen Veranstaltungen wie zum Beispiel den von mir geleiteten Arbeitsgemeinschaften für strategische Entscheidungen und politische Planungen zeigen, daß die führenden Regierungseliten einschließlich der Spitzenpolitiker veranlaßt werden können, an drei bis zehn Tagen dauernden, auf ihre Bedürfnisse zugeschnittenen Arbeitsgemeinschaften teilzunehmen.[26]

Es ist bezeichnend für die Vernachlässigung der dringend erforderlichen Fortbildung von Regierungseliten bis hinauf in die höchsten Ränge, daß es nur sehr wenige für den Gebrauch von Politikern und höheren Beamten geschriebene, wirklich gute Texte gibt.[27] Dieser Mangel ist besonders auffallend angesichts der Vielzahl der Fachbücher für Wirtschaftsführer und der langen und lehrreichen Geschichte der »Fürstenspiegel« und Schriften über die Staatskunst. Entsprechend diesen Empfehlungen könnten auch für jüngere Mitglieder der Regierungseliten akademische Kurse zu Themen abgehalten werden, die ihren jeweiligen Arbeitsbereich betreffen. Auch die Lektüre von Fachzeitschriften (im Unterschied zu wissenschaftlichen Veröffentlichungen und allgemein interessierenden Zeitschriften) ist für die Weiterbildung junger Politiker unerläßlich.

Politische Akademien sollten auf nationaler, internationaler und globaler Ebene eingerichtet werden, um Studenten der verschiedensten Fächer die Gelegenheit zu geben, sich intensiv mit den wichtigsten politischen Problemen zu beschäftigen. Für Spitzenpolitiker, deren Zeit knapp bemessen ist, sollten kurzdauernde Arbeitsgemeinschaften organisiert und geeignete Texte für das Studium relevanter Fragen verfaßt werden.

Schließlich müssen wir, um das Selbstverständliche zu berücksichtigen und keine falschen Vorstellungen zu wecken, zwei Vorbehalte besonders betonen. Erstens ist die moralische Integrität wichtiger als intellektuelle Fähigkeiten, denn wir dürfen nicht der Auffassung Platos folgen, daß die Erweiterung seines Wissens den Menschen moralischer werden lasse. Intellektuelle Qualitäten können moralische Schwächen nicht ausgleichen. Zweitens darf es nicht dazu kommen, daß der Ämterkauf bei der Besetzung der höchsten politischen Stellungen eine Rolle spielt.[28] Die »praktische Intelligenz«[29] ist notwendig, genügt aber nicht für die Bewältigung der wichtigsten Aufgaben der Regierung zu Zeiten globaler Veränderungen. Deshalb müssen Spitzenpolitiker über eine reiche Lebenserfahrung verfügen, und zwar als Fundament des richtigen Verständnisses für die Bedürfnisse des Volkes und als Quelle der stillschweigenden und persönlichen Erkenntnisse[30], welche die Grundlage jeder Regierungsarbeit sein müssen.

Normale Qualifikationen und erlerntes Wissen sollten nie ein Ersatz für die moralische Integrität und die Lebenserfahrung der an der Spitze der Regierung stehenden Politiker sein.

Die Ausbildung der Zivilbeamten

Das meiste von dem, was bisher gesagt worden ist, gilt auch für die höheren Zivilbeamten und die zu den führenden Regierungseliten gehörenden Fachberater. Die Anforderungen an den Bildungsstand, das Verständnis und das Fachwissen sind jedoch für die höheren Zivilbeamten noch zwingender und werden sich vermutlich leichter befriedigen lassen. Die Politiker können sich darauf berufen, ein anerkanntes Anrecht auf ihre Beteiligung an der Regierung zu haben, weil sie gewählt worden sind. Zudem vertreten manche von ihnen die Meinung, sie könnten sich stets auf das Fachwissen und die fachmännische Beratung der Zivilbeamten verlassen. Ein solches Alibi gilt für die Zivilbeamten nicht. Sie müssen wichtige Aufgaben in der Regierung übernehmen und verfügen dabei über eine weitgehende Selbständigkeit.[31] Um auf diese Weise tätig sein zu können und dazu berechtigt zu sein, sollten sie hohe professionelle und persönliche Qualitäten haben, doch oft ist das nicht der Fall.

Es hat den Anschein, daß die Qualifikationen und Qualitäten in fast allen Bürokratien bei den höheren Beamten weitgehend überholt sind angesichts dessen, was ohne weiteres erreicht werden könnte und notwendig wäre, um mit den Problemen fertig zu werden, die sich angesichts der globalen Veränderungen überall ergeben. Ausmaß und Form dieses Mangels sind in den jeweiligen Ländern verschieden: Vielerorts sind solche Schwächen die Folge einer in erster Linie juristischen Ausbildung[32], aber es gibt andererseits die unbedingte Forderung, ein hoher Beamter müsse »in allen Sätteln gerecht« sein, oder die Behauptung, daß »Fremde« das Land regieren.[33] Immerhin existieren versprechende Modelle in der französischen ENA-Ausbildung für die meisten höheren Zivilbeamten, in dem in Singapur praktizierten Auswahlverfahren[34], im Elitarismus und in der Kompaktheit der indischen Bürokratie[35] sowie in der Berufung ausländischer Fachleute zu Leitern großer Wirtschaftsunternehmen in Neuseeland.[36]

Doch was die gegenwärtigen Schwächen oder Stärken auch sein mögen – die Regierungen brauchen überall einen neuen Typ des höheren und höchsten Regierungsbeamten, der ein hohes Maß an Regierungsprofessionalität mit einer größeren Fähigkeit verbindet, Neuerungen durchzusetzen.[37] Bei den Vereinten Nationen wird dieser Mangel noch deutlicher sichtbar, denn hier behindern das für die einzelnen Länder geltende Quotensystem und andere politische Hemmnisse die Entwicklung einer wirklich professionellen globalen Bürokratie – ein Umstand, dessen man sich heute sehr wohl bewußt ist.[38]

Für die Arbeit der höheren Zivilbeamten müssen die richtigen Voraussetzungen geschaffen werden, um sicherzustellen, daß die Regierung über eine in sich geschlossene, qualifizierte, für alle Gegebenheiten offene, pluralistische, repräsentative, für Neuerungen zugängliche Beamtenschaft verfügt, die den Traditionen und Bedürfnissen eines neuen Regierungsstils gerecht werden kann.

Das gilt auch für die Völkerfamilie der Vereinten Nationen, die reformiert werden muß, um einen Stamm hochqualifizierter Mitarbeiter heranzuziehen, bei denen sich die Fähigkeit zu repräsentieren mit Professionalität und moralischer Integrität vereinigt, wobei die letzteren beiden Erfordernisse den Vorrang haben müssen.

Grundsätzlich ist es für die höheren Zivilbeamten nicht schwierig, neue Arbeitsmethoden zu entwickeln und in die Tat umzusetzen, wenn dafür ein starker politischer Wille und das notwendige Verständnis bestehen. Hier kommt es darauf an, hochqualifizierte, in sich geschlossene Arbeitsgemeinschaften zu bilden, das Berufliche mit der Möglichkeit zu verbinden, auch »Seiteneinsteiger« in die Bürokratie aufzunehmen und für eine Mischung aus Wissen und Können, Erfahrungen und der Fähigkeit im Hinblick auf das Geschlecht und die Volkszugehörigkeit zu repräsentieren. Andere Erfordernisse würden dabei von den einzelnen Ländervertretungen zu bestimmen sein, und zwar ganz ähnlich wie bei den Politikern, aber sehr viel deutlicher.

Doch in der Praxis stoßen die Bemühungen, den Beamtenapparat zu reformieren, auf erheblichen Widerstand der gegenwärtigen Bürokratie und bringen politisch kaum irgendwelche Vorteile. Die Motive für Reformen sind heute eher finanzieller Natur, und dabei kommt es weniger darauf an, die Regierungsfähigkeit wesentlich zu erhöhen. Deshalb überrascht es nicht, daß oft eine »Privatisierung« empfohlen wird, sogar für die Vereinten Nationen, und gelegentlich auch solche Versuche unternommen werden, weil man glaubt, daß dies geradezu ein magisches Hilfsmittel sei. Es geschieht jedoch gewöhnlich eher aus Verzweiflung als deshalb, weil man glaubt, es werde auf die Dauer dazu beitragen, die Übernahme der Regierungsverantwortung zu erleichtern. Obwohl ein Vergleich der Schwächen des Marktes und der Regierungen[39] deutlich zeigt, daß viele Funktionen der Regierungen durch gewisse auf dem Markt übliche Verfahren[40] und eher automatisch wirkende Werkzeuge übernommen werden können[41], ist es mehr denn je notwendig, den höheren Beamten neue Aufgaben zuzuweisen, um die Regierungsfähigkeit angesichts der globalen Veränderungen zu erhöhen.

Besonders könnte das Schicksal einiger Länder, in denen sich die

Lage gegenwärtig vollständig verändert, sehr wohl von ihrer Fähigkeit abhängen, möglichst rasch eine hochqualifizierte Beamtenschaft zu entwickeln. Um ein besonderes Beispiel zu nennen, könnte es vorteilhaft sein, wenn sie sich ein Beispiel an der »höchstentwikkelten Beamtenelite« nehmen würden, und das ist die Zivilverwaltung in Indien.[42] Ihr Grundkonzept war und ist es größtenteils auch noch heute, daß eine kleine aus etwa fünftausend sorgfältig ausgewählten und ausgebildeten Zivilbeamten bestehende Elite mit »einer höchst kreativen Intelligenz, einem ausgeprägten Sinn für Neuerungen, einer starken Vorstellungskraft und der Fähigkeit, die Bedürfnisse der Bevölkerung zu verstehen und darauf zu reagieren«[43] ein riesiges, vielgestaltiges Land verwalten kann, was unter den dort herrschenden Verhältnissen auch unbedingt notwendig ist. Ohne auf weitere Einzelheiten einzugehen und die Probleme zu nennen, mit denen es die indischen Beamten zu tun haben, könnte die indische Zivilverwaltung sehr wohl als Modell für viele Länder dienen, deren Entwicklung rasch voranschreitet und wo sich die Verhältnisse in letzter Zeit grundlegend geändert haben, wie zum Beispiel in Rußland, China und der Südafrikanischen Republik.

Länder, in denen sich ein radikaler Wandel vollzieht oder die nach solchen Veränderungen streben, aber über keine hochqualifizierte Elite von Verwaltungsbeamten verfügen, sollten diese so rasch wie möglich heranbilden.

Es würde zu weit führen, wenn wir im einzelnen auch auf die verschiedenen anderen Elemente der führenden Eliten wie etwa die Wissenschaftler eingehen wollten.[44] Aber zumindest ein Berufsstand muß hier wegen seiner Bedeutung (und weil es ihn noch nicht lange gibt) erwähnt werden. Es sind die hochrangigen Spezialisten auf dem Gebiet der politischen Planung (man bezeichnet sie manchmal als »politische Analytiker« oder »politische Planer«). Sie leisten einen wesentlichen Beitrag zur Steigerung der Fähigkeit, die jeweilige politische Lage zu beurteilen, und gehören zu den »führenden Köpfen der Regierung«, mit denen wir uns im nächsten Kapitel beschäftigen werden.

Der Staatsdienst als Mission und Berufung

Was die hier so genannten führenden Regierungseliten leisten sollen und welche Aufgaben darüber hinaus zu erfüllen sind, läßt sich am besten zusammenfassen, wenn wir zu der Idee zurückkehren, daß diese Eliten überzeugt sein müssen, daß sie eine Mission haben, und dazu berufen sind, dieser Mission zu dienen. Wenn ihnen der Sinn dafür fehlt und sie nicht bereit sind, gewisse Opfer zu bringen, dann werden sie auch nicht alles daransetzen, ihre Pflicht zu erfüllen, und die Ausübung ihres Berufs wird sie nicht wirklich befriedigen; denn nur das kann einen motivieren, positive Eigenschaften zu entwickeln, die eigenen Fehler zu bekämpfen, an der Fortentwicklung des eigenen Charakters zu arbeiten und das ständige Lernen als eine Verpflichtung anzusehen.

Viele Menschen auf allen Ebenen der Gestaltung des politischen Lebens – von der Basis bis hinauf zu den Bereichen der realen politischen Macht – beweisen, daß sie sich in bemerkenswerter Weise verpflichtet fühlen, ihr Bestes zu tun, um der Öffentlichkeit zu dienen. Dennoch besteht eine der fundamentalsten Schwierigkeiten der Regierenden in den modernen und postmodernen Gesellschaften darin, daß das Gefühl, in fast religiösem Sinne zu etwas »berufen« zu sein[45], verlorengegangen ist: zum Teil weil im Vordergrund eine kommerzielle Ethik steht, die denen, die sich zu etwas »Edlem« berufen fühlen, nicht gefällt. Deshalb wird es immer schwieriger zu berücksichtigen, daß sich die Motive für die aktive Beteiligung an der Politik und an den Regierungsaufgaben wesentlich von denen unterscheiden, die für die meisten anderen Berufe maßgebend sind.

So bleibt uns die folgende Frage:

Erlauben und ermutigen die gegenwärtigen Kulturen bei den führenden Regierungseliten das Pflichtgefühl, die Einsatzbereitschaft und die Überzeugung, zur Mitarbeit an einer guten Sache berufen zu sein?

In vielen Gesellschaften ist es nicht leicht, auf diese Frage eine optimistische Antwort zu geben. Aber viele hervorragende Politiker und höhere Beamte beantworten sie mit einem lauten »Ja« und geben der Hoffnung Ausdruck, daß bestimmte Gruppen motivierter Spitzenpolitiker mit Unterstützung von Teilen der Öffentlich-

keit die notwendigen Veränderungen in der politischen Kultur
herbeiführen und Maßnahmen fördern könnten, die Regierungseliten so zu reformieren, wie dies dringend erforderlich ist. Wenn das
nicht geschieht, dann sieht es um die Chancen für eine wesentliche
Verbesserung der Regierungskapazität düster aus.

13. Kapitel

Vertiefung des politischen Denkens

Der deutsche Historiker Christian Meier schreibt, das Hauptproblem, mit dem Julius Cäsar es zu tun hatte, nachdem er zum allmächtigen Herrscher Roms aufgestiegen war, sei »die Ohnmacht des Allmächtigen« gewesen[1], weil er nicht gewußt habe, was er mit all seiner Macht tun sollte. Die Regierungen könnten angesichts der globalen Umwälzungen in eine ähnliche Situation geraten: Sie würden zwar handlungsfähig sein, aber nicht recht wissen, was sie tun sollten, weil die ihnen bis dahin gegebenen Möglichkeiten sich zunehmend als nutzlos erweisen und sich keine neuen und besseren bieten. Das gilt zum Beispiel für die Massenarbeitslosigkeit in Westeuropa, die Gesundheitspolitik in reichen Ländern[2] oder die Situation in großen Teilen Afrikas. Daß viele Menschen von den Regierungen rasche Lösungen erwarten, verschlimmert nur die Situation.

Nehmen wir an, es gibt den politischen Willen und die notwendige Autorität, und die Öffentlichkeit hat eine klare Vorstellung davon, was man vernünftigerweise von einer Regierung erwarten darf, doch trotzdem weiß niemand genau, wie politische Optionen erarbeitet werden sollen und wie die richtige Entscheidung getroffen werden kann, die zu dem möglichst günstigsten Ergebnis führt. Damit kommen wir zu der entscheidenden Frage nach den wirklich in die Tiefe gehenden politischen Überlegungen, die in der Fähigkeit der Gesellschaft wurzelt, den Anforderungen zu genügen, die das Leben an sie stellt.

Diese Notwendigkeit bringen King und Schneider mit der folgenden Frage zum Ausdruck: »Verstehen wir am Ende dieses Jahrhunderts wirklich unsere Welt, oder sind unsere Vorstellungen und Bemühungen nicht mehr geeignet, uns der komplexen und gefährlichen Situation zu stellen, vor der wir stehen?«[3] Die Antwort ist ein klares Nein. Unser politisches Denken ist offenbar zu seicht, wir verlassen uns viel zu sehr auf »den gesunden Menschenverstand« und glauben, er werde uns helfen, mit »ungewöhnlichen« und unlösbaren Problemen fertig zu werden. Symptomatisch ist das, was Rudolph Klein einen Mangel an Urteilsfähigkeit genannt hat, und der verhindert, in angemessener Weise mit komplexen Fragen umzugehen. Er schreibt: »Wie bewähren wir uns als politische Wesen in der Rolle von ›Informationen auswertenden Maschinen‹? Wie beurteilen wir politische Vorgänge? Die Antworten auf diese Fragen sind widersprüchlich, aber im großen und ganzen scheint es so zu sein, daß es uns nicht besonders gut gelingt. Wir reagieren auf die Überfülle von Informationen, mit denen uns die Medien überschütten, und die Masse der widersprüchlichen Signale, die von der politischen Debatte ausgehen, mit einer erstaunlichen ›Denkfaulheit‹. Ob wir nun als Politiker, die Entscheidungen in Staatsgeschäften treffen müssen, oder als Wähler, die sich darüber klarwerden wollen, wen sie unterstützen sollen – überall neigen wir dazu, uns auf symbolische Hinweise zu verlassen, um den Schwierigkeiten auszuweichen, denen wir auf der Suche nach Sicherheit begegnen. Wir ziehen es vor, bei der Abwägung von Argumenten, die in die verschiedensten Richtungen weisen, für unsere Entscheidungen immer den einfachsten Weg zu gehen. Kurz gesagt, wir suchen ständig nach Abkürzungswegen, weil es uns lästig ist, alle uns zugänglichen Informationen gründlich auszuwerten.«[4]

Deshalb brauchen wir das, was ich kurz als eine »Vertiefung des politischen Denkens« bezeichnet habe.

Mit diesen Überlegungen kommen wir in den Bereich der Staatskunst. Es gibt drei verschiedene Möglichkeiten, dieses Thema zu behandeln. Erstens können wir von der Überzeugung ausgehen, das Wesen der Staatskunst zu verstehen und sie zu verbessern, zumindest teilweise, selbst wenn einige ihrer charakteristischen Elemente wie das Charisma[5] und die Kreativität[6] sich nicht ohne weiteres erklären lassen und offenbar in erster Linie angeborene Anlagen sind. Das Denken im klassischen Griechenland und in China hat sich eingehend mit der Staatskunst und ihrer Verbesserung beschäftigt[7]; daraus entstand eine lange Tradition der schon erwähnten »Fürstenspiegel« und anderer Richtlinien für das Verhalten der Herrscher.

Zweitens kann man die Staatskunst als eine Geheimlehre ansehen, als *arcana imperii*[8], ein von Tacitus[9] geprägter Begriff. Diese Auffassung wurde von Herrschern vertreten, die so ihre absolute Autorität legitimieren wollten. Sie entsprach in Europa im späten Mittelalter und in der Frühzeit des Absolutismus der Vorstellung, die sich die meisten Menschen von ihren Fürsten machten, ausgenommen diejenigen, die bereit waren, tiefer über dieses Problem nachzudenken.[10] Damit verwandt, aber grundsätzlich auf moralische Imperative ausgerichtet, waren und sind die Konzeptionen der Staatskunst als einer von Gott inspirierten Gegebenheit, wie sich dies in der Geschichte der christlichen Kirchen und der von ihnen getragenen Regierungssysteme ergibt. Eine andere und verderbliche Variante zeigte sich im Faschismus und besonders in der Ideologie des »Führerprinzips« im nationalsozialistischen Deutschland.

Drittens läßt sich die Staatskunst als eine Art »praktische Intelligenz« ansehen, eine im Grunde recht einfache Angelegenheit, die auch von vielen Bürgern ohne besondere Ausbildung beherrscht wird. Diese Auffassung kommt zum Teil in den 1787/88 veröffentlichten *Federalist Papers* zum Ausdruck, die unter anderem 85 Aufsätze über die für die Vereinigten Staaten vorgeschlagene Verfassung und das Wesen einer republikanischen Regierung enthalten. Sie werden auch heute noch in vielen westlichen Ländern anerkannt. Nach dieser Ansicht qualifiziert allein die Tatsache, daß eine Person gewählt worden ist, diese für die Übernahme höchster Staatsämter. Darüber hinaus genießen die Beamten in einem solchen System nur eine sehr oberflächliche Ausbildung, die sich meist auf technische Dinge beschränkt, aber die Staatskunst als solche kaum berücksichtigen muß. Diese Auffassung wird auch gestützt von einem großen Teil der modernen Literatur über politische Fragen und von den Lehranstalten, welche die Richtlinien für die Öffentlichkeitsarbeit vermitteln wollen. Doch nach meiner Meinung konzentriert man sich zu sehr darauf, weniger wichtige Entscheidungen und wirtschaftliche Faktoren zu analysieren, geht aber kaum darauf ein, was man wirklich als Staatskunst bezeichnen darf.[11]

Ich selbst neige dazu, eher der ersten Auffassung zu folgen, und halte das »politische Denken« für einen wichtigen Teil der Staatskunst, weil es zum besseren Verständnis der damit verbundenen Probleme führt und entscheidend zu ihrer Lösung beitragen kann. Das ist unbedingt notwendig, wenn man die Regierungsfähigkeit wesentlich verbessern will, und ist die Voraussetzung für die Förderung der geistigen Leistungsfähigkeit der Regierenden. Mit dieser Frage werden wir uns im nächsten Kapitel beschäftigen.

Nun möchte ich mich zu einigen der wichtigsten Dimensionen bei der Vertiefung des politischen Denkens äußern und achtzehn grundsätzliche Empfehlungen machen, die nach Möglichkeit befolgt werden sollten. Das gleiche Thema wird an anderer Stelle noch ausführlicher behandelt.[12]

1. Die Politiker sollten sich im besonderen Maß um eine Langzeitstrategie bemühen
Das politische Denken sollte auf die verschiedenen Möglichkeiten gerichtet sein, auf die künftige Entwicklung einzuwirken, und immer wieder bestimmte Ziele ansteuern oder, falls notwendig, Richtungsänderungen vornehmen. Das ist das Gegenteil des »Sichdurchwurstelns« und einer kurzsichtigen und fast ausschließlichen Beschäftigung mit angeblich drängenden Gegenwartsfragen, was fälschlicherweise als »Pragmatismus« bezeichnet wird.

2. Es ist notwendig, bei der Entwicklung von Optionen Kreativität zu zeigen
Zum politischen Handeln gehören zwei Dinge, und zwar das Entwickeln von Optionen und die Überprüfung dieser Optionen auf ihre Brauchbarkeit. Man kann das politische Handeln metaphorisch als evolutionären Vorgang bezeichnen, wobei eine Veränderung der Lage jeweils neue Optionen eröffnet; der Kampf ums Überleben bestimmt dabei, welche dieser Optionen die richtige ist. Das Schaffen neuer Optionen ist die größere Herausforderung und läßt noch vieles offen, während ihre Überprüfung eine eher alltägli-

che Aufgabe ist. Neue politische Optionen zu entwickeln verlangt Erfindungsgabe, sie hängt letztlich von der Kreativität des einzelnen ab. Wie das geschehen soll, läßt sich schwer verständlich machen, während die organisatorischen und gesellschaftlichen Faktoren, die dann die Kreativität anregen oder hemmen, eher verstanden werden.

Wie schon gesagt, ergeben sich immer wieder unvorhergesehene Schwierigkeiten und Chancen, und deshalb ist es notwendig, in erster Linie auch neue Optionen zu entwickeln und nicht nur die schon bestehenden oder leicht miteinander zu vereinbarenden Möglichkeiten zu berücksichtigen. Natürlich kann man ohne besondere Schwierigkeiten die Zahl der Optionen erhöhen und etwa verlangen, daß die Politiker aus der Geschichte und aus dem Vergleich mit ähnlichen Erfahrungen etwas lernen.[13] Doch da die sich daraus ergebenden Optionen nicht geeignet sein werden, mit völlig neuen und ungewohnten Problemen fertig zu werden, ist es dringend notwendig, mit viel Phantasie nach neuen politischen Wegen zu suchen; und das ist nur mit einer ganz neuen Einstellung möglich[14] – besonders im Hinblick auf globale Fragen, wo es oft noch keine wirklich erfolgversprechenden Optionen gibt.

3. Bilderstürmerei und die Möglichkeit, seine Meinung zu ändern
Um Neuerungen zu ermöglichen, und zwar nicht nur durch die Entwicklung neuer politischer Methoden, sondern auch dadurch, daß sie gegen den hartnäckigen Widerstand der Regierungen und die starre Haltung der Gesellschaft akzeptiert und verwirklicht werden, müssen bestehende politische Traditionen kritisch neu bewertet werden, und wenn es notwendig ist, sollte man auf überholte und orthodoxe politische Gewohnheiten verzichten.

Doch das Aushöhlen bisher geltender Grundsätze kann mehr schaden als nutzen, wenn es vor allem schmerzliche Empfindungen, Verzweiflung, Nervosität, innere Unsicherheit und ähnliche kontraproduktive Reaktionen auslöst. Notwendig ist vielmehr die Fähigkeit jedes einzelnen, der Organisationen, der Regierungen und der Gesellschaften, die Meinung zu ändern, das heißt zuzugeben, daß die bisherige politische Linie in die falsche Richtung ging und nicht mehr den Ansprüchen genügt, die wir an die Politik stellen müssen, um dann in eine neue Richtung zu gehen. Ein beeindrukkendes und sehr ungewöhnliches Beispiel dafür ist die Erklärung des Präsidenten der Republik Südafrika vom Mai 1993, daß die Apartheid ein Fehler gewesen sei. In der richtigen Weise auf globale Schwierigkeiten und Chancen zu reagieren wird eine erhebliche Bereitschaft erfordern, frühere Fehler in dieser Weise anzuerkennen und einen neuen Anfang zu wagen.

4. *Die Bereitschaft zu lernen*
Eng verbunden mit der Flexibilität ist auch die besondere Fähigkeit zu lernen, die mit dem griechischen Wort *metanoia* bezeichnet werden kann: der Bereitschaft zum Sinneswandel.[15] Dazu gehören die rasche Anpassung an veränderte Situationen und die schnelle Reaktion auf Rückwirkungen. Donald N. Michael hat dazu gesagt, wir müßten dafür sorgen, »daß die Gesellschaft [und ich füge hinzu: »und die Regierung«] es lernt, künftige Entwicklungen rechtzeitig zu berücksichtigen«.[16] Angesichts der Tatsache, daß die Regierenden im allgemeinen nur sehr ungern etwas dazulernen, erfordert dieses augenscheinlich so einfache Prinzip weitreichende Veränderungen im Verhalten der Spitzenpolitiker in den Regierungen.

5. *Die große Bedeutung der* »futuribles«, *der großen Entwürfe und realistischen Visionen*
Ein weiterer Grund für die Notwendigkeit, auf weite Sicht vorauszuplanen, liegt darin, daß wir es vermeiden müssen, uns in engen Interpretationen dessen zu verlieren, was möglich sein könnte. Das politische Denken muß auf weitgesteckte Ziele und darauf gerichtet sein, sie auch zu verwirklichen. Bertrand de Jouvenal hat das Wort *futuribles* geprägt und bezeichnet damit diese »möglichen künftigen Entwicklungen«[17]: Das sind ganz allgemein die langfristigen Alternativen oder »großen Entwürfe für die Zukunft«. Realistische Visionen und manchmal auch Alpträume können es erleichtern, weitgespannte Zukunftspläne und kurzfristige Entscheidungen aufeinander abzustimmen, wie etwa in dem Vorhaben »Malayisa 2002«[18] und in den Friedensbemühungen im Nahen Osten.[19] Es könnte auch durchaus interessant sein, anders zu verfahren als bisher üblich und nicht aus der gegenwärtigen Lage für die Zukunft

zu planen, sondern ausgehend von den *futuribles* die gegenwärtigen Verhältnisse zu ordnen.

Solche realistischen Visionen sind auch insofern sehr wertvoll, als sie die Unterstützung notwendiger, aber vorübergehend schmerzlicher Maßnahmen mobilisieren, die von den Menschen bereitwilliger hingenommen werden, wenn sie überzeugt sind, daß es ihnen künftig bessergehen wird, wenn sie bereit sind, zunächst gewisse Opfer zu bringen. Auch im Unterbewußtsein wirkt sich die Aussicht auf eine bessere Zukunft günstig aus, weil sie die Sorgen in Grenzen hält und dazu beiträgt, traumatische Erfahrungen und Desorientierung zu bewältigen.

Wenn wir einen Schritt über das politische Denken hinausgehen und die kulturelle Infrastruktur betrachten, dann könnte es durchaus wünschenswert sein, utopische Visionen von der Zukunft der Menschheit zu haben, weil sie das kontemplative und idealistische Fundament für die Förderung der *raison d'humanité* sein können. Utopien haben im Zionismus[20] und in anderen Bewegungen ebenso wie in der ganzen menschlichen Geistesgeschichte[21] eine bedeutende Rolle gespielt.

Wir brauchen eine Mischung aus realistischen und utopischen Visionen, um Ziele ansteuern zu können, die über das hinausreichen, was für eine Regierung möglich erscheint, wie Gary Hamel und C. K. Prahalad dies für die Unternehmenspolitik fordern.[22] Deshalb muß das politische Denken von Träumen begleitet sein, wenngleich der Unterschied zwischen beidem deutlich erkennbar bleiben muß.

6. Das Bemühen um die Erhaltung und Vermehrung der natürlichen Ressourcen

Als Gegengewicht gegen utopische Visionen muß das politische Denken darauf gerichtet sein, dafür zu sorgen, daß jederzeit die notwendigen Hilfsmittel zur Verfügung stehen. Dabei kommt es darauf an zu erkennen, was jeweils am dringendsten gebraucht wird, wo man sparen und wie man notwendige Vorräte anlegen kann, und zwar das alles für viele Jahre und manchmal sogar für Generationen. Eine wichtige Komponente des politischen Denkens richtet sich daher auf die Bereitstellung der notwendigen Geldmittel[23], und zwar über die gegenwärtigen Bedürfnisse hinaus und ohne sich dazu verleiten zu lassen, diese Mittel für zu umfangreiche wirtschaftliche Unternehmungen, eine Ausweitung der Bürokratie oder die Unterstützung der eigenen politischen Linie durch Teile der Bevölkerung auszugeben.

7. Die Bedeutung der Institutionen

Ein umfassendes politisches Denken muß sich auch intensiv mit Institutionen, Strukturen, sozialen Vorgängen, Personalpolitik, das Interesse der Bürger anregenden Systemen und kulturellen Fragen beschäftigen. Institutionen sind als solche bereits Ressourcen: Das politische Handeln muß sich auf sie stützen und wird von ihnen in Schranken gehalten, während es sie andererseits direkt oder indirekt beeinflußt.

Die Institutionen und institutionelle Veränderungen sind ebenfalls ein Hauptziel politischer Bestrebungen. Ein politisches Denken, das sich intensiv mit der Gesellschaftsstruktur beschäftigt, wird besonders in Ländern notwendig sein, die nach Veränderungen streben, es muß aber auch die menschliche Gesellschaft als Ganzes in Betracht ziehen. Das Bestreben, von den bestehenden Institutionen den richtigen Gebrauch zu machen, ist praktisch Inhalt eines jeden politischen Denkens.

8. Die Beachtung der rechtlichen Dimensionen

Die Gerichtsbarkeit ist eine Institution für sich, muß aber in der Politik besonders berücksichtigt werden, weil sie für die Regierungen und Gesellschaften eine spezifische Rolle spielt und ihre Bedeutung im globalen Kontext ständig zunimmt. Es besteht die Neigung, die rechtlichen Dimensionen auf Gebieten zu vernachlässigen, die das politische Geschehen wesentlich beeinflussen, wie zum Beispiel im Bereich der Wirtschaft. Sie dürfen jedoch die politischen Kulturen nicht auf Kosten anderer Gesichtspunkte beherrschen, wie dies in einer ganzen Reihe von Ländern geschieht. Im übrigen sollte man begreifen, daß die »Rechtsordnung« ein komplexes System mit einer ganz eigenen Dynamik ist.[24]

9. Der Umgang mit bedeutenden Entwicklungen und Ereignissen
Das politische Denken sollte die mutmaßlichen historischen und theoretischen Folgen des Aufstiegs und Niedergangs von Nationen[25], die Langzeitwirkungen von Revolutionen[26], die Erfolge und Mißerfolge sowie das Zerbrechen von Gesellschaften und Zivilisationen[27] und die Auswirkungen anderer »großer Ereignisse« berücksichtigen.[28]
Diese Forderung zeigt sehr deutlich, welche Anforderungen an politische Überlegungen gestellt werden müssen. Unsere Erkenntnisse über die verschiedenen Einflüsse, die das Schicksal von Nationen und Gesellschaften bestimmen, sind sehr unvollkommen, und noch weniger wissen wir darüber, in welche Richtung sich die Menschheit weiterentwickeln wird. Es gibt zwar eine interessante und reichhaltige Literatur über die verschiedenen Aspekte dieses Themas, wozu in erster Linie die Überlegungen von Edward Gibbon und Arnold J. Toynbee gehören.[29] Doch was wir auf diesem Gebiet wissen, sind bestenfalls teilweise Erklärungen, hauptsächlich aber Vermutungen, die sich oft nicht begründen lassen. Und dennoch wird das politische Denken in wirklich entscheidenden, die Menschheit oder den größten Teil der Menschheit betreffenden Fragen nicht gerecht, wenn es nicht zumindest den Versuch unternimmt, die richtigen Fragen nach dem Schicksal der bedeutenden Ereignisse zu stellen und einige der Ursachen von Aufstieg und Verfall zu ergründen, auch wenn es sehr viele verschiedene, unbekannte, sich verändernde und vielleicht zum Teil für ihre Periode spezifische oder sogar nicht feststellbare Ursachen sind.

10. Es ist notwendig, historisch zu denken, ohne sich von der Vergangenheit abhängig zu machen
Das politische Denken gründet sich darauf, daß die Zukunft weniger eine Funktion der Vergangenheit ist[30] als das Produkt dynamischer Prozesse und Wechselwirkungen, also eine Kombination aus Notwendigkeit, bestimmten Tendenzen, Gelegenheiten und Entscheidungen. Daher können die menschlichen Aktivitäten einschließlich des strategischen politischen Handelns grundsätzlich einen bedeutsamen Einfluß auf die Entwicklung der Wirklichkeit haben und gewisse Aspekte der Zukunft radikal umgestalten.

Dennoch hat auch die Vergangenheit einen Einfluß auf die Gestaltung der Zukunft und begrenzt in gewisser Weise ihre Möglichkeiten. Wir verdanken ihr zudem wertvolle Daten für die Erforschung und das Verständnis gesellschaftlicher Vorgänge, besonders angesichts gegenwärtiger Veränderungen. Wenn das politische Denken es erleichtern soll, Langzeitstrategien zu formulieren, ist die historische Perspektive von großer Bedeutung.

Andererseits besteht die Gefahr, daß man sich zu sehr von der Geschichte und dem historischen Denken beeinflussen läßt, besonders in einem Zeitalter der Veränderungen. Wenn man das tut, dann wird man unter Umständen nicht erkennen können, daß Gegenwart und Zukunft sich in vieler Hinsicht entschieden von der Vergangenheit unterscheiden. Wenn das zu nostalgischen Vorstellungen führt, die für die Zukunft ohne Bedeutung sind, können eine gefährliche politische Gleichgültigkeit und Tatenlosigkeit entstehen und das kreative Nachdenken über die Zukunft behindert werden. Deshalb ist das historische Denken zwar wertvoll, darf aber nicht zur geistigen Zwangsjacke werden.

11. Die Bewältigung von Krisen

Der Politiker muß nicht nur versuchen, sich darüber klarzuwerden, was innerhalb eines bis in die weite Zukunft reichenden Zeitraums geschehen könnte, sondern muß auch überlegen, welche Entscheidungen in kritischen Situationen zu treffen sein werden; und das ist besonders wichtig, weil man wissen muß, wie man auf überraschende Ereignisse reagieren soll, zu denen es als Folge globaler und lokaler Umwälzungen kommen kann.[31] Diese Reaktion muß rasch erfolgen, könnte jedoch erhebliche Auswirkungen auf die weitere Zukunft haben. Wie die chinesische Staatskunst richtig erkannt hat, ergeben sich aus Krisen auch manche günstigen Gelegenheiten[32], weil sich in solchen Situationen Starrheiten lösen und Möglichkeiten eröffnen, die es normalerweise nicht gibt, und weil die Regierungen gezwungen werden, Neuerungen einzuführen, die unter gewöhnlichen Umständen sofort abgelehnt würden.

Eine hypothetische Situation soll diesen Gesichtspunkt im globalen Kontext illustrieren. Nehmen wir an, es wird plötzlich bekannt, daß ein instabiles Land über eine Atombombe verfügt und sie einsetzen will, um ein für allemal einen schon lange schwelenden Konflikt mit einem Nachbarland zu lösen. Das würde zu einer erheblichen globalen Krise führen, der man auf zwei Wegen begegnen könnte: erstens mit begrenzten und zweitens mit umfassenden Maßnahmen. Das erste wäre die Entwaffnung des betreffenden Landes oder die Beilegung dieses Konflikts, um so diese spezifische Gefahr zu bannen. Zweitens könnte man die Krise zum Anlaß nehmen, eine international geltende Regelung zu finden, und das Verbot durchsetzen, Kernwaffen weiterzugeben.

Das Paradoxe dabei ist, daß man, damit sich aus Krisen günstige Gelegenheiten entwickeln, solche Möglichkeiten vorher gründlich überdacht haben muß, damit sich Improvisationen auf schon vorhandene, vernünftige Vorstellungen stützen können (das heißt aber nicht, daß detaillierte Verhaltensvorschriften ausgearbeitet werden müssen, die fast niemals den bei einer Krise entstehenden wirklichen Umständen entsprechen und allzuleicht zu einer Erstarrung des Denkens führen können, wenn sie nicht wirklich alle denkbaren Möglichkeiten berücksichtigen). Vernünftige politische Überlegungen müssen deshalb das Krisenmanagement in Verbindung mit einer politischen Langzeitstrategie sehen.

12. Die Beurteilung von Situationen und Ereignissen

Die Gestaltung der Politik und anderer von der Regierung getroffener Maßnahmen basiert auf den Vorstellungen der Regierenden von der Weltlage und wird von diesen Vorstellungen beeinflußt. Je zutreffender diese Vorstellungen sind, desto mehr werden sie dazu beitragen, daß eine vernünftige Politik betrieben wird, und deshalb sind sie ein wesentlicher Bestandteil des politischen Denkens.[33] Die für die Bewältigung dieser Aufgabe notwendigen Maßnahmen müssen auf zwei Ebenen getroffen werden und einander ergänzen: Die ersten sind eher abstrakt und beschäftigen sich mit Regeln, Symbolen, Konzepten, Schemen und Theorien, denen gefolgt werden soll, wenn man die Realität beurteilen will, um festzustellen, welcher politischen Linie man angesichts einer sich verändernden Welt folgen muß. Zweitens geht es um eine konkrete Abschätzung der wichtigsten Tendenzen, Vorgänge, Zwänge und Möglichkeiten.

Daß die Nachrichtendienste trotz aller Bemühungen um die Verbesserung ihrer Methoden immer wieder versagen[34], weckt ernste Zweifel daran, ob auf diesem Gebiet wirklich wesentliche Verbesserungen möglich sind. Die Neigung der Politiker, an überholten Vorstellungen von der Realität festzuhalten[35], zeigt, wie wichtig es ist, die Methoden für die Beurteilung der politischen Lage zu verbessern, um sie dann als Richtschnur für das politische Handeln benutzen zu können[36], und zwar unter besonderer Beachtung möglicher Veränderungen, Krisen, Gefahren und Chancen.

13. Der Umgang mit der außerordentlichen Komplexität des politischen Geschehens

Die Komplexität der Probleme, der sich die aktiven Politiker zu stellen haben, kann nur mit Hilfe von Techniken wie der Systemanalyse in ihren verschiedenen Formen bewältigt werden.[37] Doch in den meisten Fällen fällt es den Regierungen sehr schwer, mit der zunehmenden Komplexität fertig zu werden – zum Teil weil der Erkenntnisfähigkeit des Menschen objektive Grenzen gesetzt sind und weil es nur wenige Möglichkeiten gibt, diese Komplexität zu analysieren, zum Teil aber auch wegen der Schwächen in den Strukturen des Regierungsapparats und der darin arbeitenden Menschen: Das sind zum Beispiel der Umstand, daß die einzelnen Ministerien nur innerhalb eines bestimmten Bereichs zuständig sind, und der Mangel an fachlich geschultem Personal. Dennoch könnte manches mit Hilfe des schon vorhandenen und stetig zunehmenden Wissens verbessert werden.[38]

Eines der Haupterfordernisse für den Umgang mit dieser ungewöhnlichen Komplexität ist das Erkennen, Akzeptieren und Auswerten von Widersprüchen. Dies muß das politische Denken leisten, ob nun in der Form der dialektischen Prozesse und Ironien der Geschichte oder der widersprüchlichen politischen Erfordernisse, wie sie sich so oft zu Zeiten rapider Veränderungen ergeben. Hier besteht auch die Notwendigkeit, intuitionsfeindliche Dynamiken zu akzeptieren und zu nutzen, wie zum Beispiel die Neigung, auf unbedeutende Anlässe mit umfassenden Maßnahmen zu reagieren[39], und der Verführung durch einen kulturell bedingten »gesunden Menschenverstand« nicht zu erliegen, wobei den intuitionsfeindlichen Vorgängen größere Aufmerksamkeit geschenkt werden sollte.

Eine leichter zu erfüllende, aber wichtige und gewöhnlich vernachlässigte Forderung ist es, daß die Regierungen die Lage aus jeweils verschiedenen Perspektiven betrachten sollten[40], so daß die wesentlichen Fragen von verschiedenen Gesichtspunkten aus beurteilt werden, und zwar nach entsprechenden theoretischen Modellen und danach, welche Persönlichkeiten jeweils je nach ihren Fachkenntnissen die Verantwortung zu übernehmen haben. Schließlich kann man der Komplexität der Probleme nur mit komplexen politischen Überlegungen begegnen, und dazu gehört eine Kombination aus den verschiedensten Vorstellungen, Symbolen, Grundsätzen, Rahmenbedingungen, Methoden, Verfahren und wissenschaftlichen Erkenntnissen.[41]

Paradoxerweise kann ein besseres Verständnis der Komplexität dazu führen, daß die ihr zugrundeliegenden Realitäten in mancher Hinsicht ganz einfach sind[42], und das wiederum kann die Politiker veranlassen, weitreichende Schlußfolgerungen daraus zu ziehen. So könnte zum Beispiel die nicht immer sehr glückliche Idee, Nationalstaaten zu bilden, für die sozialen und kulturellen Strukturen in Afrika[43] eine prinzipiell grundlegende und »einfache« Ursache für entscheidende Fehlentwicklungen sein. Dann könnten nur alternative Regierungsstrukturen einen Ausweg aus einer vom weißen Mann geschaffenen Sackgasse bieten. Deshalb besteht eine Möglichkeit, solchen Komplexitäten zu begegnen, in der Suche nach relativ »einfachen« Grundideen und Faktoren, wobei man es allerdings vermeiden muß, die Dinge zu sehr zu vereinfachen.

14. Das differenzierte politische Glücksspiel
Angesichts der in den globalen und lokalen Vorgängen häufig anzutreffenden Ungewißheit sind alle Entscheidungen eigentlich Glücksspiele, über deren Erfolg oder Mißerfolg wir vorher nichts sagen können. Beim politischen Denken geht es um Entscheidungen, denn das ist neben einer Mischung aus Notwendigkeit, Zufall und Wahrscheinlichkeit nur eine Art, die Zukunft zu gestalten. Die Tatsache, daß die Politik so etwas wie ein Glücksspiel ist, kann sehr beunruhigende Folgen haben, denn sie widerspricht psychologi-

schen, politischen und kulturellen Bedürfnissen und Wunschvorstellungen. Deshalb läßt sich dieses Problem nicht rein intuitiv lösen. Die Sache wird noch bedenklicher, weil viele Verantwortliche nicht rechnen können und sich die meisten professionellen Planer nur mit einfachen Wahrscheinlichkeitsrechnungen zu helfen suchen, und so gibt es sowohl politische als auch kulturelle Barrieren, die sie daran hindern zu erkennen, daß kritische Entscheidungen Glücksspiele sind. Um die Differenziertheit des Denkens zu erreichen, die man braucht, um die Wahrscheinlichkeit des Erfolgs bei diesem Glücksspiel zu erhöhen, werden einige wichtige Aspekte der Regierungsarbeit radikal reformiert werden müssen.

15. Eingebettet in moralisches Denken, Wertanalysen und die Suche nach angemessenen Zielen

Daß zum politischen Denken moralische Gesichtspunkte, Wertanalysen und die Suche nach den richtigen politischen Zielen gehören, zeigt sehr deutlich, daß dieses Denken multidimensional sein und eine philosophische Basis haben muß. Da sich die Entscheidungen auf positive Wertvorstellungen und moralisches Denken stützen sollen, muß die Politik bei ihren Überlegungen hohe moralische Maßstäbe anlegen, und auch die Politiker selbst müssen in ihrem Verhalten den höchsten moralischen Ansprüchen genügen.

Werte lassen sich strukturanalytisch untersuchen, wie etwa zur Erklärung der Wechselkurse, zur Festlegung von Terminen und zur Berechnung der Gewinnchancen bei Lotterien. Auf diese Weise läßt sich zum Beispiel beurteilen, ob es sich um reale Werte handelt oder nur um Schätzungen, die zu Dogmen geworden sind. Eine solche Bestimmung der Wertbegriffe kann bei ihrer praktischen Anwendung hilfreich sein. Ganze Reihen solcher allgemeinen Werte und Ziele können als Vergleichslisten für die Auswertung politischer Optionen dienen und die Frage beantworten, ob die Ziele den Werten entsprechen. Politische Alternativen lassen sich besser daraufhin untersuchen, welchen Werten jeweils der Vorzug zu geben ist. Und schließlich läßt sich prüfen, welche Werte und Ziele künftig für die Beziehungen zwischen den Generationen eine Bedeutung haben werden.

Wenn es sich um globale Probleme handelt, ergeben sich für die

Wertanalyse besondere Schwierigkeiten, weil Schlagworte und rhetorische Erklärung einerseits und grundsätzliche Meinungsverschiedenheiten über die Werte andererseits die objektive Beurteilung der Werte behindern. Der offensichtliche Widerspruch zwischen den Werten, zu denen man sich bekennt, und dem konkreten Verhalten auf allen Ebenen der Regierungstätigkeit führt zu neuen Schwierigkeiten, und das erfordert eine klare Stellungnahme der Regierenden zu den sie betreffenden moralischen Fragen.

16. Die von den Regierenden angewendeten Methoden entsprechen zum Teil nicht den von ihnen vertetenen politischen Grundsätzen
Es ist dringend erforderlich, im politischen Denken einen klaren begrifflichen Unterschied zwischen Politik und politischem Handeln zu machen, auch wenn beides eng miteinander verbunden ist und sich häufig überschneidet. In vielen Sprachen werden die beiden Begriffe mit demselben Wort bezeichnet, und deshalb wird es vielleicht notwendig sein, ganz neue Bezeichnungen zu erfinden.

Das politische Denken muß differenziert mit der Politik umgehen, aber das politische Handeln muß als davon getrennt, wenn auch nicht isoliert erkannt werden. Die politische Differenzierung erfordert ein weitgehendes Verständnis für die Realitäten der Politik, und zwar im Rahmen einer dynamischen Betrachtungsweise, die dem sich verändernden Wesen der Politik, ihren kulturellen Grundlagen, ihrer Abhängigkeit von Zufälligkeiten, vom Wesen der führenden Entscheidungsträger und unvorhersehbaren äußeren Ereignissen gerecht wird. Zugleich müssen wir erkennen, daß es einen deutlichen Unterschied zwischen machtorientierten politischen Empfehlungen und dem politischen Denken gibt. Die Regierenden brauchen beides, und während das politische Denken das Wesen, die Grundlagen und die Bedeutung des ersteren verstehen muß, sollte beides klar auseinandergehalten werden.

Diese Empfehlungen beziehen sich in besonderer Weise auf das politische Denken im globalen Zusammenhang, sie werden jedoch auf gewaltige Hindernisse stoßen. Besonders die Vereinten Nationen sind fast ausschließlich mit den politischen Beziehungen zwischen den einzelnen Staaten beschäftigt, dadurch werden politische Überlegungen zu wesentlichen globalen Problemen, bei denen man versuchen muß, sich nach Möglichkeit von politischen Machenschaften zu distanzieren. Nur tiefgreifende Reformen der Vereinten Nationen können dazu beitragen, diesen fundamentalen Mangel zu beheben.

17. *Die Berücksichtigung der gesellschaftlichen Belange durch das politische Denken*
Der Grundsatz, daß die Regierenden bei ihren politischen Überlegungen die nicht streng gegeneinander abgegrenzten gesellschaftlichen, intellektuellen, kulturellen und politischen Belange besser berücksichtigen sollen, verleiht der Rolle der bürgerlichen Gesellschaft und »des Volkes« bei der Beeinflussung und Gestaltung der Regierungstätigkeit eine weitere Dimension. Ganz neue Alternativen, das Bemühen um konkrete Veränderungen des gegenwärtigen Zustands, die verschiedensten Deutungsversuche, das Schaffen neuer Werte, die Gesellschaftskritik, reine Theorien, gesellschaftliche Neuerungen und ähnliche Vorstellungen der verschiedensten Individuen und Volksschichten wie etwa von an keine Dogmen gebundenen Intellektuellen, Akademikern, Freiberuflern, Ideologen, Angehörigen von Bürgerbewegungen, Unternehmern und Interessengruppen leisten einen wesentlichen Beitrag zur Regierungstätigkeit. Die Regierungsfähigkeit und auch das politische Denken werden entscheidend von diesen Faktoren beeinflußt.

Weit davon entfernt, sie abzulehnen oder sich von ihnen zu distanzieren, sollte das politische Denken der Regierenden sich um Einsichten, Ideen und Methoden in den Gesellschaften und der ganzen Menschheit bemühen und sie dabei zu nicht auf eine besimmte Richtung festgelegten Überlegungen über die Lösung wichtiger gesellschaftlicher Probleme anregen. In dieser Hinsicht sind die Demokratien allen anderen Regierungsformen weit überlegen, auch wenn sie selbst immer wieder dazu aufgefordert werden müssen, gesellschaftlich kreativer zu werden und diese Kreativität zur Grundlage der Regierungsarbeit zu machen.

Dieser Grundsatz erhält zusätzliches Gewicht, wenn erkannt wird, daß die Gestaltung der Politik ihrem Wesen nach ein Vorgang ist, bei dem soziale Faktoren oft eine bedeutende Rolle spielen. Doch die Notwendigkeit, sich auf gesellschaftliche Kreativität und

Problembewältigung zu stützen, gilt auch für die zahlreichen Gelegenheiten, bei denen das politische Denken gegen die Außenwelt abgeschirmt im engen Kreis der Regierungsmitglieder stattfindet, und wenn dort auch die wichtigen Entscheidungen getroffen werden.

18. Das Reflexionsvermögen
Schließlich müssen sich die Regierenden auch der Bedeutung ihrer politischen Überlegungen bewußt sein und ständig daran arbeiten, diese Denkprozesse zu vervollkommnen. Das ist um so dringender erforderlich, als die Kunst der politischen Reflexion bei den Regierungen und auch sonst im theoretischen Denken unzureichend entwickelt ist. Das führt uns zurück zu der Notwendigkeit, nach Erkenntnissen und Möglichkeiten zu suchen, eine neue Staatskunst zu entwickeln oder, um es richtiger zu sagen, einer neuen »Kunst des Umgangs mit dem Menschen« – eine Forderung, mit der wir diese Diskussion begonnen haben.

Was die Institutionen betrifft, so führt das Bewußtwerden all dieser Aspekte des politischen Denkens zu der Fähigkeit, diesen Vorgang auf höherer Ebene zu vollziehen, und zwar auf der des »Metabewußtseins«[44] der Regierungen. Damit kommen wir zum Thema der geistigen Haltung, die als zentrale Antriebskraft die gesamte Regierungstätigkeit lenken und beherrschen soll; sie wird im nächsten Kapitel behandelt.

Zusammenfassend dürfen wir sagen: Um die Regierung in die Lage zu versetzen, sich den Herausforderungen globaler Veränderungen zu stellen, ist ein entscheidender Wandel im Denken der Regierenden dringend erforderlich. Hier beschäftigen wir uns mit mental subjektiven und zwischen einzelnen Subjekten zu beobachtenden Vorgängen, die sich sehr viel schwerer verändern lassen als Strukturen, Ausbildungsmethoden, die Auswahl der geeigneten Persönlichkeiten und andere »materielle« Aspekte des Regierens. Aber einer der Hauptgründe dafür, daß den Strukturen, den an den Regierungen beteiligten Personen und den formalen Vorgängen innerhalb des Regierungsapparats neue Aufgaben zugewiesen werden müssen, ist es, eine wesentliche Verbesserung der Qualität des politischen Denkens als eines im höchsten Grade bedeutsamen Vorgangs innerhalb der Regierungstätigkeit vorzunehmen, der einen entscheidenden Einfluß auf das politische Handeln hat. Die entscheidende Frage im Hinblick auf viele der empfohlenen Reformen ist daher die folgende:

Können und werden die empfohlenen Reformen eine sinnvolle Verbesserung im Denken der Regierenden über entscheidend wichtige Probleme bewirken, die auch in der konkreten Regierungstätigkeit ihren Ausdruck finden wird?

Wenn nicht Reformen entwickelt und wirksam werden, die das leisten können, dann wird ein wesentliches Erfordernis für die Steigerung der Leistungsfähigkeit der Regierungen nicht erfüllt.

14. Kapitel

Stärkung der geistigen Kräfte

Nachdem wir uns mit den Wertbegriffen, den Personalfragen und der praktischen Regierungsarbeit beschäftigt haben, wenden wir uns nun den Strukturen der Regierungen zu, obwohl alle diese Dimensionen nur verschiedene Aspekte der gleichen Sache sind. Die praktische Regierungsarbeit ist zwar das Wichtigste, aber auch auf die Strukturen kommt es an[1], denn innerhalb dieser Strukturen verlaufen die Wege[2], auf denen die Regierungsarbeit erfolgt. Zudem lassen sich die Strukturen oft leichter und schneller verändern, wenn man die Regierungsarbeit wirkungsvoller gestalten will, obwohl im Idealfall solche Veränderungen von einem entsprechenden Eingreifen in den anderen Dimensionen begleitet werden sollten. So genügt es zum Beispiel nicht, neue politische Sachbereiche zu schaffen, ohne vorher die geeigneten Fachleute ausgebildet zu haben, auch wenn die Tatsache, daß solche Sachbereiche existieren, schon an sich hilfreich sein und zur Entwicklung der notwendigen Fachkenntnisse der hier arbeitenden Personen anregen kann. Strukturelle Reformen sind daher eine Möglichkeit, die Regierungsarbeit zu verbessern, besonders im Hinblick auf das, was ich »die zentralen geistigen Kräfte der Regierungen« genannt habe.

Man kann die in der Regierung wirkenden zentralen geistigen Kräfte als ein komplexes, für die Erfüllung der verschiedensten Aufgaben geeignetes Netzwerk betrachten entsprechend den Modellen, die in den modernen erkenntnistheoretischen und Computerwissenschaften entwickelt worden sind: als »Denkfabrik«[3] und als zielgerichtetes System.⁴ Man könnte dieses System aber auch als »Zentralnervensystem der Regierung«⁵ ansehen, innerhalb dessen versucht wird, die Kybernetik auf die Entscheidungsprozesse der Regierungen anzuwenden⁶, wobei klar zwischen dem »Hirn« und dem »Herzen« großer Organisationen unterschieden werden muß.⁷

In erster Linie kommt es darauf an, die Exekutive zu stärken und ihre Leistungsfähigkeit zu erhöhen. Dabei müssen allerdings die notwendigen Sicherungen eingebaut werden. Daraus ergeben sich gewisse innere Widersprüche. Viele Menschen bedauern, daß die Regierung gesetzlich nicht straffer organisiert ist, sondern in den Händen fehlbarer Menschen liegt, aber auch, daß die einzelnen Herrscher zu mächtig sind und sich die Staatsgewalt nicht auf die verschiedensten Institutionen verteilt und im Grunde nicht vom Volke ausgeht. Statt dessen nehmen die Spitzenpolitiker (die ich »Herrscher« nenne, um die Realität nicht mit schönen Worten zu verschleiern) selbst in den westlichen Demokratien immer dominierendere Stellungen ein. Zwar ist es richtig, daß die Herrscher vom Volk gewählt werden und ihr Verhalten, unter anderem von den Massenmedien, aufmerksam beobachtet wird. Ihre Handlungsfreiheit ist durch das Gesetz eingeschränkt, und auch ihre Kollegen und die Opposition haben ein Mitspracherecht. Dennoch verfügen Premierminister und Präsidenten in der Politik der meisten modernen Demokratien über immer größere Vollmachten, selbst wo sie diese mit den Parlamenten und den Kabinetten und, in Koalitionsregierungen, mit den Führern anderer Parteien teilen müssen.⁸ Das trifft auch, *mutatis mutandis*, auf die meisten anderen Regierungsebenen und viele weitere Regierungsformen zu, einschließlich der Bürgerbewegungen, wo wenige führende Persönlichkeiten manchmal eine außerordentlich prominente Rolle spielen.

Die Machtvollkommenheit der Herrscher geht zurück auf evolutionäre Entwicklungen, die schon vor langer Zeit begonnen haben, vielleicht sogar auf das Sozialverhalten der höheren Primaten, besondere, in der Kindheit erworbene psychologische Bedürfnisse und unter anderem auch auf die in einigen Kulturen bestehende Ungleichheit der Geschlechter.⁹ Welche Ursachen es dafür auch geben mag – einige Faktoren stärken heute die Position und die

Funktionen der Herrscher. Die Massenmedien schenken den Spitzenpolitikern ihre besondere Aufmerksamkeit, sie werden dadurch immer mächtiger. In den politischen Kulturen ist man überall auf der Welt fasziniert von den Vereinigten Staaten, wo der Präsident die beherrschende Persönlichkeit ist, doch die Bewunderer sind sich gewöhnlich der politischen Realitäten des amerikanischen Systems nicht bewußt. Die immer häufiger stattfindenden Gipfeltreffen und ihre Bedeutung[10] fördern das Ansehen der Staatsoberhäupter und sorgen dafür, daß sie vermehrt von der Öffentlichkeit wahrgenommen werden. So bewirken massenpsychologische, traumatische, die Stabilität der sozialen Beziehungen störende Prozesse im Sinne von Durkheim[11] die »Furcht vor der Freiheit«.[12] Andere menschliche Bedürfnisse, die sich aus den globalen Veränderungen ergeben, führen dazu, daß die Herrscher einen immer stärkeren Einfluß auf die Psychodynamik des einzelnen Menschen und der Gesellschaften unter modernen und postmodernen Verhältnissen gewinnen.

Diese und andere Faktoren stärken nicht nur die Stellung der Herrscher, sondern es ist offenbar dringend notwendig, daß demokratische Regierungen weitreichende Machtbefugnisse haben, wenn sie ihre wichtigen Aufgaben erfüllen wollen. So ist ein starkes »Regierungszentrum« notwendig, um dafür zu sorgen, daß ein gewisser Zusammenhang zwischen den politischen Grundsätzen und dem politischen Handeln besteht; ansonsten sind die einzelnen Ministerien darauf bedacht, die alleinige Zuständigkeit in ihren Fachbereichen zu wahren. Nur mächtige Spitzenpolitiker können mit ihrer Dynamik dringend benötigte Neuerungen durchsetzen oder die Vorhaben anderer in dieser Richtung unterstützen.[13] Wenn zudem die Öffentlichkeit verlangt, daß ihr Wille klar zum Ausdruck gebracht und die politische Macht konzentriert wird, dann wird das durch eine starke Exekutive ermöglicht und hängt in vielen Fällen von ihr ab.

Eine starke exekutive Führung sollte gefördert und erweitert werden – allerdings unter der Voraussetzung, daß die notwendigen Sicherungen eingebaut sind.

Viele werden das vielleicht für selbstverständlich halten, aber manche prominenten Sozialwissenschaftler und sozialen Bewegungen sehen in starken politischen Führern eine Gefahr und sogar ein Übel. Damit mögen sie in mancher Beziehung recht haben, aber unter günstigen Voraussetzungen ist eine starke Exekutive sehr wichtig, ob man sie nun als das geringere Übel angesichts anderer möglicher Alternativen oder als einen natürlichen und oft positiven Aspekt des gesellschaftlichen Lebens sieht. Eine starke Exekutive ist wie eine Art *pharmakon* im griechischen Sinne: Ein solches Medikament ist »sowohl Gift als auch Gegengift. Es kann krank machen und heilen ... und das gilt für jede Substanz, die je nach den äußeren Umständen und der Dosis außerordentlich günstig oder besonders schädlich wirkt.«[14] Die Menschheit in ihrem gegenwärtigen Zustand der Unreife braucht diese Substanz – aber sie muß mit großer Vorsicht verordnet und angewendet werden.

Eine energische exekutive Führung wird besonders in Ländern gebraucht, die tiefgreifende Reformen durchführen wollen, wobei ihnen zu strenge demokratische Kontrollen im Weg stehen könnten. Solche Länder dürfen sich in ihren Verfassungen nicht von den schlechten Erinnerungen an eine Diktatur beeinflussen lassen, denn das könnte sie daran hindern, das zu tun, was die Zukunft verlangt. Das durchaus gerechtfertigte Bestreben, Kontrollen einzuführen, die Selbständigkeit lokaler Institutionen zu fördern und dafür zu sorgen, daß die Regierung mehr auf die Wünsche der Bevölkerung eingeht, darf nicht zur Schwächung der Exekutive führen, obwohl dafür gesorgt werden muß, daß die Exekutive ihre Macht nicht mißbrauchen kann.[15]

Das gleiche gilt für die Vereinten Nationen als Kern globaler Regierungsstrukturen.[16] Kurz gesagt sollte die Position des Generalsekretärs prinzipiell so stark sein, daß er die exekutiven Möglichkeiten hat, bestimmte Maßnahmen vorzuschlagen und durchzuführen, und zwar in einem gewissen Maß auch auf der politischen Ebene.

Und doch müssen wir uns nicht unbedingt dazu beglückwünschen, eine starke Exekutive zu haben, so notwendig sie auch sein mag. Die Abhängigkeit des modernen und demokratischen Regierungssystems von den Qualitäten einzelner »Herrscher« und einer

Handvoll ihrer führenden Kollegen ist, mit allen Risiken, die das bedeutet, ein Zeichen für durchaus ernstzunehmende menschliche Schwächen. Die Sache wird noch schlimmer, weil starke Führerpersönlichkeiten, wie Tacitus richtig erkannt hat, allzu leicht dem »Cäsarenwahn« verfallen.[17] Deshalb müssen ihnen »Fesseln« angelegt werden, die ihnen helfen, ihre Aufgaben zu erfüllen, und sie gleichzeitig daran hindern, Fehler zu machen. Doch keine institutionellen Vorkehrungen können ganz die persönlichen Schwächen von Personen ausgleichen, die zu politischen Führern gewählt oder bestimmt worden sind, und deshalb muß alles getan werden, um die Auswahlmethoden für Personen, die so hohe Stellungen einnehmen sollen, zu verbessern.

Die Notwendigkeit der fachlichen Beratung

Grundsätzlich unterstützt der Staatsapparat in seiner Gesamtheit die Arbeit der an der Spitze der Regierungen stehenden Persönlichkeiten, setzt aber zugleich ihrer Handlungsfreiheit gewisse Grenzen. Aber das ist noch nicht genug; sie brauchen auch hochqualifizierte Fachberater, die ihnen helfen, bei ihren politischen Entscheidungen die logischen Zusammenhänge zu verstehen und zu erkennen, welche Auswirkungen diese Entscheidungen auf längere Sicht haben können. Zugleich sollten diese Berater die Spitzenpolitiker davor bewahren, sich zu sehr von ihren Gefühlen leiten zu lassen. Ein gutes Beispiel ist die Geschichte von Odysseus und den Sirenen[18], in der er sich an den Mast seines Schiffes fesseln ließ, um nicht seinen eigenen Schwächen nachzugeben[19]: ein Beweis für die Klugheit der hervorragenden Führerpersönlichkeit. Eine weitere wichtige Aufgabe der Berater ist es, den Herrscher, wenn nötig, zurechtzuweisen, wie es die konfuzianische politische Philosophie und Moral verlangt und wie es manchmal im Verlauf der langen Geschichte der chinesischen Staatskunst und der Entwicklung der staatlichen Institutionen in China auch geschehen ist.[20]

Die Idee, dem Staatsoberhaupt ein Beratergremium an die Seite zu stellen, ist schon sehr alt. So hat zum Beispiel Plato versucht, den

König von Syrakus, Dionysius, zu beraten und zu »erziehen«. In neuerer Zeit sind solche Versuche nicht sehr viel erfolgreicher gewesen. Das zeigte sich zum Beispiel bei der Entlassung des Central Policy Review Staff im Vereinigten Königreich.[21]

Ich selbst habe bei meinen Studien über die Strukturen der Regierungsämter in neununddreißig meist lateinamerikanischen, aber auch einigen osteuropäischen, afrikanischen und asiatischen Ländern festgestellt, daß weniger als zehn Prozent der Regierungen von ihnen über wirklich qualifizierte Beratergremien verfügen, die in der Lage sind, wichtige politische Probleme im Hinblick auf ihre Bedeutung und ihre Auswirkungen über einen längeren Zeitraum zutreffend zu beurteilen. Es gibt viele Gründe für diesen unbefriedigenden Zustand; zum Beispiel wird die Politik von der Zweckmäßigkeit des politischen Handelns beherrscht; die Ministerien werden daran gehindert, die Mitarbeiter des Premierministers für sich arbeiten zu lassen; und in einigen Ländern wehren sich die Politiker und die Öffentlichkeit dagegen, den Einfluß des Regierungschefs sichtbar werden zu lassen, was geschieht, wenn für den Premierminister ein eigenes Ministerium geschaffen wird. Das läßt sich jedoch nach meiner Auffassung vor allem damit erklären, daß viele Spitzenpolitiker nicht bereit sind, sich von qualifizierten Fachleuten beraten zu lassen. Viele Spitzenpolitiker sind sich ihrer Sache zu sicher, und diese Sicherheit nimmt immer mehr zu, je länger sie im Amt bleiben. Deshalb geben sie gewöhnlich solchen Mitarbeitern den Vorzug, die ohne zu fragen bereit sind, ihre »glänzenden« Ideen in die Tat umzusetzen, und nicht selbständig denkenden Personen, die ihnen sagen: »Einen Augenblick bitte« oder sogar »Sir, hier haben Sie sich geirrt.« Zudem fürchten viele Spitzenpolitiker, daß ihre Unwissenheit sichtbar werden könnte, wenn sie mit hochqualifizierten Beratern zusammenarbeiten. Die meisten Spitzenpolitiker beunruhigt es aus gutem Grund, wenn der Inhalt vertraulicher Positionspapiere in der Öffentlichkeit bekannt wird und so erhebliche politische Schwierigkeiten entstehen, obwohl die für das Durchsickern dieser Informationen Verantwortlichen gewöhnlich ihre politischen Kollegen und nicht ihre Fachberater sind. Viele führende Politiker sind zudem mehr an der Festigung ihrer persönlichen Stellung und am Erfolg ihrer Partei interessiert als an der

Erfüllung ihrer eigentlichen Aufgaben und sehen es deshalb nicht gern, wenn ihre Mitarbeiter auf den Schaden hinweisen, der entsteht, wenn sie oft egozentrischen und engen parteipolitischen Überlegungen den Vorrang einräumen. Und die meisten Spitzenpolitiker sind nicht wirklich bereit, sich irgendwie zu »binden«, was unvermeidlich ist, wenn sie mit gewissenhaften Beratern zusammenarbeiten.

Doch die Erfahrung zeigt[22], daß solche Schwierigkeiten vermieden werden können und es möglich ist, geeignete politische Beratungsgremien für die an der Spitze der Regierungen stehenden Persönlichkeiten zusammenzustellen, wenn diese bereit sind, es zu tun. Die Schaffung solcher Gremien ist daher ein wesentlicher Teil der von uns empfohlenen Reformen.

Aus hervorragenden Fachberatern bestehende Arbeitsgruppen sollten an der Seite der höchsten Entscheidungsträger eingesetzt werden, um ihnen zu helfen, weitreichende, umfassende strategische Entscheidungen zu treffen, und sie in diskreter Weise dabei zu unterstützen, angemessen auf globale Veränderungen zu reagieren, sie nach Möglichkeit aber auch vor Fehlentscheidungen zu bewahren.

Die richtige Zeiteinteilung

Eine der wichtigsten Aufgaben der empfohlenen Beratergremien ist es, den von ihnen betreuten Persönlichkeiten zu einem gründlicheren Verständnis politischer Probleme zu verhelfen und sie auch in anderer Weise zu »erziehen«, um damit einen Beitrag zur Lösung des uralten Problems der Beziehung zwischen Wissen und Macht zu leisten. Das ist jedoch außerordentlich schwierig, ohne die Tagesordnung der Spitzenpolitiker radikal zu verändern.

Meine Untersuchungen über die Verwendung der Zeit durch die Regierungschefs entsprechen den Ergebnissen vergleichbarer Studien über die Zeitpläne von Spitzenpolitikern und Geschäftsführern großer Unternehmen. In den allermeisten Fällen haben sie kaum Zeit, über die zu verfolgende politische Linie oder ihre Geschäftsmethoden nachzudenken. Eine Sitzung folgt der nächsten; ständig werden die Beratungen von telefonischen Anrufen unterbrochen; die Lösung angeblich dringender Fragen nimmt die Zeit in Anspruch, die für längere Diskussionen zur Verfügung stehen sollte; gesellschaftliche Verpflichtungen müssen wahrgenommen werden und so weiter. Es gibt allerdings auch Ausnahmen: wie etwa die Gewohnheit einiger britischer Premierminister, sich zum Wochenende zurückzuziehen oder, wie David Ben Gurion in Israel, eine gewisse Zeit in einem Kibbuz zuzubringen. Aber in der Regel fehlt es den an der Spitze der Regierungen stehenden Entscheidungsträgern an der für ein gründliches Nachdenken notwendigen Zeit. Wenn sich das nicht ändert, besteht kaum Hoffnung darauf, daß die politischen Entscheidungen der Regierungschefs den Realitäten besser gerecht werden, als sie es heute tun.

Die an der Spitze der Regierungen stehenden Entscheidungsträger und die hochrangigen Regierungsmitglieder insgesamt müssen mehr Zeit dafür aufbringen, die fundamentalen politischen Fragen zu überdenken. Um das zu ermöglichen, sollten gut vorbereitete Freizeiten und Seminare eingerichtet werden.

Die meisten Spitzenpolitiker sind entsetzt, wenn sie sehen, wie ihre Zeit verschwendet wird: Im allgemeinen hat die Öffentlichkeit eine ganz falsche Vorstellung davon, wie sie ihre Zeit zubringen, und sie selbst scheinen oft noch weniger zu wissen, was sie tun sollten. Es gibt ganz einfache Techniken für die Überwachung der Zeiteinteilung (zum Beispiel mit Hilfe von Computern), und auch die Aufnahme von politischen Seminaren in den Terminplan könnte nützlich sein. Beides würde unter Umständen den Politikern helfen, sich besser auf wichtige Entscheidungen vorzubereiten.

Ein praktisches Hilfsmittel besteht darin, die Verwendung der Zeit durch die Spitzenpolitiker regelmäßig zu überprüfen, was allerdings streng vertraulich geschehen sollte. Eine solche Maßnahme könnte ihnen vielleicht den notwendigen Schock versetzen und sie veranlassen, ihre Zeit und Aufmerksamkeit besser zu nutzen.

Die Bedeutung von Symbolen

Trotz aller Bemühungen, für die Ausgewogenheit des Handelns der Spitzenpolitiker in den demokratisch regierten Ländern dadurch zu sorgen, daß ihr Verhalten durch die Parlamente und andere Institutionen ständig überwacht wird, muß noch einem weiteren Mangel abgeholfen werden. Wenn wir uns vorstellen könnten, von welchen Gedanken unsere Spitzenpolitiker wirklich beherrscht werden, dann würden wir, wie ich glaube, feststellen können, daß viele Rituale, mit denen die herausragende Stellung der Präsidenten und Premierminister[23] in den meisten Demokratien verdeutlicht wird, sich negativ auf ihre Leistungen auswirken. Sie nähren den Narzißmus und den Größenwahn und vergrößeren den Abstand von der Realität. Deshalb könnte es hilfreich sein, wenn Staatsoberhäupter, die über keine reale Macht verfügen oder konstitutionelle Monarchen die meisten dieser ritualistischen und symbolischen Funktionen übernehmen würden. Die Spitzenpolitiker hätten dann mehr Zeit, sich auf ihre eigentlichen Aufgaben zu konzentrieren, und wir dürften hoffen, daß sie ihre Zeit vernünftiger nutzen und sich selbst nicht mehr zu wichtig nehmen würden.

Neben der Trennung der symbolischen Funktion von den Realitäten der Regierungsarbeit könnte eine konstitutionelle Monarchie auch andere Vorteile haben, wenn sie den politischen Traditionen entspricht.[24] Wie die Beispiele Spaniens und Belgiens zeigen, können Könige und Königinnen wichtige soziale und politische Funktionen übernehmen, denn sie stehen über der Tagespolitik, sind aber trotzdem fähig, in kritischen Situationen einzugreifen.[25] Außerdem können sie auf eine nichtchauvinistische Weise zur Erhaltung der nationalen Identität beitragen.[26] In Ländern ohne monarchische Traditionen wäre ein symbolisches Staatsoberhaupt wie ein Präsident vielleicht eine gute Alternative, der in der Hauptsache die Position einer Galionsfigur einnimmt, aber für den Notfall über besondere Machtbefugnisse verfügt. Solche symbolischen Staatsoberhäupter für eine längere Amtszeit von etwa zehn bis fünfzehn Jahren zu wählen, wobei es möglich sein muß, sie nötigenfalls abzusetzen, könnte ihnen bei der Erfüllung ihrer Aufgaben helfen, ohne daß sie an den politischen Entscheidungen beteiligt werden müßten. Eine solche Neuerung wird vielleicht in Ländern ohne demokratisch politische Traditionen besonders wertvoll sein, denn damit wird eine gewisse Stabilität gewährleistet, was die Chancen für die Schaffung demokratischer Institutionen und politischer Kulturen bessern würde.

Der potentielle Beitrag von Monarchien zur Stabilisierung der Politik, während sie zugleich wichtige symbolische und psychologische Funktionen übernehmen, sollte anerkannt werden. In Ländern mit republikanischen Traditionen kann ein gewähltes Staatsoberhaupt mit symbolischen Funktionen und gewissen Vollmachten, das lange Zeit im Amt bleibt, aber auch abgesetzt werden kann, eine ähnliche Rolle übernehmen.

Auch eine Aufteilung der Funktionen zwischen einem Staatspräsidenten, der die Richtlinien der Politik bestimmt, und einem Premierminister, der für die laufende Regierungsarbeit verantwortlich ist, wie es die französische Verfassung vorsieht, kann vorteilhaft sein[27], wenn es in die politische Kultur des Landes paßt und man damit rechnen kann, daß die beiden politischen Führer reibungslos zusammenarbeiten. Solche Möglichkeiten sollten untersucht und im Zusammenhang mit spezifischen gesellschaftlichen und politischen Voraussetzungen eingehend geprüft werden.

Die Förderung der raison d'humanité *und eine globale Perspektive*

Wir kommen noch einmal auf die geistige Elite in den Regierungen zurück, die es lernen muß, im Sinne der *raison d'humanité* zu denken, unter anderem mit Hilfe von hochqualifizierten Beratungsgremien, die zu diesem Zweck gebildet werden. Solche Gremien könnten das Verständnis der Regierenden für Fragen fördern, die die ganze Menschheit betreffen, und damit die politischen Aktivitäten in internationalen und globalen Organisationen beeinflussen, während sie innerhalb der eigenen Regierung als Lobby für eine globale Perspektive wirken. In Ländern, die bereit sind, diesen Schritt zu tun, sollten »Erklärungen über die globalen Auswirkungen politischen Handelns« formuliert werden – nach dem Vorbild der Beschlüsse zum Schutz der Umwelt, wie sie heute von immer mehr Ländern gefordert werden[28] –, und ein solches Vorgehen sollte von den oben erwähnten Beratungsgremien unterstützt und überwacht werden. Auch wenn die Regierung selbst nicht tätig wird, können Organisationen außerhalb der Regierung von sich aus solche globalen Vorschläge für die Gestaltung der Politik innerhalb der eigenen Länder und auf globaler Ebene formulieren.

Um Neuerungen in Zentralregierungen mit gleichlaufenden oder sie kompensierenden Neuerungen in anderen wichtigen Regierungsbehörden auszugleichen, muß es in den Parlamenten ähnliche Beratergremien und Verfahren geben. Damit werden sich auch für Organisationen außerhalb der Regierungen bessere Möglichkeiten ergeben, globale Gesichtspunkte zu vertreten und sich für deren Beachtung einzusetzen.

Für globale Perspektiven zuständige Ausschüsse sollten in den Zentralregierungen gebildet werden, vorzugsweise im Amtsbereich des Regierungschefs.

Erklärungen über die globalen Auswirkungen der Regierungspolitik sollten zum integrierenden Bestandteil der zu treffenden politischen Maßnahmen werden und entweder von Regierungsmitgliedern oder von Organisationen außerhalb der Regierungen formuliert werden.

Die Parlamente sollten Ausschüsse einsetzen, die sich auf globale Perspektiven konzentrieren, und zwar im Sinne dieser Erklärungen. Organisationen außerhalb der Regierungen sollten dabei eine Schlüsselrolle übernehmen.

Es genügt jedoch nicht, nur für »globale Perspektiven« zuständige Ausschüsse zu bilden, sondern die Regierungen müssen auch in der Lage sein, angemessen auf die Globalisierung und die zunehmende Bedeutung der sich verändernden Beziehungen zu anderen Ländern, der die Ländergrenzen überschreitenden Regierungsaufgaben, der außerhalb der Regierungen wirkenden Kräfte, der transnationalen Korporationen und der globalen Regierungsaufgaben zu reagieren. Innerhalb der zentralen geistigen Eliten der Regierungen ist dies von besonderer Bedeutung für die Außenministerien, deren Aufgaben in erster Linie nicht mehr auf dem Gebiet der althergebrachten Diplomatie liegen, sondern sich jetzt vermehrt den wirtschaftlichen und technologischen Problemen, dem Handel und der Massenkommunikation zuwenden müssen. Sie müssen ihre traditionellen Arbeitsmethoden aufgeben und sich statt dessen in den verschiedensten Bereichen engagieren. Sie bemühen sich auch darum, entscheidend an allen Integrationsprozessen mitzuwirken, die im wesentlichen zum Aufgabengebiet anderer Ministerien und des Regierungschefs gehören. Nimmt man die Auswirkungen der modernen Informationstechnologie auf die radikalen Veränderungen in den »auswärtigen« Beziehungen hinzu – die oft in einem neuen Sinn wie etwa in der Europäischen Union zu »internen« Beziehungen werden –, dann sind die weitreichenden Reformen, die in den Außenministerien vorgenommen werden müssen, eine gute Illustration für die Notwendigkeit, die Zentren der Regierungen insgesamt umzustrukturieren.[29]

Alle diese Reformvorschläge gelten auch für die globalen Regierungsinstitutionen und besonders für das Amt des Generalsekretärs der Vereinten Nationen. Doch eine Weltregierung muß ihre Aufmerksamkeit zudem noch mehr als bisher einem anderen Bereich zuwenden: dem strategischen Nachrichtendienst und der Überwachung des gesamten Weltgeschehens. Die Nationalregierungen tun hier oft mehr, aber noch nicht genug (die Institutionen der Europäischen Union haben hier bisher kaum etwas geleistet).

Der Aufklärungsbedarf der »Staatskunst für die Menschheit«[30] geht weit über die Fragen der Sicherheit hinaus, wenngleich diese in besonderer Weise in der vorhersehbaren Zukunft weiterhin eine Rolle spielen werden. Es ist jedenfalls unbedingt erforderlich, über den Zustand der Welt Informationen zu sammeln, und zwar jeweils für die einzelnen geographischen Bereiche, und diese Daten müssen sorgfältig ausgewertet werden. Mit ihrer Hilfe wird es möglich sein, sich eine recht genaue Vorstellung von den Unsicherheiten zu machen, mit denen in der Zukunft zu rechnen sein wird.

Es gibt eine ganze Anzahl von Körperschaften, die wichtige

globale Daten sammeln und verarbeiten, das geschieht in vorbildlicher Weise. Die Weltbank, das World Resources Institute, einige Körperschaften der Vereinten Nationen, OECD, Worldwatch, das Internationale Institut für strategische Studien, International Alert, Amnesty International sind nur einige der zahlreichen Körperschaften, die das tun, manchmal auf wirklich originelle Weise (das zeigen zum Beispiel die UNDP Human Development Reports). Dabei dürfen wir nicht die Berge von Büchern und Berichten von Forschungsinstituten, Wissenschaftlern und einzelnen Gruppen wie dem Club of Rome vergessen, denen wir viele wichtige Einschätzungen der Lage und Analysen über die Zukunft der Menschheit und unseres Planeten verdanken.

Es ist jedoch gerade die ständige Vermehrung dieses Materials, die zu sechs auffallenden Schwächen der darin geäußerten Vermutungen über die Aussichten für die Entwicklung in näherer oder ferner Zukunft führt (was auch für die einzelnen Länder gilt, obwohl sie jeweils mit verschiedenen Problemen zu kämpfen haben): (1) Die Menge und Vielfalt des Materials machen es fast unmöglich, es in einer Gesamtbeurteilung zusammenzufassen. (2) Qualitativ gibt es bei diesem Material gewaltige Unterschiede, und oft werden Empfehlungen und Vermutungen mit wohlausgewogenen und gut begründeten Auswertungen vermischt. (3) Obwohl es ganze Berge von Daten und Meinungen gibt, werden viele Bereiche, die dringend einer näheren Untersuchung bedürfen, vernachlässigt, wie zum Beispiel die globalen Tendenzen in der Massenpsychologie und in den traumatischen Belastungen der Menschen. (4) Viele dieser Untersuchungen vermeiden es, etwas über die Entwicklungstendenzen für die fernere Zukunft auszusagen, was trotz aller Unsicherheiten dringend erforderlich wäre, wenn man auf weite Sicht vorausplanen will; und wenn versucht wird, langfristige Voraussagen zu machen, sind die Methoden bei der Behandlung der Unsicherheiten sehr oft reichlich naiv. (5) Die Aufmerksamkeit richtet sich in erster Linie auf »Situationen« und weniger auf »dynamische Prozesse«. (6) In vielen Fällen wird kaum eine Beziehung zwischen den für die globale Entwicklung angestellten Vermutungen und den für die Bewältigung globaler Probleme notwendigen Entscheidungen hergestellt.

Um diese Schwächen auszugleichen, könnte es nützlich sein, eine neue globale Institution zu schaffen.

Es sollte eine Einrichtung geschaffen werden, deren Aufgabe es ist, die vorhandenen Beurteilungen der Weltlage zu integrieren, bessere Methoden für die Bewertung der zu erwartenden globalen dynamischen Prozesse zu entwickeln, das Sammeln und Auswerten zusätzlicher Daten über globale Probleme zu fördern und sich an Untersuchungen über mögliche globale Entwicklungen auf bisher vernachlässigten Gebieten zu beteiligen. Die Ergebnisse dieser Arbeiten sollten eine weite Verbreitung finden. Diese Einrichtungen müßten unabhängig arbeiten können, die für diese Arbeit während der nächsten Jahre erforderlichen Geldmittel sollten bereitgestellt und sie sollte von einem unabhängigen internationalen Ausschuß geleitet werden. Dieser Ausschuß sollte berechtigt sein, ein von ihm behandeltes Thema mit Zustimmung des Generalsekretärs der Vereinten Nationen auf die Tagesordnung einer Körperschaft der UN zu setzen.

Diese für die Bewertung der globalen Zukunftsaussichten zuständige Institution sollte nicht in die Aktivitäten anderer Organisationen eingreifen, die sich mit dem gleichen Thema beschäftigen, sie sollte jedoch im Rahmen eines ganzen Kommunikationsnetzes arbeiten. Die Empfehlung, sie zu bevollmächtigen, den verschiedenen Organen der Vereinten Nationen vorzuschlagen, bestimmte Themen und Aufgaben auf ihre Tagesordnung zu setzen, und zwar mit Zustimmung des Generalsekretärs, ist zwar unkonventionell, aber notwendig, um der Neigung politischer Körperschaften entgegenzuwirken, sich langsam entwickelnde ernste Probleme so lange zu ignorieren, wie ihre Symptome nicht deutlich sichtbar werden, weil es dann schon zu spät sein kann. In einem Artikel über die Zerstörung der Vielfalt in der biolgischen Umwelt schreibt *The Economist*: »Ein erschreckendes, sich zwar nur langsam entwikkelndes, aber doch komplexes Problem wird wahrscheinlich Sorge und Hoffnungslosigkeit auslösen, ohne daß wirklich etwas geschieht.«[31]

Politische Forschungs- und Entwicklungsorganisationen

Der Vorschlag, eine Einrichtung zur Untersuchung globaler Entwicklungsmöglichkeiten zu gründen, führt uns zu einer weiteren Möglichkeit, den Arbeitsbereich der zentralen geistigen Eliten der Regierungen zu erweitern, und zwar durch »Denkfabriken« oder »politische Forschungs- und Entwicklungsorganisationen (F+E)«.

Abgesehen von einigen ähnlichen Einrichtungen, die es vor sehr langer Zeit gegeben hat, zum Beispiel der Hanlin-Akademie in China[32] und dem Hause der Weisheit Salomos, von dem Francis Bacon in *The New Atlantis* spricht, entstand die erste moderne Form einer derartigen Organisation mit der Brookings Institution und der RAND Corporation in den Vereinigten Staaten. Zwar gibt es in den USA verschiedene Typen politischer F+E-Organisationen, die auch in verschiedenen Formen in anderen Ländern entstanden sind, aber im allgemeinen können ihre Leistungen kaum befriedigen, wenn man bedenkt, welch hohe Anforderungen an die Leistungsfähigkeit der Regierenden gestellt werden müssen.

Insbesondere beschäftigen sich die politischen F+E-Organisationen zwar oft mit kritischen Problemen, aber nur selten mit den möglichen Auswirkungen der Behandlung wichtiger Probleme auf lange Sicht. Ihre Arbeitsweise wird oft in quantitative oder qualitative Richtungen abgelenkt und vereinigt zum Beispiel sehr selten historisches Denken mit mathematischen Modellen. Kaum eine dieser Organisationen ist in der Lage, mit moralphilosophischen und ethischen Überlegungen einen fachmännischen Beitrag zur politischen Analyse zu leisten. Viele politische F+E-Organisationen neigen dazu, besondere Gesichtspunkte in den Vordergrund zu stellen. Die meisten dieser Institutionen stoßen auf große Schwierigkeiten, wenn sie versuchen, in ihren politischen Analysen den Zugang zum Regierungsapparat, zum Beispiel im Zusammenhang mit der Freiheit, politische Orthodoxien anzugreifen, zu kombinieren; finanzielle Abhängigkeiten erhöhen zudem ihre Schwierigkeiten. Und die politischen F+E-Organisationen haben nur selten Gelegenheit, wichtige politische Entscheidungen der Spitzenpolitiker direkt zu beeinflussen.[33]

Das Unvermögen der politischen F + E-Organisationen, einen wesentlichen Beitrag zu den wichtigen Entscheidungen der Regierung zu leisten, wird besonders deutlich in den Vereinigten Staaten, wo es zahlreiche hervorragende Denkfabriken gibt, aber gerade diejenigen Teile des Regierungsapparats, die sich angeblich von ihnen beraten lassen, die schwersten politischen Fehler machen. Da sich niemals mit Sicherheit voraussagen läßt, welche Folgen eine politische Entscheidung auf die Dauer haben wird, werden immer wieder politische Fehler gemacht werden. Wie oft das geschieht, weiß natürlich niemand.[34] Dennoch fällt es auf, daß die Politik in den Vereinigten Staaten augenscheinlich nicht sehr viel erfolgreicher ist als in anderen Ländern, obwohl es dort im Verhältnis zur Einwohnerzahl die meisten politischen Organisationen gibt.

Dieser Widerspruch läßt sich zum Teil damit erklären, daß die oben erwähnten Denkfabriken auch in den USA nicht besonders leistungsfähig sind und oft keine Verbindung zum Weißen Haus haben. Hinzu kommen besondere Probleme auf bundesstaatlicher Ebene, wie zum Beispiel die Tatsache, daß es (trotz des Civil Service Reform Act von 1978) keine elitäre höhere Beamtenschaft gibt. Zudem wirkt sich die im Weißen Haus praktizierte Personalpolitik ungünstig auf das politische Leben aus. So fehlt die Kontinuität in der Stellenbesetzung der Mitarbeiter, und die Amtsübergabe von einem Präsidenten zum nächsten ist nicht befriedigend geregelt[35], was die Weitergabe politischer Erfahrungen behindert.[36] Besonders nachteilig für die Entwicklung einer zusammenhängenden Politik und Langzeitstrategie ist der große Abstand zwischen dem Weißen Haus und dem Kongreß, denn damit gewinnt das Aushandeln politischer Entscheidungen gegenüber den politischen Notwendigkeiten eine unverhältnismäßig große Bedeutung. Wenn die Politik dabei in eine Sackgasse gerät, müssen Kompromisse geschlossen werden, die oft schädlicher sind, als sich dies mit den Bemühungen um einen demokratischen Konsens rechtfertigen läßt.

Die Hindernisse, die sich hier dem Einsatz von Denkfabriken entgegenstellen, zeigen, daß Regierungsformen ganz wesentlich von den generellen Merkmalen der politischen Kultur und den Regierungsmethoden abhängen. In einigen ostasiatischen Ländern scheinen gewisse politische F + E-Organisationen recht gute Arbeit zu leisten, und es gelingt ihnen, die örtlichen politischen Kulturen den Bedürfnissen anzupassen.[37] Aber in vielen Ländern, und zwar auch in einigen hochentwickelten Staaten, kann eine neue Ausrichtung der Regierungsarbeit auf erhebliche Schwierigkeiten stoßen: Ohne politische F + E-Organisationen ist es sehr schwer, die notwendigen Fachkenntnisse für eine Langzeitpolitik zu erwerben, die gebraucht werden, um der Regierungspolitik angesichts globaler Veränderungen zum Erfolg zu verhelfen. Doch in vielen politischen Systemen und Kulturen fehlen die Voraussetzungen für eine reibungslose Arbeit der Denkfabriken, die dort nicht die notwendige Freiheit haben, sich mit den wichtigsten Problemen vertraut zu machen und ihre Erkenntnisse den Politikern zu vermitteln, die sie bei der Lösung wichtiger Probleme verwenden könnten.

Auch dort, wo zunächst politische Ratschläge weniger gefragt sind, man aber annehmen darf, daß ein latentes Bedürfnis dafür besteht, könnte das Interesse dafür geweckt werden, wenn sich die Politiker der Tatsache bewußt werden, daß sie ihre Probleme mit den geltenden politischen Ideen nicht lösen können. In vielen Ländern werden sich die Voraussetzungen für eine erfolgreiche Arbeit der Denkfabriken vielleicht verbessern, wenn die politischen Auseinandersetzungen weniger ideologisch geprägt sein würden. Zudem müssen gewisse Versuche mit potentiell nützlichen Reformen gemacht werden, auch wenn man für den Erfolg nicht garantieren kann. Daher wird es sich vielleicht lohnen, politische F + E-Organisationen einzurichten und weiterzuentwickeln, und zwar trotz einiger Fehlschläge und obwohl solche Einrichtungen mancherorts nicht gefragt sind.

Politische F + E-Organisationen sollten gegründet, gefördert und bei der Entwicklung des politischen Umgangs mit kritischen Langzeitproblemen voll genutzt werden.

Es gibt zwei Arten von politischen F + E-Organisationen und daneben einige Varianten als Mischformen dieser beiden Möglichkeiten. In den meisten sogenannten Denkfabriken werden wichtige politische Fragen von hochqualifizierten Fachleuten aus den verschiedensten Wissensgebieten und anderen erfahrenen Persönlichkeiten nach einer angemessenen Vorbereitung unter Einsatz von viel Zeit und Mühe behandelt. Die zweite Art gleicht eher einem Institut für fortgeschrittene Studien, wo einzelne Experten mit einigen Assistenten an der Lösung politischer Probleme arbeiten. Es sind entweder Dauereinrichtungen, oder ihre Arbeit beschränkt sich auf ein oder zwei Jahre; Teile der Brookings Institution und das Woodrow Wilson Center sind solche Institute.

Einige politische F + E-Organisationen der ersten Art nehmen in ihre Forschungsprogramme auch globale Probleme auf. Das sind etwa das International Institute for Applied Systems Analysis (IIASA)[38] und das UNITAR (United Nations Institute for Training and Research). So war dies jedenfalls zunächst vorgesehen. Es muß jedoch noch sehr viel mehr getan werden, um dem dringenden Bedürfnis gerecht zu werden, mehr für die »Forschung und Entwicklung zur Lösung globaler Probleme« zu tun.[39] Ich selbst kenne kein Institut der zweiten Art, das sich mit der Lösung globaler politischer Fragen beschäftigt. Diesem Mangel sollte möglichst bald abgeholfen werden.

Forschungs- und Entwicklungsorganisationen, deren Mitglieder Fachleute für die verschiedensten Wissensgebiete sind, sollten geschaffen und erweitert werden. Ein Institut für fortgeschrittene Studien auf dem Gebiet der Weltpolitik sollte dort gegründet werden, wo hervorragende Wissenschaftler aus den verschiedensten Disziplinen gemeinsam an der Erforschung wichtiger weltpolitischer Fragen arbeiten können.

Bessere Auswertung

Bismarck hat einmal gesagt: »Nur Narren lernen aus ihren eigenen Fehlern, nicht aber aus den Fehlern anderer.« Wenn das zutrifft, dann verhalten sich die meisten Politiker fast immer wie die größten Narren, denn sie lernen nicht einmal aus ihren eigenen Fehlern. Man muß nur an die erschütternde Tatsache denken, daß praktisch keine gesetzgebende Versammlung systematisch untersucht, welche Auswirkungen die von ihr erlassenen Gesetze haben, um mögliche Fehler korrigieren zu können (die Bemühungen um eine sogenannte »Sonnenuntergangs-Gesetzgebung« in den Vereinigten Staaten haben praktisch nichts bewirkt). Das zeigt, daß die Regierenden kaum ein Interesse daran haben, aus ihren Erfahrungen etwas zu lernen – um es sehr milde auszudrücken.

Es gibt viele Gründe für diesen Mangel.[40] Zum Teil liegt das am Konkurrenzneid der Politiker und Beamten, der diese Leute daran hindert, schwerwiegende Fehler einzugestehen. Um der Öffentlichkeit ein möglichst positives persönliches Erscheinungsbild zu vermitteln, behaupten sie entweder, immer Erfolg gehabt zu haben (durch eine sogenannte »Reduzierung von nach der Entscheidung entstandenen Unstimmigkeiten«), oder erklären, ihr Vorhaben sei aufgrund unvorhersehbarer und unabwendbarer Faktoren gescheitert. Zudem werden mit vielen Gesetzesvorlagen und anderen Maßnahmen der Politiker geheime Absichten verfolgt, die nie zur Sprache kommen, oder es soll damit nur bewiesen werden, daß die Verantwortlichen nicht untätig geblieben sind. Dennoch gibt es viele Möglichkeiten, außerhalb der Regierungen politisch etwas zu lernen, und zwar an den Universitäten und unabhängigen Forschungsinstituten, im Rahmen von Interessengruppen, die die Auswirkungen politischer Maßnahmen überprüfen, von einzelnen politischen Denkern und zum Teil auch aus den Berichten der Massenmedien. Diese Erkenntnisse dringen allmählich auch bis zu den Politikern durch und zeigen die Bedeutung des vielschichtigen politischen Denkens in der Gesellschaft für die Verbesserung der bei den politischen Entscheidungen angewendeten Methoden. Die Politiker selbst müssen jedoch noch sehr viel lernen, und die gesetzgebenden Versammlungen sowie die Organisationen außerhalb der Regierungen spielen dabei eine wichtige Rolle.

Unter anderem sollten ihnen besondere Einrichtungen die Gelegenheit dazu geben. Unabhängige politische F + E-Organisationen sollten die Ergebnisse wichtiger politischer Entscheidungen systematisch untersuchen und klarstellen, welche Lehren aus den Ergebnissen dieser Untersuchungen zu ziehen sind. Auch außerhalb der Regierungen stehende Organisationen sollten angeregt werden, die

Ergebnisse der wichtigsten Aktivitäten der Regierungen zu überprüfen und auszuwerten. Die gesetzgebenden Versammlungen sollten sich darum bemühen, mehr zu erfahren, vor allem durch die regelmäßige Überprüfung der Auswirkungen der von ihnen erlassenen Gesetze.

Verbesserungen auf allen Ebenen

Die meisten bisher in diesem Kapitel gemachten Reformvorschläge sollen die Regierungsspitze im Verhältnis zu anderen Teilen der Regierung und gesellschaftlichen Akteuren festigen. Das ist notwendig, wenn die Regierung ihre wichtigsten Aufgaben erfüllen soll. Doch solche Reformen müssen durch Verbesserungen auf anderen Ebenen der Regierung, besonders in den Legislativen und in der Opposition, ergänzt werden.

Die Legislativen müssen über eine größere Zahl von Experten verfügen, die die politische Arbeit überwachen und analysieren, und auch die Opposition sollte die Möglichkeit haben, das gleiche zu tun.

Der Senat der Vereinigten Staaten und die parteipolitischen Akademien in Österreich, die mit staatlichen Geldern finanziert werden, sind gute Modelle dafür. Diese Empfehlung gilt in besonderem Maß für eine Weltregierung, wo Organisationen außerhalb der Regierung vermehrt die Möglichkeit geboten werden sollte, ihren Beitrag zur Regierungsarbeit zu leisten.

Beratende Ausschüsse

George F. Kennan bringt im folgenden eine wichtige Erkenntnis aus seinem reichen Erfahrungsschatz zum Ausdruck, den er über viele Jahre als politischer Denker und Mitglied der amerikanischen Regierung gesammelt hat, ohne selbst emotional gebunden gewesen zu sein: »... Die Bundesregierung braucht... an ihrer Seite einen permanenten und politischen Beratungsausschuß, der es erlaubt, aus den bedeutenden Quellen der Weisheit und Erfahrung zu schöpfen, über welche die private Bürgerschaft des Landes verfügt. ... Diesem Bedürfnis zu genügen würde eine institutionelle Neuerung ganz ungewöhnlicher Art erfordern, für die es in der Geschichte unseres Landes kein Beispiel gibt.«[41]

Im weiteren schlägt er vor, einen »Staatsrat« einzurichten, das heißt einen besonderen Ausschuß aus hochqualifizierten Personen, die nicht politisch tätig sind. Dieser Ausschuß, der über einen kleinen, aber erstklassigen Mitarbeiterstab verfügen sollte, würde von ihm selbst ausgewählte Probleme untersuchen, die »für die Geschicke unseres Landes für die weitere Zukunft eine große Bedeutung haben«.[42]

Ähnliche Vorschläge sind auch von anderen Wissenschaftlern und Fachleuten gemacht worden, wie etwa die Empfehlung von Lester W. Milbrath, einen »Beratungsausschuß für den Umgang mit langfristigen gesellschaftlichen Problemen« zu bilden.[43] Ohne auf Einzelheiten einzugehen oder die hier empfohlenen Ausschüsse mit ähnlichen Gremien zu vergleichen, die es bereits in einigen Ländern gibt, wie etwa den wissenschaftlichen Rat für Regierungspolitik in den Niederlanden[44], würde ich meinen, daß die empfohlene Reform in die richtige Richtung weist. Die Regierung braucht ein nicht vom Volk gewähltes, aus hochqualifizierten Personen bestehendes und im weitesten Sinne repräsentatives Beratergremium, einen »Rat des Wissens, der Weisheit und der Erfahrung«, wenngleich man eine solche provozierende und überheblich klingende Bezeichnung vermeiden sollte. Solche Institutionen können beim Ausgleich von Meinungsverschiedenheiten hilfreich sein und einen wesentlichen Beitrag dazu leisten, den Menschen komplexe politische Zusammenhänge verständlich zu machen, und wären hervorragend geeignet, die Regierungen davon zu überzeugen, daß es notwendig ist, die Ergebnisse der Untersuchungen von Denkfabriken bei wichtigen politischen Entscheidungen zu berücksichtigen.

In der Verfassung vorgesehene, aus hochqualifizierten Personen bestehende Beratergremien sollten sich Gedanken über langfristige politische Vorhaben machen und ihre Bewertungen, Analysen, Optionen und Empfehlungen der Regierung und der Öffentlichkeit vorlegen.

Angesichts der Tatsache, daß es noch keine Weltregierung mit einer eigenen Verfassung gibt, werden solche beratenden Institutionen in der vorhersehbaren Zukunft auf der globalen Ebene keinen verfassungsmäßigen Status haben können. Die Struktur der Vereinten Nationen ist zu stark von der Politik bestimmt, als daß hier ein solches Beratergremium geschaffen werden könnte. Statt dessen wäre es vielleicht möglich, daß der Generalsekretär einen globalen politischen Beraterstab beauftragt, ihn formell zu beraten. Wenn sich dafür die geeigneten Persönlichkeiten finden ließen, sollte dieser Stab einen globalen Status genießen.

Der Generalsekretär der Vereinten Nationen sollte einen aus hervorragenden Persönlichkeiten bestehenden globalen politischen Konsultativrat einberufen, der weltweit anerkannt wird, um ihn zu beraten und Überlegungen zu globalen Fragen zu beeinflussen.

Empfehlungen zu ethischen Fragen

Die letzte Empfehlung in diesem Kapitel illustriert die Notwendigkeit, neue politische Beratungsgremien als Teile der zentralen geistigen Elite der Regierungen oder als Erweiterung dieser Elite und vielleicht als Kompensation im gesellschaftlichen Raum außerhalb der Regierungen zu schaffen.

Im 21. Jahrhundert werden die Regierungen vor außerordentlich unangenehme ethische Entscheidungen gestellt werden, zum Beispiel auf dem Gebiet der Gentechnik. Obwohl im Rahmen demokratischer politischer Vorgänge immer wieder bindende Entscheidungen getroffen werden müssen, liegen ausgesprochen ethische Fragen außerhalb der Entscheidungsfähigkeit der Regierungen und ihrer Möglichkeiten, einen Konsens herbeizuführen oder Beschlüsse durchzusetzen. Daher bedarf es moralischer Beratungsforen, denen die Öffentlichkeit vertrauen darf. Wir müssen jedoch auf eine wichtige Unterscheidung hinweisen, zu der sich Vincent Descombes geäußert hat.[45] Diese Foren sind nicht verantwortlich für moralische Erklärungen aus dem Raum außerhalb der Bühne öffentlichen Handelns, sondern müssen vielmehr die politischen und gesellschaftlichen Zusammenhänge berücksichtigen und den Entscheidungsträgern raten, wie sie sich verhalten sollen. Zu ihnen sollten daher auch Personen gehören, die Erfahrungen auf politischem Gebiet und politischen Entscheidungen haben, sowie Spezialisten für moralische Überlegungen, die zugleich im weitesten Sinne die in der Öffentlichkeit vorherrschenden Ansichten vertreten. Die Erfahrungen des Helsinki-Ausschusses mit Problemen der medizinischen Ethik sind hier besonders wertvoll[46], aber dieses Verfahren muß ausgebaut und den Bedürfnissen der ethischen Beschlußfassung angepaßt werden.

In diesem Sinne arbeitende »ethische Beratungsforen« sollten aus religiösen Persönlichkeiten, Moralphilosophen, Dichtern, Richtern und anderen politisch nicht gebundenen, bekannten Persönlichkeiten bestehen, zudem aber auch aus Menschen mit reichen Erfahrungen in der Politik und deren Gestaltung. Gemeinsam sollten die Mitglieder die gesamte Öffentlichkeit repräsentieren. Ihre Aufgabe sollte es sein, in der Hauptsache über moralische politische Probleme Überlegungen anzustellen und dazu Ratschläge zu erteilen.

Foren dieser Art können auch andere wichtige Aufgaben übernehmen und zum Beispiel einen Moralkodex für die Regierungseliten ausarbeiten.
    Ethisches Denken und moralische Autorität, verbunden mit einer globalen Perspektive, sind für eine positive Weiterentwicklung der

Menschheit dringend erforderlich, und zwar um so mehr, weil viele wertbeladene Probleme – wie etwa das der Gentechnik – von der nationalen Politik nicht gelöst werden können. Andere Fragen, wie etwa die nach der Geburtenkontrolle, haben globale Auswirkungen. Es ist Sache der religiösen Führer, der geistig führenden Persönlichkeiten und Gruppen wie des Club of Rome, die Initiative zu ergreifen und alle dazu fähigen Kräfte zu ermutigen, mehr und gründlicher über globale moralische Fragen nachzudenken. Es ist aber noch zu früh, Organisationen zu schaffen, die man mit dieser besonderen Aufgabe betrauen kann, denn das könnte zu Meinungsverschiedenheiten und sogar zu Feindschaft führen, anstatt der *raison d'humanité* zu dienen.

15. Kapitel

Umstrukturierung der Beziehungen innerhalb der Regierungen

Bis hierher haben wir uns in der Hauptsache mit den einzelnen Regierungssystemen beschäftigt, mit ihren Funktionen, Strukturen, den Personalproblemen und der politischen Kultur. Doch noch wichtiger sind in einem Zeitalter weltweiter Veränderungen die Beziehungen innerhalb der Regierungssysteme, und dazu gehören die Arbeitsteilung, die Verteilung der Vollmachten, die Rechtsprechung, die Verantwortlichkeiten und die verschiedenen Arten der Zusammenarbeit und der Konfliktsituationen. Die Beziehungen innerhalb der Regierungssysteme veranlassen uns auch, an die wichtigsten Probleme eines globalen Regierungssystems zu denken, die im Hinblick auf Status und Funktionen gegenüber den einzelnen Länderregierungen in ihren verschiedenen Formen berücksichtigt werden müssen.

Die traditionellen Vorstellungen von der Zentralisierung und Dezentralisierung, der Konzentration und der Aufteilung, der Devolution und Autorität innerhalb der einzelnen Staaten können in der Zukunft nicht mehr die Grundlage für die Gestaltung der innerstaatlichen Beziehungen sein[1], denn sie gründen sich auf überholte Anschauungen von der Staatsautorität. In ähnlicher Weise sind auch die Standardvorstellungen von den zwischenstaatlichen Beziehungen im Hinblick auf Bündnisse, Vereinbarungen, Verträge und gemeinsame Normen zwar immer noch beachtenswert, reichen aber angesichts der gegenwärtigen vielfachen Veränderungen nicht mehr aus, denn sie basieren auf der Vorstellung von einer starken staatlichen Souveränität und zudem auf der Annahme, daß eine Weltregierung außerordentlich schwach sein dürfte.

Die Notwendigkeit, daß wir im 21. Jahrhundert neue Konzepte für das politische Denken und Handeln brauchen, zeigt sich sehr deutlich am Beispiel der Europäischen Union. Die bisher geltenden Vorstellungen von föderativen und konföderativen Strukturen beim Zusammenschluß mehrerer Staaten verfälschen das Wesen der Union. Der oft verwendete Begriff »Integration« hat keine präzise Bedeutung. Die »Souveränität« in der Europäischen Union ist geteilt, und das widerspricht den Grundsätzen, die hier gelten sollten. Das ist aber noch nicht alles. Die meisten traditionellen Vorstellungen von den zwischenstaatlichen Beziehungen treffen heute nicht mehr zu, und die Tatsache, daß trotzdem an ihnen festgehalten wird, hat zur Folge, daß das Denken in der Europäischen Union in die falsche Richtung geht. Es müssen daher neue Ideen, wie etwa die der »Subsidiarität«, entwickelt werden – aber das braucht seine Zeit.

Das oben Gesagte betrifft die zwischenstaatlichen Beziehungen im ganzen. Neue Denkansätze, die sich auf neue Konzepte und Grundsätze stützen und darin zum Ausdruck kommen, sind notwendig, um neuen Realitäten gerecht zu werden und eine Reform der zwischenstaatlichen Beziehungen einzuleiten, damit die Regierungen angemessen auf Schwierigkeiten und Chancen reagieren können. Hier hat Alexis de Tocqueville recht, wenn er erklärt, daß »für eine ganz neue Welt auch eine neue politische Wissenschaft gebraucht wird«.[2]

Das Zusammenwirken von vier deutlich erkennbaren Entwicklungstendenzen erfordert ein radikales Umdenken im Hinblick auf die zwischenstaatlichen Beziehungen:

1. Die Staaten selbst sind nicht in der Lage, mit großen Schwierigkeiten fertig zu werden – es muß vielmehr in größerem und sogar im globalen Rahmen gehandelt werden[3], um angemessen auf Probleme wie die Arbeitslosigkeit, den Drogenhandel und den Umweltschutz reagieren zu können.

2. Zugleich gewinnen unterhalb der staatlichen Ebene stehende Gemeinwesen wie zum Beispiel Großstädte mit einer Einwohnerzahl von mehreren Millionen an Bedeutung. Hier muß eine

ganze Reihe von Fragen des öffentlichen Dienstes gelöst werden, und auch verhältnismäßig kleine Städte und Gemeinden können und sollten manchmal auf lokaler Ebene mehr tun, um mit bestimmten Aspekten von Problemen, wie Arbeitslosigkeit, Drogenhandel und Umweltschutz, fertig werden zu können. Auf der Ebene der Provinzen und anderer kleinerer Verwaltungseinheiten wird es zunehmend wichtiger, ethnischen Bestrebungen gerecht zu werden.

3. Doch die Staatsregierungen werden auch weiterhin eine entscheidende Rolle spielen müssen: Sie verfügen über große Möglichkeiten, das Leben in den verschiedensten Bereichen zu gestalten und damit einen enormen Einfluß auf die Langzeitentwicklung ihrer Länder zu nehmen, etwa im Bereich der Erziehung und der Infrastruktur, während sie auch weiterhin in der Lage sind, kurzfristige Entwicklungen zu lenken, zum Beispiel im Bereich der Wirtschaft.

4. Zugleich wächst der Einfluß der Regierungen als Folge ihrer Beteiligung am Entstehen staatlicher Zusammenschlüsse und einer Weltregierung sowie der Zunahme kollektiver Entscheidungen in den verschiedensten Bereichen. Das gilt in erster Linie für die Regierungen der einzelnen Länder, aber auch die Politik der kleineren Gemeinwesen beteiligt sich in zunehmendem Maß an kontinentalen Entscheidungen. Das zeigt sich zum Beispiel in der Arbeit des Council of Regions in der Europäischen Union, der aufgrund der Verträge von Maastricht eingerichtet worden ist. Paradoxerweise verringert sich jedoch ihre individuelle Handlungsfähigkeit, je erfolgreicher sie in dieser neuen Rolle sind, während sich die Positionen der einzelnen Staaten als Partner in größeren, für Staatengemeinschaften geschaffenen und globalen Institutionen festigen.

Die Kirchen und gesellschaftliche Bewegungen, die überall auf der Welt aktiv werden, die verschiedensten privaten Lehranstalten, internationale Wirtschaftsunternehmen und die Massenmedien, die die öffentliche Meinung weltweit beeinflussen, sind Beispiele für außerhalb der Regierungen wirkende Kräfte, die wie ein Kaleidoskop das Gesamtbild ständig verändern. Ihre Bedeutung im Zusammenwirken mit den einzelnen Staaten und anderen Regierungsformen nimmt ständig zu, und obwohl sie unabhängig von der Autorität der Staaten und der Vereinten Nationen tätig sind, erhöhen sie die Komplexität der Dynamik der zwischenstaatlichen Beziehungen.

Kurz gesagt, das Wesen des Staates verändert sich, während sich das Gleichgewicht zwischen den Machtverhältnissen in den einzelnen Ländern und der Handlungsfähigkeit der Regierungen verschiebt.[4] Man kann das als die Fortführung einer historischen Entwicklung ansehen, in deren Verlauf der von seinen wirtschaftlichen Beziehungen geprägte Staat[5] trotz des Fortbestehens einer starken Konkurrenz[6] zum »Partnerstaat« wird. Damit soll die Tatsache verdeutlicht werden, daß die Staaten heute nur im Rahmen einer engen Partnerschaft mit anderen politischen Kräften weiterbestehen können, die dem Staat untergeordnet oder übergeordnet sind, jedoch auch außerhalb der unmittelbaren Einflußsphäre des Staates stehen können, der aber auf die Zusammenarbeit mit unpolitischen Kräften angewiesen ist. In einem gewissen Ausmaß ist das während der ganzen Geschichte so gewesen. Aber die Handlungsfähigkeit des Staates ist heute so sehr von der Partnerschaft mit anderen staatlichen und nichtstaatlichen Akteuren abhängig – und zwar im Gegensatz zu den Beziehungen zur bürgerlichen Gesellschaft innerhalb des Staates –, daß ein Umdenken im Hinblick auf die Aufgaben des Staates und die zwischenstaatlichen Beziehungen dringend erforderlich geworden ist.

Auch die Funktionen des Krieges, der im Verlauf der Geschichte stets eine besondere Art der zwischenstaatlichen Beziehung gewesen ist, haben sich verändert. Die traditionelle »Kriegspolitik«[7] ist weitgehend überholt, und zwar ebenso wie die traditionellen, um machtpolitische Vorherrschaft geführten Kriege.[8] Die Tatsache, daß ein Krieg zwischen demokratisch regierten Ländern im höchsten Grade unwahrscheinlich geworden ist[9], hat die gesamte Weltlage entscheidend verändert. Kriege und die Möglichkeit der Gewaltanwendung werden auch in der voraussehbaren Zukunft die zwischenstaatlichen Beziehungen belasten, aber in neuen Formen[10], und, wie wir hoffen, werden die Vereinten Nationen einiges tun können, solche Entwicklungen in Grenzen zu halten.

Darüber hinaus wird natürlich das Streben nach »Macht« auch

weiterhin die zwischenstaatlichen Beziehungen wesentlich beeinflussen. Aber die Formen und die Bereiche, innerhalb derer das als einer entscheidenden Dimension der gesamten globalen Veränderungen geschieht, ändern sich.

So erscheint es dringend notwendig, in der Theorie und in der Praxis neue Perspektiven für die zwischenstaatlichen Beziehungen zu entwickeln, auch wenn das längere Zeit in Anspruch nehmen wird.[11] Bis dahin muß alles geschehen, um die Bausteine für das neue Gebäude der zwischenstaatlichen Beziehungen herbeizuschaffen. Alle Reformbemühungen müssen sich darauf konzentrieren, die Regierungsfähigkeit der einzelnen Staaten zu stärken, bis ein neues dynamisches System zwischenstaatlicher Beziehungen im Rahmen eines globalen Suprasystems entstehen kann.

Eine Neuordnung der zwischenstaatlichen Beziehungen ist dringend erforderlich, und dazu gehören neue Vorstellungen von der staatlichen Souveränität, von den Beziehungen zwischen den Staaten und den ihnen untergeordneten politischen Institutionen und anderen gesellschaftlichen Kräften, von den zwischenstaatlichen Beziehungen und von den Wechselwirkungen zwischen den verschiedenen Ebenen der globalen und subglobalen politischen Aktivitäten. Es müssen neue Wege gegangen werden in den Bereichen der Arbeitsteilung, der Autorität und der Verantwortlichkeit zwischen dem Staatsapparat in all seiner Vielfalt und den zahlreichen Strukturen außerhalb der Regierungen, den Bürgerbewegungen und anderen gesellschaftlichen Kräften.

Auch wenn die Partnerschaft künftig eine größere Rolle spielen wird, werden die Einzelstaaten im globalen Zusammenhang die beherrschenden Kräfte bleiben. Das wird sich auch nicht ändern, wenn sie innerhalb von aus mehreren Staaten bestehenden Verbänden agieren und ihre Handlungsfähigkeit dabei eingeschränkt wird.

Diese These läßt sich in dreifacher Weise begründen. Erstens zeigt sich in der Praxis sehr deutlich, daß die einzelnen Staaten das politische Geschehen immer noch entscheidend beeinflussen. Die Europäische Union übernimmt zwar gewisse staatliche Funktionen ihrer Mitglieder, und in vielen Ländern wird eine zunehmende Anzahl von Funktionen der Zentralregierung regionalen Institutionen, außerhalb der Regierung wirkenden Organisationen und Märkten überlassen. Aber die Staaten beherrschen dennoch die internationale und innenpolitische Landschaft, ob man sie nun als »anarchisch« ansieht oder nicht.[12]

Zweitens braucht die Gesellschaft, soweit man dies nach den Veränderungen in den wichtigsten staatlichen Institutionen erkennen kann[13], eine gewisse Zeit für wesentliche Veränderungen in einem System, das sich aus historischer Sicht als »internationale Gesellschaft«[14] bezeichnen läßt, wenn wir das Konzept von Fernand Braudel übernehmen wollen.[15] Deshalb wird es zu einer wesentlichen Verringerung der Bedeutung und der Funktionen des Staates erst jenseits des zeitlichen Horizonts dieses Buches kommen, und jeder Versuch, zutreffende Aussagen über eine solche Entwicklung zu machen, muß angesichts der bestehenden Ungewißheiten reine Spekulation bleiben.

Zudem ist es schwer, sich ein nichtapokalyptisches Ereignis vorzustellen, das die Rolle der Staaten innerhalb der nächsten fünfzig Jahre radikal reduzieren könnte. Man kann ohne weiteres Szenarien entwickeln, nach denen sich die Ausgewogenheit und die zwischenstaatlichen Beziehungen verändern können, wenn zum Beispiel mit Kernwaffen geführte Kriege wenige Supermächte und große Staaten in die Lage versetzen, eine von ihnen beherrschte Weltregierung zu schaffen. Aber ohne große Katastrophen, über deren Ausgang sich nichts Genaues sagen läßt, dürfen wir von der Annahme ausgehen, daß die einzelnen Staaten auch weiterhin die Hauptakteure sein werden, auch wenn sie in den zwischenstaatlichen Beziehungen keine beherrschende Rolle mehr spielen können.

Ausgehend von dieser Arbeitshypothese möchte ich im folgenden etwas näher auf drei allgemeine Grundsätze für die zwischenstaatlichen Beziehungen eingehen und mich im einzelnen dazu äußern.

Die staatliche Regierungsgewalt muß im Verhältnis zu privaten Initiativen gestärkt werden, wobei die Unabhängigkeit der letzteren erhalten bleiben soll.
Die globalen und kontinentalen staatlichen Institutionen auf der

einen Seite des Spektrums und die lokalen und von der politischen Basis ausgehenden Initiativen auf der anderen sollten insgesamt gestärkt werden; dabei sollten die globalen politischen Institutionen mit weiterreichenden Vollmachten ausgestattet sein. Die drei Grundsätze der »Subsidiarität«, der »Ausstattung mit Vollmachten«, die jedoch »außer Kraft gesetzt« werden können, sollten auch für die Beziehungen zwischen den einzelnen Ebenen des Staatsapparats gelten.

Die Stärkung des Staatsapparats

Wenn wir mit den Beziehungen zwischen dem Staatsapparat und privaten Institutionen beginnen, die Einfluß auf das gesellschaftliche Leben haben, dann stoßen wir sofort auf schwierige Fragen in bezug auf die Wertmaßstäbe und Wirksamkeit der von beiden getroffenen Maßnahmen. Was die Wertmaßstäbe betrifft, so ergeben sich Widersprüche zwischen der Aufrechterhaltung der demokratischen Autorität gegenüber allen anderen Formen der Staatsgewalt auf der einen und der Sicherstellung der Autonomie und des Einflusses der »bürgerlichen Gesellschaft« sowie der Beachtung der Menschenrechte auf der anderen Seite. Es gibt aber auch recht verwirrende Probleme, wenn man einen gewissen Ausgleich zwischen dem »Versagen« staatlicher und privater Institutionen schaffen will.[16] Selbst wenn man nach sorgfältiger Überlegung zu dem Schluß kommt, daß eine bestimmte Angelegenheit eher Sache der staatlichen Institutionen ist, man aber andererseits annehmen muß, daß ihr Eingreifen kaum Erfolg haben wird, könnte es klüger sein, unter gewissen Vorbehalten zu empfehlen, die Angelegenheit einer privaten Institution zu überlassen.

Zwar sollten die staatlichen Institutionen in ihren Beziehungen zu privaten Organisationen den Vorrang haben, während die Selbständigkeit der letzteren gewahrt werden muß; dieser Grundsatz kann jedoch nicht durch konkrete Reformen verwirklicht werden, ohne sorgfältig die Einzelheiten spezifischer Funktionen und Aufgaben zu untersuchen. Das wollen wir nun im Hinblick auf drei wichtige und außerordentlich problematische Bereiche tun: den Beziehungen des Staates zur privaten Wirtschaft und zu den Märkten, zum Fernsehen und zur Wissenschaft.

Die Handlungsfreiheit der Privatwirtschaft

Es ist eine heißumstrittene Frage, wie weit der Staat in die wirtschaftlichen Belange und Märkte eingreifen darf, hier gibt es aber eine Reihe wichtiger Punkte, deren Beachtung vielleicht zu vorläufigen Schlüssen führen könnte:

1. Staatliche Institutionen dürfen nicht in die Einzelheiten der Marktwirtschaft eingreifen und hoffen, damit den erfolgreichen Ablauf des Geschehens garantieren zu können, weil eine komplexe Wirtschaft keinem Zwang unterworfen werden darf. Theoretisch wird sich das vielleicht ändern, wenn geeignete Modelle und Computer zur Verfügung stehen oder es möglich wird, künstliche Intelligenz einzusetzen. Doch für die gegenwärtige Reform des Staatsapparats haben solche Spekulationen keine Bedeutung, obwohl neue Erkenntnisse und Technologien zu radikal neuen Methoden für den Umgang mit sehr komplexen Systemen wie etwa dem Wirtschaftssystem führen könnten – oder auch nicht.[17]

2. Zudem gefährdet ein Eingreifen des Staates in die Einzelheiten der Marktwirtschaft die für die bürgerliche Gesellschaft geltenden Wertmaßstäbe und die Menschenrechte. Dies könnte zu totalitären Regierungsformen führen, zum Beispiel zu einem pseudodemokratischen autoritären Regierungssystem.

3. Andererseits wird die Privatwirtschaft ohne eine strenge Überwachung durch die staatlichen Behörden dem freien Markt durch Preisabsprachen und Kartelle erheblichen Schaden zufügen. Ohne einen wirksamen Schutz sind die Verbraucher im Nachteil, selbst wenn sie die Realitäten kennen – was oft nicht zutrifft. Das sieht man daran, daß die vorhandenen Informationsquellen wie für die Verbraucher bestimmte Berichte nicht genutzt und hohe Summen für eine sinnlose Werbung ausgegeben werden, ein Zeichen für die Unvernunft der Verbraucher, derjenigen, die diese Werbefeldzüge

führen oder beider. Weiterer Schaden entsteht, wenn Dinge, die im öffentlichen Interesse liegen, vernachlässigt werden oder man den Anspruch auf Gleichberechtigung nicht berücksichtigt wie zum Beispiel die gerechte Verteilung der Einkommen und die Gewährung gleicher Berufschancen für Frauen und Minderheiten. Viele andere Entscheidungen, die zu treffen grundsätzlich die Aufgabe von gewählten Regierungsmitgliedern wären, werden in Wirklichkeit von der freien Wirtschaft getroffen. Ob das richtig oder falsch ist, läßt sich hier nicht beurteilen.[18]

4. Wie die Erfahrungen in vielen Teilen der Welt zeigen, kann die wirtschaftliche Entwicklung oft durch das sachgerechte Eingreifen des Staates in das Marktgeschehen günstig beeinflußt werden, zum Teil durch die verschiedensten Formen der Zusammenarbeit zwischen staatlichen Institutionen und privaten Wirtschaftsverbänden. Welche Möglichkeiten es hier gibt, illustrieren am besten die Wirtschaftstheorien und die Rolle des Staates bei der Industrialisierung in Ostasien.[19]

5. Besondere Probleme ergeben sich, wenn die Regierungen versuchen, die Marktwirtschaft einzuführen wie in Rußland und China. Wir wollen uns hier nicht näher auf diesen Fragenkomplex einlassen, innerhalb dessen es erhebliche Meinungsverschiedenheiten gibt[20], es gibt aber augenscheinlich genügend Hinweise darauf, daß es für eine solche Umstellung auf nationaler Ebene[21] einer sehr starken Regierung bedarf, vielleicht sogar einer Notstandsregierung: eine Frage, auf die wir im 18. Kapitel näher eingehen werden.

6. Wir müssen aber auch auf die offensichtlichen Wechselbeziehungen zwischen staatlichen Institutionen und gewissen privatwirtschaftlichen Bemühungen hinweisen. So zeigt eine Untersuchung von Partha Dasgupta, daß in Demokratien private Initiativen in Kombination mit staatlichen Eingriffen bei der Bekämpfung der Armut recht erfolgreich sein können.[22] Doch entschlossenes Eingreifen des Staates kann dabei gelegentlich sehr viel wirksamer sein wie etwa in China.[23]

7. Die zunehmenden Schwierigkeiten, die sich im Hinblick auf das Wirtschaftswachstum in den Vereinigten Staaten und in Westeuropa gezeigt haben, sowie die erheblichen Probleme, die sich bei dem Versuch ergeben haben, in Osteuropa und den Ländern des

ehemaligen Sowjetblocks eine Marktwirtschaft nach westlichem Vorbild einzuführen, beweisen die Notwendigkeit, im Umgang mit Problemen der Wirtschaft und des Marktes zu einem harmonischen Ausgleich zwischen staatlichen Eingriffen und Beschränkungen der Entscheidungsfähigkeit privater Organisationen zu kommen.

8. Das wird dort besonders deutlich erkennbar, wo private wirtschaftliche Initiativen globale Interessen berühren. In solchen Fällen können die heute bestehenden staatlichen Institutionen kaum entscheidend eingreifen, und man darf nicht erwarten, daß die gesellschaftlichen Bedürfnisse des größten Teils der Menschheit befriedigt und die wirtschaftliche Prosperität gefördert werden, wenn man diese Entwicklung sich selbst überläßt.

9. Doch trotz solcher Befürchtungen können wir feststellen, daß die Marktwirtschaft dort, wo sie durch privatwirtschaftliche Kräfte gelenkt wird, der vom Staat gelenkten Wirtschaft überlegen ist und die wirtschaftliche Entwicklung günstiger verläuft. Das gilt auch im begrenzten Rahmen der einzelnen Wirtschaftsunternehmungen, wo eine Orientierung an den Gegebenheiten des Marktes und das Streben nach Gewinn eine sehr viel bessere Voraussetzung für größere wirtschaftliche Leistungen sind als ein System, bei dem die großen Wirtschaftsunternehmen Gemeineigentum sind. Eine wichtige, aber begrenzte und gewöhnlich nur vorübergehende Ausnahme sind Organisationen, an deren Spitze überzeugte Verfechter von Ideologien stehen, und zwar zu Zeiten und in Gebieten, wo die Bevölkerung auf solche ideologischen Glaubensvorstellungen festgelegt ist.[24]

10. Nicht nur die Wirtschaft, sondern auch die verschiedenen Formen gesellschaftlicher Zusammenarbeit können bei der »Beherrschung des Volkswillens«[25] sehr erfolgreich sein, und zwar sehr viel mehr als die Regierungen. Aber viele die Interessen der Gesamtheit betreffenden Probleme lassen sich auf diese Weise nicht lösen, weil ein gefährlicher »Lokalpatriotismus« oft die Berücksichtigung der Interessen der gesamten Gesellschaft verhindert.

11. Welche Wechselbeziehungen auch zwischen den staatlichen und den privaten Institutionen bestehen mögen, die Regierungen müssen über einen großen Sachverstand verfügen, um die Privatwirtschaft in die richtigen Bahnen lenken zu können, ohne ihr zu

schaden.[26] Kein Marktmechanismus und keine andere nicht vom Staat beeinflußte Wirtschaftsstruktur kann den Mangel an einem solchen Sachverstand bei den Regierungen ersetzen. Viele Erfolge auf diesem Gebiet beweisen, daß es möglich ist, diese Fähigkeiten zu entwickeln, aber ebenso viele Fehlschläge zeigen, daß dies sehr schwierig ist.

Das hier Gesagte ist zugegebenermaßen fragmentarisch und vielleicht auch arrogant bei der Behandlung des Vergleichs historischer Erfahrungen und vieler differenzierter (wenn auch vielleicht zu wirklichkeitsfremder[27]) Theorien. Doch aus dem umfangreichen Material, auf das sich diese Beobachtungen stützen, lassen sich augenscheinlich doch einige wesentliche Reformvorschläge entwickeln.

Die Autonomie der privaten Kräfte in der weitgehend freien Marktwirtschaft muß grundsätzlich erhalten bleiben, und zwar als Hauptantriebsmotor für das wirtschaftliche Wachstum und als Grundprinzip der freien bürgerlichen Gesellschaft.

Ganz besonders sollten gemeinsame Anstrengungen an der Basis beachtet werden, denn sie können viel Nützliches für das Allgemeinwohl bewirken.

Doch private wirtschaftliche Interessen und Märkte müssen der zusätzlichen Überwachung, Regulierung und Lenkung durch staatliche Institutionen unterworfen sein, um dafür zu sorgen, daß gerechte Entscheidungen getroffen und menschliche Bedürfnisse und ökologische Erfordernisse berücksichtigt werden. Will man das jedoch so tun, daß dabei die Vorteile der Marktwirtschaft erhalten bleiben und gestärkt werden, dann müssen die damit befaßten staatlichen Institutionen Qualitäten aufweisen, die nur selten anzutreffen sind.

Letzteres muß noch einmal betont werden, besonders angesichts der Tatsache, daß diese Erfordernisse auch in hochentwickelten Ländern nur selten erfüllt werden und daß die internationalen Körperschaften, deren Aufgabe es ist, die wirtschaftliche Entwicklung zu fördern, sie oft vernachlässigen.

Die zuständigen staatlichen Stellen müssen der anspruchsvollen Aufgabe gewachsen sein, die privaten wirtschaftlichen Kräfte und Märkte besser zu kontrollieren und zu lenken, ohne jedoch zu sehr in das Geschehen einzugreifen. Daher muß die private Wirtschaftsführung stark genug sein, ihre Interessen zu wahren. Bei den politischen Wahlen dürfen die Kandidaten nicht mit Geldern aus der Privatwirtschaft unterstützt werden. Die politischen Überlegungen sollten sich unter anderem darauf konzentrieren, die richtigen Kandidaten für die Lenkung der Wirtschaft aufzustellen. Schließlich sollten die Spitzenpolitiker mit den wichtigsten Theorien der Makro- und Mikrowirtschaft, der politischen Wirtschaft und der institutionellen Wirtschaft vertraut sein und außerdem Erfahrung in der Leitung wirtschaftlicher Organisationen haben.

Es bleibt noch die schwierige Frage, was geschehen muß, wenn die staatlichen Institutionen nicht in der Lage sind, die wirtschaftlichen Abläufe zu steuern, die Marktwirtschaft jedoch nicht die gewünschten Erfolge bringt. Sehr oft richtet hier die staatliche Intervention nur Schaden an, was zu weiteren, noch schädlicheren Maßnahmen der Regierung und damit zu einem Teufelskreis führt. Angesichts der gegenwärtigen und der für die vorhersehbare Zukunft zu erwartenden Lage der Dinge könnte es weniger schädlich sein, in solchen Situationen das Marktgeschehen sich selbst zu überlassen und zu versuchen, den entstandenen Schaden außerhalb des wirtschaftlichen Bereichs auszugleichen. Es wäre jedoch günstiger, wenn die Regierungen den Erfordernissen für eine vernünftige und zurückhaltende Kontrolle der privaten marktwirtschaftlichen Kräfte entsprächen.

Gesetze für die Umstrukturierung der Leitung großer Unternehmen können dazu beitragen, den Mißbrauch privater wirtschaftlicher Möglichkeiten einzuschränken, ohne dabei die marktwirtschaftlichen Abläufe zu behindern und ohne daß ein Eingreifen des Staates notwendig wird. Der britische Cadbury Report vom Mai 1992 enthält entsprechende Empfehlungen, die allerdings noch nicht genügen. Daneben sind unseres Erachtens noch die folgenden Maßnahmen notwendig: die Erweiterung des Einflusses der Anteilseigner, die Ernennung von Direktoren außerhalb der unmittelbaren Betriebsleitung, eine Umstrukturierung der Gehaltsstaffelung für die geschäftsführenden Angestellten, die von Ausschüssen festgelegt werden soll, deren Leitung in den Händen von Außenseitern liegt, eine Stärkung neuer Versionen der industriellen Demokratie[28], ohne daß wesentliche Vollmachten der Geschäftsführung deshalb beschnitten werden. Das könnte vielleicht der richtige Weg sein, um auch andere Formen des Eingreifens von privater Seite aus in Grenzen zu halten, und es könnte dazu beitragen, die ethische Selbstregulierung durch private Interessen zu fördern.

Die Selbstregulierung durch private Kräfte, also durch ethische Grundsätze, die das öffentliche Interesse berücksichtigen, ist eine vorzügliche Methode, dafür zu sorgen, daß private Kräfte der Gesellschaft dienen. Solche Bemühungen sollten vom Staat ermutigt und überwacht werden.

Der Staat sollte private Initiativen durch in der Verfassung enthaltene Bestimmungen fördern und dabei die Rechte und Selbständigkeit privater Organisationen bewahren.

Ähnliche, aber doch wieder andere und zunehmend ernstere Probleme ergeben sich im Bereich der transnationalen und globalen Wirtschaftskräfte und Märkte, die von keinem einzelnen Land kontrolliert werden können und gegenwärtig auch nicht im Zuständigkeitsbereich der Vereinten Nationen liegen, welche auch gar nicht über die Möglichkeiten verfügen, hier einzugreifen. Dazu wird es notwendig sein, die Kontrollmechanismen zur Steuerung solcher Aktivitäten auszuweiten, und zwar unter Voraussetzungen, die noch schwerer zu erfüllen sind: Hier kommt es auf die Qualität der Kontrollmechanismen und darauf an zu erkennen, daß es besser ist, zuwenig als zuviel und dann womöglich das Falsche zu tun. Interessanterweise – und das ist vielleicht kein Zufall – gibt es bisher trotz der Vielzahl international tätiger Ausschüsse keinen einzigen, der sich mit der Notwendigkeit beschäftigt, regulierend in die Weltwirtschaft einzugreifen. Ausschüsse, die diese Aufgabe hätten übernehmen können, haben das bisher vermieden.

Die Möglichkeiten einer globalen Überwachung, Regulierung und Steuerung transnationaler privater Wirtschaftskräfte und Märkte müssen verbessert werden. Dazu bedürfte es jedoch der geeigneten globalen wirtschaftspolitischen Körperschaften. Solange es sie nicht gibt, wird es besser sein, auf unter Umständen schädliche Eingriffe in das marktwirtschaftliche Geschehen zu verzichten und zu versuchen, dafür geeignete globale Institutionen zu schaffen. Die Versuche der Privatwirtschaft, das zu verhindern, sollten bloßgestellt und abgewertet werden. Statt dessen sollte ein hochqualifizierter und repräsentativer globaler Ausschuß geschaffen werden, um diese Fragen zu klären.

Das öffentliche Recht und das Fernsehen

Die Frage nach der Kontrolle des Fernsehens ist noch schwieriger zu beantworten. Das Fernsehen ist eine in der Politik zwar deutlicher sichtbare, aber nicht stärkere Kraft als die wirtschaftlichen Interessen. Über den Einfluß des Fernsehens gibt es allerdings erhebliche Meinungsverschiedenheiten.[29] Es gibt bisher kaum Erfahrungen damit, wie sich eine öffentlich-rechtliche Kontrolle des Fernsehens mit der Demokratie, dem Pluralismus und den Menschenrechten vereinbaren läßt. Auf jeden Fall verändert sich das Wesen dieses ganzen Fragenkomplexes mit der rapiden Entwicklung neuer Technologien, aus denen sich auch ganz neue Spielregeln ergeben. Unser theoretisches Verständnis für die Bedeutung der Massenmedien ist gegenüber dem, was wir über die Marktwirtschaft wissen, viel geringer. Und zudem ist dieses Thema stärker ideologisch belastet als wirtschaftliche Fragen nach dem Scheitern des Kommunismus.

Am besten wird man mit diesem Problem umgehen können, wenn man die für die Massenmedien geltenden ethischen Normen erhöht. Doch die Tatsache, daß das Fernsehen vor allem von wirtschaftlichen Überlegungen beherrscht wird, so vorteilhaft das in mancher Hinsicht auch sein mag, begrenzt das, was im Einzelfall oder ganz allgemein vernünftigerweise von einer Selbstregulierung erwartet werden darf.[30]

Immerhin wird die öffentlich-rechtliche Kontrolle der Massenmedien vielleicht in einer besonderen Hinsicht leichter sein als der Umgang mit den meisten wirtschaftlichen Kräften (wobei natürlich berücksichtigt werden muß, daß es zwischen diesen beiden Bereichen Überschneidungen gibt). Vielleicht wird es möglich sein, einige dieser Probleme zu entschärfen, ohne die Selbständigkeit der Fernsehsender in Frage zu stellen, wenn man für einen weitergehenden Pluralismus sorgt und eine größere Zahl von ausreichend finanzierten, nichtkommerziellen Fernsehanstalten als Körperschaften des öffentlichen Rechts einrichtet, die jedoch nicht parteipolitisch gebunden sein dürfen. Auf diese Weise könnte erreicht werden, daß der Einfluß privater Interessen auf die Fernsehprogramme verringert wird, ohne daß die wirtschaftliche Unabhängigkeit der Fernsehanstalten eingeschränkt wird.[31]

Die staatliche Kontrolle des Fernsehens sollte dazu führen, daß der Einfluß privater Interessen geringer wird, ohne daß an ihre Stelle parteipolitische Interessen treten. Die nicht kommerziellen Fernsehanstalten müssen deshalb mit öffentlichen Mitteln finanziert und in die Lage versetzt werden, unter Aufsicht unabhängiger öffentlicher Körperschaften und aus pluralistischer Sicht ihre Nachrichtensendungen zu gestalten und die verschiedensten politischen Auffassungen darzustellen. Dazu müssen sie den politischen Parteien, ihren Kandidaten und den Vertretern der verschiedensten Interessen und Ansichten eine angemessene Sendezeit zur Verfügung stellen, wobei niemand bevorrechtigt werden darf. Der Professionalismus im Fernsehen muß gefördert und ethische Grundsätze müssen beachtet werden. Schließlich muß eine gesetzliche Regelung alle Fernsehkanäle verpflichten, die Unabhängigkeit der bei ihnen arbeitenden Fachleute von latenten parteipolitischen Einflüssen zu garantieren.

Wegen der zunehmenden internationalen Bedeutung des Fernsehens muß auch die Möglichkeit geschaffen werden, die Arbeit der Fernsehanstalten im zwischenstaatlichen Bereich zu regeln. Die Bemühungen um den Schutz nationaler Kulturen, der Handel mit Fernsehprogrammen und Filmen und die sprachlichen Probleme erhöhen die Komplexität auf diesem Gebiet und das Interesse daran, die richtigen Lösungen zu finden. Mit wenigen Ausnahmen muß jede Zensur vermieden werden, und weniger strenge globale Kontrollen bedeuten eine geringere Gefährdung des Pluralismus sowie der Menschenrechte und können weniger leicht mißbraucht werden. Auch hier wird es vorteilhaft sein, besonders die Fernsehprogramme und Stationen zu fördern, die eine positive Einstellung zur *raison d'humanité* zeigen.

International geltende Bestimmungen für das Fernsehen sollten auf ein Mindestmaß beschränkt sein. Die Fernsehanstalten sollten jedoch verpflichtet sein, die Eigentumsverhältnisse in allen Einzelheiten darzulegen, die Mindestnormen der Fairneß zu beachten und für die Unabhängigkeit der in den Sendungen zu Wort kommenden Journalisten von den Eigentümern zu sorgen.

Die internationale Zensur sollte sich darauf beschränken, Programme zu verbieten, in denen »Haß« gepredigt und zu Verbrechen gegen die Menschlichkeit aufgerufen wird. Das sollte jedoch nur durch Zustimmung maßgebender Körperschaften der Vereinten Nationen geschehen.

Dafür zu sorgen, daß sich die Fernsehanstalten und ihre Programme auf das »Interesse der ganzen Menschheit« konzentrieren, bietet die beste Möglichkeit, die Begrenzung und die Gefahr des Einflusses privater Kräfte in diesem Bereich zu überwinden.

Der Umgang mit der Wissenschaft

Der Umgang mit der Wissenschaft stellt die staatlichen Institutionen vor die vielleicht ärgerlichsten und komplexesten Probleme. Wie Friedrich Nietzsche vor allem in *Jenseits von Gut und Böse* schon klar erkannt hat, stellt die Wissenschaft die Menschheit vor die radikalsten Herausforderungen. Robert Eden sieht in der modernen Wissenschaft das, was ihre Schöpfer versprochen haben: »... die Macht, das menschliche Dasein von Grund auf umzugestalten... Die Wissenschaft macht das menschliche Dasein unsicherer und gefährlicher und zwingt die Menschheit, sich Situationen zu stellen, die neuen Tugenden, ein neues Gewissen und die Abkehr von alten moralischen Vorstellungen verlangen.«[32]

Doch wie wir schon in unseren Ausführungen über die Problembewältigung gesagt haben, übt die Wissenschaft zwar einen entscheidenden Einfluß auf die Zukunft der Menschheit aus, aber alle staatlichen Bemühungen, hier regulierend einzugreifen, können unwirksam bleiben und werden oft kontraproduktiv sein. Das ist sogar der Fall, wenn der Staat über alle Möglichkeiten verfügt, die wissenschaftliche Entwicklung zumindest teilweise zu regulieren und die Spitzenpolitiker eine einigermaßen zutreffende Vorstellung von der wissenschaftlichen Arbeit haben – zwei Voraussetzungen, die gewöhnlich nicht gegeben sind, auch wenn sich die Regierungen ernsthaft darum bemühen, »Richtlinien für den Umgang mit Wissenschaft und Technologie« zu entwickeln.

Leistungsfähige politische F+E-Denkfabriken können den staatlichen Institutionen gewisse Hinweise für die Behandlung bestimmter wichtiger wissenschaftlicher Gebiete geben, wie es die Arbeit des wissenschaftlichen Direktorats der Organisation für wirtschaftliche Zusammenarbeit und Entwicklung (OECD) in Paris beweist. Doch im günstigsten Fall sind dem Erfolg solcher Bemühungen enge Grenzen gesetzt. Wenn man die militärische Bedeutung vieler wissenschaftlicher Aktivitäten berücksichtigt und an den wirtschaftlichen Konkurrenzkampf sowie die weitreichenden Meinungsverschiedenheiten über die »Freiheit der Forschung«, den freien Zugang zu wissenschaftlichen Informationen usw. denkt und nicht vergißt, daß ein großer Teil der wissenschaftlichen Forschung in den Händen unabhängiger Spezialisten liegt, dann sind die Chancen für eine vernünftige Lösung dieser Probleme auf besonders wichtigen oder gefährlichen wissenschaftlichen Gebieten durch internationale Institutionen offenbar sehr gering. Möglicherweise ist die Wissenschaft das Gebiet, wo die automatische Regulierung solcher Fragen vielleicht die einzige einigermaßen wirksame Form ist, das zu tun, wenn auch nur in sehr engen Grenzen.

Die Entscheidungen der Regierungen sind für gewisse Zweige der Wissenschaft, die den Einsatz erheblicher finanzieller Mittel erfordern, außerordentlich wichtig, und zwar etwa in der Weltraumforschung und in der experimentellen Teilchenphysik. Aber große

Teile der Naturwissenschaft brauchen keine derartigen Investitionen, und daher spielt die Frage der Finanzierung als Mittel für die Regulierung der wissenschaftlichen Arbeit hier keine Rolle. Ich komme deshalb zu dem Schluß, daß sich die Wissenschaft weitgehend auf allen Ebenen einer Reglementierung durch staatliche Organe entziehen wird. Verschiedene Länder und große private Unternehmungen haben einen wesentlichen Einfluß auf die wissenschaftliche Forschung, aber nicht unbedingt darauf, was mit dieser Forschung erreicht werden soll. Und die entscheidenden wissenschaftlichen Aktivitäten liegen außerhalb des unmittelbaren Einflusses öffentlicher Körperschaften oder privater Interessen. Indirekt haben die Bildungspolitik, der Einsatz von Geldmitteln, wirtschaftliche Anreize und – was besonders wichtig ist – allgemeine kulturelle Gegebenheiten[33] deutliche Auswirkungen darauf, was im Bereich der Wissenschaft geschieht. Aber diese Einflüsse sind verschieden stark, diffus und lassen sich im allgemeinen nicht durch staatliches Eingreifen lenken. Angesichts der Tatsache, daß man nicht voraussagen kann, wie sich eine staatliche Reglementierung der Wissenschaft – vorausgesetzt, sie ist erfolgreich – auswirken wird, ist die Unfähigkeit des Staates auf diesem Gebiet vielleicht sogar ein Segen.

Daß der Staat jedoch keinen wesentlichen Einfluß auf die Entwicklungen in der Wissenschaft nehmen kann, hat weitreichende Folgen: Damit liegen wichtige Möglichkeiten für die Gestaltung der Zukunft außerhalb des Einflusses kollektiver menschlicher Entscheidungen. Wir dürfen daher von den staatlichen Institutionen, auch wenn sie das hypothetisch Beste leisten und von den besten menschlichen Absichten und zielgerichteten Bemühungen getragen werden, im ganzen nicht zuviel erwarten.

Die Stärkung globaler und lokaler politischer Institutionen

Wir kommen nun zu dem zweiten von uns zu behandelnden fundamentalen Prinzip der zwischenstaatlichen Beziehung. Das ist die Stärkung globaler und kontinentaler staatlicher Institutionen auf der einen und der lokalen für politische Entscheidungen zuständigen Gremien sowie der an der Basis wirkenden Bürgerbewegungen auf der anderen Seite. Wir haben die Notwendigkeit einer Stärkung der globalen politischen Institutionen bereits ausführlich begründet und werden im folgenden Kapitel noch näher darauf eingehen. Gleichzeitig sollten wir aber auch überlegen, wie sich die Einflußmöglichkeiten auf lokaler Ebene erweitern lassen, und zwar in den einzelnen Gemeinden, den Großstädten und anderen unterhalb der gesamtstaatlichen Ebene liegenden politischen Einrichtungen. Dazu gehören auch die Wechselbeziehungen zwischen globalen und lokalen Institutionen.[34] Aber die übliche Forderung, »lokal zu handeln und global zu denken«, muß ergänzt werden durch die Notwendigkeit, »global zu handeln und lokal zu denken«. Das heißt, die Auswirkungen globaler Entscheidungen auf die Menschen in der lokalen Umwelt, in der sie leben, müssen sorgfältig geprüft werden.

Eine weitreichende Reform, die aus der Perspektive der einzelnen Staaten und der Menschheit notwendig sein könnte, wäre es, nach dem Vorbild der Europäischen Union ein Staatengebilde zu schaffen, eine Art Suprastaat, der aus allen Ländern eines Kontinents besteht. Während die einzelnen Staaten zu klein sind, um zahlreiche wichtige Aufgaben zu übernehmen, und die globale Ebene zu weiträumig und zu vielgestaltig ist, würde die Regierung eines kontinentalen Suprastaates sowohl den nationalen als auch den globalen Bedürfnissen gerecht werden können. Er könnte auch dazu beitragen, eine neue Ausgewogenheit zwischen den lokalen und globalen Ebenen staatlichen Handelns zu bewirken und die nur bedingte Handlungsfähigkeit der einzelnen Staaten zu überwinden, ohne daß die Identität der Länder in den verschiedensten und gegensätzlichen globalen Strukturen untergeht. Dabei muß jedoch vermieden werden, auf einen neuen globalen Kollisionskurs zwischen den kontinentalen Blöcken zuzusteuern. Die Überschneidung der Mitgliedschaften und das Zusammenwirken der getroffenen Entscheidungen und der Gesellschaftsstrukturen sollten dafür garantieren, daß es zu keinen politischen oder kulturellen Konflikten kommt.

Die Europäische Union ist trotz all ihrer Schwierigkeiten ein gutes Beispiel dafür, daß es eine neue und erfolgreiche Regierung in der Form eines kontinentalen Suprastaates geben kann. Vergleichbare staatliche Strukturen sollten auch in anderen Teilen der Welt entwickelt werden, um für die Unzulänglichkeiten der einzelnen Staaten einen Ausgleich zu schaffen und als Fundament einer künftigen Weltregierung zu dienen. Es muß jedoch dafür gesorgt werden, daß keine Machtblöcke entstehen, die einander widersprechende Ziele verfolgen.

Die Beziehungen zwischen den verschiedenen Regierungsebenen

Bei unserem letzten Prinzip geht es um drei ineinandergreifende Verhaltensnormen für die Beziehungen zwischen den verschiedenen Ebenen der politischen Einflußnahme, und das sind die »Subsidiarität«, die »Ermächtigung« und die Möglichkeit, einmal getroffene Entscheidungen »aufzuheben«. Die Idee der Subsidiarität, ursprünglich von der Gesellschaft Jesu entwickelt, wurde zu einem wichtigen Grundsatz für die in der katholischen Kirche zu treffenden Entscheidungen[35] und ist später von der Europäischen Union übernommen worden. Sie bedeutet, daß die Zuständigkeit, die Aufgaben und die Funktionen zunächst bei der untersten Ebene liegen müssen, wo sie am wirkungsvollsten wahrgenommen werden können. Dabei muß auf höherer Ebene alles getan werden, den unteren Ebenen die Übernahme der Verantwortung zu ermöglichen. Bei den Jesuiten hat sich deutlich gezeigt, daß das Prinzip der Subsidiarität, wenn es richtig angewendet wird, die Notwendigkeit berücksichtigt, daß solche Entscheidungen von höherer Stelle außer Kraft gesetzt werden können, um zu vermeiden, daß die Dinge ins

Stocken geraten, weil dabei lokale Interessen oder der kollegiale Konsens eine zu große Rolle spielen, wenn höhere moralische Grundsätze Maßnahmen erfordern, die auf unterer Ebene als schädlich angesehen werden. Doch das Prinzip der Subsidiarität, wie es hier empfohlen wird, beinhaltet die eindeutige Bestimmung, daß die höhere Ebene die Möglichkeit haben muß, Entscheidungen rückgängig zu machen, wogegen bei einer quasirichterlichen Instanz Einspruch erhoben werden kann.
Ein weiteres damit im Zusammenhang stehendes Prinzip ist die »Ermächtigung«. Das heißt, die mit weitergehenden Vollmachten ausgestatteten Autoritäten der oberen Stufe haben die Pflicht, den ihnen untergeordneten Entscheidungsträgern dabei zu helfen, ihre Leistungsfähigkeit zu erhöhen und zusätzliche Funktionen zu übernehmen. Das zu tun sollte eine der Hauptaufgaben der mit größeren Vollmachten ausgestatteten führenden Persönlichkeiten sein.

Nach dem Subsidiaritätsprinzip sollten die Spitzenpolitiker den im Rang unter ihnen stehenden Entscheidungsträgern gewisse Funktionen überlassen. Damit übernehmen sie die Verpflichtung, die dort getroffenen Entscheidungen nur aufzuheben, wenn diese Maßnahme durch eine dazu befugte Instanz überprüft worden ist.

Die Idee, den Verantwortungsbereich der lokalen Regierungsbehörden zu erweitern, setzt voraus, daß die Zentralregierung die Pflicht hat, die örtlichen Behörden in die Lage zu versetzen, diese Funktionen zu erfüllen.

Die Förderung der Leistungsfähigkeit lokaler Behörden

Weil der Verantwortungsbereich der lokalen Behörden im Rahmen der für die reibungslose Zusammenarbeit der einzelnen Regierungsebenen genannten Bedingungen erweitert werden soll, muß darauf geachtet werden, die Leistungsfähigkeit auf lokaler Ebene, aber auch im »mittleren« Bereich der Regionen zu erhöhen.[36] Ohne auf weitere Einzelheiten einzugehen, möchte ich die Möglichkeiten für die Steigerung der Leistungsfähigkeit auf lokaler Ebene in hochentwickelten Ländern anhand von drei Empfehlungen für eine Umstrukturierung zeigen, die sich nach einer Vergleichsstudie der Bertelsmann-Stiftung ergeben.[37] Anschließend werde ich aber auch sagen, mit welchen Schwierigkeiten man nach meiner Ansicht dabei rechnen muß.

– Die Arbeitsteilung zwischen Politikern und den Verwaltungsbeamten muß verdeutlicht werden, wobei sich die Politiker auf die politische Arbeit konzentrieren, Normen festlegen, sich die Mitarbeit erstklassiger Fachleute sichern und die gesamte Regierungsarbeit überwachen.

– Gleichzeitig mit den Wahlen auf lokaler Ebene sollten auch die Mitglieder bestimmter Behörden wie zum Beispiel die Behörden für Erziehung und Wissenschaft gewählt werden, aber die in den allgemeinen Wahlen damit beauftragten Körperschaften sollten das Recht haben, gegen die Aufnahme ungeeigneter Persönlichkeiten in die Regierungsmannschaft Einspruch einzulegen.

– Die Bürger sollten direkt an den Entscheidungen über Dienstleistungen und ihre Finanzierung beteiligt werden, unter anderem, um ihnen bewußtzumachen, welche Kosten in diesen Bereichen entstehen und damit sie an die Regierung keine unmöglichen Forderungen stellen.

Hier muß besonders darauf hingewiesen werden, daß man von den örtlichen Regierungsbehörden zwar manches erhoffen, aber nicht zuviel von ihnen erwarten darf. Das Leben und die Arbeit der Behörden auf örtlicher Ebene haben nur wenig mit dem Traum von einem harmonischen, geschlossenen Gemeinwesen zu tun, der in Wirklichkeit ein Hirngespinst ist.[38] Mit den schwierigsten Problemen haben die örtlichen Behörden bei der Verwaltung der immer zahlreicher werdenden Großstädte zu kämpfen, besonders in der Dritten Welt, und hier kann niemand sagen, wann und wie sich die Verhältnisse bessern können.[39] Während die Klassenunterschiede als Folge der zunehmenden Mobilität und der Modernisierung der Kommunikationstechniken an Bedeutung verlieren, könnte auch die psychologische und wirtschaftliche Kraft des »territorialen Imperativs« dahinschwinden, was weitreichende Folgen für die persönliche und gesellschaftliche Bedeutung der politischen Institutionen auf lokaler Ebene haben würde. Deshalb darf man sich nicht darauf verlassen, daß sich die Hoffnung erfüllen wird, die lokalen politischen Institutionen könnten die Aufgaben der Zentralregierungen wesentlich erleichtern und entscheidend zur Bewältigung globaler Probleme beitragen, obwohl die lokalen politischen Institutionen zusätzliche Aufgaben übernehmen könnten und sollten.

Sehr viel beunruhigender sind die Probleme der Großstädte, deren Aufgabe es sein wird, für die Befriedigung der Bedürfnisse eines ständig wachsenden Teils der Gesamtbevölkerung zu sorgen. Schon in der Erklärung der Weltkonferenz über die Verwaltung der großen Städte in Tokio vom April 1993 heißt es dazu: »Es ist klar, daß wir neue Formen für die Verwaltung der großen Städte brauchen.« Aber daß uns diese Konferenz nur wenige neue und zukunftsweisende Ideen gebracht hat, zeigt, daß dies ein Gebiet ist, wo die bisher geäußerten Verbesserungsvorschläge keineswegs ausreichen und es keine angemessenen Reformideen gibt. Deshalb lautet eine bisher noch nicht beantwortete wichtige Frage:

Wie soll die Verwaltung der großen Städte umgestaltet und wie sollen ihre Beziehungen zu anderen Ebenen und Formen der Regierungstätigkeit verbessert werden?

Notwendig ist eine vertrauensvolle Zusammenarbeit

Wesentliche Veränderungen in den bestehenden staatlichen Strukturen und ihren Beziehungen zueinander, zum Beispiel durch die Schaffung kontinentaler Regierungen und die Erweiterung der Zuständigkeitsbereiche einer Weltregierung, können zur Lähmung der politischen Arbeit führen, wenn sich die zwischenstaatlichen Beziehungen nicht grundsätzlich auf Zusammenarbeit, gegenseitiges Vertrauen und das Bewußtsein stützen, gemeinsamen Interessen zu dienen, und diese Bemühungen nicht durch eine starke globale politische Führung gefördert werden, wie es von Harlan Cleveland empfohlen wird.[40]

Um ein solches harmonisches Zusammenspiel zu ermöglichen, müssen die daran Beteiligten sehr viel mehr übereinander wissen, fähig sein, eine Menge dazuzulernen, elastische Strukturen haben und anderen Erfordernissen für die Zusammenarbeit genügen.[41] Deshalb bedarf es einer weitgehenden Reform der bestehenden staatlichen Strukturen, um allen Erfordernissen komplexer zwischenstaatlicher Beziehungen zu genügen. Doch für die Herstellung freundlicher zwischenstaatlicher Beziehungen genügt bereits ein relativ geringes Maß an Übereinstimmung[42], so daß viele Meinungsverschiedenheiten, die sich nicht vermeiden lassen und sogar wünschenswert sind, die grundsätzliche Bereitschaft zur Zusammenarbeit nicht behindern müssen.

Doch in vielen Fällen wird es nicht möglich sein, zu Vereinbarungen zu kommen, oder die Kosten für einen Kompromiß können zu hoch sein. Zugleich kann es sich als unmöglich erweisen, bestimmte Vorhaben aufgrund der Autorität einer höheren Instanz durchzusetzen, was zudem die erwünschte Selbständigkeit der staatlichen Institutionen auf unterer Ebene erschüttern würde. Deshalb wird es notwendig sein, eine gesetzliche Regelung für die zwischenstaatlichen Beziehungen zu finden, deren Befolgung im Notfall von einer dazu befugten höheren Instanz erzwungen werden kann.

Die zwischenstaatlichen Beziehungen sollten sich vor allem auf Zusammenarbeit und Vertrauen, aber auch auf das Bewußtsein stützen, gemeinsamen Interessen und Werten zu dienen. Das sollte aber nicht die Handlungsfreiheit einschränken oder dazu führen, daß lokalen Interessen auf Kosten der Allgemeinheit der Vorzug gegeben wird. Höhere staatliche Instanzen müßten daher die Vollmacht haben, in solchen Fällen regelnd einzugreifen.

Doch um die Subsidiarität zu schützen und den kleineren politischen Einheiten eine angemessene Selbständigkeit zu gewährleisten, müssen diese höheren Instanzen an die Bestimmungen eines erweiterten Verfassungs- und internationalen Rechts gebunden sein, dessen Wahrnehmung Sache kontinentaler und internationaler Gerichtshöfe sein soll, wobei die endgültige Entscheidungsbefugnis bei nationalen, kontinentalen und globalen gesetzgebenden Körperschaften liegen muß.

Die Rechtsprechung

Aus den obigen Empfehlungen ergeben sich weitere Fragen über die Rolle der Gerichte in einer künftigen neuen staatlichen Ordnung. Der Europäische Gerichtshof[43] sowie die Angleichung der nationalen Rechtsprechung an die sich verändernden internationalen Realitäten illustrieren die weitreichenden Veränderungen, deren es im »Bereich der Rechtsprechung« bedarf.[44] Doch das führt uns zu einem weiteren erheblichen Dilemma. Einerseits müssen die Entscheidungsprozesse für die zwischenstaatlichen Beziehungen und für die Regierungsarbeit im ganzen weitgehend einer gesetzlichen Regelung folgen[45] – besonders in einer Periode laufender Veränderungen und während ständig neue staatliche Institutionen und Regierungsformen entstehen. Andererseits ist ein ungezwungenes Zusammenleben im Sinne freier, autonomer und kreativer Wechselbeziehungen, wie es von Ivan Illich empfohlen wird[46], nicht nur aus moralischen Gründen vorzuziehen, sondern auch unverzichtbar, wenn die vielen verschiedenen staatlichen Organisationen harmonisch zusammenarbeiten sollen, um den Herausforderungen der globalen Veränderungen gerecht zu werden. Ein gemeinsames Verständnis für eine professionelle Regierungsarbeit kann außerdem einen wesentlichen Beitrag zu den zwischenstaatlichen Beziehungen leisten und ist für eine harmonische Zusammenarbeit angesichts des Pluralismus, der zwischen den Mächten bestehenden Konflikte, der in die verschiedensten Richtungen gehenden Bedürfnisse und einander oft widersprechenden Interessen dringend erforderlich.

Neben diesen drei Möglichkeiten brauchen wir auch die Fähigkeit, den Konservatismus der Rechtsprechung zu überwinden und die Unsicherheit eines vom guten Willen aller Beteiligten abhängigen Lebens dadurch auszugleichen, daß mit besonderen Vollmachten ausgestattete höhere staatliche Instanzen geschaffen werden, die in einem besonderen Verfahren schädliche Einflüsse ausschalten können. Ich kann jedoch keinen Reformvorschlag machen, der zu einer wünschenswerten Mischung zwischen gesetzlichen Normen und freiwilliger Zusammenarbeit führen würde, die von einer übergeordneten Instanz zu überwachen wäre. Daher muß ich es anderen überlassen, nach einer Lösung dieses schwierigen Problems zu suchen.

Bevor wir das Thema der zwischenstaatlichen Beziehungen damit abschließen, daß wir es in den Zusammenhang mit weiterreichenden Entwicklungen stellen, müssen wir kurz die fälschlich so bezeichneten Beziehungen zwischen dem Norden und dem Süden erwähnen. Abgesehen von dem konkreten Problem der Herausforderungen, vor die uns der Süden stellt oder denen er sich stellen muß[47], läßt sich deutlich erkennen, daß die Menschheit hier an eine entscheidende Wegkreuzung in dem dynamischen Labyrinth gekommen ist, innerhalb dessen sie sich bewegt. Zu den wichtigsten Alternativen, denen wir uns in der vorhersehbaren Zukunft zu stellen haben, gehören unter anderem die verschiedenen neuen Arten der Vorherrschaft der reichen Länder über den armen Süden, wobei einige Länder dabei sind, diese Grenze zu überschreiten – ein Unentschieden, bei dem reiche und arme Gebiete in begrenztem Maß zusammenarbeiten: verschiedene Formen von Konflikten oder sogar kulturellen Auseinandersetzungen und Möglichkeiten, andere mit der Androhung des Einsatzes von Massenvernichtungswaffen zu erpressen, und ein globaler Neobarbarismus. Es gibt aber auch ernste Bemühungen, weiteren Schaden dadurch zu verhüten, daß dem Süden bessere Möglichkeiten geboten werden, sich selbst zu helfen, was von den reichen Ländern unterstützt wird.[48]

Die Zukunft dieser entscheidenden Frage wird die zwischenstaatlichen Beziehungen weitgehend beherrschen, soweit dies aus der engen Perspektive der Regierungsfähigkeiten möglich ist. Sollten die Nord-Süd-Beziehungen aggressiver werden, wird sich alles, was in diesem Kapitel gesagt worden ist, als viel zu optimistisch erweisen; dann würden die Fragen der Vorherrschaft, der Anwendung brutaler Gewalt und kurzsichtige Interessen in den Vordergrund treten und die zwischenstaatlichen Beziehungen in einer ganz anderen Weise beeinflussen. Um die Wahrscheinlichkeit so bedrückender Möglichkeiten zu verringern, muß eine künftige Weltregierung gestärkt werden, und das bringt uns zum Thema des nächsten Kapitels.

16. Kapitel

Stärkung einer künftigen Weltregierung

Eine Weltregierung ist bereits in anderem Zusammenhang ein Thema dieses Buches gewesen. Ideen für Reformen mit dem Ziel, die Qualität der globalen staatlichen Eliten und der politischen Überlegungen zu steigern, sind ebenso vorgelegt worden wie Vorschläge für die Stärkung der Position des Generalsekretärs der Vereinten Nationen, zur Erweiterung des Zuständigkeitsbereichs der internationalen Gerichte usw. Aber abgesehen von strukturellen Fragen ist das fundamentale Problem einer Weltregierung etwas anderes: Es fehlen sowohl der Wille als auch die Fähigkeit, die Probleme der Menschheit in einer Periode globaler Umwälzung zu bewältigen. Die globalen Institutionen sind nicht resolut genug, das heißt, es fehlt ihnen an Festigkeit, Bestimmtheit und Entschlußkraft.

Eine Weltregierung braucht vor allem die Fähigkeit, entschlossen zu handeln.

Das Problem liegt zum Teil darin, daß uns oft die guten Ideen dafür fehlen, was hinsichtlich der vordringlichsten globalen Fragen zu tun ist. Es muß daher mit mehr Phantasie darüber nachgedacht werden, wie wir mit den Schwierigkeiten umgehen, denen sich die Menschheit gegenübersieht. Dazu brauchen wir neue Erkenntnisse und Einsichten sowie höhere Wertmaßstäbe. Es gibt zwar viele Situationen, in denen die Staaten durchaus bereit und in der Lage sind, mit neuen Problemen und Umständen fertig zu werden, aber nicht wissen, wie sie ihre Fähigkeiten nutzen sollen. Im globalen Bereich ist das weniger der Fall. Aber auch dort weiß man oft nicht, was man tun soll, und deshalb muß auch über weltpolitisch bedeutsame Fragen gründlich nachgedacht werden. Aber ein sehr viel größeres Problem ist das Fehlen der Bereitschaft und der Fähigkeit, das zu tun, was getan werden müßte. Wir sind uns zum Beispiel durchaus bewußt, was zum Schutz der Wälder oder der biologischen Vielfalt, zu Verhinderung der Weitergabe von Kernwaffen, zur Beachtung der Menschenrechte, zur Verhinderung von Kriegen und auf vielen anderen Gebieten geschehen muß, und man hat sich auch schon entschlossen, es zu tun. Doch solange es keine Weltregierung gibt, die fähig ist, sich durchzusetzen, werden viele nützliche Vorschläge zuwenig beachtet oder in die Tat umgesetzt.

Zum Glück ist das nicht immer so gewesen. Während des Kalten Krieges hat man sich über eine ganze Reihe von Fragen einigen können.[1] Und mit dem (vorläufigen?) Ende der Konfrontation zwischen den Supermächten ist es leichter geworden, in den Vereinten Nationen den politischen Willen durchzusetzen. Das beweist die deutliche Zunahme der friedenerhaltenden und friedenschaffenden Maßnahmen der Vereinten Nationen.[2] Doch auf globaler Ebene wird bei weitem noch nicht genug getan. Das sehen wir an dem tragischen Versagen der internationalen Gemeinschaft bei den Versuchen, mit Tragödien wie in Jugoslawien umzugehen, und daran, daß nicht genug unternommen wird, um ernsten Gefahren zu begegnen, zum Beispiel im Hinblick auf die Weitergabe von Kernwaffen und viele Aspekte des Umweltschutzes.[3]

Die Zusammenarbeit zwischen den einzelnen Ländern, die von außerhalb der Regierungen stehenden Organisationen und Bürgerbewegungen gefördert wird[4], hat beeindruckende Ergebnisse gezeigt, besonders im Umgang mit dem Problem der Ozonschicht oder beim Entwurf und der Ratifizierung des Gesetzes für die Nutzung der Meere. Das gemeinsame Vorgehen gegen die Aggression des Irak war ein neuer Präzedenzfall für die internationale Zusammenarbeit unter der Schirmherrschaft der Vereinten Nationen. Manche vertreten die Ansicht, man könne sich daruf verlassen, daß man im Rahmen einer solchen Zusammenarbeit der Demokratien unter der Führung der Vereinigten Staaten die wichtigsten globalen Probleme lösen könne.[5] Andere meinen, globale Probleme ließen sich auch lösen, ohne daß eine Institution wie eine Weltregierung geschaffen werden müsse.[6] Ich empfehle mit Sicherheit nicht die Schaffung eines globalen Leviathans, wenn nicht alle anderen Lösungsversuche fehlschlagen und man damit rechnen muß, von einem globalen Ungeheuer bedroht zu werden.[7] Aber nach meiner Meinung kann es zwar sehr nützlich sein, wenn sich die stärkeren Staaten zu gemeinsamem Handeln entschließen, dies dürfte jedoch möglicherweise nicht ausreichen, um einige entscheidend wichtige Probleme zu lösen.

Wenn die internationale Gemeinschaft nicht lernt, entschlossener zu handeln, dann steht die Menschheit vor ernsten Problemen, und ein Zusammenbruch kann nicht ausgeschlossen werden.

Nehmen wir nur ein verhältnismäßig harmloses Beispiel. Eine kürzlich angefertigte Studie des World Energy Council[8] zeigt schlaglichtartig, was bereits allgemein bekannt sein sollte: Entweder werden die Grundbedürfnisse der meisten Menschen auf dieser Erde auch weiterhin nicht erfüllt, oder der Energiebedarf wird dramatisch zunehmen, und zwar wahrscheinlich weit über das hinaus, was zur Verfügung gestellt werden kann, ohne völlig neue Energiequellen zu erschließen. Das Ergebnis muß eine ausweglose Situation mit potentiell weitreichenden Konsequenzen sein. Doch bis heute gibt es keine vernünftige Lösung dieser Frage, und keine Regierung hat sich ernsthaft mit diesem Problem beschäftigt, wahrscheinlich abgeschreckt durch die Tatsache, daß die Lebenszyklen der energieerzeugenden Systeme sehr lang sind und Veränderungen hohe Investitionen erfordern und zu erheblichen politischen Schwierigkeiten führen werden.

Die beunruhigende Unfähigkeit, entschlossen zu handeln, wo dies notwendig wäre, könnte sich verstärken. Nach dem Zusammenbruch der UdSSR und des Kommunismus sind die Vereinigten Staaten zur einzigen Supermacht geworden, und ihre beherrschende Stellung in den Vereinten Nationen hat sich verstärkt. Das erlaubt den USA, die Initiative für ein intensiveres globales Handeln zu ergreifen und durchzusetzen. Doch dieser Zustand ist nur eine vorübergehende Phase. Andere Kräfte lassen die Welt zunehmend polyzentrischer werden. Dabei kommen viele mächtige Akteure und verschiedene Perspektiven zur Wirkung, weil die einflußreichsten globalen Kräfte die internationalen Fragen aus ganz verschiedenen kulturellen und realpolitischen Perspektiven sehen werden, und dies trotz der zunehmenden gegenseitigen Beeinflussung.

Der von Ostasien ausgehende Einfluß auf die globale Entwicklung wird zusehends stärker; gegenwärtig handelt es sich in erster Linie um wirtschaftliche Einflüsse, es könnten aber auch durchaus militärische Einflüsse werden. Rußland wird im Verbund mit anderen Nachfolgestaaten der Sowjetunion mit Sicherheit sehr bald wieder einen erheblichen Einfluß auf das internationale Geschehen haben – nicht im kommunistischen Sinne, aber auch nicht immer in Zusammenarbeit mit dem Westen. Zudem wird es sein einzigartiges slawisches Erbe nicht aufgeben. Die Europäische Union wird eher als Kollektiv eine größere weltpolitische Rolle spielen. Die islamische Welt wird international an Gewicht zunehmen und damit die anderen Staaten zwingen, ihre ganz anderen Perspektiven im Hinblick auf globale Fragen und Realitäten zu berücksichtigen. Auch Teile von Lateinamerika werden unter Umständen eine zunehmend wichtigere Rolle in der Weltpolitik spielen.

Aus dieser Situation ergeben sich weitere Schwierigkeiten auf dem Wege zu einem gemeinsamen politischen Willen und einer Konzentration der Kräfte in einer Welt, die entweder von einer Supermacht beherrscht wird oder in der es zwei Supermächte gibt, die zumindest im Hinblick auf einige wichtige globale Probleme zusammenarbeiten und viele Interessen teilen, auch wenn erhebliche ideologische Meinungsverschiedenheiten bestehen (wir dürfen nicht vergessen, daß der Sowjetkommunismus eine Schöpfung und Teil der westlichen Kultur war). Die Vereinigten Staaten werden auch weiterhin eine führende Stellung in der Welt einnehmen, vielleicht aber weniger geneigt sein, für diese führende Rolle die erforderlichen und ständig steigenden Kosten zu übernehmen. Die Wahrscheinlichkeit, daß die Haltung der Vereinigten Staaten zu einer ganzen Reihe von Fragen nicht den globalen Erfordernissen und den Wünschen einer Mehrheit der Länder und der gesamten

Menschheit gerecht wird, erhöht die Risiken, die notwendigen weltweiten Entscheidungen[9] zu sehr von der in der Welt führenden Rolle der Vereinigten Staaten abhängig zu machen.

Es ist daher dringend erforderlich, neue Möglichkeiten für die Lösung globaler Fragen zu finden und für die Stärkung der Entschlußfreudigkeit der dafür verantwortlichen Institutionen zu sorgen.

Die Stärkung der Vereinten Nationen

Es wird unendlich viel darüber gesprochen und geschrieben, daß sich eine Weltregierung radikal von den gegenwärtigen und für die nähere Zukunft vorhersehbaren Realitäten unterscheiden müsse. Aber wir wollen hier nicht untersuchen, welche Möglichkeiten es in fernerer Zukunft für eine Weltregierung gibt. Deshalb befriedigen mich nicht die Vorschläge für die Errichtung einer konstitutionellen Weltregierung, wie sie am besten von Grenville Clark und Louis Sohm ausgearbeitet worden sind[10], die beachtlichen Vorschläge des World Orders Model Project[11] oder die zahlreichen anregenden Vorschläge für eine Neue Weltordnung.[12] Zudem fehlen diesen Studien realistische Szenarien, die zeigen, wie die gegenwärtigen Realitäten, Kräfte und Verfahren das Entstehen dieser neuen Welt herbeiführen könnten.

Uns geht es hier um eine Reform mit dem Ziel, die Lösung globaler Probleme in der vorhersehbaren Zukunft zu ermöglichen und damit weitreichenden Visionen eine Chance zu geben. Wie schon gesagt, glauben wir, daß die Staaten auch weiter die Hauptakteure sein werden, besonders auf internationaler Ebene, und daß die Vereinten Nationen die einzig vorhandene und wahrscheinliche Basis für die Errichtung einer besseren vorläufigen Weltregierung sind.

Viele detaillierte Vorschläge für die Verbesserung des Systems der Vereinten Nationen sind von Personen und Körperschaften ausgearbeitet worden, die dieses Thema besser kennen als ich, und sie gehen weit über das hinaus, was in diesem Buch erörtert werden kann.[13] Die Commission on Global Governance wird sicherlich wertvolle Vorschläge machen. Dennoch hat es den Anschein, daß die Notwendigkeit einer stärkeren Entschlossenheit als entscheidender Faktor nicht ganz erkannt worden ist, auch wenn einige wichtige Empfehlungen in dieser Richtung gemacht worden sind, zum Beispiel vom Generalsekretär der Vereinten Nationen, Boutros Boutros-Ghali.[14] Daß die führenden Staaten auf diese Empfehlung negativ reagiert haben, zeigt, wie notwendig es ist, sich um so energischer für Reformen einzusetzen, die es den Vereinten Nationen erleichtern können, bestimmte Maßnahmen zu beschließen und durchzuführen; denn man darf sich nicht darauf verlassen, daß spontan etwas in dieser Richtung unternommen werden wird.

Obwohl in einigen wichtigen Bereichen deutliche Fortschritte gemacht worden sind – etwa bei bestimmten Bemühungen um die Erhaltung des Friedens, bei der Überwachung von Wahlen und im Bereich des Umweltschutzes –, können die Vereinten Nationen bisher einen globalen politischen Willen noch nicht deutlich genug zum Ausdruck bringen oder Entscheidungen durchsetzen. Deshalb kommt es darauf an, die Voraussetzungen dafür zu schaffen, daß die Vereinten Nationen im Umgang mit ihren Mitgliedern mehr als bisher für die Verwirklichung gemeinsamer Ziele tun können. Dazu sind zusätzliche Verbesserungen in der Verfassung und der Arbeitsweise der Vereinten Nationen, aber auch bei der Finanzierung und bei den friedenerhaltenden Maßnahmen, dringend erforderlich. Das gilt besonders auch für ernste Bemühungen um die Förderung des gegenseitigen Verständnisses als Basis für die Zusammenarbeit, wobei darauf geachtet werden muß, daß der Pluralismus erhalten und gestärkt wird.[15] Eine vorrangige Aufgabe ist dabei, die Vorstellung von der Menschheit als einer geschlossenen Gemeinschaft[16] zu »schaffen« und sich Gedanken darüber zu machen, wie diese Idee verwirklicht werden könnte[17], und zwar als kulturelles und psychologisches Fundament der Solidarität. Es muß jedoch noch mehr geschehen, um die Vereinten Nationen in die Lage zu versetzen, in der richtigen Weise auf Schwierigkeiten und Chancen zu reagieren, die zu komplex sind, als daß man die dazu erforderlichen Entscheidungen einem allgemeinen Konsens auf freiwilliger Basis oder dem Gutdünken und den innenpolitischen Erwägungen weniger mächtiger Staaten überlassen könnte.

Paradoxerweise muß sich jeder, der einen allgemeinen globalen Konsens erreichen will, der Tatsache bewußt sein, daß globale Angelegenheiten auf jeden Fall, und zwar gezwungenermaßen, entschieden werden müssen, auch wenn kein globaler Konsens erreicht wird. Um daher einen Konsens zu erreichen und, wenn notwendig, Maßnahmen zu treffen, die im Sinne der *raison d'humanité* erforderlich sind, muß die Fähigkeit, einen weltweiten politischen Willen zum Ausdruck zu bringen und entsprechend zu handeln, drastisch gestärkt werden. Das muß geschehen, um die Position der entscheidenden globalen Akteure (ohne die nichts getan werden kann) zu unterstützen, während man nach Möglichkeit auf das Vetorecht zugunsten von Mehrheiten verzichtet.

Pläne für eine wirkungsvollere weltpolitische Zusammenarbeit, die vor allem nicht ausschließlich im Rahmen der Vereinten Nationen stattfindet, sollten darauf gerichtet sein, die Strukturen und Verfahren für das Erreichen einer allgemeinen Übereinstimmung zu verbessern und Möglichkeiten dafür zu schaffen, daß Entscheidungen getroffen und durchgesetzt werden können, wo sich ein Konsens nicht erreichen läßt. Für bindende Entscheidungen müssen die meisten Großmächte ihre Zustimmung geben. Über wichtige Fragen sollte abgestimmt werden, und dabei sollten die Großmächte (im traditionellen Sinne dieses Begriffs) ebenso wie die volkreichsten Länder die Stimmenmehrheit, aber auch das Recht haben, ein Veto einzulegen. Die Existenz einer solchen für den »Notfall« zuständigen Instanz wird es erleichtern, zu einer Übereinstimmung zu kommen.

Zunächst wird es notwendig sein, neue Regeln für die Zusammensetzung der Vereinten Nationen und die Verfahren festzulegen, nach denen der Sicherheitsrat seine Entscheidungen trifft.

Um sicherzustellen, daß der Sicherheitsrat der Vereinten Nationen alle Mitglieder angemessen repräsentiert, und um das Vetorecht auf das notwendige Maß zu beschränken, sollte eine neue Kategorie ständiger Mitglieder ohne Vetorecht geschaffen werden. Zu den möglichen Kandidaten gehören Japan, die Europäische Union, Indien, Indonesien, Ägypten und Brasilien. Das Vetorecht der ständigen Mitglieder des Sicherheitsrats sollte nur den Vereinigten Staaten, Rußland und China zugestanden werden.

Zweitens sollten das Mitspracherecht schon bestehender Organe wie des Sozial- und Wirtschaftsrats erweitert und parallel zum Sicherheitsrat ein Rat für Umweltfragen geschaffen werden, der jedoch aus Vertretern anderer Mitgliedsländer besteht und kein Vetorecht hat. Diese Körperschaften sollten berechtigt sein, Mehrheitsentscheidungen zu treffen, die bindend sind, wenn sie nicht vom Sicherheitsrat oder der Generalversammlung der Vereinten Nationen aufgehoben werden.

Die Verbesserung der Möglichkeiten für die Einflußnahme der Vereinten Nationen auf die Entwicklung der Weltwirtschaft

Es muß sehr viel mehr für das sträflich vernachlässigte Problem der Lenkung der Weltwirtschaft getan werden. Wie schon gesagt, ist bisher noch kein ernsthafter Versuch unternommen worden, dem zunehmend stärker werdenden Einfluß privater Kräfte in der Weltwirtschaft zu begegnen und die Tätigkeit privater multinationaler Unternehmen zu überwachen und in die richtigen Bahnen zu lenken. Es gibt zwar eine Reihe von Körperschaften, die die Aufgabe übernommen haben, spezifische weltwirtschaftliche Fragen zu behandeln, aber keine von ihnen ist imstande, sich ein zutreffendes Bild von der Gesamtlage zu machen. Es ist bezeichnend, daß aus GATT eine multilaterale Handelsorganisation geworden ist, das heißt eine weitere Körperschaft ohne einen klaren Auftrag. Es gibt keine einzige internationale Körperschaft, die für einige sehr wichtige weltwirtschaftliche Fragen zuständig ist, wie etwa für die

Wechselkurse, den internationalen Zahlungsverkehr und die Koordination weltwirtschaftlicher Vorgänge.

Wirtschaftliche Probleme wie die gerechte Verteilung der Rohstoffe, die Frage der Verschuldung, die Gegensätze von Arm und Reich, die Kosten des Umweltschutzes und die komplexen Beziehungen zwischen innenpolitischen und internationlen Entscheidungen könnten im 21. Jahrhundert den schwierigsten Fragenkomplex ausmachen, dem sich eine Weltregierung stellen müßte, und zwar um so mehr, als diese Fragen in einem engen Zusammenhang mit dem durch eine Zunahme der Weltbevölkerung verursachten Druck stehen. Die Notwendigkeit für die Entwicklung »einer internationalen Strategie... zur Mobilisierung des Verantwortungsbewußtseins und der Hilfsmittel der Weltgemeinschaft für die globale Fortentwicklung«, wie Martin Lees das sehr zutreffend zum Ausdruck gebracht hat[18], zeigt sehr deutlich, welche Aufgaben von einem reformierten Weltwirtschaftssystem übernommen werden müssen. Auf diesem Gebiet müssen die zahlreichen Institutionen, die sich auf verschiedene Weise mit allen möglichen Aspekten der Weltwirtschaft beschäftigen, mehr als bisher gemeinsame Zielvorstellungen entwickeln, wobei der Pluralismus der Institutionen und die Spezialisierung für bestimmte Bereiche erhalten bleiben müssen und die internationalen Körperschaften, die die weltwirtschaftliche Entwicklung beeinflussen, keiner zu intensiven politischen Kontrolle unterworfen sein sollten.[19] Das ist der Grund, weshalb der Sozial- und Wirtschaftsrat bei der Lenkung der Weltwirtschaft eine entsprechende Rolle zu spielen hat.

Die meisten Vorschläge zur Frage einer Weltregierung weichen diesem Thema aus und enthalten nur ganz allgemeine Erklärungen dazu, vielleicht weil sie mit den technischen Problemen nicht vertraut sind, die berücksichtigt werden müssen, wenn es um die Frage der Lenkung der Weltwirtschaft geht. Wie schon gesagt, ist es bezeichnend, daß es keinen internationalen Ausschuß gibt, dessen Aufgabe es wäre festzustellen, welches die Voraussetzungen für eine Lenkung der weltwirtschaftlichen Entwicklung sind, wenngleich einige Vorschläge in dieser Richtung von nichtinternationalen Körperschaften gemacht worden sind.[20] C. R. Neu hat recht, wenn er in einer schriftlichen Stellungnahme der RAND Corporation erklärt: »Die Zeit ist gekommen, ein neues Bretton-Woods-Verfahren einzuleiten, in dessen Rahmen Wissenschaftler und Politiker aus allen Teilen der Welt über das Wesen und die Ziele internationaler wirtschaftlicher Institutionen im nächsten Jahrhundert diskutieren.«[21]

Der Umgang mit weltwirtschaftlichen Fragen muß aufmerksam beobachtet werden, um bessere Möglichkeiten für die Regulierung der globalen privaten wirtschaftlichen Kräfte zu schaffen, sich eine zutreffende Vorstellung von entscheidenden, aber vernachlässigten weltwirtschaftlichen Vorgängen zu machen und Strategien für die Förderung globaler wirtschaftlicher Vorhaben zu entwickeln.

Dazu bedarf es einer größeren Zielstrebigkeit der in diesem Bereich wirkenden Körperschaften, ohne daß dabei der Pluralismus behindert wird oder politische Erwägungen eine entscheidende Rolle spielen. Ein internationaler Ausschuß sollte beauftragt werden, sich eingehend mit diesem Thema zu befassen und Vorschläge auszuarbeiten, um die notwendige weltwirtschaftliche Zusammenarbeit zu ermöglichen, ohne die Vorteile der freien Marktwirtschaft aufzugeben.

Ein radikalerer Vorschlag wäre es, eine aus einem bis zu sechs Vertretern jedes Landes bestehende globale beratende Versammlung zu bilden. Ihre Mitglieder sollten entweder direkt, von den Parlamenten der Länder oder von vergleichbaren Körperschaften gewählt werden. Damit könnten die direkten Beziehungen zwischen den Bürgern und einer künftigen Weltregierung, der allgemeine Konsens, die Entwicklung einer globalen politischen Elite und der Sinn für die Identität jedes einzelnen mit der ganzen Menschheit wesentlich gefördert werden.[22] In der vorhersehbaren Zukunft würde die globale beratende Versammlung nur konsultative Funktionen haben, aber im Lauf der Zeit sollte ihr Zuständigkeitsbereich erweitert werden.

Der Sozial- und Wirtschaftsrat der Vereinten Nationen sollte gestärkt und zugleich ein für Umweltfragen zuständiges Gremium nach dem Vorbild des Sicherheitsrats gebildet werden, das jedoch nicht aus den gleichen Mitgliedern besteht. Mehrheitsentscheidungen sollten bindend sein und nur vom Sicherheitsrat oder der Generalversammlung der Vereinten Nationen aufgehoben werden dürfen.

Eine globale beratende Versammlung, bestehend aus einem bis sechs Vertretern jedes Landes, die entweder direkt oder von den Parlamenten gewählt werden, sollte gebildet werden.

Solche Reformen der politischen Organe der Vereinten Nationen sind zwar wichtig, genügen aber noch nicht. Hinter ihnen müßten eine hochqualifizierte exekutive Führung und tüchtige Mitarbeiter stehen, die systematisch die Arbeit der Vereinten Nationen mit dem Einsatz der Massenmedien und mit Hilfe von Bürgerinitiativen, ausreichender finanzieller Mittel und mit den notwendigen Vollmachten ausgestatteten Organen unterstützen, die notfalls die Befolgung wichtiger Beschlüsse durchsetzen können. Einige in diese Richtung gehende Reformen sind bereits angeregt worden, wie etwa die Stärkung der Position des Generalsekretärs und der Einsatz eines neuen Typs hochqualifizierter Zivilbeamter im Rahmen einer Weltregierung. Das wird aber noch nicht genügen. So könnte man zum Beispiel fordern, daß die Länder ihre Mitgliedschaft bei den Vereinten Nationen ruhen lassen müssen, wenn sie zwei Jahre lang ihre Beiträge nicht bezahlt haben. Es sei denn, der Sicherheitsrat spricht sich dagegen aus.

Anstatt auf weitere Einzelheiten einzugehen, die schon von anderen ausführlich behandelt worden sind, möchte ich meine Reformvorschläge für die Vereinten Nationen mit einer radikalen Empfehlung abschließen, die noch einmal verdeutlicht, in welche Richtung die Bemühungen um die Verwirklichung einer leistungsfähigen Weltregierung gehen sollten.

Die Mitgliedschaft in den Vereinten Nationen sollte für alle Staaten obligatorisch sein. Jedes Land, das nicht bereit ist, einer entsprechenden Aufforderung des Sicherheitsrats zu folgen, sollte mit wirksamen Sanktionen dazu gezwungen werden.

Eine Befolgung dieser Empfehlung kann dort zu Schwierigkeiten führen, wo Staaten, die keine Mitglieder der Vereinten Nationen sind, wesentlich zur Förderung der *raison d'humanité* beitragen. Dennoch wäre es ein wichtiger Schritt auf dem Wege zur Schaffung einer Weltregierung als einem Unternehmen, an dem sich die ganze Menschheit beteiligen kann und muß.

Um dieser augenscheinlich hierarchischen Betrachtungsweise die Schärfe zu nehmen, möchte ich auf eine Selbstverständlichkeit hinweisen. Eine »Weltregierung« sollte nicht im hergebrachten Sinne dieses Begriffs angestrebt werden, sondern nach meiner Auffassung sollte eine Weltregierung durchaus pluralistisch sein. So sollte man sich zum Beispiel bei künftigen Gipfeltreffen mehr auf die dabei zu leistende konkrete Arbeit und weniger auf das Ritual und die »public relations« konzentrieren. Es müßten neue zwischenstaatliche Organisationen geschaffen werden.[23] Dazu bedarf es globaler Vereinbarungen zur Lösung spezifischer Probleme, einer verstärkten Zusammenarbeit nichtstaatlicher Körperschaften und der Bildung von Zusammenschlüssen von Persönlichkeiten, die bereit sind, sich aktiv am Ausbau der zwischenstaatlichen Beziehungen zu beteiligen. Das sind nur einige Beispiele für ein immer dichter werdendes multidimensionales Netz mit zunehmend bedeutenden Funktionen beim Ausbau einer Weltregierung und beim Zusammenwachsen der ganzen Menschheit. Dazu muß jedoch auch die Möglichkeit bestehen, für alle Länder bindende kontroverse Entscheidungen zu treffen, und zwar im Rahmen der reformierten Vereinten Nationen.

17. Kapitel

Wachsame Aufmerksamkeit

Wie wir gesehen haben, müssen die Regierungen nicht nur mit mehr Phantasie und Energie an ihre kurzfristigen Aufgaben herangehen, sondern sie sind auch verantwortlich für weiterreichende Vorhaben, deren Bewältigung sich entscheidend auf die Zukunft der Gesellschaft und der gesamten Weltbevölkerung auswirken wird. Eine künftige Weltregierung muß angesichts der zunehmenden Vielfalt weltpolitischer Probleme gestärkt werden. Diese Erweiterung des Verantwortungsbereichs der Regierungen läßt eine möglichst weitgehende Überwachung jeder politischen Tätigkeit dringlicher werden als je zuvor.

In vielen Ländern gibt es allerdings schon jetzt hochentwickelte, komplexe Überwachungssysteme, und zwar sowohl innerhalb als auch außerhalb der Regierungssysteme, wobei die freien Massenmedien eine entscheidende Rolle spielen. Hier können wir aus der traditionellen chinesischen Staatsführung lernen, wo das Überwachungssystem (wir haben bereits über die Beaufsichtigung und Kontrolle der Regierungsarbeiten gesprochen) eines der »Häuser« (Yuan) war, aus denen das konfuzianische Staatssystem bestand. Charles O. Hucker erläutert im folgenden kurz die Wirkungsweise dieses Systems: »Im kaiserlichen China war die Zensur eine offizielle, systematische Einrichtung innerhalb der Regierung und hatte drei Hauptaufgaben zu erfüllen: 1. Die ständige Überwachung aller Regierungsaktivitäten durch Organe außerhalb der normalen Verwaltungshierarchie; 2. gegen Zivilbeamte, militärische Führer und andere Angehörige der Regierung wurde für Verstöße gegen geltende Verhaltensnormen im privaten wie im öffentlichen Bereich Anklage erhoben, sie wurden gerügt oder gestraft, und 3. wurden Verbesserungsvorschläge gemacht oder weitergegeben, in einigen Fällen auch Befehle erteilt, und zwar für Abweichungen von bisher gültigen politischen Verfahren und Praktiken oder für personelle Veränderungen. Oft gehörte zu diesen Empfehlungen auch die direkte oder indirekte Mißbilligung des Verhaltens und der Entscheidungen des Herrschers selbst... Letzten Endes dienten all diese... Maßnahmen, wie es im Chinesischen heißt, ›der Verbesserung der Verwaltung‹«.[1]

Das Chinesische System könnte, selbst wenn es in der Praxis nicht immer so reibungslos funktioniert hat, wie es nach dieser etwas idealisierenden Darstellung scheinen mag, auch heute als Modell für die Beaufsichtigung der Regierungstätigkeit dienen. Aber die Möglichkeiten, ihre Amtspflicht verletzende Beamte von einem unabhängigen Gremium beurteilen und bestrafen zu lassen und Spitzenpolitiker in geeigneter Weise zu ermahnen, sind den heute für solche Kontrollen zuständigen Institutionen nicht gegeben.

Doch aus solchen Ideen ergeben sich schwierige Fragen im Hinblick auf die politische Verantwortlichkeit gewählter Politiker. Daher erwähnen wir sie zunächst vor allem, um zu gründlicherem Nachdenken anzuregen. Unsere Empfehlungen für Reformen auf diesem Gebiet halten sich in engeren Grenzen:

Auf allen staatlichen Ebenen sollte die Überwachung durch Revisoren und Ombudsmänner verstärkt werden. Das gilt auch für alle Körperschaften für die Vereinten Nationen und andere internationale staatliche Institutionen.

Die Revisoren und Ombudsmänner sollten von den Parlamenten ernannt und den Vereinten Nationen durch Mehrheitsentscheidung der Generalversammlung bestimmt werden und ihr gegenüber verantwortlich sein. Das General Accounting Office in den Vereinigten Staaten und das State Comptroller's Office in Israel sind Modelle für solche Institutionen.

Es ist unbedingt erforderlich, daß eine solche Überwachung gesetzlich geregelt wird, auch wenn die Art und Weise, in der sie durchgeführt wird, je nach den Traditionen der Rechtsprechung in den einzelnen Ländern verschieden sein kann. Mit der Stärkung der internationalen staatlichen Institutionen muß auch die gesetzlich geregelte Kontrolle der Aktivitäten der Vereinten Nationen und ihrer Körperschaften intensiviert werden, und zwar weit über die gegenwärtig begrenzte Zuständigkeit des Verwaltungsgerichtshofs der Vereinten Nationen hinaus – aber ohne damit eine streng legalistische Kultur zu schaffen und in voller Berücksichtigung der Autonomie der professionellen Entscheidungsfreiheit[2] und der Legitimität politischer Entscheidungen unter geltendem Recht.

Auf globaler Ebene sollte die gesetzlich geregelte Kontrolle der Aktivitäten der Vereinten Nationen und anderer internationaler Körperschaften intensiviert werden. Der Verwaltungsgerichtshof der Vereinten Nationen könnte zu einem Verwaltungsgericht mit erweiterer Zuständigkeit umgestaltet werden.

Um den Erfordernissen der *raison d'humanité* auf internationaler Ebene besser gerecht werden zu können, bedarf es zahlreicher unabhängiger Körperschaften zur Überwachung der politischen Aktivitäten auf nationaler Ebene und darüber hinaus. Einige dieser Körperschaften sollten außerhalb des bereits vorgeschlagenen gestärkten internationalen Rechtssystems quasirichterliche Funktionen übernehmen. Die Entscheidung, einen Hochkommissar der Vereinten Nationen für Menschenrechte einzusetzen, der befugt ist, dort einzugreifen, wo die menschlichen Grundfreiheiten eingeschränkt werden, und der das Recht hat, der Generalversammlung der Vereinten Nationen oder der Menschenrechtskommission in Genf[3] solche Verstöße zu melden, ist ein wichtiger Schritt in die richtige Richtung. Aber viele wichtige Kontrollfunktionen können nur von unabhängigen Körperschaften außerhalb des Systems der Vereinten Nationen wahrgenommen werden. Die Human Rights Watch[4], das World Watch Institute und Amnesty International sind Körperschaften, die diese Aufgaben in vorbildlicher Weise übernehmen, sie sollten dabei tatkräftig unterstützt werden.

Unabhängige Kontrollorgane für die Überwachung der Einhaltung der Menschenrechte und die Beachtung der Grundsätze des Umweltschutzes überall auf der Welt sollten von einer künftigen Weltregierung unterstützt werden. Ihre Feststellungen sollten den zuständigen Gremien der Vereinten Nationen vorgelegt werden. Sie müssen jedoch in der Lage sein, frei und unbeeinflußt zu arbeiten. Dabei muß jedoch vermieden werden, daß rechtlicher Formalismus und legalistisches Eingreifen die professionelle Entscheidungsfreiheit und politische Entscheidungen im Rahmen des geltenden Rechts behindern.

Wir brauchen aber noch mehr. Es sollte möglich werden, im Rahmen einer künftigen Weltregierung eine internationale Kontrollbehörde als Dauereinrichtung zu schaffen, die volle Bewegungsfreiheit genießt, in allen Ländern Daten sammeln und Gespräche führen kann und in Übereinstimmung mit dem internationalen Recht und den geltenden Normen die Beachtung der allgemein anerkannten Grundsätze im Hinblick auf die Menschenrechte, den Umweltschutz und die Rüstungsbegrenzung überwacht. Die Erfahrungen der Internationalen Atomenergie Kommission zeigen, in welcher Weise das geschehen könnte, obwohl in diesem Fall die Kontrollmöglichkeiten wesentlich erweitert werden müßten. Das gleiche gilt für die Arbeit des kürzlich ernannten und oben schon erwähnten Hochkommissars der Vereinten Nationen für Menschenrechte.

Es sollte eine internationale und unabhängige Behörde geschaffen werden, deren Aufgabe es sein muß festzustellen, ob sich die einzelnen Staaten an die weltweit geltenden Regeln und Normen halten, insbesondere an die kategorischen, die ganze Menschheit betreffenden Erfordernisse und die von den Vereinten Nationen als international bindend getroffenen Entscheidungen.

Von der Schlüsselrolle der Massenmedien bei der Überwachung der Regierungstätigkeit haben wir bereits gesprochen. Diese Funktion der Medien muß weltweit anerkannt und unterstützt werden, ebenso auch die größere Transparenz der Regierungsarbeit und eine Erweiterung des Rechts der Öffentlichkeit, Einblick in die für die Entscheidungen der Regierungen maßgebenden Unterlagen zu nehmen. Dabei müssen wir natürlich berücksichtigen, daß gewisses Material vertraulich behandelt werden muß, um freimütige Diskussionen in den Regierungen zu ermöglichen, ohne die vernünftige politische Entscheidungen kaum möglich sind.

Das Recht der Öffentlichkeit, über die politischen Zusammenhänge unterrichtet zu werden, sollte ebenso wie die Transparenz der Regierungsarbeit zu einer weltweit anerkannten Norm werden – wobei auf der anderen Seite anerkannt werden muß, daß gewisse Dinge vertraulich behandelt werden müssen.

Die Massenmedien sollten ermutigt werden, aufklärend zu wirken, und es ist dringend erforderlich, diese Arbeit weltweit zu unterstützen. Allerdings muß es gesetzliche Regelungen zum Schutz der Privatsphäre der Betroffenen geben, nach denen auch verleumderische Behauptungen unter Strafe gestellt werden, wobei das Recht der Öffentlichkeit, über das Verhalten der führenden Regierungseliten unterrichtet zu werden, den Vorrang haben sollte.

Schließlich sollten Privatpersonen und Interessengruppen das Recht haben, gerichtlich gegen eine Regierung vorzugehen, die gegen menschliche Grundrechte verstößt oder weltweit anerkannte Normen und Entscheidungen verletzt. Der Europäische Gerichtshof für die Menschenrechte sollte Vorbild für eine möglichst bald zu schaffende globale gerichtliche Instanz dieser Art sein.

Privatpersonen und Interessengruppen sollten berechtigt sein, vor einem internationalen Gerichtshof Regierungen zu verklagen, die gegen weltweit anerkannte kategorische Menschenrechte, internationale Normen und bindende internationale Entscheidungen verstoßen. Dabei sollte jedoch dafür gesorgt werden, daß weder leichtfertige Ansprüche gestellt werden noch nach starren legalistischen Gesichtspunkten vorgegangen wird. Pluralistische Auffassungen davon, was als Menschenrecht zu gelten hat, müssen respektiert werden. Diese Verfahrensweise sollte allmählich parallel zur Entwicklung eines übereinstimmenden Verständnisses für die hier anzulegenden sittlichen Maßstäbe eingeführt werden.

Bei der Behandlung des Problems der Überwachung aller staatlichen Funktionen sind wir den allgemeinen Vorstellungen zu diesem Thema gefolgt, haben jedoch einen wesentlichen Gesichtspunkt außer acht gelassen: nämlich die Notwendigkeit, möglichst schnell überholte Organisationen, Funktionen, Institutionen, Verfahren und Strukturen abzuschaffen. Die von uns vorgeschlagenen Reformen empfehlen in der Regel, daß dem gegenwärtigen Regierungssystem etwas hinzugefügt wird. Wenn das jedoch geschieht, ohne sich von zahlreichen Bereichen zu trennen, die nur überlebt haben, weil das Prinzip der »natürlichen Auswahl« im Rahmen der staatlichen Strukturen nicht ausreichend zur Anwendung gekommen ist[5], dann kann die Folge sehr wohl eine erhebliche Behinderung der Regierungsaktivitäten sein, was dazu führen könnte, daß die wichtigsten Aufgaben der Regierenden nicht mehr erfüllt werden. Deshalb gehört zu einer umfassenden Überwachung staatlicher Funktionen eine kritische Beurteilung des bestehenden Regierungssystems, um überholte Elemente zu identifizieren und »auszuschalten«. Das sollte unter besonderer Beachtung der Fähigkeit des Regierungsapparats geschehen, auch den höchsten Anforderungen zu genügen. Um ihrer Aufgabe gerecht zu werden, müssen die Instanzen, die darüber entscheiden, was an diesem System überholt ist, völlig unabhängig vom Einfluß irgendwelcher Interessengruppen sein.[6]

Von überholten Regierungsfunktionen, Institutionen und Verfahren muß man sich unter allen Umständen trennen, um eine notwendige Umstrukturierung vornehmen zu können. Es sollten besondere Behörden beauftragt werden, in einem genau festgelegten Verfahren den Verzicht auf überholte Elemente der Regierungstätigkeit einzuleiten, und zwar unter besonderer Berücksichtigung der wichtigsten von der Politik zu erfüllenden Aufgaben. Diese Maßnahmen bedürfen, um Erfolg zu haben, der uneingeschränkten politischen Unterstützung, und sie müssen unabhängig von personellen Veränderungen getroffen werden.

18. Kapitel

Umgang mit Krisen

Zu den wirklichen Bewährungsproben der Regierungsfähigkeit gehören Krisen und große Katastrophen bis zum Versagen der wichtigsten sozialen Einrichtungen und der für das Leben entscheidend wichtigen Dienstleistungen. Wir haben schon von den Auswirkungen der Traumatisierung gesprochen, die sich aus Krisen und Katastrophen ergeben. Nun müssen wir fragen, wie der Regierungsapparat in die Lage versetzt werden kann, mit solchen Notsituationen fertig zu werden, die unter Umständen bis zur »Unregierbarkeit« führen.

Wenn wir uns zunächst den »normalen Krisen« zuwenden, dann zeigt sich, daß zahlreiche Krisen regelmäßig auftreten und es daher möglich sein müßte, systematisch mit ihnen umzugehen. Beispiele sind Naturkatastrophen, Unfälle in Kernkraftwerken, Generalstreiks und terroristische Gewalttaten. Solche Krisen sind Gegenstand des »Krisenmanagements«.[1] Das gilt aber auch für Kriege, die zu den gefährlichsten Krisen gehören und leider in der Vergangenheit, aber ebenso auch heute in einigen Teilen der Welt mit erschreckender Regelmäßigkeit geführt wurden und werden. Angesichts der Tatsache, daß es immer wieder zu solchen Krisen kommen wird, sollten überall qualifizierte Fachleute vorhanden sein, um in derartigen Fällen eingreifen zu können. Da wir auf all diesen Gebieten über genügend Fachwissen und reiche Erfahrungen verfügen, dürfte dies nicht schwer sein.

Aber das Krisenmanagement sollte auf allen staatlichen Ebenen verbessert werden, unter anderem dadurch, daß aus Fachleuten auf all diesen Gebieten bestehende Arbeitsgruppen zusammentreten und laufend darauf vorbereitet werden, in Notfällen eingreifen zu können.

Ich war erschüttert, feststellen zu müssen, wie wenig in den meisten Amtsbereichen von Regierungschefs, deren Arbeitsweise ich näher kennengelernt habe, für das Krisenmanagement geschieht. Das ist ein schweres Versäumnis, denn hier verzichtet man auf relativ einfache Maßnahmen, mit denen man die Regierungsfähigkeit wesentlich verbessern könnte. Die Ursachen dafür sind unter anderem eine zu starke Belastung durch akute Probleme und der Widerwille dagegen, über die Möglichkeit nachzudenken, daß es jederzeit zu negativen Ereignissen kommen könnte. Auch das bürokratische Ränkespiel verhindert oft den Einsatz von Arbeitsgruppen für das Krisenmanagement an der Regierungsspitze, wo eine solche Einrichtung hingehört. Es gibt aber auch noch andere Gründe für die fehlende Bereitschaft, sich auf die Bewältigung von Krisen vorzubereiten: Viele Spitzenpolitiker verlassen sich auf ihre Fähigkeit zu improvisieren und glauben, sie könnten spontan in der richtigen Weise auf überraschend eintretende Krisen reagieren.

In Krisensituationen ergreifen die führenden Politiker oft zu Recht selbst die Initiative. Doch bevor es soweit ist, weigern sie sich, an Veranstaltungen teilzunehmen, auf denen die Einzelheiten des Krisenmanagements behandelt werden. Das aber wäre die einzige Möglichkeit, sich auf die im Fall einer Krise zu treffenden Entscheidungen vorzubereiten. Das Ergebnis ist, daß ein großer Teil der Vorbereitungsarbeit mit Ausnahme von rein technischen Angelegenheiten, die keine so große Bedeutung haben wie die Qualität der Entscheidungen, die in Krisensituationen getroffen werden müssen, umsonst gewesen ist. Deshalb beschäftigen sich die wenigen Krisenstäbe, die es an der Spitze der Regierungen gibt, in der Hauptsache damit, Informationen zu sammeln und weiterzugeben; sie dienen jedoch nicht als fachliche Berater der Spitzenpolitiker bei deren Entscheidungen in Krisensituationen.

Auch das zeigt uns, wie notwendig es ist, daß Spitzenpolitiker stets bereit sein müssen dazuzulernen. Manchmal haben sie gute Gründe, sich nicht vor den Augen der Öffentlichkeit an den Vorbereitungen zur Bewältigung einer Krise zu beteiligen, wenn es dabei um sehr sensible Fragen geht. Aber der eigentliche Grund, weshalb sich führende Politiker gewöhnlich weigern, an der Arbeit ihrer Krisenstäbe teilzunehmen, liegt darin, daß im Anschluß von Veranstaltungen, bei denen Krisensituationen durchgespielt werden, das Verhalten der Teilnehemr kritisch besprochen wird – und Politiker wollen sich nur ungern solcher Kritik aussetzen, mag sie auch noch so taktvoll vorgetragen werden.

Führende Politiker, die in Krisensituationen die Initiative ergreifen wollen, sollten an Übungen teilnehmen, bei denen die Entscheidungsprozesse in kritischen Situationen durchgespielt werden. Sie sollten aber auch bereit sein, daraus zu lernen und sich bei den anschließenden Besprechungen kritisieren zu lassen.

Internationale Krisen

Einer ganz anderen Art der Herausforderung müssen sich Politiker stellen, wenn es zu internationalen Krisen kommt, etwa zu riesigen Katastrophen, die ein Eingreifen globalen Ausmaßes verlangen. Schwierige Situationen entstehen, wenn internationale Krisen von Ländern verursacht werden, die in aggressiver Weise gegen andere vorgehen – zum Beispiel in der Form eines militärischen Einmarsches oder der Unterstützung massiver terroristischer Gewalttäter. Es kann aber auch die plötzliche Bedrohung der *raison d'humanité* sein, zum Beispiel durch die Weitergabe von Kernwaffen oder durch die Vernichtung der für das Überleben der Menschheit wesentlichen ökologischen Ressourcen. Besonders schwerwiegend sind auch Fälle, in denen die Regierungen gegen entscheidende sittliche Normen verstoßen, sich zum Beispiel gegen ihre eigenen Bürger wenden und Tausende von ihnen umbringen lassen.

Um solchen Situationen gewachsen zu sein, muß eine Weltregierung zunächst bessere Voraussetzungen für ein wirksames Krisenmanagement schaffen, und zwar in ähnlicher Weise, wie wir es für die Bewältigung »normaler« Krisen empfohlen haben. Ein aus Fachleuten bestehender Krisenstab sollte auf höchster Ebene der Vereinten Nationen gebildet werden. Die Abhängigkeit von den Mitgliedsstaaten setzt den Wirkungsmöglichkeiten eines Krisenstabes der Vereinten Nationen gewisse Grenzen, und deshalb ist es unrealistisch, schon jetzt zu empfehlen, daß die Vertreter der einzelnen Länder an den Übungen für die Bewältigung politischer Krisen teilnehmen, die ein Krisenstab veranstaltet. Vielleicht werden jedoch einige von ihnen als inoffizielle Beobachter zugelassen. Dennoch ist eine bessere Vorbereitung der höheren Beamten der Vereinten Nationen auf die Bewältigung von Krisen ein wichtiger Schritt auf dem Wege zur Stärkung einer Weltregierung.

Ein aus Fachleuten bestehender Krisenstab sollte im Generalsekretariat der Vereinten Nationen gebildet werden. Dieser Stab sollte praktische Übungen organisieren, bei denen die politische Bewältigung internationaler Krisen durchgespielt wird. Daran sollten hohe Beamte der Vereinten Nationen und nach Möglichkeit auch Vertreter der einzelnen Länder teilnehmen – besonders aber Mitglieder des Sicherheitsrats.

Doch so wichtig solche technischen Vorbereitungen auch sein mögen, sie allein genügen noch nicht. Eine Weltregierung muß Notstandssituationen mit Maßnahmen begegnen, die besonderen Kriterien und Normen entsprechen. Diese Entscheidungen können nicht ad hoc getroffen werden, aber die Vereinten Nationen sind heute noch nicht einmal in der Lage, sich über die Regeln für notwendige Interventionen zu einigen. Wir nähern uns hier dem Thema einer neuen internationalen Ordnung, die sich auf neue globale Normen gründet. Das einzige aussichtsreiche Verfahren, auf diesem Weg voranzukommen, besteht darin, die Lösung des Problems zunächst geeigneten Körperschaften außerhalb der Regierungen zu überlassen und zu vermeiden, daß im Bemühen um eine bessere Welt undurchführbare Maßnahmen vorgeschlagen werden. Es gibt in der Tat eine Reihe von Körperschaften, die die technischen Voraussetzungen und Vorbereitungen für ein internationales Eingreifen untersuchen, wie zum Beispiel die Möglichkeit eines Einsatzes von Streitkräften auf Veranlassung der Vereinten Nationen. In dieser Richtung muß noch manches getan werden, etwa die Aktivierung der entsprechenden Organisationen der Vereinten Nationen wie des in der Charta erwähnten Militärausschusses. Noch wichtiger ist jedoch, bestimmte Regeln für jedes Eingreifen festzulegen.

Nichtstaatliche Körperschaften sollten Regeln, Kriterien und allgemeine Direktiven für ein internationales Eingreifen in Notfällen entwerfen. Sie sollten durchführbar sein und »realistischen Vorstellungen« entsprechen.

Durch radikale Veränderungen verursachte Schwierigkeiten

Ernste Schwierigkeiten können entstehen, wenn es als Folge radikaler politischer Veränderungen zu erheblichen sozialen Unruhen und schließlich zum Auseinanderbrechen des sozialen Gefüges kommt. Einigen dieser Situationen kann man mit den oben beschriebenen Methoden für das Krisenmanagement erfolgreich begegnen. Aber der Zusammenbruch des sozialen Gefüges nach tiefgreifenden politischen Veränderungen geht sehr viel weiter: Das Leben wird nicht mehr von Recht und Ordnung beherrscht, die sozialen Strukturen lösen sich auf, die für das menschliche Überleben notwendigen materiellen Mittel werden immer knapper, und manchmal richten sich aggressive Übergriffe gegen andere Länder. Revolutionen und vorrevolutionäre Situationen gehören zu den durch politische Veränderungen ausgelösten Krisen, aber die letzteren müssen nicht unbedingt zu »Revolutionen« in dem Sinne führen, daß alle Bindungen an Recht und Ordnung aufgegeben werden und es in größerem Ausmaß zu blutigen Auseinandersetzungen kommt.

Während ich dieses Buch schreibe, erleben wir viele solche Entwicklungen. Die Zapatista-Bauernrebellion in Mexiko zeigt deutlich, wie ein durch örtliche Veränderungen verursachter Zusammenbruch von Ruhe und Ordnung entweder in Grenzen gehalten werden kann oder zu einer nationalen Katastrophe führt. In Rußland sehen wir, daß die Entwicklung nach dem Zusammenbruch des Kommunismus durch Höhen und Tiefen geht – ein Zustand, der noch über Jahrzehnte andauern kann. Die Republik Südafrika wurde von schweren Erschütterungen bedroht. Somalia und das ehemalige Jugoslawien erleben eine Periode durch politische Veränderungen verursachter blutiger Konfrontationen zwischen den verschiedenen ethnischen Gruppen.

Der Friedensprozeß im Nahen Osten beweist, daß es auch dort zu schweren inneren Erschütterungen kommen kann, wo politische Veränderungen im Grunde positiv zu beurteilen sind. Viele dieser »Erschütterungen« sind jedoch Geburtswehen einer besseren Zukunft. Sie sind das, was Joseph A. Schumpeter »kreative Zerstörung« genannt hat.[2] Aber alle durch Veränderungen ausgelösten Erschütterungen führen zu der Gefahr der »Unregierbarkeit« und erfordern außergewöhnliche Maßnahmen der Regierungen.

Es gibt drei typische Arten von Erschütterungen, die durch politische Veränderungen ausgelöst werden:

Erstens verursachen globale Veränderungen stets Erschütterungen in allen möglichen gesellschaftlichen Bereichen.[3] Solche Erschütterungen werden daher in der vorhersehbaren Zukunft eine besondere Herausforderung für die Regierungsfähigkeit auf allen Ebenen sein.[4]

Zweitens gibt es im Hinblick auf die Intensität und Form solcher Erschütterungen je nach der Art der Veränderungen, die sie ausgelöst haben, und je nach Geschwindigkeit, Inhalt und der Elastizität der Kulturen, in denen sie sich vollziehen, nach den zur Linderung der unangenehmsten Folgen verfügbaren materiellen Mitteln, der Leichtigkeit, mit der sich die Beteiligten bewaffnen können, und weiteren Möglichkeiten, zu denen auch Interventionen von außen gehören, die verschiedensten Varianten.

Drittens wissen wir heute noch nicht genug über die Zusammenhänge zwischen politischen Veränderungen und gesellschaftlichen Erschütterungen, und deshalb fällt es uns schwer, die sich hier ergebenden Probleme zu lösen. Eine Metapher aus der Chaostheorie kann uns hier vielleicht helfen: Nehmen wir an, wir haben es mit einem Stoff zu tun, der verschiedene Erscheinungsformen annehmen kann, wie etwa das Wasser, das zu Eis oder zu Dampf werden kann, und nehmen wir weiter an, daß wir die relativ stabilen Aggregatzustände als Eis, Flüssigkeit oder Dampf gut kennen, dann wissen wir noch nicht, was in den Übergangsphasen vom Eis zum Wasser und zum Dampf geschieht. Das sind sehr turbulente Vorgänge, bei denen es zu zahlreichen, kaum erkennbaren »Auflösungserscheinungen« kommt, die sich in ihrer Dynamik sehr stark von den stabilen Aggregatzuständen des Eises, des Wassers und des Dampfes unterscheiden.[5] Wir wissen sehr wenig über die Übergangsphasen von der kommunistischen Kommandowirtschaft zur demokratischen Marktwirtschaft, von der Apartheid zur politischen Gleichberechtigung, von den traditionellen und prämodernen zu den postmodernen Gesellschaftsstrukturen und dergleichen mehr.

Wir wissen aber aus Erfahrung und aus der Beobachtung dieser Vorgänge sowie aufgrund theoretischer Überlegungen, daß die durch politische Veränderungen ausgelösten Erschütterungen viel menschliches Leid und aggressives Verhalten verursachen können und daher nicht unbedingt als »positiv« zu beurteilen sind, da sie nicht zu erwünschten sozialen Situationen führen: etwa zu humanen, demokratischen Regierungsformen und friedlichen Gesellschaften.

Die durch politische Veränderungen ausgelösten Erschütterungen lassen oft Situationen entstehen, in denen uns »moralisches Ungemach«[6] zu Entscheidungen zwingt, die tragische Folgen haben können. So können aus demokratischen Wahlen schwache Regierungen hervorgehen, die nicht in der Lage sind, sich in turbulenten Zeiten durchzusetzen[7] – was zu weiteren Erschütterungen führen muß. Dabei entsteht ein wie eine Spirale nach unten gerichteter Teufelskreis, der den Fortbestand der Demokratie ernsthaft bedroht. Ohne so weit zu gehen wie John Stuart Mill, der in seinem Buch *On Liberty* einer despotischen Herrschaftsform den Vorzug gibt, können radikale Veränderungen autoritäre Regierungen erforderlich machen, um der Gefahr zu begegnen, daß es als Folge politischer Veränderungen zu schweren Erschütterungen kommt.[8] Eine plebiszitäre Demokratie mit einem starken Präsidenten bedeutet ein erhebliches Risiko, aber in bestimmten Fällen könnte es die am wenigsten riskante Alternative sein. Unter gewissen Voraussetzungen ließe sich das auch von einer als Übergang anzusehenden »konstitutionellen Diktatur« sagen.

Notstandsregierungen

Wir müssen uns mit der Tatsache abfinden, daß es gelegentlich auch Notstandsregierungen geben muß, die allerdings nur als Übergangslösung angesehen werden können. Karl Schmitt erkennt mit seiner Definition der »Souveränität« als der Autorität, die berechtigt ist, den Notstand auszurufen[9], ganz zutreffend die große Bedeutung einer solchen Vollmacht, aber auch die damit verbundenen Gefahren. Hier kommt es darauf an, zwischen den mit einer Unterschätzung der Notstandssituationen verbundenen Risiken und der damit gegebenen Gefährdung der Demokratie einerseits und andererseits den auf die Dauer zu bewahrenden gesellschaftlichen Wertmaßstäben sowie dem Mißbrauch der Sondervollmachten eines solchen Regimes, der ähnliche Folgen haben könnte, ein ausgewogenes Gleichgewicht herzustellen.

In der Theorie und in der Praxis übersehen die modernen Demokratien allzuleicht die Notwendigkeit, den Erfordernissen von Notstandssituationen gerecht zu werden. Das gefährdet vielleicht sogar in den Ländern den Bestand der Demokratie, die eine lange demokratische Tradition besitzen, weil es keine Kriterien für ein angemessenes Verhalten in solchen Fällen gibt und die Regierungen ungenügend darauf vorbereitet sind, hier das Richtige zu tun. Noch schlimmer können die Folgen einer falschen Beurteilung solcher Situationen in anderen Ländern sein, wo das Ausrufen des Notstandes die bestmögliche Alternative ist. So können die betroffenen Länder sich gezwungen sehen, härtere Maßnahmen zu ergreifen, als wenn sie von den Demokratien unterstützt würden, oder andererseits erforderliche Schritte zu unterlassen, was ebenfalls ernste Folgen haben und die Demokratie gefährden kann.

Wenn politische Veränderungen gefährliche Erschütterungen verursachen, kann es notwendig werden, daß »starke« Regierungen mit Zustimmung der Bevölkerung die Verantwortung übernehmen. Manchmal können »konstitutionelle Diktaturen« das geringste aller Übel sein. Vielleicht müssen harte Maßnahmen ergriffen werden. Länder, in denen aus guten Gründen Notstandsregierungen gebildet werden, sollten unterstützt werden, während solche, die mit außergewöhnlich strengen Methoden vorgehen, ohne daß diese gerechtfertigt erscheinen, nur geduldet werden sollten.

Notstandsregierungen bedeuten für jedes Land eine Gefahr. Viele von ihnen greifen, ohne daß es unbedingt notwendig wäre, mit harten Maßnahmen in das politische Geschehen ein[10], wollen sich unter allen Umständen an der Macht halten und gehen aggressiv gegen andere Länder vor. Sehr ernste Situationen entstehen auch, wenn es keiner Regierung gelingt, an der Macht zu bleiben, und daher die Gefahr besteht, daß das gesellschaftliche Leben vollständig zusammenbricht. Bei solchen Erschütterungen und einem »verbrecherischen« Regime muß international eingegriffen werden.

Die Ereignisse in Bosnien und Somalia beweisen nicht nur, daß es dringend erforderlich ist, in solchen Situationen die Möglichkeit für ein wirksames internationales Eingreifen zu schaffen; sie zeigen vor allem aber die erschütternde Unzulänglichkeit der bestehenden Strukturen. Wieweit es gelingt, solche Situationen zu bereinigen, ist eine entscheidende Bewährungsprobe für die hier tätig werdenden internationalen Instanzen und zugleich eine Gelegenheit, ihre Glaubwürdigkeit zu beweisen. Für die Bewältigung von Notsituationen müssen daher wirksame Methoden gefunden, angewendet und angesichts der dabei gemachten Erfahrungen verbessert werden. Dazu gehören der Einsatz leistungsfähiger Krisenstäbe und die Festlegung der Voraussetzungen für ein internationales Eingreifen in der oben empfohlenen Weise, aber das allein genügt noch nicht.

Alle staatlichen Institutionen sollten besser darauf vorbereitet sein, wenn notwendig mit Gewalt in Krisensituationen einzugreifen. Eine solche Intervention sollte vom Generalsekretär der Vereinten Nationen auf Veranlassung des Sicherheitsrats oder der Generalver-

sammlung angeordnet werden können. Die geeigneten Stäbe, Kommandostrukturen, materielle Voraussetzungen, Hilfsmittel und Streitkräfte sollten bereitgestellt werden und ständig für solche Aufgaben zur Verfügung stehen.

Notfälle, die neben den schon erwähnten ein internationales Eingreifen erfordern, können in den verschiedensten Formen auftreten. Das können Situationen sein, in denen sich deutlich erkennen läßt, daß einzelne Länder oder Gruppen von Ländern nicht damit fertig werden und deshalb die Unterstützung durch internationale Kräfte brauchen: zum Beispiel bei Hungersnöten, Naturkatastrophen, bedrohlichen Epidemien usw. Eine Regierung kann aber auch in die Lage kommen, gewisse Probleme nicht bewältigen zu können, die die ganze Gesellschaftsstruktur gefährden. Das kann zum Beispiel geschehen, wenn Drogenkartelle zu mächtig werden oder eine legitime Regierung von offensichtlich kriminellen Kräften gestürzt wird. Extreme Fälle sind Staaten und Gesellschaften, die sich offensichtlich in Auflösung befinden oder von Kriminellen beherrscht werden, die schwere Verbrechen gegen die Menschlichkeit begehen. In solchen Situationen werden kurzfristig getroffene Notmaßnahmen oft nicht ausreichen. Vielmehr kann es notwendig werden, eine internationale Treuhandverwaltung einzusetzen, um dringenden menschlichen und gesellschaftlichen Bedürfnissen gerecht zu werden und das Fundament für eine stabile und befriedigende Regierungsform zu legen. Die für die bis dahin begangenen Verbrechen Verantwortlichen müssen dann vor ein internationales Gericht gestellt und abgeurteilt werden.

Wo in einem Land die politische und gesellschaftliche Ordnung zerfällt oder verbrecherische Elemente die Regierungsgewalt übernommen und schwere Verbrechen gegen die Menschlichkeit begangen haben, sollten die Vereinten Nationen eine Treuhandverwaltung einsetzen. Eine solche Maßnahme müßte von der Mehrheit des Sicherheitsrats oder der Generalversammlung, gegen die es kein Vetorecht gibt, angeordnet werden. Die Treuhandverwaltung sollte höchstens für die Dauer von zwei Jahren Regierungsaufgaben übernehmen, es sei denn, diese Frist wird durch eine Mehrheitsent-

scheidung des Sicherheitsrats und der Generalversammlung der Vereinten Nationen verlängert.

Es besteht allerdings auch die Gefahr des Mißbrauchs bei einem solchen Eingreifen in die inneren Angelegenheiten eines anderen Landes, denn manchmal ist es sehr schwer, zwischen Aggressionen gegen Länder, die nicht besonders geschätzt werden oder anders sind als das eigene, und der Wahrnehmung internationaler und allgemein menschlicher Interessen zu unterscheiden. Der Wert des Pluralismus im Hinblick auf allgemeine menschliche Erfordernisse sollte uns bewußtmachen, wie gefährlich es sein kann, wenn hegemoniale Ideologien und Machtansprüche intervenieren und das Recht mißbrauchen.

Außerdem muß man berücksichtigen, daß die Übernahme der Treuhandverwaltung eines Gebiets auch seine militärische Besetzung bedeutet, die Grundrechte der Bevölkerung einschränkt und in der praktischen Durchführung zu zahlreichen komplexen Problemen führt. Das Einsetzen einer Treuhandverwaltung ist eine Sache, aber sie zum erfolgreichen Abschluß zu bringen und an ihrer Stelle eine Regierung einzusetzen, die von der Bevölkerung unterstützt wird und in der Lage ist, die weitere Entwicklung des Landes zu fördern, ist etwas ganz anderes. Man muß jedoch bedenken, in welchem Verhältnis solche Risiken zu dem hohen Preis stehen, der bezahlt werden muß, wenn eine solche Bevölkerung dem Chaos überlassen wird, verbrecherische Kräfte weiterhin die Möglichkeit haben, ihr böses Spiel zu treiben und damit auch andere Länder sowie die *raison d'humanité* erheblich gefährden.

The Economist veröffentlichte 1993 eine bemerkenswerte politische Fiktion, in der die Verhältnisse in einem afrikanischen Land mit dem Namen *Ordinia* beschrieben werden.[11] Dieses Land wird für eine vorher festgelegte Summe fachmännisch von einem aus Ausländern bestehenden Team verwaltet, wobei die Bewohner kaum ein Mitspracherecht haben, die Medien streng überwacht werden und die Justiz alle Verstöße gegen geltende Bestimmungen unnachsichtig bestraft. Dann wird gefragt, wie viele Afrikaner freiwillig in dieses Land übersiedeln würden, wenn sie das dürften.

Dieses phantasievolle Gedankenexperiment entspricht allerdings nicht den Tatsachen und geht von einer Situation aus, die vielen weltweit geltenden Wertmaßstäben widerspricht. Doch die Antwort auf die Frage lautet zweifellos: *Ordinia* würde mit Sicherheit von Einwanderern aus ganz Afrika überschwemmt werden. Wenn wir nun zur Wirklichkeit zurückkehren, könnten wir daraus schließen, daß unter gewissen Voraussetzungen eine internationale Treuhandverwaltung eine gute Zwischenlösung für jene wäre, die unter den Folgen politischer Erschütterungen, von Bürgerkriegen, von durch kriminelle Regierungen verübte Verbrechen usw. leiden. Dazu müßte die Besatzungsmacht natürlich alle Bedürfnisse der Bevölkerung im Hinblick auf die innere Sicherheit und die Ansprüche auf ein auskömmliches Leben befriedigen. Doch um das zu garantieren, bedarf es starker wirtschaftlicher Kräfte und Hilfsmittel, hochmotivierter und gutausgebildeter Fachleute und einer entschiedenen politischen Unterstützung. Wenn diese Bedingungen nicht erfüllt werden, ist es besser, auf ein internationales Eingreifen zu verzichten, das sicherlich nur zu einem Abenteuer würde.

Bevor eine Treuhandverwaltung die Aufgaben einer Regierung übernimmt, muß der Erfolg gesichert sein. Dazu bedarf es ausreichender wirtschaftlicher Kräfte und Hilfsmittel, hochmotivierter Fachleute und einer zuverlässigen politischen Unterstützung, die es der Treuhandverwaltung ermöglichen, ihre Aufgabe zu erfüllen.

Die Entscheidung für so radikale Maßnahmen darf nicht ad hoc getroffen werden. Wie schon oben gesagt, müssen ganz bestimmte Kriterien für Interventionen in den Fällen gegeben sein, in denen es sich nicht um offene Aggressionen handelt. Zudem sollten weitreichende Interventionen dieser Art auf ihre völkerrechtliche Zulässigkeit geprüft werden.

Ein internationales Eingreifen in die inneren Angelegenheiten eines Landes – wenn es sich nicht um eine nachgewiesene Aggression gegen einen anderen Staat im Sinne der im Anhang der Charta der Vereinten Nationen gegebenen Definition handelt – sollte sofort von einem internationalen Gerichtshof auf die völkerrechtliche Zulässigkeit hin überprüft werden.

Vorbeugende Maßnahmen

Auch wenn sie alle obengenannten Voraussetzungen erfüllen, sind derartige Interventionen immer riskant, kostspielig und erschweren die Berücksichtigung bisher geltender wichtiger Wertmaßstäbe. Wenn es zudem in großen oder mächtigen Ländern oder in Staaten, die über hochmoderne Waffensysteme verfügen, zu solchen politischen Erschütterungen kommt, kann ein wirksames internationales Eingreifen gefährlich und nutzlos sein. Es ist deshalb sowohl moralisch als auch realpolitisch besser, in solchen Fällen die politischen Veränderungen zu unterstützen und mit dazu beizutragen, daß größere Erschütterungen vermieden werden.

Dabei denken wir vor allem an Rußland und die Republik Südafrika – und auch hier zeigt sich, daß jede Situation eine spezifische Reaktion auf internationaler Ebene verlangt. So ist vielleicht die bedingungslose Lieferung großer Mengen dringend benötigter Wirtschaftsgüter an Rußland und andere Teile in der ehemaligen Sowjetunion die beste Art, schwierige Reformvorhaben zu fördern, menschliches Leid zu lindern und dazu beizutragen, daß innere Erschütterungen nicht zu gefährlichen innen- und außenpolitischen Situationen führen.[12] Und in der Republik Südafrika wird es vielleicht dringend notwendig werden, das Land bei der Aufrechterhaltung von Recht und Ordnung zu unterstützen.

Eine Möglichkeit, Ländern zu helfen, in denen sich die politischen Verhältnisse radikal verändert haben, besteht darin, ihnen die Erkenntnisse zu vermitteln, die sie brauchen, um sich der neuen Lage besser anpassen zu können. Wir haben immer wieder erlebt, daß dies ein sehr schwieriges Unterfangen ist. Es ist schlimm genug, daß uns auf diesem Gebiet kaum zuverlässige Erkenntnisse und Erfahrungen zur Verfügung stehen. Aber noch schlimmer ist, falsche Ratschläge zu geben, die oft mit wirtschaftlichen Empfehlungen und sogar politischem Druck verbunden sind, um zu erreichen, daß diese Ratschläge befolgt werden. Das kann durchaus in bester Absicht geschehen und in der festen Überzeugung, daß es die richtigen Ratschläge sind, aber auf diese Weise wird oft gewaltiger Schaden angerichtet.[13] So ist bei den internationalen Empfehlungen für das Abfassen neuer Verfassungen oft übersehen worden, daß starke Regierungen in der Lage sein müssen, auch gegen den Willen der eigenen Bevölkerung Reformen durchzusetzen, die zunächst den Verzicht auf manche Annehmlichkeit bedeuteten. Und wenn internationale Körperschaften wirtschaftspolitische Vorschläge machen, dann berücksichtigen sie dabei oft nicht die sich daraus ergebenden gesellschaftlichen und politischen Auswirkungen.

Länder, die mit schwierigen politischen Veränderungen zu kämpfen haben, sollten tatkräftig unterstützt werden. Dabei sollte darauf geachtet werden, daß die Empfehlungen nicht in die falsche Richtung weisen, sondern den örtlichen Bedürfnissen entsprechen. Eine wichtige Aufgabe der internationalen Forschungs- und Entwicklungspolitik ist es, für die Überwindung von Schwierigkeiten, die als Folge weitreichender politischer Veränderungen entstehen, nur wohlüberlegte Ratschläge zu geben.

Die Lehren, die aus diesem Buch gezogen werden können, betreffen insbesondere die Maßnahmen, die zur Überwindung von Krisen und durch politische Veränderungen verursachten Erschütterungen erforderlich sind: Eine erfolgreiche Umgestaltung des Staatsapparats ist wesentlich von besonderen Umständen und den sich verändernden Voraussetzungen abhängig, und deshalb muß jeder Dogmatismus unbedingt vermieden werden. Das betrifft alle in diesem Buch gemachten Empfehlungen, die in ihrer Gesamtheit berücksichtigt werden müssen, bevor sie in konkreten Situationen befolgt werden.

Schlußbemerkungen

Quantensprung durch Umgestaltung des Staatsapparats

Daß die Menschheit unbedingt einen neuen Anfang machen muß, hat Shelley in den folgenden Zeilen überzeugend zum Ausdruck gebracht: »Oh, haltet inne! Müssen denn Haß und Tod das Leben uns vergällen? Haltet inne! Müssen denn Männer töten und sterben? Haltet inne! Leert bis zum Grunde nicht den Becher der bitteren Prophetie.«

Ich verlange nicht nach »Ruhe« im Sinne eines Stillstands, der das »Ende der Geschichte« bedeuten würde, sondern folge eher einer prometheischen oder faustischen Vorstellung – oder der Vision von Imre Madách von der Bestimmung des Menschen[1], nach der das Leben von Risiken und Kämpfen bestimmt wird, und die nichts von einem irdischen »Ende« weiß. Wir sollten keinen »stabilen Zustand« anstreben, und auch jedes »Gleichgewicht« kann niemals mehr sein als eine vorübergehende Erscheinung, die mit Sicherheit von der Energie und der Dynamik zerstört werden wird, von denen die menschliche Geschichte gekennzeichnet ist. Aus diesem Grund sollte auf die Terminologie der »Dauerhaftigkeit« verzichtet werden, ebenso aber auch auf jeden »Endgültigkeitsunsinn«, wie Samuel Huntington das sehr treffend bezeichnet hat.[2]

Im Gegenteil, wenn die Menschheit Fortschritte machen soll, dann müssen wesentliche Elemente der Menschheitsgeschichte radikal verändert werden. Thukydides hat dazu sehr richtig gesagt: »Viele gräßliche Dinge sind geschehen ... die ... es schon gegeben hat und immer wieder geben wird, solange das Wesen des Menschen das gleiche bleibt«.³ Äußere Umstände beeinflussen die Situationen in verschiedener Weise. W. Robert Connor meinte, als er die Auffassungen von Thukydides zusammenfaßte, zu denen der Grieche in einer Zeit gelangte, als die griechischen Städte schwere bürgerkriegsähnliche Auseinandersetzungen erlebten und nach einer Periode des Wohlstands und des guten Lebens in einer Art Erstarrung zu ersticken drohten, die Unveränderlichkeit der menschlichen Natur werde dafür sorgen, daß sich »die Vergangenheit wiederholt, aber diese Wiederholung ist zu einer Bedrohung und keiner Hoffnung geworden«.⁴

Es ist wahr, daß es um die Menschen und die Menschlichkeit heute in vieler Hinsicht sehr viel besser bestellt ist als je zuvor. Das ist eine Grundtatsache, die wir trotz aller Warnungen vor der vielleicht falschen Richtung, in die wir gehen, und vor den uns drohenden Gefahren nicht vergessen dürfen. Aber zu viele Gefahren drohen, und zu viele Aussichten auf eine günstige Entwicklung veranlassen uns, in aller Ruhe damit zu rechnen, daß sich einige sehr positive Tendenzen fortsetzen werden, während wir dazu neigen, die negativen unbeachtet zu lassen.⁵

Die menschliche Natur setzt uns Grenzen

Weil gewisse ernste Gefahren ihren Ursprung in der Natur des Menschen haben, sind bestimmte fundamentale Veränderungen unerläßlich. Gewisse menschliche Veranlagungen haben sich bei der Evolution des Menschen als nützlich erwiesen und sind deshalb im Verlauf der natürlichen Auswahl bevorzugt weitergegeben worden. Dazu gehört zum Beispiel auch der Reflex »Flucht oder Kampf«, weil der Mensch auf alles Unbekannte zunächst mit feindlichen Gefühlen reagiert, um dann entweder zu fliehen oder anzugreifen. Schon unsere frühesten Vorfahren haben gelernt, in den einfachen Kategorien von Ursache und Wirkung zu denken, als sie begannen, ihre Umwelt umzugestalten, und deshalb wird auch unser heutiges Denken von dieser Art Logik beherrscht. Aber Feindschaft und die fortwährende »Kultivierung des Hasses«⁶ können schließlich zu einem Atomkrieg führen, und das vereinfachende Denken in den Kategorien von Ursache und Wirkung behindert das Umdenken, das wir angesichts globaler Umwälzungen brauchen. Deshalb muß die Menschheit lernen, feindliche Gefühle abzubauen und sich der Tatsache bewußt zu werden, daß wir einer sehr ungewissen Zukunft entgegengehen.

Das sind nur zwei relativ einfache Beispiele aus einer großen Zahl menschlicher Veranlagungen und Verhaltensmuster, die modifiziert werden müssen, wenn wir unsere Überlebenschancen verbessern und ein Fundament für einen gewissen Fortschritt schaffen wollen. Vielleicht sollten wir dabei auch unsere Vorstellungen davon revidieren, was unter dem Begriff »Fortschritt« zu verstehen ist.[7]

Wenn die Menschheit vorankommen soll, obwohl sie jetzt über die Mittel verfügt, sich selbst zu vernichten, dann bedarf es einer radikalen Umorientierung im Hinblick auf die bisher geltenden Wertvorstellungen, Denkgewohnheiten und Verhaltensmuster.

Menschliche Wertbegriffe, Denkgewohnheiten und Verhaltensmuster sind tief in unserer Evolution verwurzelt (oder in der »Erbsünde« und unserem Glauben, »nach dem Bilde Gottes geschaffen zu sein«). Immerhin lassen sich diese Vorstellungen, wie die Geschichte zeigt, bis zu einem gewissen Maß modifizieren, auch wenn wir nicht wissen und gegenwärtig auch nicht die Möglichkeit haben zu wissen, welche menschlichen Eigenarten in unserem Bewußtsein unerschütterlich vorprogrammiert sind und wie weit unsere Fähigkeit, zu lernen, Falsches zu berichten und neue Erkenntnisse zu gewinnen, reicht. Zweifellos läßt sich unser Verhalten in vielen Bereichen verändern, und gewisse Arten zu fühlen und zu denken werden von den kulturellen Gegebenheiten beeinflußt.[8] Darüber hinaus ist der Mensch insofern ein einzigartiges Geschöpf, als er zunehmend die Fähigkeit gewinnt, sich selbst biologisch zu verändern und schließlich vielleicht zu bestimmen, in welche Richtung seine Evolution gehen soll.[9] Aber daraus können mehr Probleme entstehen, als gelöst werden.

Nehmen wir einmal an, daß die Menschheit die Möglichkeit habe, sich vorsätzlich zu verändern und einen »Übermenschen« zu erzeugen. Man könnte sich kaum vorstellen, daß einem unvorbereiteten Zauberlehrling eine erschreckendere Fähigkeit verliehen wird. Selbst einfache Fragen sind schwer zu beantworten. Aber nehmen wir einmal eine relativ einfache Testfrage: Sollten menschliche Wesen ihrer Veranlagung nach zum Gehorsam und zur Gruppensolidarität neigen? Die Erfahrungen des Holocaust zeigen, daß ganz gewöhnliche Menschen leicht zu Massenmördern werden können.[10] Die Versuche von Stanley Milgram[11] beweisen, daß man Studenten ohne weiteres veranlassen kann, anderen bewußt Schmerzen zuzufügen. Angesichts dieser Beispiele könnte man durchaus versucht sein, für den »Übermenschen« die Veranlagung zur Gruppensolidarität und zum Gehorsam auszuschließen. Doch gäbe es diese Charaktereigenschaften nicht, würden sich die menschlichen Gesellschaften, wie wir sie kennen oder wie wir sie uns vorstellen könnten, auflösen. Und anstelle von gelegentlichen Völkermorden, so schrecklich sie auch sein mögen, könnten wir mit der Endzeittechnologie eines Krieges aller gegen alle nach den Vorstellungen von Thomas Hobbes, vielleicht aber auch einer Welt von Monaden nach Gottfried Wilhelm Leibniz oder in einer anderen unvorstellbaren Zukunft enden.

Das alles sind zum Glück nur Alpträume, weil unsere Fähigkeit, den Menschen von Grund auf zu verändern, noch sehr begrenzt ist – auch wenn sie sich im Lauf der Zeit verstärkt und sich daraus mit Sicherheit gewaltige ethische Probleme ergeben werden. Gegenwärtig fragt es sich nur, wie wir solche Fähigkeiten nutzen sollen, um uns innerhalb möglichst enger Grenzen zu verändern und dabei Wertvorstellungen und Denkgewohnheiten zu entwickeln, die, wie ich hoffe, von einer möglichst großen Zahl der heute lebenden Menschen als wünschenswert und vielleicht sogar unverzichtbar für das menschliche Überleben angesehen werden könnten.[12] Weniger Eigenliebe und Selbstsucht und ein stärkeres Gefühl für die menschliche Solidarität sowie ein tieferes Verständnis für die Armen und Notleidenden könnten nicht nur ein zwingendes ethisches Gebot, sondern auch die praktische Voraussetzung für das Überleben und Gedeihen der Menschheit sein, und diese Haltung sollte daher gefördert werden.

Was wir wirklich brauchen, ist ein Quantensprung im Bewußtsein und in den Wertvorstellungen der Menschheit, doch so etwas läßt sich nicht erzwingen. Zu erkennen, daß die Menschheit an der Schwelle eines neuen »axialen Zeitalters« steht, bedeutet noch nicht, daß wir diese Schwelle auch wirklich überschreiten werden.[13] Inspirierende Prophezeiungen, große Erfolge in der ethischen Erziehung, die Aufklärung der Basis, Erfolge auf kulturellem Gebiet und dergleichen[14] mögen dringend erforderlich sein, aber eine solche Erkenntnis genügt nicht, diese Forderungen zu erfüllen. Zudem gibt es keine Garantie dafür, daß dies alles nur günstige und nicht auch schädliche Folgen haben wird.

Mögen auch unsere kollektiven ethischen und technischen Kapazitäten nicht ausreichen, neuen globalen Wertmaßstäben zum Durchbruch zu verhelfen, so bleibt uns doch nichts anderes übrig, als darauf zu vertrauen, daß sich einige dieser entscheidenden Veränderungen spontan ergeben werden, was im Grunde auch den bisherigen menschlichen Erfahrungen entspricht.[15] Doch eine solche fatalistische oder deterministische Sicht muß aufgewogen werden durch die Erkenntnis, daß die Geschichte die Möglichkeit für das Entstehen der verschiedensten denkbaren Welten offenläßt, wobei menschliche Entscheidungen einen wesentlichen Einfluß darauf haben, welche dieser Vorstellungen verwirklicht wird.[16] Wir können und sollten versuchen, die Chancen für ein menschliches Überleben zu verbessern und die Verwirklichung eines »guten Lebens« zu fördern, indem wir die Art, in der sich die Gesellschaften entwickeln, beeinflussen, auch wenn das sehr schwierig ist und niemand sagen kann, ob es gelingen wird.

Die Umstrukturierung des Regierungsapparats als Zwischenlösung

Was wir vor einem Quantensprung tun können und was geschehen muß, wenn er wirklich erfolgt, wäre, wenige, aber erfolgversprechende Möglichkeiten zu suchen, für eine bessere Zukunft zu arbeiten; und dazu gehört auch die Umstrukturierung des Regierungsapparats.

Die Umstrukturierung des Staatsapparats ist nur eine Zwischenlösung bis zum Quantensprung in der Fortentwicklung der menschlichen Gesellschaft. Doch eine Verbesserung der Regierungskapazitäten könnte Schäden verringern, »das Gute« fördern (einschließlich der raison d'humanité) *und den Umgang mit unvorhersehbaren Ereignissen erleichtern – um zumindest Katastrophen zu vermeiden und eine stetige Fortentwicklung der Menschheit soweit wie möglich zu unterstützen.*

Selbst eine geringfügige Verbesserung der entscheidenden Regierungskapazitäten ist der Mühe wert und kann ausreichen, die Selbstvernichtung zu verhindern und das Überleben auf dem Wege zu einer besseren Welt zu ermöglichen, bis man mit Sicherheit weiß, was zu tun ist oder ob tatsächlich ein Quantensprung erfolgt. Doch vorausgesetzt, die in diesem Buch empfohlenen Reformen könnten etwas nutzen, dann lautet die nächste Frage: Sind sie durchführbar?

Im Lauf der Geschichte ist es immer wieder vorgekommen, daß die Staatskunst Fortschritte machte: zum Beispiel als im klassischen Griechenland[17] erkannt wurde, daß die Politik ein Bereich im menschlichen Leben ist, der sich bewußt gestalten läßt, und als in China die Kunst des Regierens ihre Blütezeit erlebte.[18] In beiden Fällen waren Krisen der Anlaß für eine grundlegende Erneuerung des politischen Lebens. In Griechenland war es die Schlacht bei Salamis[19], in China waren es die andauernden Fehden der Lehnsfürsten untereinander und die dabei entstandenen Verwüstungen des Landes.

Wie J. Peter Euben erklärt, »spricht vieles dafür, daß die Theorie der Politik in Zeiten kultureller Krisen ›geboren‹ wurde und immer wieder neu geboren wird; daß ihre *raison d'être* die Wiedereinführung des politischen Denkens und Lebens ist«.[20] Diese These wird auch durch andere Ereignisse gestützt, wie etwa durch die Wiederherstellung der Rechtsordnung und das Aufleben der Wissenschaft parallel zum Entstehen neuer Regierungsformen nach den großen Pestepidemien im Mittelalter.[21]

»Das politische Handeln vollzieht sich an der verschwommenen Grenze zwischen Freiheit und Wirklichkeit«[22] und, nach Merleau-Ponty, »in gewissen Augenblicken, in denen nichts durch Tatsachen absolut gesichert ist, und es ist gerade unsere Entscheidung, ob wir eingreifen oder darauf verzichten wollen, das zu tun, worauf die Geschichte wartet, um klar erkennbare Formen anzunehmen«.[23] Wie Harlan Cleveland glaubt, könnte es sehr wohl sein, daß wir uns gegenwärtig in einer historischen Situation befinden, in der noch nichts endgültig entschieden ist[24] und in der wir die Gelegenheit haben, unser ganzes Regierungssystem nach neuen Gesichtspunkten umzustrukturieren.

Ernste sozialpolitische und kulturelle Krisen können positive Auswirkungen haben und vielleicht zu radikalen Veränderungen in Politik und Regierung führen, doch gibt es keine Garantie dafür, daß nun bessere Institutionen und Regierungen die Macht übernehmen. Das hat sich nur allzu deutlich nach dem Sieg des Nationalsozialismus in der Weimarer Republik gezeigt.[25] Um die Chancen dafür zu verbessern, daß unvermeidbare Krisen Anlaß zu wesentlichen Verbesserungen werden, müssen, wie bereits erwähnt, vorher die entsprechenden Ideen entwickelt werden.

Bei jeder Vorbereitung einer Reform des Staatsapparats müssen, auch wenn man nicht sicher sein kann, daß sie zum Erfolg führen wird, Ideen für den Fall entwickelt werden, daß es zu Krisen kommt, denn erst dann wird es möglich sein, radikale Veränderungen vorzunehmen.

Zur Vorbereitung einer politischen Erneuerung bedarf es der richtigen Ideen

Krisen sind nur einer der zahlreichen Faktoren, die eine Umstrukturierung des Staatsapparats veranlassen können. Der Druck der öffentlichen Meinung, das erkennbare Versagen der politischen Führung und einsichtige Politiker können Reformen veranlassen. Das ist in der Vergangenheit schon geschehen und geschieht auch heute noch. Regierungsreformen sind häufig vorgeschlagen, gelegentlich versucht und manchmal auch wirklich praktisch durchgeführt worden. Oft haben sie günstige Auswirkungen gehabt und dem Wohl der Bürger gedient. Aber die gegenwärtigen Regierungsreformen sind mit einigen Ausnahmen, und dazu gehört auch der Ausbau der Europäischen Union, in ihren Inhalten zu neutral, um die Regierungen in die Lage zu versetzen, ihren wichtigsten Aufgaben gerecht zu werden.

Um die Regierungen in die Lage zu versetzen, wesentliche Verbesserungen vorzunehmen, bedarf es neuer und radikaler Reformen.

Einige der in diesem Buch vorgeschlagenen Reformen sind verhältnismäßig radikal. Dennoch habe ich den Eindruck, daß sie immer noch nicht genug Neues bringen. Das Schlimme ist, daß das augenscheinlich Durchführbare wahrscheinlich keinen großen Nutzen bringen und das Nützliche nicht durchführbar sein könnte. Zudem mangelt es an überzeugenden Neuerungsvorschlägen für die Steigerung der Leistungsfähigkeit des Staatsapparats, die sich unter den gegenwärtigen Bedingungen oder zumindest, soweit man es jetzt beurteilen kann, in besonderen Situationen verwirklichen lassen könnten.

Nach den bisherigen Erfahrungen fehlt es auch in der Literatur an Ideen für eine grundlegende Reform der Regierungstätigkeit. Selbst wenn wir die noch bestehenden Hinderungsgründe außer acht lassen und nach kreativen, wenn auch nicht praktikablen Vorschlägen suchen, die nicht der menschlichen Natur widersprechen, dann stößt man heute kaum auf irgendwelche wirklich neuen Ideen zur Reform des Staatsapparats. Deshalb ist es mir auch nicht gelungen, in den zahlreichen Schriften über mögliche künftige Entwicklungen oder in irgendwelchen Zukunftsromanen wirklich ideenreiche Entwürfe für eine Umgestaltung der Regierungsarbeit zu finden. Ich bin hier nur auf Phantasiewelten gestoßen, die vorgeben, etwas »Neues« zu bringen, in Wirklichkeit aber nur extreme Versionen wohlbekannter Praktiken oder die üblichen Phantasien sind. Natürlich enttäuscht mich auch mein eigener Mangel an Kreativität. Aber auch Plato, ein weit überlegener Geist, der radikal neue Ideen über die Staatskunst entwickelte, bringt seine Enttäuschung zum Ausdruck: »Alle heute bestehenden Staaten werden schlecht regiert, und die Gesetze werden sich praktisch nicht verbessern lassen, ohne daß ein Wunder geschieht und ein günstiges Schicksal es ermöglicht.«[26] Wenn wir bedenken, daß es notwendig werden könnte, in großem Umfang das Klima unseres Planeten zu verändern, dann zeigt sich, daß die heute vorliegenden Vorschläge für eine Umstrukturierung des Staatsapparats, und dazu gehören auch meine Empfehlungen, viel zu bescheiden sind, um den tatsächlichen Erfordernissen zu genügen. Wir bräuchten daher dringend mehr Kreativität bei der Entwicklung neuer und praktikabler Ideen für die Umgestaltung des Staatsapparats, um seine Leistungsfähigkeit wesentlich zu steigern.

In einer Erklärung des Club of Rome nach der Konferenz von Hannover im Dezember 1993 heißt es: »*Die Herausforderung, einen institutionellen Rahmen zu entwickeln, erfordert eine ganz neue Einstellung gegenüber den Aufgaben jeder Regierung. Wir dürfen uns nicht an traditionelle Konzepte gebunden fühlen.*« *Dieser Aufforderung sollten die kreativsten Köpfe folgen.*

Es gibt zahlreiche Bemühungen in dieser Richtung. Neben den Initiativen des Club of Rome, wie denen der World Academy of Arts and Science, der Commission on Global Governance, verschiedener aus ehemaligen Staatsoberhäuptern und führenden älteren Politikern bestehender Gruppen, der MERIDIAN-Gruppe, dem Committee on Viable Constitutionalism, den Studien über die Staatskunst im Center for Policy Research in Neu-Delhi, arbeiten zahlreiche Gelehrte und Denker, Bürgerinitiativen und viele andere an diesem Problem. Alle diese Arbeiten sollten weitergeführt und durch noch spezifischere Bemühungen ergänzt werden.

Wir empfehlen weitere, aufeinander abgestimmte Arbeiten über eine Umstrukturierung des Staatsapparats, und zwar sollten sich daran Bürgerinitiativen, Organisationen für die politische Forschung und Entwicklung und Institute für fortgeschrittene Studien beteiligen, aber auch erfahrene Politiker und Regierungsangehörige sowie andere Fachleute und Gelehrte. Dabei ist kreatives Denken das dringendste Erfordernis. Wesentlich sind der Pluralismus auf kulturellem Gebiet und die Förderung der raison d'humanité.

*Die durch das vorhandene Material
gegebenen Grenzen*

Wenn wir uns jedoch mit einem so ehrgeizigen Vorhaben wie dem Entwurf ganz neuer und leistungsfähiger Regierungsformen beschäftigen, dann müssen wir bedenken, daß die Personen, aus denen sich die Regierungen zusammensetzen, menschliche Individuen sind und aus unterschiedlichen Gesellschaftsstrukturen stammen. Damit sind dem Machbaren Grenzen gesetzt. Aber wenn wir diese Menschen qualitativ durch eine Umstrukturierung erhöhen[27], könnte es möglich sein, die Leistungsfähigkeit der staatlichen Organe wesentlich, wenn auch nicht revolutionär zu verbessern. Das »*Re-engineering*«[28] und andere, im Geschäftsleben übliche Methoden sind im politischen Bereich nicht anwendbar[29]; und ein politisches »*Engineering*«[30] sowie die »Neuerfindung des Regierungsapparats« wären Aufgaben, denen wir nicht gewachsen sind. Doch eine wesentliche Umstrukturierung könnte möglich sein, wenn es uns gelingt, in unseren die Staatskunst betreffenden Überlegungen eine »begriffliche Revolution«[31] in Gang zu setzen.

Die Kunstgeschichte liefert uns hier ein hilfreiches Beispiel. Jacob Burckhardt vertritt diese Auffassung in seinen Ausführungen über den Staat und die Politik in der Renaissance. Er zeigt dabei deutlich gewisse Schwierigkeiten und Möglichkeiten: Sogar die extremsten italienischen Futuristen wurden stark vom »Primitivismus« beeinflußt.[32] Ebenso haben moderne Regierungen viele »primitive« Elemente aus vergangener Zeit übernommen[33], wie etwa die Bedeutung der »großen Männer«[34] (oder der großen Frauen), die Beziehungen zwischen den Herrschern und ihren Beratern[35], die Ähnlichkeit zwischen den bürokratischen Grundstrukturen im frühen chinesischen Kaiserreich, in den Reichen des Nahen Ostens und in den modernen Staaten, einige Aspekte der von verschiedenen Gruppen getroffenen Entscheidungen, die oft auch Fehlentscheidungen sein können[36], und gewisse entscheidende Machtfaktoren.[37]

Dennoch hat es radikale Neuerungen[38] auch im Bereich der bildenden Kunst gegeben.[39] Deshalb kann es auch zu entscheidenden Neuerungen in der Staatsführung kommen, und das ist seit der Zeit der ersten Staatengründungen auch geschehen; genannt seien hier zum Beispiel die Einführung der Massendemokratie, die Beteiligung des Volkes an der Regierungsverantwortung, die Aufteilung der Funktionen innerhalb der Regierungen, die Menschenrechte, die Gleichberechtigung vor dem Gesetz, die häufige Inanspruchnahme von Fachberatern[40] und in letzter Zeit die neuen, von der Europäischen Union geschaffenen Strukturen. Diese Beispiele erlauben uns, auch für die Zukunft das Beste zu hoffen. Berücksichtigen wir jedoch, daß es in der modernen Staatsführung ebenfalls noch zahlreiche, aus früherer Zeit übernommene primitive Elemente gibt, und bedenken wir die begrenzte Elastizität des Materials, dann müssen wir einräumen, daß eine Neuordnung der staatlichen Strukturen auch in dem in diesem Buch empfohlenen begrenzten Ausmaß nicht leicht zu erreichen sein wird.

Wir dürfen nicht zuviel von einer radikalen und wohldurchdachten Regierungsreform erwarten, aber wenn wir uns große Mühe geben, dann können wir doch manches erreichen, was sich sehr positiv auf die Zukunft der Menschheit auswirken wird.

Die Katastrophe als Anstoß für eine Erneuerung von Grund auf

Es ist möglich, sich ein düsteres Bild davon zu machen, wie eine entscheidende Umgestaltung des politischen Lebens erreicht werden könnte. Versuchen wir einmal, das Undenkbare zu denken[41], und stellen uns vor, daß es zu einem »begrenzten« Nuklearkrieg kommt, der etwa fünfzig Millionen Tote und eine noch viel größere Zahl von Verletzten fordert, der umfangreichen ökologischen Schaden anrichtet, aber noch nicht das Überleben der Menschheit gefährdet. Wenn wir uns für einen Augenblick einen solchen Alptraum ausmalen, erheben sich zwei Fragen:

Würden die Menschen durch eine solche Katastrophe so beeindruckt sein, daß sie sich gezwungen sähen, eine ganz neue Welt zu schaffen, in der sich ein derartiges Gemetzel niemals wiederholen könnte? Und angenommen, daß sie zu dieser Erkenntnis gelangen und jetzt wirklich eine neue und bessere menschliche Welt entsteht, ist das nun vor dem Hintergrund der Menschheitsgeschichte ein optimistisches oder ein pessimistisches Szenarium?

Wir müssen es dem Leser überlassen, diese Frage zu beantworten, denn das Ziel einer Umgestaltung des Staatsapparats, wie sie in diesem Buch empfohlen wird, ist es, eine Möglichkeit zu finden, den Bestrebungen der Menschen gerecht zu werden und ernsten Gefahren vorzubeugen, ohne daß es notwendig wäre, die Menschheit durch den Schock einer solchen Katastrophe zum Umdenken zu zwingen.

Die Umstrukturierung des Regierungsapparats muß zumindest das Ziel haben, Katastrophen und große Erschütterungen zu vermeiden, die einzelnen Menschen und der Menschheit in ihrer Gesamtheit schweren Schaden zufügen und vielleicht sogar auf die Dauer das Überleben der Menschheit gefährden.

Wir haben allen Grund zu hoffen, daß sich einige notwendige Umgestaltungen des Regierungssystems, wie sie in diesem Buch empfohlen werden, ermöglichen lassen werden, ohne daß eine Katastrophe eintreten muß. Was Tocqueville 1840 über das Entstehen der Vereinigten Staaten geschrieben hat, trifft auch auf die Welt zu, in der wir heute leben: »Die Gesellschaft der modernen Welt ist eben erst entstanden. Sie hat noch nicht Zeit genug gehabt, um ihre vollkommene Form zu finden: Die große Revolution, durch die sie geschaffen wurde, ist noch nicht vorüber, und mitten im Geschehen unserer Zeit ist es fast unmöglich zu erkennen, was mit der Revolution selbst verschwinden und was nach ihrer Beendigung überleben wird. Die Welt, die heute im Begriff ist zu entstehen, ist noch halbwegs belastet von den Hinterlassenschaften der Welt, die jetzt allmählich auseinanderfällt; und angesichts der verwirrenden Vielfalt der Probleme, vor denen die Menschen stehen, kann niemand sagen, wie viele der hergebrachten Institutionen und Verhaltensweisen erhalten bleiben und wie viele von ihnen vollständig verschwinden werden.«[42]

Eine solche Situation verlangt die Umgestaltung unseres Regierungssystems, und je deutlicher wir uns dieser Notwendigkeit bewußt werden, desto leichter wird sie sich auch verwirklichen lassen. Es muß noch viel getan werden, um die in diesem und anderen zum gleichen Thema verfaßten Büchern gegebenen Anregungen auszuwerten: Die Reformvorschläge müssen überdacht und verbessert werden. Konkrete Situationen, wie sie sich im Rahmen der Regierungsarbeit ergeben, müssen sorgfältig untersucht werden, um die daraus resultierenden Reformvorschläge den sich in der Praxis ergebenden verschiedenen Realitäten anzupassen.[43] Am wichtigsten ist es jedoch, weitere und bessere Reformvorschläge zu entwerfen und weiterzuentwickeln. Auch wenn das alles viel Mühe erfordert, ist es nicht unmöglich.

Die *raison d'humanité* erfordert, daß die lange Geschichte des politischen Versagens beendet wird[44], aber das verlangt die größten Anstrengungen. Die Frage: »Können Regierungen regieren?«[45] ist zu ernst und zu schwierig, als daß wir ihre Beantwortung dem *Homo ludens* überlassen könnten.[46] In einem Ende 1993 veröffentlichen Brief schreibt C. G. Jung: »Es verlangt konzentrierte Aufmerksamkeit, viel geistige Arbeit und vor allem Geduld, das Seltenste in unserer ruhelosen und verrückten Zeit.«[47] Dabei meint er die Suche nach dem Sinn des Lebens. Aber seine Aufforderung paßt auch zu dem Versuch, der Regierungsarbeit einen höheren Stellenwert zu geben – als einer Tätigkeit zum Wohle der Menschen und der Menschheit, als »das Gute« für die Zukunft und in der Zukunft.

Das ist eine Herausforderung und eine Aufgabe für uns alle.

Danksagung

Die Arbeit an diesem Buch hat viel Zeit in Anspruch genommen, und ich bin vielen, die mir dabei geholfen haben, zu Dank verpflichtet. Hinter diesem Unternehmen stehen zunächst die theoretischen und praktischen Erfahrungen eines ganzen Lebens mit den Methoden des Regierens und der Verbesserung dieser Methoden, aber den unmittelbaren Anlaß dafür hat mir der Club of Rome gegeben, und zwar gleich zu Beginn durch seinen Begründer und ersten Präsidenten, Aurelio Peccei. Diese Initiative wurde dann aufgegriffen vom zweiten Präsidenten des Club of Rome, Alexander King, der 1975 auch das OECD-Projekt über »die Erneuerung in den Verfahren und Strukturen der Regierung« unter der Leitung von Martin Lees ins Leben rief. Die Initiativen des Club of Rome erreichten ihren Höhepunkt mit der tatkräftigen Unterstützung und der Freundschaft des gegenwärtigen Präsidenten des Club of Rome, Ricardo Diez-Hochleitner, der aufgrund seiner reichen Erfahrungen im Regierungsgeschäft wesentliche konkrete Beiträge zu meiner Arbeit geleistet hat. Ebenso wichtig waren die Unterstützung und die Empfehlungen des Generalsekretärs des Club of Rome, Bertrand Schneider, der auf eine umfangreiche Arbeit auf diesem Fachgebiet zurückblicken kann.

Was ich vielen anderen Denkern und Gelehrten zu verdanken habe, auf deren Arbeit ich mich stützen durfte, kommt, wenn auch unzureichend, im Literaturverzeichnis zum Ausdruck. Ich muß jedoch zwei Bücher erwähnen, denen ich besonders viel verdanke:

Das sind der Bericht des Council of The Club of Rome über *The First Global Revolution* von Alexander King und Bertrand Schneider[1] und *Birth of a New World* von Harlan Cleveland. Dieses letztere Buch stützt sich zum Teil auf die Arbeit der Gruppe, der anzugehören auch der Verfasser den Vorzug gehabt hat.[2] Sehr viel verdankt der Verfasser auch aktiven Politikern, die ihm die einzigartige Gelegenheit geboten haben, die Regierungstätigkeit aus der Sicht der Handelnden zu beobachten, wobei sich oft ein ganz anderes Bild ergibt als das von historischen Lehrbüchern vermittelte.[3] Ihre Bereitschaft, dem Verfasser in einigen Fällen ein »Laboratorium« zur Verfügung zu stellen und seinen Empfehlungen in der Praxis zu folgen, beweist darüber hinaus, daß sie bereit waren, sich neuen Ideen zu öffnen und Risiken einzugehen.

In den Jahren, die ich an diesem Buch gearbeitet habe, wurde ich wesentlich unterstützt von Wolfson Chaer in Public Administration und vom Leonard Davis Institute for International Relations an der Hebrew University of Jerusalem. Auch viele multinationale Organisationen haben mir die einzigartige Gelegenheit gegeben, Einsichten zu gewinnen, die in diesem Buch zum Ausdruck kommen. Zu ihnen gehören auch die folgenden Behörden der Vereinten Nationen: das United Nations Development Programme (UNDP), der Public Management Service (PUMA) und das SIGMA-Programm der OECD. In besonderer Weise fühle ich mich dem European Institute of Public Administration und seinem Generaldirektor Professor Spyros A. Pappas und seinen Mitarbeitern verpflichtet, von denen ich im Verlauf einer zwei Jahre dauernden Zusammenarbeit viel gelernt habe. Ebenso gilt mein Dank der Fundación BBV und ihrem Direktor, José Angel Sanchez Asiain, für die Veranstaltung von zwei Konferenzen im Rahmen des Club of Rome, auf denen Entwürfe zu diesem Buch kommentiert wurden. Viel habe ich auch im Februar 1994 auf einer Konferenz über globale Regierungsmethoden gelernt, die von MERIDIAN, der World Academy of Arts and Sciences und Commonweal veranstaltet wurde.

Einige Entwürfe zu diesem Buch sind, sehr zu ihrem Vorteil, auf den beiden Foren des Club of Rome kurz kritisiert worden, und die dabei gemachten Anregungen habe ich gern aufgenommen. Auch andere Kollegen und Leser haben mir wertvolle Hinweise gegeben.

Hier möchte ich all denen danken, die zur Verbesserung meiner Arbeit beigetragen haben, wenn auch aufgrund meiner eigenen Unzulänglichkeit noch manches daran auszusetzen bleibt. Neben den bereits erwähnten Persönlichkeiten gilt mein besonderer Dank den folgenden: Walter Truett Anderson, Guy Benveniste, Präsident Belisario Betancur, Juan Luis Cebrian, Joseph F. Coates, Javier Diez-Hochleitner, Rodriguez, Präsident Kurt Furgler, Azeddine Guessous, Seiner Königlichen Hoheit Kronprinz El Hassan Bin Talal, Bohdan Hawrylyshyn, T. Ran Eide, Peider Koenz, Elisabeth Mann-Borgese, Michael Marien, Donald N. Michael, Lester W. Milbrath, Jesus Moneo, Ignacio Oyarzabal, Joan Prats i Catala, Steven A. Rosell, Dirk Rumberg, Zdzislaw L. Sadowski, Sabah Al-Said, Ramon Tamames, Hugo Thiemann, Baron Thyssen-Bornemisza und Hans Wuttke. Meine besondere Hochachtung gilt Aaron Wildavsky, von dem ich während einer langjährigen Freundschaft viel gelernt habe und dessen frühzeitiger Tod ein großer Verlust für all jene gewesen ist, denen die Qualität des Regierens etwas bedeutet.

Meine Lektorin Ann Johnston hat viel dazu beigetragen, dieses Buch lesbar zu machen, und ich bin ihr sehr dankbar für ihre hervorragende fachliche Arbeit.

Die Veröffentlichung dieses Buches in verschiedenen Sprachen zu ermöglichen ist eine anspruchsvolle Aufgabe. Ich muß daher den Bemühungen von Dr. Hans Meinke, dem Direktor des Círculo de Lectores, und seinen Mitarbeitern meine Bewunderung und meine Anerkennung dafür aussprechen, daß sie diese Aufgabe übernommen und zu Inhalt und Form des Buches zahlreiche wertvolle Hinweise gegeben haben. Auch den Übersetzern möchte ich danken, die sich den Schwierigkeiten unterzogen haben, dieses Buch aus dem englischen Original in andere Sprachen zu übertragen, und zwar oft ausgehend von ganz anderen Vorstellungen und in neuen literarischen Formen und semiotischen Strukturen.

Anhang

Anmerkungen

Vorwort des Verfassers

1 Alexander King und Bertrand Schneider, *The First Global Revolution: A Report by the Council of the Club of Rome*, 1991.
2 Prägnant dargestellt in Nicole Rosensohn und Bertrand Schneider, *For a Better World Order: The Message from Kuala Lumpur*, 1993.
3 Besonders *Public Policymaking Reexamined*, 1983, und *Policymaking Under Adversity*, 1988.
4 Entsprechend der von Donald A. Schoen vorgelegten Konzeption in *The Reflective Practitioner: How Professionels Think in Action*, 1983.
5 Vergleiche z. B. die verschiedenen von William Page, Hrsg., vorgelegten Ideen in *The Future of Politics*, 1983.
6 Eine nützliche Darstellung in jüngster Zeit erfolgter Reformen im öffentlichen Management findet sich bei Joachim Jens Hesse und Arthur Benz in *Die Modernisierung der Staatsorganisation: Institutionspolitik im internationalen Vergleich: USA, Großbritannien, Frankreich, Bundesrepublik Deutschland*, 1990, und in PUMA, *Public Management: OECD Country Profiles, 1993*, 1993. Der Versuch, einige der radikalsten Reformen durchzusetzen, ist in Neuseeland erfolgt; siehe Jonathan Boston u. a., Hrsg., *Reshaping the State: New Zealand's Bureaucratic Revolution*, 1991. Sehr aufschlußreich sind vor kurzem in den USA gemachte Empfehlungen in der *National Performance Review;* siehe Al Gore, *The Gore Report on Reinventing Government – From Red Tape to Results: Creating a Government that Works Better and Costs Less*, 1993. Siehe auch Gary L. Wamsley u. a. in *Refounding Public Administration*, 1990.
7 Das Konzept der übergeordneten Werte wird hier im Sinne von »hervorragend« (»hypergoods«) verwendet. Das ist ein von Charles Taylor geprägter Begriff zur Bezeichnung von Werten, die nicht nur unvergleichlich viel besser sind als andere, sondern auch den Standpunkt bezeichnen, von dem aus sie gegenüber anderen abgewogen, beurteilt und über ihre Verwirklichung entschieden werden müssen. Siehe Charles Taylor, *Sources of The Self: The Making of the Modern Identity*, 1989, S. 63.

8 Martin Heidegger, »Resistance to Humanism« in David Ferrel Krell, Hrsg., *Martin Heidegger: Basic Writings*, 1977, S. 241, zitiert in Geoffrey Galt Harpham, *The Ascetic Imperative in Culture and Criticism*, 1987, S. 269.
9 Zitiert in Cornell Fleisher, Bürokrat und Intellektueller im Osmanischen Reich: *The Historian Mustafa Ali (1541–1600)*, 1986, S. 43.

Leitmotiv
Globale Veränderungen – Umgestaltung der Regierungsformen

1 Das Konzept des »axialen Zeitalters« ist zunächst von Karl Jaspers in seinem Buch *Vom Ursprung und Ziel der Geschichte*, 1949, S. 15–106 vorgestellt worden und bezieht sich auf Veränderungen in der transzendentalen Weltsicht, die es in einigen großen Zivilisationen gegeben hat: so etwa im alten Israel, im antiken Griechenland, bei den frühen Christen, im zoroastrischen Iran, im frühen kaiserlichen China und in den hinduistischen und buddhistischen Zivilisationen. Siehe Shmuel Eisenstadt, Hrsg., *The Origins and Diversity of Axial Age Civilizations*, 1986, S. 1. Zum 17. Jahrhundert siehe z. B. Geoffrey Parker und Lesley M. Smith, Hrsg., *The General Crisis of the Seventeenth Century*, 1878.
2 Zu diesem Thema siehe auch James N. Rosenau, *Turbulence in World Politics: A Theory of Change and Continuity*, 1990.
3 Trotz seiner Differenziertheit ist das Buch von Francis Fukuyama, *The End of History and The Last Man*, 1992, eine gute Illustration dieser Täuschung. Eine sorgfältige Darstellung liefert Samuel P. Huntington, *The Third Wave: Democratization in the Late Twentieth Century*, 1991.
4 Siehe Alexander King und Bertrand Schneider, *The First Global Revolution*, 1991.
5 Dieses Thema wird zum Beispiel behandelt in Leslie Sklair, *Sociology of the Global System: Social Change in Global Perspective*, 1991.
6 Die Chaostheorie bietet uns einige wertvolle Hilfsmittel, vorausgesetzt, daß ihre Anwendbarkeit auf soziale Verhältnisse nicht überschätzt wird. Der »Schmetterlingseffekt« und die Geometrie der Fraktale sind Beispiele für solche Einsichten sowie auch die Idee der einzigartigen und »wilden« Übergangsphasen. Eine lesbare Einführung stammt von James Gleich, *Chaos Making a New Science*, 1988. Noch fortschrittlicher ist John Holte, Hrsg., *Chaos: The New Science*, 1993.
7 Siehe z. B. James M. Buchanan, *Constitutional Economics*, 1991; Paul Milgrom und John Roberts, *Economics, Organization, and Management*, 1992, und Jacques Lesourne, *The Economics of Order and Disorder*, 1992, beschäftigen sich ebenfalls mit den Problemen der Regierungsformen.
8 Siehe z. B. Les Metcalfe und Sue Richards, *Improving Public Management*, 1990, und Reinhard Mohn, *Efficiency and Capacity for Evolution in the Public Service*, 1993.
9 Siehe z. B. Jon Elster und Rune Slagstad, *Constitutionalism and Democracy*, 1988, und Stephen L. Elkin und Karol Edward Soltan, Hrsg., *A New Constitutio-*

nalism: Designing Political Institutions for a Good Society; John Dunn, Hrsg., *Democracy: The Unfinished Journey – 508 BC to AD 1993*, 1992; Torbjörn Tennsje, *Populist Democracy: A Defence*, 1992.
10 Siehe z. B. Anne O. Krueger, *Political Economy and Policy Reform in Developing Countries*, 1993; Hans-Ulrich Derlien und George J. Szablowski, *Regime Transitions, Elites, and Bureaucracies in Eastern Europe*, 1993; und Joachim Jens Hesse, Hrsg., *Administrative Transformation in Central and Eastern Europe: Towards Public Sector Reform in Post-Communist Society*, 1993.
11 Siehe z. B. Steven A. Rosell u. a., *Governing an Information Society*, 1992.
12 Alexander Solschenizyn, *August Vierzehn* Knoten I, dt. 1971 Neuwied.
13 Um ein Beispiel aus Deutschland und dem Ersten Weltkrieg zu bieten, vergleiche Robert B. Asprey, *The German High Command at War: Hindenburg and Ludendorff Conduct World War I*, 1991, mit einer Besprechung der Gedanken eines führenden deutschen politischen Denkers jener Zeit, der sich, wie wir es heute nennen würden, mit subjektiven Wahrscheinlichkeiten beschäftigt hat. Das war Kurt Riezler in Wayne C. Thompson, *In The Eye oft the Storm: Kurt Riezler and the Crises of Modern Germany*, 1980; dazu eine Zusammenfassung der Gedanken Riezlers zu politischen Entscheidungsprozessen in Kurt Riezler, »Political Decisions in Modern Society«, 1994. Inzwischen ist nichts geschehen, was diese Darstellung überholt erscheinen lassen könnte.
14 Annette Susannah Beveridge, Übersetzerin, *Banur-Nama: Memoirs of Babur*, 1989; Richard Crossman, *The Diaries of a Cabinet Minister*, 3 Bde., 1975–1977.

1. Kapitel
Verbesserung der Regierungskapazitäten

1 Siehe Bertrand Schneider, *The Barefoot Revolution: A Report to the Club of Rome*, 1988.
2 Das wird in interessanter Weise illustriert bei Kate Wellard und James G. Copestake, Hrsg., *Non-Governmental Organizations and the State in Africa: Rethinking Roles in Sustainable Agrocultural Development*, 1993, und bei Hazel Henderson, *Social Innovation and Citizen Movements*, 1993.
3 Ernst B. Haas, *When Knowledge is Power: Three Models of Change in International Organizations*, 1990. Dieses Buch ist mehr als eine oberflächliche Beschreibung oder wortreiche Lobeshymne.
4 Zur anderen Seite des Spektrums siehe Michel Foucault, *Power/Knowledge: Selected Interviews and Other Writings*, 1980.
5 Die klassischen marxistischen Auffassungen von der Regierung, nach der diese eine bloße Fassade für die Herrschaft der kapitalistischen Klasse oder ausschließlich durch die Produktionsmittel bestimmt sei, sind heute praktisch aufgegeben worden. Moderne Marxisten folgen den Ansichten von Antonio Gramsci und neigen dazu einzuräumen, daß sich Staaten und Regierungen einer weitgehenden Selbständigkeit erfreuen und in ihrer Handlungsfreiheit eher durch vorherrschende Ideologien eingeschränkt werden als durch Klassenstrukturen und die Produktionsmittel.

6 Die Tatsache, daß die öffentliche Verwaltung im Englischen oft als »public management« bezeichnet wird, ist Ausdruck dieser Art zu denken.
7 In diesem Zusammenhang wird häufig der 1919 von Max Weber verfaßte Aufsatz »Die Politik als Berufung« zitiert (Die englischen Übersetzungen dieses Aufsatzes sind fehlerhaft. Zum Beispiel ist es irreführend, wenn das von Weber verwendete Wort »Beruf« mit »vocation« übersetzt wird. Die beste jüngste Ausgabe des Aufsatzes in deutscher Sprache mit ausführlichen Kommentaren und Fußnoten ist von W. J. Mommsen und W. Schluchter mit dem Titel »Wissenschaft als Beruf/Politik als Beruf«, Max-Weber-Gesamtausgabe, 1992, herausgegeben worden.)
8 Ein anregender Vergleich der moralischen Werte des Handels mit denen der Politik findet sich bei Jane Jacobs, *Systems of Survival: A Dialogue on the Moral Foundations of Commerce and Politics*, 1992. Die Gewohnheit einiger früherer Regierungschefs, ihre frühere hohe Stellung zu mißbrauchen, um viel Geld zu verdienen, illustriert das Eindringen kommerzieller Werte in die Politik, und zwar mit potentiell sehr gefährlichen politischen Konsequenzen für das Vertrauen der Öffentlichkeit zur Politik für den politischen Nachwuchs, für die Motivation der Politiker und für die Ethik der Politik.
9 Zu entsprechenden in Ostasien gemachten Erfahrungen siehe Robert Wade, *Governing the Market: Economic Theory and the Role of Government in East Asian Industrialization*, 1990.
10 Die Geschäfte der Devisenhändler sind ebenfalls eine Art ökonomischer Aktivität mit bedeutenden und oft abträglichen Folgen für die Öffentlichkeit. Sie lassen sich nicht wie die Tätigkeit der großen Konzerne mit irgendwelchen positiven Auswirkungen rechtfertigen und noch weniger kontrollieren und verantworten. Die Frage, wie man die schädlichen Spekulationen mit Devisen einschränken könnte, ohne auf die Vorteile eines freien Devisenmarktes verzichten zu müssen, zeigt, mit wie komplexen Problemen die Regierungen fertig werden müssen, wenn sie versuchen, die Märkte zu lenken oder zu regulieren.
11 Einen Überblick über einige zentrale Fragen im Rahmen des Managements von großen Unternehmen, und zwar in der Hauptsache aus juristischer Perspektive, geben D. D. Prentice und Peter Holland, Hrsg., *Contemporary Issues in Corporate Governance*, 1993.
12 Siehe zum Beispiel Eric A. Nordlinger, *On the Autonomy of the Democratic State*, 1981, und Peter Evans, Dietrich Rueschemeyer und Theda Skocpol, Hrsg., *Bringing the State Back In*, 1985. Zum Vergleich siehe eine kürzlich erschienene Studie, die darauf hinweist, daß der moderne europäische Absolutismus sehr viel stärker von sozialen Kräften kontrolliert wurde, als die meisten Gelehrten annahmen: Nicholas Henshall, *The Myth of Absolutism: Change and Continuity in Early Modern European Monarchy*, 1992.
13 Wenn hier von der »Neuerfindung der Regierung« gesprochen wird, wobei es um eher begrenzte, wenn auch lohnende Bemühungen geht, dann ist das symptomatisch dafür, daß die Notwendigkeit einer fundamentalen Reform der Regierungsformen nicht richtig erkannt wird. Siehe zum Beispiel David Osborne und Ted Gaebler, *Reinventing Government: How the Entrepreneurial Spirit is Transforming the Public Sector*, 1992.
14 Die Schwierigkeiten, die EU im Rahmen tradtitioneller Konzepte der Politikwissenschaft und internationaler Beziehungen zu begreifen, werden sehr deutlich dargestellt in David Buchan, *Europe: The Strange Superpower*, 1993.

2. Kapitel
Politische Philosophie

1 Charles O. Hucker, »Confucianism and the Chinese Censorial System« in David S. Nivison und Arthur F. Wright, Hrsg., *Confucianism in Action*, 1959, S. 183–184.
2 Siehe Thomas Hurka, *Perfectionism*, 1993, besonders S. 4.
3 Siehe James Griffin, *Well-Being: Its Meaning, Measurement and Moral Importance*, 1986, und Jon Elster und John E. Roemer, Hrsg., *Interpersonal Comparisons of Well-Being*, 1991.
4 Zu den moralischen Fragen siehe R. I. Sikora und Brian Barry, Hrsg., *Obligations to Future Generations*, 1978.
5 Siehe Yehezkel Dror, *Public Policymaking Reexamined*, 1983, S. 151–152. Zu einer klassischen Behandlung dieses Themas siehe Anatol Rapoport und Albert M. Chammah, *Prisoner's Dilemma: A Study in Conflict and Cooperation*, 1965.
6 Dieses Problem wird auch in Beziehung zu umfassenderen Fragen der »sozialen Rationalität« behandelt, wie zum Beispiel von Jon Elster. Siehe besonders *Sour Grapes*, 1983, *Ulysses and the Sirens*, 1984, *Solomonic Judgments*, 1989, und *Political Psychology*, 1993.
7 Die gleiche Auffassung wird auch in einigen Deklarationen des Club of Rome vertreten: Siehe »Statement by the Club of Rome on Human Responsibility«, vorgelegt auf der Konferenz von Punta del Este am 20. November 1991; in Nicole Rosensohn und Bertrand Schneider, *Latin America: Facing Contradictions and Hopes*, 1993, S. 135–136, und Netherlands Association for the Club of Rome, *A Declaration of Human Responsibilities Vis-A-Vis »The Universal Declaration of Human Rights«*, 1992.
8 Dieses Thema wird in der umfangreichen Literatur für und gegen die »Soziobiologie«, über »die menschliche Natur«, die kulturelle Evolution und so weiter behandelt. Zu den Texten, die die verschiedensten Meinungen zu diesen Themen vertreten, gehören J. Budzieszewski, *The Resurrection of Nature: Political Theory and the Human Character*, 1986, und Alexandra Maryanski und Jonathan H. Turner, The Social Cage: *Human Nature and The Evolution of Society*, 1992.
9 Siehe besonders Norbert Elias, *Über den Prozeß der Zivilisation*, Soziogenetische und psychogenetische Untersuchungen Bd. I, Wandlungen des Verhaltens in den westlichen Oberschichten des Abendlandes, 1978, und im umfassenderen Zusammenhang das Buch von Stephen Mennell, Norbert Elias: *An Introduction*, 1992.
10 Norbert Elias, ebenda, S. 201.
11 Zu diesem wichtigen, wenn auch gefährlichen Konzept siehe George F. Will, *State Craft as Soulcraft: What Government Does*, 1983. Zum Vergleich: Nikolas Rose, *Governing the Soul: The Shaping of the Private Self*, 1990.
12 Nach Jacob Talmon, *The Origins of Totalitarian Democracy*, 1952, war dies die treibende Kraft für die Entstehung der modernen totalitären Staatsform.
13 Die besten zeitgenössischen Gesamtuntersuchungen des Fundamentalismus wurden vorgenommen von The Fundamentalism Project at the University of Chicago. Siehe die Bücher von Martin E. Marty und R. Scott Appleby, Hrsg.,

Fundamentalism Observed, 1991; *Fundamentalisms and Society: Reclaming the Sciences, the Family, and Education*, 1993, und *Fundamentalisms and the State: Remaking Politics, Economies, and Militance*, 1993.

14 Eine sehr aufschlußreiche Behandlung der falschen Vorstellungen anderer und der Rechtfertigung des eigenen Umgangs mit dem kulturellen Imperialismus oder der Hegemonie findet sich in den Büchern von Edward W. Said, *Orientalism* und vom selben Verfasser, *Culture and Imperialism*, 1993.

15 Überzeugende Argumente liefern Michael Walzer, *Sphere of Justice: A Defence of Pluralism and Equality*, 1983, und John Kekes, *The Morality of Pluralism*, 1993.

16 Das würde die Ablehnung der in den Vereinigten Staaten vertretenen Auffassung von der »politischen Korrektheit« bedeuten, mit der behauptet wird, daß alle kulturellen Werte moralisch gleich behandelt werden müssen und es vermieden werden sollte, bestimmte Kulturen im Hinblick auf ihre Beiträge zur menschlichen Geschichte, Ethik usw. als »überlegen« oder »minderwertig« zu bezeichnen. Ich neige dazu, hier den Auffassungen von Charles Taylor zuzustimmen, wie sie in seinem Buch *Multiculturalism and »The Politics of Recognition«*, 1992, zum Ausdruck kommen.

17 Eine sehr aufschlußreiche Behandlung dieses Themas findet sich bei Harlan Cleveland, *Birth of a New World*, 1993, S. 185–203.

18 Siehe den wichtigen Aufsatz von Samuel P. Huntington, »The Clash of Civilizations?«, 1993.

19 Vergleiche mit Friedrich Meinecke, *Die Idee der Staatsräson in der neuen Geschichte*, 1957.

20 Das Fehlen einer tragfähigen philosophischen Grundlage für eine Weltregierung wird deutlich in dem Bericht der unabhängigen Kommission zu Fragen der internationalen Entwicklung unter dem Vorsitz von Willy Brandt, *North-South: A Programme for Survival*, 1980. Dieser Bericht legt zu großen Wert auf den »Interessenausgleich« und verringert damit den Wert vieler seiner ausgezeichneten Empfehlungen.

21 Siehe auch UNESCO, *World Science Report*, 1994.

22 Siehe auch Jean-Christophe Rufin, *L'empire et les nouveaux barbares*, 1991. Das könnte auch eine Stellungnahme zu Max Singer und Aaron Wildavsky, *The Real World Order: Zones of Peace; Zones of Turmoil*, 1993, sein, wenngleich die Verfasser das nicht beabsichtigt haben.

23 Siehe auch die zum Nachdenken anregende Darstellung in Geoffrey Hawthorn, *Plausible Worlds: Possibility and Understanding in History and the Social Sciences*, 1991, 2. Kapitel, besonders S. 52–54.

24 Das Interesse an diesen Problemen kommt zum Ausdruck in Robin Attfield und Barry Wilkins, Hrsg., *International Justice and the Third World: Studies in the Philosophy of Development*, 1992; John Dunn, *Western Political Theory in the Face of the Future*, 1993; Terry Nardin und David R. Maple, Hrsg., *Traditions of International Ethics*, 1992; Richard W. Miller, *Moral Differences: Truth, Justice, and Conscience in a World of Conflict*, 1993; und Janna Thompson, *Justice and World Order: A Philosophical Inquiry*, 1992. Pionierarbeit wurde geleistet vom World Order Models Project, das 1967 von Saul Mendlovitz und Harry Hollins gegründet wurde. Sie wird zum Teil dargestellt in Richard A. Falk, Robert C. Johansen und Samuel S. Kim, Hrsg., *The Constitutional Foundations of World Peace*, 1993. Radikale moralische Forderungen werden

erhoben von Hans Küng, »Global Responsibility«, in: *Search of a New World Ethics*, 1991. Weitere Grundgedanken zu einer globalen Ethik werden dargestellt von Amitai Etzioni, *The Moral Dimension: Toward a New Economics*, 1988, und von Ervin Laszlo u. a., *Goals for Mankind: A Report to the Club of Rome on the New Horizons of Global Community*, 1977.

25 Siehe zum Beispiel die Lösungsvorschläge von Will Kymlicka, *Contemporary Political Philosophy: An Introduction*, 1990.

26 Die Bücher von John Rawls sind ein typisches Beispiel für eine wichtige Arbeit, die praktisch nichts über die Grundprobleme einer internationalen Rechtsprechung aussagt. Das gilt für seine beiden Bücher *A Theory of Justice*, 1972, und *Political Liberalism*, 1993.

27 Siehe auch David A. Welch, *Justice and the Genesis of War*, 1993.

28 Eine hervorragende Arbeit ist von Laurie M. Johnson, *Thucydides, Hobbes, and the Interpretation of Realism*, 1993, insbesondere das 2. Kapitel und die Schlußfolgerungen.

29 Siehe auch Steve Buckler, *Dirty Hands: The Problem of Political Morality*, 1993.

30 Z. B. Sissela Bok, *Lying: Moral Choice in Public and Private Life*, 1979; Michael Walzer, *Just and Unjust Wars: A Moral Argument with Historical Illustration*, 1977.

31 Dazu siehe Bernard Williams, *Moral Luck: Philosophical Papers 1973–1980*, 1981, S. 54–70, und Bernard Williams u. a., *Politics, Ethics, and Public Service*, 1985.

3. Kapitel
Unvorbereitete Gesellschaften, überholte Regierungen

1 Diese Aussage bestätigen viele Untersuchungen über die Einbeziehung von Einwanderern in die Kulturen neuer Gesellschaften und über die »Modernisierung« sogenannter »primitiver« Gesellschaften. Das Erlernen des praktischen Gebrauchs moderner Hilfsmittel geschieht relativ rasch, es dauert jedoch sehr viel länger, bis sich diese Menschen in ihren Grundvorstellungen, in ihrer Haltung und in ihren Orientierungen an eine neue Umwelt angepaßt haben – in den meisten Fällen zwei bis drei Generationen. In diesem Sinne ist die von Alvin Toffler in *Future Shock*, 1971, vertretene Auffassung richtig.

2 Siehe auch Uner Kirdar, Hrsg., *Change: Threat or Opportunity*, 5 Bde., 1992. Eine frühere, aber immer noch sehr aktuelle Arbeit ist von Stephen Cotgrove, *Catastrophe or Cornucopia: The Environment, Politics, and the Future*, 1982.

3 Donald Michael, *On Learning to Plan – and Planning to Learn*, 1973. Die Aussagen des Verfassers sind heute so zutreffend wie eh und je.

4 Zu diesen Gefahren und zu den Möglichkeiten, ein einmal erreichtes hohes Niveau der menschlichen Entwicklung längere Zeit aufrechtzuerhalten, siehe Donnella H. Meadows, Dennis L. Meadows und Jorgen Randers, *Beyond the Limits: Global Collapse or a Sustainable Future*, 1992.

5 Die Frage, vor welche Aufgaben künftige Kriege oder ihre Vermeidung die Regierungen stellen würden, wäre ein Thema für ein eigenes Buch. Unter ande-

rem muß das Wesen des Krieges im Unterschied zu der Auffassung von Clausewitz, der ihn als Fortsetzung der Politik mit anderen Mitteln angesehen hat, als kulturelles Phänomen erkannt werden wie etwa in John Keegan, *A History of Warfare*, 1993. Um Gegenmaßnahmen treffen zu können, müssen wir uns mit den verschiedensten Voraussagen über die Form solcher Kriege beschäftigen. Siehe Martin Van Cleveland, *The Transformation of War*, 1991; Trevor Dupuy, *Future Wars*, 1992; Alvin und Heidi Toffler, *War and Anti-War: Survival at the Dawn of the 21st Century*, 1993; und Yehezkel Dror, *Crazy States: A Counterconventional Strategic Problem*, 1980.

6 Siehe Stjepan G. Mestrovic, *The Barbarian Temptation: Towards a Postmodern Critical Theory*, 1993. Auch hier werden die kulturellen Aspekte behandelt.

7 Über das Labyrinth, wie es in diesem Buch als Metapher benutzt wird, siehe Penelope Reed Doob, *The Idea of the Labyrinth: From Classical Antiquity Through the Middle Ages*, 1990, besonders 3. Kapitel.

8 Hier stütze ich mich besonders auf Donald N. Michael, *The Unprepared Society: Planning for a Precarious Future*, 1968.

9 Zu diesem Konzept siehe Amitai Etzioni, *The Active Society: A Theory of Societal and Political Processes*, 1968.

10 Barbara W. Tuchman, *The March of Folly: From Troy to Vietnam*, 1984.

11 Königlich Schwedisches Ministerium für Auswärtige Angelegenheiten, *To Choose a Future: A Basis for Discussion and Deliberation on Future Studies in Sweden*, 1974.

4. Kapitel
Schwierigkeiten und Chancen

1 Siehe z. B. Vereinte Nationen, *Global Outlook 2000: Economic, Social, Environmental*, 1990, und Bodo Harenberg, Hrsg., *Die Bilanz des 20. Jahrhunderts*, 1991. Zu den Zukunftserwartungen siehe Thomas Hine, *Facing Tomorrow: What the Future Has Been, What Future Can Be*, 1991; Paul Kennedy, *Preparing for the Twenty-First Century*, 1993; Eleonora Masini, Jim Dator und S. Rodgers, Hrsg., *The Futures of Development*, 1991; Eleonora Masini, *Why Futures Studies?*, 1993; J. Neisbitt und W. Aburdene, *Megatrends 2000*, 1990; aber siehe auch Richard A. Slaughter, *Looking for the Real »Megatrends«*, 1993; Lester Thurow, *Head to Head: The Coming Economic Battle Among Japan, Europe, and America*, 1992; Alvin Toffler, *Power Shift: Knowledge, Wealth, and Violence at the Edge of the 21st Century*, 1990; und Warren W. Wagar, *The Next Three Futures: Paradigms of Things to Come*, 1992. Siehe auch die Berichte der Vereinten Nationen und ihrer Institutionen wie UNDP, Jahresbericht *Human Development Report* und die auf die Zukunft bezogenen Untersuchungen; das 21st Century Project; verschiedene Berichte der Weltbank; Studien der OECD; jährliche Berichte einer zunehmenden Zahl von Organisationen, die keiner Regierung angehören, wie etwa des Human Rights Watch und The Worldwatch Institute State of the World, usw.; ebenso zahlreiche Berichte des Club of Rome zum gleichen Thema. Zu den dieses Thema behandelnden Zeitschriften gehören *Futures* und *Technological Forecasting and*

Social Chance. Siehe auch Sonderausgaben anderer Veröffentlichungen wie etwa *Spiegel Spezial: Die Erde 2000* – wohin sich die Menschheit entwickelt (April 1993) und »The Future Surveyed«, in *The Economist* (11. September 1993). Hier wird der Versuch unternommen, um einhundertfünfzig Jahre vorauszublicken. In einigen bibliographischen Zusammenfassungen wird dieses Material in lesbarer Form vorgestellt, wie etwa von der *OECD Futures Studies Information Base* und dem *Future Survey* von Martin Marien, veröffentlicht von der World Future Society.

2 In seiner Art einzigartig ist P. A. Sorokin, *Man and Society in Calamity: The Effects of War, Revolution, Famine, Pestilence upon Human Mind, Behavior, Social Organization, and Cultural Life*, 1942. Über die Untersuchung der Auswirkungen traumatischer Ereignisse in einem bestimmten Land siehe Yehezkel Dror, *Israel Will Go in Traumas*, 1992.

3 Siehe besonders Immanuel Wallerstein, *The Modern World-System*, 1974. Dieses Buch ist die Grundlage für seine spätere Arbeit.

4 Z. B. Kenyon B. De Greene, Hrsg., *A Systems-Based Approach to Policymaking*, 1993, und die in diesem Buch zitierte Literatur.

5 Eine etwas andere Anschauung vertritt Samuel Huntington in *The Clash of Civilizations?*, 1993. Er unterschätzt die Stärke des Drucks in Richtung auf eine globale Integration und übersieht die Tatsache, daß die Entwicklung zu einer globalen Zivilisation führen könnte. Wie der Verfasser richtig sagt, könnten diese Kräfte die Gefahr verringern, daß es zu Konflikten zwischen den Kulturen kommt.

6 Norbert Elias, *Über den Prozeß der Zivilisation*, Bd. 2: *Wandlungen der Gesellschaft*, 1982, S. 168.

7 Siehe Martha C. Nussbaum und Amartya Sen, Hrsg., *The Quality of Life*, 1993.

8 Dazu siehe Søren Kierkegaard, *The Sickness unto Death: A Christian Psychological Exposition for Upbuilding and Awakening*, 1980 (erste Auflage 1848), ohne die von ihm empfohlene Selbstheilung durch den Glauben. Siehe auch Ernest Becker, *The Denial of Death*, 1973.

9 Unübertroffen in seiner Behandlung des Problems der psychologischen Notwendigkeit für transzendentale Hilfe ist Karl Jaspers. *Psychologie der Weltanschauungen*, 1960 (zum ersten Mal erschienen 1922).

10 Symptomatisch ist die Tatsache, daß sich die sieben disziplinarischen Hauptprobleme in den amerikanischen Schulen in der Zeit von 1940 bis 1990 entscheidend verändert haben. 1940 waren es das Reden der Schüler, ohne gefragt zu werden, das Kauen von Kaugummi, das Erzeugen störender Geräusche, das Herumlaufen in den Gängen, das Schwänzen des Unterrichts, Verstöße gegen die Kleiderordnung und die Verunreinigung der Klassenräume. 1990 waren es der Drogenmißbrauch, der Alkoholmißbrauch, illegale Schwangerschaften, Selbstmord, Vergewaltigung, Raub und tätliche Angriffe (*International Herald Tribune*, 8. November 1993 mit einem Zitat aus Congressional Quarterly).

11 Siehe auch Daniel Patrick Moynihan, *Pandaemonium: Ethnicity in International Politics*, 1993; William Pfaff, *The Wrath of Nations: Civilization and the Furies of Nationalism*, 1993.

12 Die statistischen Angaben sind in der Hauptsache entnommen: UNFPA, *The State of World Population 1993*, 1993. Siehe auch Stephen Castles und Mark J. Miller, *The Age of Migration: International Population Movements in the Modern World*, 1993.

13 Siehe auch A. S. Oberall, *Population Growth, Employment and Poverty in Third World Mega-Cities: Analytical and Policy Issues*, 1993.
14 Daß in den reichen Ländern die Absicht geäußert wird, die unterentwickelten Länder sollten ihrem Schicksal überlassen werden, ist nicht nur unmoralisch, sondern auch realpolitisch und geostrategisch unmöglich. Eine ganz andere Haltung wird vertreten von Max Singer und Aaron Wildavsky, *The Real World Order: Zones of Peace, Zones of Turmoil*, 1993.
15 Siehe auch Richard Leete und Iqbal Alam, *The Revolution in Asian Fertility: Dimensions, Causes, and Implications*, 1993.
16 Wie oft in solchen Fällen vermittelt die literarische Behandlung eines Themas bessere Vorstellungen von künftigen Entwicklungen. Ein Beispiel dafür ist der Roman von Amin Malouf, *The First Century after Beatrice*, 1993. Hier beschreibt der Verfasser eine Welt, in der ein neuer Impfstoff es ermöglicht, die Geburt von Mädchen zu verhindern.
17 Siehe Andrew Dobson, *An Introduction to the Politics and Philosophy of José Ortega y Gasset*, 1989, S. 179.
18 Siehe auch den Bericht an den Club of Rome von A. Schaff und G. Friedrichs, *Microelectronics and Society: For Better and Worse*, 1982.
19 Vergleiche Nicole Rosensohn und Bertrand Schneider, *For a Better World Order: The Message from Kuala Lumpur*, 1993, S. 62–63.
20 UNESCO, *World Science Report*, 1994.
21 Siehe z. B. Michael Heim, *The Metaphysics of Virtual Reality*, 1993, 7. Kap. Ähnliche neue Formen von Gemeinwesen werden besprochen in Howard Rheingold, *The Virtual Community*, 1993.
22 Siehe z. B. Benno Werlen, *Society, Action and Space: An Alternative Human Geography*, 1993.
23 Siehe auch S. Zuboff, *In the Age of the Smart Machine*, 1990; von Charles Handy, *The Age of Unreason*, 1990, und *The Age of Paradox*, 1994.
24 Wir müssen zugeben, daß auch die pragmatischsten Politiker die Möglichkeit haben, sich für eine unter vielen Theorien zu entscheiden, von der sie sich leiten lassen wollen. Das Thema dieses Buches wird eingehend behandelt in einer Studie von Alexander L. George, *Bridging the Gap: Theory and Practice in Foreign Policy*, 1993.
25 Siehe auch Harold A. Linstone und Ian I. Mitroff, *The Challenge of the 21st Century: Managing Technology and Ourselves in a Shrinking World*, 1994.
26 Siehe z. B. Yaron Ezrahi, *The Descent of Icarus: Science and the Transformation of Contemporary Democracy*, 1990.
27 Siehe Max Singer und Aaron Wildavsky, *The Real World Order: Zones of Peace, Zones of Turmoil*, 1993.
28 Octavio Paz, *One Earth, Four or Five Worlds: Reflections on Contemporary History*, 1985.
29 Siehe Samuel P. Huntington, *The Clash of Civilizations?*, 1993.
30 Lawrence E. Harrison, *Who Prospects: How Cultural Values Shape Economic and Political Success*, 1992.
31 Siehe z. B. Lester Thurow, *Head to Head: The Coming Economic Battle Among Japan, Europe and America*, 1992. Einen umfassenden Überblick gibt Robert Gilpin, *The Political Economy of International Relations*, 1987.
32 Kenichi Ohmae, *The Borderless World: Power and Strategy in the Interlinked Economy*, 1990.

33 Siehe auch Martin Carnoy u. a., Hrsg., *The New Global Economy in the Information Age: Reflections on Our Changing World*, 1993.
34 Siehe z. B. Daniel Yergin und Thane Gustafson, *Russia 2010: And What it Means for the World*, 1993.
35 Zu einem etwas anderen Konzept der Massenvernichtungswaffen siehe Herman Kahn, *On Thermonuclear War*, 1961, besonders S. 145 ff. Über den Fanatismus als ernste Gefahr für die globale Sicherheit siehe Yehezkel Dror, *Crazy States: A Counterconventional Strategic Problem*, 1980, und Yehezkel Dror, *Fanaticism: A Lethal Security Issue*, in Arbeit. Weitere Ideen zum gleichen Thema finden sich auch bei Keith Suter, *Global Change: Armageddon and the New World Order*, 1993, und Alvin und Heidi Toffler, *War and Anti-War: Survival at the Dawn of the 21st Century*, 1993.
36 Z. B. Kenneth E. Boulding, *Ecodynamics: A New Theory of Societal Evolution*, 1981.
37 Z. B. Donnella H. Meadows, Dennis L. Meadows und Jorgen Randers, *Beyond the Limits: Global Collapse or a Sustainable Future*, 1992; Lester R. Brown u. a., *State of the World: A Worldwatch Institute Report on Progress Towards a Sustainable Society*, 1993, und schon früher erschienene Bände von Herman A. Daly und Kenneth N. Townsend, Hrsg., *Valuing the Earth: Economics, Ecology, Ethics*, 1992. Siehe auch weitere Berichte wie World Commission on Environment and Development, *Our Common Future*, 1987, und Alexander King und Bertrand Schneider, *The First Global Revolution*, 1991. Entsprechende Daten finden sich in United Nations Environmental Programme, *Environmental Data Report 1993–1994*, 1993.
38 Z. B. Al Gore, *Earth in Balance: Ecology and the Human Spirit*, 1992.
39 Harlan Cleveland, *Birth of a New World*, 1993, 11. Kapitel.
40 Siehe den Bericht für den Club of Rome von Elisabeth Mann-Borgese, *The Future of the Oceans*, 1986, und Elisabeth Mann-Borgese, *Ocean Governance: A Model for Global Governance in the 21st Century?* (erscheint demnächst).
41 Aufschlußreiche Gesamtdarstellungen, in denen empirische Daten, Analysen und Empfehlungen zusammengefaßt werden, sind Lester W. Milbrath, *Envisioning a Sustainable Society: Learning a Way Out*, 1989; Gareth Porter und Janet Welsh Brown, *Global Environmental Politics*, 1991, und Ernst U. von Weizsäkker, *Earth Politics*, 1994. Detaillierte empirische Untersuchungen finden sich bei Richard Tobin, *The Expendable Future: U.S. Politics and the Protection of Biological Diversity*, 1990. Aus historischer Perspektive wird dieses Thema behandelt von Peter C. Gould, *Early Green Politics: Back to Nature, Back to the Land, and Socialism in Britain 1880–1900*, 1988.
42 Emmanuel Sivan, *Radical Islam: Medieval Theology and Modern Politics*, 1985; Martin E. Marty und R. Scott Appleby, Hrsg., *Fundamentalism Observed*, 1991, *Fundamentalisms and Society*, 1993, und *Fundamentalisms and the State*, 1993.
43 Z. B. James A. Beckford, Hrsg., *New Religious Movements and Rapid Social Change*, 1986; Rodney Stark und William Sims Bainbridge, *The Future of Religion: Secularization, Revival and Cult Formation*, 1985.
44 Z. B. Keith Ward, *A Vision to Pursue: Beyond the Crisis in Christianity*, 1991.
45 Eines der Bücher, die über eine lange Zeit ihre Gültigkeit behalten werden, ist Ken Jowitt, *New World Disorder: The Leninist Extinction*, 1992.
46 Vergleiche z. B. Andrew Dobson und Paul Lucardie, Hrsg., *The Politics of*

Nature: Explorations in Green Political Theory, 1993, und Peter C. Gould, *Early Green Politics: Back to Nature, Back to the Land, and Socialism in Britain 1880-1900*, 1988.

47 Die neuesten Ergebnisse von Untersuchungen im Packeis lassen vermuten, daß sich das Klima auf der Erde sehr viel rascher verändert als bisher angenommen, obwohl es nach menschlichen Zeitbegriffen immer noch sehr langsam geschieht. Siehe die in der Zeitschrift *Nature* veröffentlichten Aufsätze, und zwar Bd. 364, 15. Juli 1993, S. 186, 203-207 und 218-219. Siehe auch Derek Ager, *The New Catastrophism: The Importance of the Rare Event in Geological History*, 1993.
48 Wie besprochen in *The Economist*, 11. September 1993, S. 11-12 und 81-84. Walter J. Karplus, *The Heavens Are Falling: The Scientific Prediction of Catastrophes in Our Time*, 1992.
49 Siehe David G. Duemler, *Bringing Life to the Stars*, 1993.
50 Siehe auch Leo Howe und Allan Wain, Hrsg., *Predicting the Future*, 1993.
51 Gabriel García Marquez, *The General in his Labyrinth*, 1990.
52 David Buisseret, *Monarchs, Ministers, and Maps: The Emergence of Cartography as a Tool of Governance in Early Modern Europe*, 1993.

5. Kapitel
Schwierigkeiten im Bereich der politischen Kultur

1 Dazu siehe Michael Thompson, Richard Ellis und Aaron Wildavsky, *Political Culture*, 1992.
2 Siehe G. A. Almond und S. Verba, *The Civic Culture: Political Attitude and Democracy in Five Nations*, 1963; G. A. Almond und S. Verba, Hrsg., *The Civic Culture Revisited*, 1980, und L. W. Pye und S. Verba, Hrsg., *Political Culture and Political Development*, 1965.
3 Siehe z. B. Michel Crozier, Samuel P. Huntington und Joji Watanuki, *The Crisis of Democracy: Report on the Governability of Democracy to the Trilateral Commission*, 1975; Jürgen Habermas, *Legitimation Crisis*, 1976; Joachim Heidorn, *Legitimität und Regierbarkeit: Studien zu den Legitimitätstheorien von Max Weber, Niklas Luhmann, Jürgen Habermas und der Unregierbarkeitsforschung*, 1982; Wilhelm Hennis, Peter Graf Kielmansegg und Ulrich Matz, Hrsg., *Regierbarkeit: Studien zu ihrer Problematisierung*, 1977 und 1979; Josef Isensee und Hans Meyer, *Zur Regierbarkeit der parlamentarischen Demokratie*, 1979; Bjorn Wittrock, Hrsg., *Governance in Crisis*, 1983, und in einem etwas anderen Zusammenhang, betreffend die Verwaltung von Städten, Douglas Yates, *The Ungovernable City*, 1977.
4 Das folgende geht über die sonst in Fachbüchern vertretenen Ideen weit hinaus: Patrick Brantlinger, *Bread and Circus: Theories of Mass Culture as Social Decay*, 1983; Arnold Brecht, *Kann die Demokratie überleben: Die Herausforderungen der Zukunft und die Regierungsformen der Gegenwart*, 1978, Graham E. Fuller, *The Democracy Trap: Perils of the Post-Cold War World*, 1991; David Held, Hrsg., *Prospects for Democracy: North, South, East, West*, 1993; Martin Jaenicke, *The State Failure: The Impotence of Politics in Industrial Society*, 1990; G. Birmingham Powell jr., *Contemporary Democracies: Partici-*

pation, Stability and Violence, 1982, und Danilo Zolo, *Democracy and Complexity: A Realistic Approach*, 1992.
5 Das entspricht ganz der Auffassung von Theodore J. Lowi, *The End of Liberalism: The Second Republic of the United States*, 1979.
6 Norbert Elias, *The Court Society*, 1969; Paula R. Backscheider, *Spectacular Politics: Theatrical Power and Mass Politics in Early Modern England*, 1993.
7 Ich bin Professor Gerhard Bruckmann dankbar für das lateinische Zitat zur klassischen Beurteilung moderner Politiker durch Descartes.
8 Siehe z. B. Thomas S. Langston, *Ideologues and Presidents: From the New Deal to the Reagan Revolution*, 1992.
9 Siehe Tore Bjoergo und Bob Witte, Hrsg., *Racist Violence in Europe*, 1993.
10 Siehe Andrew Samuels, *The Political Psyche*, 1. Kapitel, 1993.
11 Siehe auch William Pfaff, *The Wrath of Nations: Civilization and the Furies of Nationalism*, 1993, was auch auf westliche Länder zutrifft.
12 Siehe auch Robert H. Nelson, *Reaching for Heaven on Earth: The Theological Meaning of Economics*, 1991.
13 Vergleiche Zeev Sternhall, *The Birth of Fascist Ideology: From Cultural Rebellion to Political Revolution*, 1994.
14 Eine gute Beschreibung einer ökologischen Diktatur in Dirk C. Fleck, *Go! Die Öko-Diktatur*, 1993.
15 Siehe z. B. Peter Ester, Loek Halman und Ruud de Morr, Hrsg., *The Individualizing Society: Value Change in Europe and North America*, 1993.
16 Jüngste Überlegungen zu diesem Thema werden vorgelegt in David Clinton, *The Two Faces of National Interest*, 1993; Richard Rosecrance und Arthur A. Stein, Hrsg., *The Domestic Basis of Grand Strategy*, 1993, und Peter B. Evans, Harold K. Jacobsen und Robert D. Putnam, Hrsg., *Double-Edged Diplomacy: International Bargaining and Domestic Politics*, 1994.
17 Siehe Demetrios G. Papademetriou, *At the Precipice? Europe and Migration*, 1993.
18 Diese These wird entschieden vertreten von Jean-Christophe Rufin, *L'empire et les nouveaux barbares*, 1991.
19 John D. Montgomery, *Forced to Be Free: The Artificial Revolution in Germany and Japan*, 1957.
20 Zu dem in Asien geleisteten Widerstand, der zu dem Verlangen führte, Pepsi Cola, Coca-Cola, McDonald's usw. zu boykottieren, siehe »American cultural and political imperialism« in *International Herald Tribune*, 11. August 1993, S. 15.
21 Siehe auch »A Survey of Asia« in *The Economist*, 30. Oktober 1993, S. 22–23.
22 Siehe auch Douglas J. MacDonald, *Adventures in Chaos: American Intervention for Reform in The Third World*, 1992. Zum gleichen Thema siehe auch Richard K. Betts und Samuel P. Huntington, *Dead Dictators and Roting Mobs: Does in Demise of Authoritarian Rulers lead to Political Instability?*, 1985.
23 Vergleiche Francis Fukuyama, *The End of History and The Last Man*, 1992, mit den sich davon unterscheidenden Auffassungen von Samuel P. Huntington, *The Third Wave: Democratization in the Late Twentieth Century*, 1991.
24 Siehe Louis Dumont, *Homo Hierarchicus: The Caste System and Its Implication*, 1981.
25 Siehe Basil Davidson, *The Black Man's Burden: Africa and The Curse of the Nation-State*, 1992.

26 Siehe auch Michael Brint, *A Genealogy of Political Culture*, 1991, S. 57–65.
27 Siehe besonders Eric Voegelin, *The New Science of Politics: An Introduction*, 1952, und Eric Voegelin, *The Ecomenic Age*, 1974. Eine gute, aber nicht leicht zu lesende Einführung zu den Werken dieses originellen Denkers ist Ellis Sandoz, *The Voegelinian Revolution: A Biographical Introduction*, 1981.
28 Diese Unterscheidung ist entnommen aus Helmut Dietl, *Institutionen und Zeit*, 1993.
29 Robert D. Putman, *Making Democracy Work: Civil Traditions in Modern Italy*, 1993.
30 Ebenda, S. 182.
31 Siehe Robert F. Kaplan, *The Coming Anarchy*, 1994.
32 Siehe auch Keith Tester, *Civil Society*, 1992; Roland Robertson, *Globalization: Social Theory and Global Culture*, 1992; und Mike Featherstone, Hrsg., *Global Culture: Nationalism, Globalization, and Modernity*, 1990.
33 Ein jüngst erschienenes interessantes Beispiel findet sich bei Edward N. Luttwack, *The Endangered American Dream*, 1994.
34 Siehe Yehezkel Dror, *Policymaking Under Adversity*, 1988, besonders 3. Kapitel.
35 Ohne auf die psychologischen Aspekte einzugehen, könnten zwei Illustrationen aus der Vergangenheit dazu beitragen, Umfang und Bedeutung dieses Problems zu verdeutlichen: Die Zuluhäuptlinge zur Zeit der britischen Invasion von 1879, siehe John Laband, *Kingdom in Crisis: The Zulu Response to the British Invasion of 1879*, 1992, und Großherzog Olivares und die Reformation sowie Frankreich unter Richelieu, siehe J. H. Elliot, *The Count-Duke of Olivares: The Statesman in an Age of Decline*, 1986.
36 Dem entsprechen auch Teile von Charles F. Doran, *Systems in Crisis: New Imperative of High Politics at Century's End*, 1991.
37 Siehe auch Timothy V. Kaufman-Osborn, *Politics/Sense/Experience: A Pragmatic Inquiry into the Promise of Democracy*, 1991.
38 Siehe auch Rom Harre, *Social Being*, 10. Kapitel, 1993.
39 Es besteht auch die Gefahr, in eine revidierte Version der Politik à la Karl Schmitt zu geraten. Seine politischen Vorstellungen sind für uns sehr wichtig, denn sie vermitteln uns Einsichten in die Realität der traditionellen Politik, die sich einerseits Veränderungen widersetzt, während sie auf der anderen Seite Möglichkeiten für die Zukunft eröffnet, wenn es nicht gelingt, die demokratische Regierungsfähigkeit aufzuwerten und mehr für eine Weltregierung zu tun. Siehe besonders Karl Schmitt, abgedruckt in *Der Begriff des Politischen*, 1963; *Politische Theologie II: Die Legende von der Erledigung jeder politischen Theologie*, 1970; *Theorie der Partisanen: Zwischenbemerkung zum Begriff des Politischen*, 1975; *Politische Theologie: Vier Kapitel zur Lehre von der Souveränität*, 1979, und *Politische Romantik*, 1982.

6. Kapitel
Übergeordnete Aufgaben der Regierenden

1 Wie besprochen in C. R. Hallpike, *The Principles of Social Evolution*, 1988.
2 Siehe Kernial Singh Sandhu und Paul Wheatley, Hrsg., *Management of Success: The Moulding of Modern Singapore*, 1989.
3 Siehe auch Michael Gelven, *Why Me? A Philosophic Inquiry into Fate*, 1991.
4 Siehe auch Martha Nussbaum, *The Fragility of Goodness: Luck and Ethics in Greek Tragedy and Philosophy*, 1986.
5 Neben der umfangreichen Literatur über dieses Thema in der Psychologie und der Informationstheorie siehe Howard Margolis, *Paradism and Barriers: How Habits of the Mind Govern Scientific Beliefs*, 1992. Seine Erkenntnisse treffen sogar noch mehr auf Regierungseliten zu.
6 Siehe Michael R. Porter, *The Competitive Advantage of Nations*, 1990.
7 Dieses Konzept übernehme ich von Frederick Wakeman jr., *The Great Enterprise: The Manchu Reconstruction of Imperial Order in Seventeenth-Century China*, 1985.
8 Siehe Paul R. Schulman, *Large-Scale Policy Making*, 1980.
9 Siehe z. B. Edward R. Tufte, *Political Control of the Economy*, 1978.
10 Siehe besonders Albert O. Hirschman, *The Strategy of Economic Development*, 1958, nach der neuen Fassung in *Rival Views of Market Society and Other Recent Essays*, 1. Kapitel, 1986.
11 Siehe Donald N. Michael, *On Learning to Plan – and Planning to Learn*, 1973; ebenso *Governing by Learning in an Information Society*, 1992; ebenso *Learning: Boundaries, Myths, and Metaphors*, 1993; Kenyon B. DeGreene, *The Adaptive Organization: Anticipation and Management in Crisis*, 1982; Donald A. Schon, *Beyond the Stable State: Public and Private Learning in a Changing Society*, 1971; Karl W. Deutsch, *On the Learning Capacity of Large Political Systems*, 1975; Alejandro Foxley, Michael S. McPherson und Guillermo O'Donnel, Hrsg., *Development, Democracy, and the Art of Trespassing: Essays in Honor of Albert O. Hirschman*, S. 217–246, 1986, und Peter M. Senge, *The Fifth Discipline: The Art and Practice of The Learning Organization*, 1990.
12 OECD, *Innovation Policy: France*, S. 30, 1986.
13 Eine Politik des Wirtschaftswachstums wird entschieden empfohlen von Charles E. Lindblom, *Inquiry and Chance: The Troubled Attempt to Understand and Shape Society*, 1990, und auch in früheren Schriften. Ähnlich müssen auch seine Hoffnungen auf »die Intelligenz der Demokratie«, wie sie sich auf quasimarktbezogene und auf Zuwachs gerichtete Entscheidungen stützen, im Lichte globaler Veränderungen neu bewertet werden. Siehe auch Charles E. Lindblom, *The Intelligence of Democracy*, 1965.
14 Siehe Mancur L. Olson jr., *The Rise and Decline of Nations: Economic Growth, Stagflation and Social Rigidities*, 1982.
15 Siehe George F. Will, *Statecraft as Soulcraft: What Government Does*, 1983.
16 Dieses Konzept ist übernommen von Guido Calabresi und Philip Bobbit, *Tragic Choice*, 1979.

7. Kapitel
Wege zu einer Reform des Regierungsapparats

1 Siehe Irving L. Janis, *Groupthink*, 1982, und Paul t'Hart, *Groupthink in Government*, 1990.
2 Friedrich Nietzsche, *Vom Nutzen und Nachteil der Historie für das Leben*, 1874. Siehe auch Ernest R. May, »*Lessons*« *of the Past: The Uses and Misuses of History in American Foreign Policy*, 1972. Das gleiche Thema wird auch behandelt in Alexander Dermant, *Metaphern für Geschichte: Sprachbilder und Gleichnisse im historisch-politischen Denken*, 1978, und Ernst Nolte, *Geschichtsgedanken im 20. Jahrhundert: Von Max Weber bis Hans Jonas*, 1991.
3 Z. B. L. S. Etheredge, *Can Government Learn? American Foreign Policy and Central American Revolutions*, 1985.
4 Eine Illustration aus dem Bereich des Vereinigten Königreichs findet sich in HMSO, *The Reorganisation of Central Government*, 1972.
5 Alexander King und Bertrand Schneider, *The First Global Revolution*, S. 3, 1991.
6 Vgl. B. W. Hogwood und G. B. Peters, *The Pathology of Public Policy*, 1985.
7 Vorschläge in gleicher Richtung finden sich in Richard E. Neustadt und Ernest R. May, *Thinking in Time: The Uses of History for Decision Makers*, 1986. Einige der hier besprochenen Modelle werden ausführlich entwickelt in Yehezkel Dror, *Public Policymaking Reexamined*, 1983, und *Policymaking Under Adversity*, 1988. Diese Bücher enthalten ausführliche Literaturverzeichnisse.

8. Kapitel
Modell einer möglichen Regierungsform

1 Selbst ein so hervorragender Denker wie Friedrich Hayek hat Modelle für die Regierungsarbeit entwickelt, die nicht geeignet sind, auf internationaler Ebene entstehende Probleme zu lösen. Siehe z. B. *Law, Legislation and Liberty*, Bd. 3, und *The Political Order of a Free People*, 1979.
2 Vergleiche die Anschauungen von C. Cherniak, *Minimal Rationality*, 1986.
3 Siehe John D. Montgomery, *Forced to Be Free*, 1957.
4 Zu diesem Konzept und ähnlichen Methoden siehe Pjotr Sztompka, *Society in Action: The Theory of Social Becoming*, 1991. Die Bedeutung des energischen Handelns von Regierungen für die Märkte wird anerkannt in World Bank, *The East Asia Miracle: Economic Growth and Public Policy*, 1993; das gleiche Thema wird etwas weniger direkt und nicht so erschöpfend behandelt in Angus Maddison, *Dynamic Forces in Capitalist Development: A Long-Run Comparative View*, 1991. Siehe auch Max Singer, *Passage to a Human World: The Dynamics of Creating Wealth*, 1987.
5 Alexander King und Bertrand Schneider, *The First Global Revolution*, S. 3.
6 Donnella H. Meadows, Dennis L. Meadows und Jorgen Randers, *Beyond The Limits*, 1992. Zum Vergleich siehe Garrett Hardin, *Living Within Limits: Ecology, Economics, and Population Taboos*, 1993.

7 Diese wichtige Idee wird, wie schon erwähnt, klar erkannt von Arnold Brecht, *Kann die Demokratie überleben?*, 1978, und Andrew Shonfield, *The Use of Public Power*, 1982.
8 Vergleiche Michel Crozier, *The Stalled Society*, 1973.

9. Kapitel
Förderung der *raison d'humanité*

1 Alexander King und Bertrand Schneider, *The First Global Revolution*. 1991.
2 Siehe auch Hermann Lübbe, *Politischer Moralismus: Der Triumph der Gesinnung über die Urteilskraft*, 1987, besonders S. 112–113.
3 Yaron Ezrahi, Everett Mendelsohn und Howard Segal, Hrsg., *Technology, Pessimism, and Postmodernity*, 1994.
4 Siehe z. B. Mark Johnson, *Moral Imagination: Implications of Cognitive Science for Ethics*, 1993. Hier wird besonders auf die Kreativität moralischer Überlegungen hingewiesen.
5 Eine relativ leichte Einführung liefert Philip Pettit mit *Consequentalism*, 1991.
6 R. M. Hare, *Freedom and Reason*, 1963, 9. Kapitel.
7 Siehe z. B. Asbjorn Eida u. a., Hrsg., *The Universal Declaration of Human Rights: A Commentary*, 1992, und Donna Gomien, Hrsg., *Broadening the Frontiers of Human Rights: Essays in Honour of Asbjorn Eida*, 1993.
8 Wie besprochen in Christopher Moseley und R. E. Asher, Hrsg., *Atlas of the World's Languages*, 1994.
9 Siehe auch Robert P. George, *Making Men Moral: Civil Liberties and Public Morality*, 1993.
10 Siehe z. B. Lawrence E. Johnson, *A Morally Deep World. An Essay on Moral Significance and Environmental Ethics*, 1993.
11 Siehe z. B. Janine Chanteur, *From War to Peace*, 1992, Teil 1; sehr provozierend ist Leonard C. Lewin (Pseudonym), *Report from Iron Mountain on the Possibility and Desirability of Peace*, 1967. Eine gegenteilige Auffassung vom Krieg als einer gefährlichen Krankheit der Menschheit vertritt Uri Milstein in *The General Theory of Security: The Survival Principle*, 1991.
12 Siehe Karl Jaspers, *Die Atombombe und die Zukunft des Menschen: Politisches Bewußtsein in unserer Zeit*, 1958, und Jonathan Schell, *The Fate of the Earth*, 1982.
13 Siehe z. B. Institute of Social Studies, *Overdevelopment: A Series of Public Lectures*, 1979.
14 Ich beziehe mich hier mit allem Vorbehalt auf Mickey Kaus, *The End of a Quality*, 1992.
15 Das entspricht einem Bericht in United Nations Development Programme, *Human Development Report*, 1993, und anderen seit 1990 vorgelegten Berichten.
16 Siehe z. B. Larry S. Tempkin, *Inequality*, 1993.
17 Z. B. Netherlands Association for the Club of Rome, *A Declaration of Human Responsibilities Vis-á-Vis »The Universal Declaration of Human Rights«*, 1992; Nicole Rosensohn und Bertrand Schneider, *Latin America: Facing Con-*

tradictions and Hopes, 1993, an verschiedenen Stellen. Über die Verantworung für den Ausgleich und die gegenseitige Ergänzung bestimmter Rechte siehe Amitai Etzioni, *The Spirit of Community: Rights, Responsibilities, and the Communitarian Agenda*, 1993.

18 Siehe z. B. J. R. Lucas, *Responsibility*, 1993.
19 Siehe auch Marion Smiley, *Moral Responsibility and the Boundaries of Community: Power and Accountability from a Pragmatic Point of View*, 1992.
20 Gedankenexperimente ermöglichen es, dort Klarheit zu schaffen, wo es keine ausreichenden empirischen Beweise gibt. Über ihre Anwendung und methodologische Probleme siehe Ray A. Sorensen, *Thought Experiments*, 1992.
21 Siehe auch Max Charlesworth, *Bioethics in a Liberal Society*, 1993, und die verblüffenden Fragen, die behandelt werden, in David Heyde, *Genethics: Moral Issues in the Creation of People*, 1992.
22 Siehe Robert Nisbet, *History of the Idea of Progress*, 1993.
23 Eine mit der entgegengesetzten Auffassung begründete Kritik findet sich in Jonathon Porritt, »Sustainabel Development: Panacea, Platitude, or Downright Deception?«, 1993.
24 World Commission on Environment and Development, *Our Common Future*, 1987, S. 43.
25 Neben der zu diesem Thema bereits genannten Literatur siehe Patricia Springborg, *The Problem of Human Needs and the Critique of Civilisation*, 1981.
26 Bertrand de Jouvenel, *The Art of Conjecture*, 1967; James S. Fishkin, *Democracy and Deliberation: New Directions for Democratic Reform*, 1991.
27 Nützliche Ideen finden sich in Yael Tamir, *Liberal Nationalism*, 1993.
28 Eine immer noch interessante, wenn auch umstrittene Darstellung über die Spannungen zwischen der Staatsräson und der Idee des Weltbürgertums findet sich bei Friedrich Meinecke, *Weltbürgertum und Nationalstaat*, Neuauflage 1969.
29 Z. B. Erich Jantsch, *Design for Evolution: Self-Organization and Planning in the Life of Human Systems*, 1975.

10. Kapitel
Tugenden und Untugenden

1 Ein Zitat aus J. Peter Euben, *The Tragedy of Political Theory: The Road not Taken*, 1990, S. 168. Siehe auch ebendort: »The Political Science of Political Corruption«, 1988.
2 Ein gutes Beispiel für eine ausführliche Behandlung des Themas, wie man Regierungsbeamte veranlassen kann, sich moralisch zu verhalten, ist Rosamund M. Thomas, Hrsg., *Teaching Ethics*, Bd. 1: *Government Ethics*, 1993.
3 Siehe z. B. Peter de Leon, *Thinking About Political Corruption*, 1993.
4 Zwei von vielen Beispielen für islamische Vorstellungen von den Aufgaben einer Regierung sind Yussuf Khass Hajib, *Wisdom of Royal Glory: A Turko-Islamic Mirror for Princes*, 1983 (geschrieben im Jahr 1069), und Julie Scott Meisami, Übersetzerin und Herausgeberin, *The Sea of Precious Virtues: A Medieval Islamic Mirror For Princess*, 1991 (geschrieben Mitte des 12. Jahrhunderts).
5 Um nur wenige Beispiele zu nennen, siehe Philippa Foot, *Virtues and Vices, and*

Other Essays in Moral Philosophy, 1978; Alasdair MacIntyre, *After Virtue*, 1978; James F. Wallace, *Virtues and Vices*, 1978, und ganz andere, aber in diesem Zusammenhang bedeutsam, Roman Guardini, *Tugenden*, 1967.
6 Siehe z. B. Joel J. Kupperman, *Character*, 1991, und Peter A. French, Theodore E. Uehling jr. und Howard K. Wettstein, Hrsg., *Midwest Studies in Philosophy*, Volume XIII: *Ethical Theory: Character and Virtue*, 1988.
7 Um bei der islamischen Moral und dem arabischen politischen Denken zu bleiben, siehe Abdulazis Abdulhussein Sachedina, *The Just Ruler in Shi'ite Islam: The Comprehensive Authority of the Jurist in Imamite Jurisprudence*, 1988. Das ist eine ausnehmend moderne Darstellung des »gerechten Herrschers«, ebenso aber auch aus westlich-weltlicher Sicht einige Teile von Christopher Hodgkinson, *The Philosophy of Leadership*, 1983. Eine wichtige Darstellung, die sich allerdings zu stark auf den Eigennutz als Heilmittel konzentriert, ist Robert E. Gooding, *Motivating Political Morality*, 1992.
8 Dagegen siehe J. Budziszewski; *The Nearest Coast of Darkness: A Vindication of the Politics of Virtues*, 1988.
9 Eine neue Übersetzung ins Englische der Enap von Montaigne: *The Essays of Michel de Montaigne*, 1991.
10 Jean-Paul Sartre, *Notebooks for an Ethics*, 1992.
11 Siehe auch Jane Jacobs, *System of Survival*, 1992.
12 Eine entgegengesetzte Auffassung vertritt T. Patrick Burke, *No Harm: Ethical Principles for the Economy*, 1993.
13 Geoffrey Galt Harpham, *The Ascetic Imperative in Culture and Criticism*, 1987.
14 Siehe z. B. George B. N. Ayittey, *Africa Betrayed*, 1992.
15 Im Sinne von Milton Rokeach, *Open and Closed Mind*, 1960; wird zudem behandelt in seinem Buch *The Nature of Human Values*, 1973, und in *Understanding Human Values: Individual and Societal*, 1979.
16 Siehe z. B. Howard Gardener, *Creating Minds: An Anatomy of Creativity seen through the Lives of Freud, Einstein, Picasso, Stravinsky, Eliot, Graham, and Gandhi*, 1993.
17 Dieses Thema wird noch eingehender behandelt in Yehezkel Dror, *The Path of the Ruler: A Mirror for Leaders*; in Vorbereitung.
18 Siehe Robert Gilbert, *The Mortal President*, 1993; Jerrold M. Post und Robert S. Robins, *When Illness Strikes The Leader: The Dilemma of the Captive King – From George III to Ronald Reagan*, 1993, und Edward B. MacMahon und Leonard Curry, *Medical Cover-Ups in the White House*, 1987; Ida Macalpine und Richard Hunter, *George III and the Mad-Business*, 1991, und Vivian Green, *The Madness of Kings: Personal Trauma and the Fate of Nations*, 1993.
19 Post und Robins, a. a. O., S. 206.
20 Vergleiche Angus McIntyre, Hrsg., *Aging and Political Leadership*, 1988.
21 In Ländern, wo die Korruption eine alltägliche Erscheinung ist, wäre es vielleicht richtig, den Präsidenten ein Nettogehalt von jährlich vielleicht einer Million amerikanischer Dollar zu zahlen und eine Pension in etwa gleicher Höhe zu gewähren. Sie sollten aber strengstens bestraft werden, wenn ihnen korrupte Praktiken nachgewiesen werden können.
22 *The Economist*, 8. Mai 1993, S. 72.
23 Siehe Steven Forde, *The Ambition to Rule: Alcibiades and the Politics of Imperialism in Thucydides*, 1989.

11. Kapitel
Der Souverän »Volk«

1. Z. B. entsprechend den Vorschlägen von Anthony Giddens, *The Constitution of Society: Outline of the Theory of Structuration*, 1984.
2. Siehe z. B. Michael Lerner, *Surplus Powerlessness: The Psychodynamics of Everyday Life... and the Psychology of Individual and Social Transformation*, 1991. Aber in anderen Gesellschaften und Kulturen nimmt diese Frage ganz andere Formen an.
3. Siehe z. B. Hernando De Soto, *The Other Path: The Invisible Revolution in the Third World*, 1989.
4. Siehe auch Bryant T. Regan jr. und Elizabeth Williams, Hrsg., *Re-creating Authority in Revolutionary France*, 1992.
5. Siehe auch Jon Elster, *Local Justice: How Institutions Allocate Scarce Goods and Necessary Burdens*, 1993.
6. Z. B. William A. Gamson, *Talking Politics*, 1993, und Paul M. Sniderman, Richard A. Brody und Philip E. Tetlock, *Reasoning and Choice: Explorations in Political Psychology*, 1991.
7. Siehe auch Leif Lewin, *Self-Interest and Public Interest in Western Politics*, 1991.
8. Siehe auch Bruce Russet, *Grasping the Democratic Peace*, 1993.
9. Siehe auch Michael J. O'Neill, *The Roar of the Crowd: How Television and People Power are Changing the World*, 1993, und John R. Zaller, *The Nature and Origins of Mass Opinion*, 1992.
10. Siehe z. B. Patrick Brantlinger, *Bread and Circus: Theories of Mass Culture as Social Decay*, 1983; A. F. Davies, *Skills, Outlooks, and Passions: A Psychoanalytic Contribution to the Study of Politics*, 1980, Teil 3; Serge Moscovici, *The Age of the Crowd: A Historical Treatise on Mass Psychology*, 1985, und ganz anders, aber auch zum gleichen Thema José Ortega y Gasset. *Der Aufstand der Massen*, 1931, und Elias Canetti, *Masse und Macht*, 1960.
11. Die moderne klassische Behandlung dieses Themas findet sich bei Daniel Kahnemann, Paul Slovic und Amos Tversky, Hrsg., *Judgement Under Uncertainty: Heuristics and Biases*, 1982. Eine optimistischere Auffassung vertreten David M. Hayano, *Poker Faces: The Life and Work of Professional Card Players*, 1982, und John W. Payne, James R. Bettman und Eric J. Johnson, *The Adaptive Decision Maker*, 1993.
12. Zu diesem wichtigen Konzept siehe David Pears, *Motivated Irrationality*, 1984.
13. Siehe z. B. Aaron Wildavsky, *Searching for Safety*, 1988, und Steven Breryer, *Breaking the Vicious Circle*, 1993.
14. Siehe Thomas Sprangens jr., *Reason and Democracy*, 1990, besonders 7. Kapitel.
15. Sehr sachbezogen ist Danilo Zolo, *Democracy and Complexity: A Realistic Approach*, 1992.
16. Romano Guardini, *Sorge um den Menschen*, 1988 und 1989.
17. Entsprechende Konzepte und Ansichten werden vorgelegt in Steven Connor, *Theory and Cultural Value*, 1992.
18. Nicholas Henshall, *The Myth of Absolutism*, 1992.
19. Vergleiche Steven Ozment, *The Age of Reform 1250–1550: An Intellectual and*

Religious History of Late Medieval and Reformation Europe, 1980, und Euan Cameron, *The European Reformation*, 1991.
20 Siehe z. B. Stephen L. Collins, *From Divine Cosmos to Sovereign State: An Intellectual History of Consciousness and the Idea of Order in Renaissance England*, 1989; Liah Greenfeld, *Nationalism: Five Roads to Modernity*, 1992, und Gerhard Oestreich, *Neostoicism and the Early Modern State*, 1982.
21 Ein wirksames Instrument des NS-Staates bei dem Versuch, die Kultur umzugestalten, wird beschrieben in Harald Scholtz, *Nationalsozialistische Ausleseschulen: Internatsschulen als Herrschaftsmittel des Führerstaats*, 1975.
22 Siehe auch Peter Kenez, *The Birth of the Propaganda State: Soviet Methods of Mass Mobilization, 1917–1929*, 1985.
23 Siehe S. J. Tambiah, *World Conqueror and World Renouncer: A Study of Buddhism and Polity in Thailand Against a Historical Background*, 1976; Martina Deuchler, *The Confucian Transformation of Korea: A Study of Society and Ideology*, 1993.
24 Vergleiche William Bloom, *Personal Identity, National Identity and International Relations*, 1993.
25 Alexander King und Bertrand Schneider, *The First Global Revolution*, 1991, S. 184–185.
26 Ebenda, S. 161.
27 Vergleiche BBV Fundación Study Group unter der Leitung von Michael Foucher, *The Next Europe: An Essay about Alternatives and Strategies Towards a New Vision of Europe*, 1993, S. 63–69.
28 Zum gleichen Thema äußert sich der Bericht der Task Force über die Zukunft des öffentlichen Fernsehens, wenngleich er nicht weit genug geht, *Reinventing Public Television*, 1993.
29 Wie vorgeschlagen in Pieter Spiaerenburgh, *The Spectacle of Suffering*, 1984.
30 Siehe auch Douglas Madsen und Peter G. Snow, *The Charismatic Bond: Political Behavior in Time of Crisis*, 1991.
31 Siehe Jeffrey K. Tulis, *The Rhetorical Presidency*, 1937, und David M .Ricci, *The Transformation of American Politics: The New Washington of Think Tanks*, 1993, Teil 2, der auch eine Liste weiterer Zitate enthält.
32 Clifford Geertz, *The Interpretation of Culture*, 1973, S. 91.
33 Siehe auch Murray Edelman, *The Symbolic Uses of Politics*, 1964, und weiterentwickelt in *Politics as Symbolic Action: Mass Arousal and Quiescence*, 1971, und *Constructing the Political Spectrum*, 1988.
34 John R. Gilis, Hrsg., *Commemorations: The Politics of National Identity*, 1994, bezieht sich auf globale Bedürfnisse.
35 Siehe z. B. Randolph Starn und Loren Patridge, *Arts of Power: Three Halls of State in Italy, 1300–1600*, 1992; Martin Warnke, *Politische Architektur in Europa: Vom Mittelalter bis heute – Repräsentation und Gemeinschaft*, 1984.
36 Siehe auch Johanna Nichols, *Linguistic Diversity in Space and Time*, 1992.
37 Siehe Terence Ball, James Farr und Russell L. Hanson, Hrsg., *Political Innovation and Conceptual Change*, 1989. Historische und vergleichende Analogien finden sich bei Maurizio Viroli, *From Politics to Reason of State: The Acquisition and Transformation of the Language of Politics 1250–1600*, 1993, und Bernard Lewis, *The Political Language of Islam*, 1988.
38 Robert P. George, *Making Men Moral: Civil Liberties and Public Morality*, 1993.

39 Martin P. Wattenberg, *The Rise of Candidate-Centered Politics: Presidential Elections in the Institutional Perspective*, 1992, ist ein Beispiel für eine immer umfangreicher werdende Literatur zu diesem Thema.
40 Siehe z. B. Frank I. Luntz, *Candidates Consultants and Campaigns: The Style and Substance of American Electioneering*, 1988, und Neil Postman, *Amusing Ourselves to Death: Public Discourse in the Age of Show Business*, 1985. Die Wurzeln solcher Phänomene in umfassenderen meinungbildenden Vorgängen sollten beachtet werden, wie sie zum Beispiel behandelt werden in Richard Schickler, *Intimate Strangers: The Culture of Celebrity*, 1986, und Stuart Ewen, *Captains of Consciousness: Advertising and the Social Roots of the Consumer Culture*, 1976. Obwohl es sich hier um die Vereinigten Staaten handelt, breiten sich solche Phänomene rasch aus. Bemühungen, solchen »kulturellen« Wirkungen zu widerstehen, sind verständlich, haben jedoch nur geringe Erfolgschancen, wenn nichts gegen diese Tendenzen unternommen wird.
41 Siehe Wilhelm Lange-Eichbaum und Wolfram Kurth, *Genie, Irrsinn und Ruhm: Genie-Mythos und Pathographie des Genies*, 1967, und Dean Keith Simenton, *Genius Creativity and Leadership: Historiometric Inquiries*, 1984.
42 Interessanterweise mißachten alle diese Vorschläge die gegenwärtig wahrscheinlich weitreichendsten Erfahrungen mit der direkten Demokratie, nämlich die Rolle der häufigen Zusammenkünfte aller Mitglieder der israelischen Kibbuzbewegung, wo alle wichtigen und viele unwichtige Entscheidungen getroffen werden und gebilligt werden müssen. Meine Reaktionen auf diese Erscheinungen sind gemischt. Am schwächsten ist besonders die Darstellung der Wirtschaftspolitik und die Behandlung der Frage der persönlichen Emotionen. Die jüngsten Vorschläge für eine Reform der Kibbuzim, angeregt durch wirtschaftliche und demographische Krisen, verlangen sogar eine Einschränkung der direkten Demokratie in Fragen der Wirtschaft und des Managements und überlassen diese ausschließlich den einzelnen Gemeinwesen. Siehe z. B. Yehuda Harell, *The New Kibbutz*, 1993 (in hebräischer Sprache).
43 Bertrand de Jouvenel, *The Art of Conjecture*, 1967.
44 Entspricht den Gedanken von Barbara Goodwin in *Justice by Lottery*, 1992.
45 Siehe z. B. Trevor A. Williams, *Learning to Manage Our Future: The Participative Redesign of Societies in Turbulent Transition*, 1982; James S. Fishkin, *Democracy and Deliberation*, 1991, und Paul Hirst, *Associative Democracy: New Forms of Economic and Social Governance*, 1993.
46 Siehe Daniel Yankelovich und Sidney Harman, *Starting with the People*, 1988, und Daniel Yankelovich und I. M. Dester, Hrsg., *Beyond the Beltway: Engaging the Public in U.S. Foreign Policy*, 1994. Dagegen siehe eine ganz andere Stellungnahme, in der die Wichtigkeit des Gesprächs unter Eliten hervorgehoben wird, von Peter Glotz, Rita Süssmuth und Konrad Seitz, *Die planlosen Eliten: Versäumen wir Deutschen die Zukunft?*, 1992. Die Verhältnisse in den einzelnen politischen Kulturen mögen unterschiedlich sein, wenngleich die Beachtung dieser Grundsätze wahrscheinlich in allen Ländern notwendig ist.
47 Siehe Nicholas Rescher, *Pluralism: Against the Demand for Consensus*, 1993.
48 Z. B. Fundación Santillana, *Learning for the Future: Health Education*, 1993.
49 Jacques Lesourne, *Education et société: Les Défis de l'An 2000*, 1988.
50 Siehe das wichtige Buch von J. Peter Euben, *The Tragedy of Political Theory: The Road not Taken*, 1990. Siehe auch seine Sammlung von Essays, *Greek Tragedy and Political Theory*, 1986.

51 J. Peter Euben, ebenda, S. 50.
52 Allan Bloom, *The Closing of the American Mind*, 1987.

12. Kapitel
Umorientierung der Regierungseliten

1 Arthur Schlesinger jr., »The Radical«, 1993, S. 6.
2 Wie besprochen in James G. March und Johan P. Olsen, *Rediscovering Institutions: The Organizational Basis of Politics*, 1989, und R. Kent Weaver und Bert A. Rockman, Hrsg., *Do Institutions Matter? Government Capabilities in the United States and Abroad*, 1993.
3 Siehe Laurie M. Johnson, *Thucydides, Hobbes, and the Interpretation of Realism*, 1993.
4 Das gleiche Konzept, das hier jedoch in einem anderen Zusammenhang verwendet wird, ist übernommen von William J. Goode, »The Protection of the Inept«, 1967. Ich bin Michael Feige dankbar dafür, daß er mich auf diesen Artikel aufmerksam gemacht hat.
5 Vergleiche zum Beispiel Grahame Clark, *The Identity of Man*, besonders 6. Kapitel, 1983.
6 Eine interessante Darstellung der Schwierigkeiten bei der Definition des Staatsbegriffs und die sich daraus ergebenden verschiedenen Möglichkeiten, etwas über ihre Anzahl auszusagen, findet sich in *The Economist*, 2. Oktober 1993, S. 52.
7 Siehe zum Beispiel Richard E. Neustadt, *Presidential Power: The Politics of Leadership from FDR to Carter*, 1980.
8 Siehe Georg Büchmann, *Geflügelte Worte*, 1964, S. 607, wo eine Sammlung von portugiesischen Sprichwörtern aus dem Jahr 1733 mit der folgenden Geschichte zitiert wird: Als wahrscheinliche Quelle des Sprichworts sei anzunehmen, daß portugiesische Mönche Papst Julius bemitleidet hätten, der die Last der Weltregierung auf sich genommen hatte, und dies war seine Antwort.
9 Dieses Problem wird illustriert in Peter Riddell, *Honest Opportunism: The Rise of the Carier Politician*, 1993.
10 Siehe Albert O. Hirschman, *Exit, Voice, and Loyalty: Responses to Decline in Firms, Organizations, and States*, 1970.
11 Eine ähnliche Unterscheidung wird gemacht in der bedeutenden Studie von Bernard S. Silberman, *Pages of Reason*, 1993.
12 Das wird zum Beispiel von der Society of Friends (den Quäkern) oder praktisch auch in der israelischen Kibbuzbewegung abgelehnt, zum Teil aus ähnlichen Gründen – weil »die Politik ein schmutziges Geschäft ist«.
13 Dazu und zu der Notwendigkeit, neue Persönlichkeiten, die keine Berufspolitiker sind, an höherer Stelle an der Regierung zu beteiligen, siehe T. P. Wiseman, *New Men in the Roman Senate* 139 BC – AD 14, besonders S. 107–116, 1971.
14 Siehe z. B. Kathleen Hall Jamieson, *Dirty Politics: Deception, Distraction, and Democracy*, 1992.
15 Siehe auch Mattei Dogan, Hrsg., *Pathways to Power: Selecting Rules in Pluralistic Democracies*, 1989.

16 Siehe Henry Fayol, *General and Industrial Management*, 1949.
17 Robert L. Dilenschneider, *A Briefing for Leaders: Communications as the Ultimate Exercise of Power*, 1992, eine Aktualisierung von Ervin Goffman, *The Presentation of Self in Everyday Life*, 1959.
18 Alexander King und Bertrand Schneider, *The First Global Revolution*, S. 153, 1991.
19 Siehe *International Herald Tribune*, 9. Dezember 1993, S. 9 und 20. Zum gleichen Thema, aber in anderem Zusammenhang siehe Charles Garfield, *Second to None: How our Smartest Companies Put People First*, 1991, und Alfie Kohn, *Punishing by Rewards: The Trouble with Gold Stars, Incentive Blans, A's Praise, and Other Bribes*, 1993. Informationen über das Einkommen höherer Beamter in mehreren Ländern finden sich in Christopher Hood und W. Guy Peters, Hrsg., *Rewards at the Top: A Comparative Study of High Public Office*, 1994. Augenscheinlich gibt es keine zuverlässigen Angaben über das Einkommen von Politikern.
20 Siehe auch Derek Bok, *The Cost of Talent*, 1993.
21 Interview in *International Herald Tribune*, 16. Dezember 1992.
22 Wird bei der Ausbildung von Managern neuerdings besonders betont. Siehe z. B. Universität von British Columbia, *Global Perspective: Internationalized Management Education*, 1992/93.
23 Siehe John Allen Paulos, *Innumeracy: Mathematical Illiteracy and its Consequences*, wird weiterentwickelt vom selben Verfasser in *Beyond Numeracy: Ruminations of a Number Man*, 1991.
24 Siehe Edward Kossoy und Abraham Ohry, *The FELDSHERS: Medical, Sociological and Historical Aspects of Medicine with Below University Level Education*, 1992.
25 Das ließe sich etwa mit einem sehr ehrgeizigen Vorhaben für die Gründung einer »Schule für Spitzenpolitiker und ihre Berater« erreichen: Siehe die detaillierten Vorschläge in Yehezkel Dror, »School for Rulers«, 1993.
26 Siehe auch Yehezkel Dror, »Advanced Workshop in Policy Analysis for Senior Decision Makers: Lessons from Experience«, 1988. Ähnliche Erfahrungen, die auf die von Harold Lasswell entwickelten Ideen zurückgehen, werden beschrieben in Andrew R. Willard und Charles B. Norchi, »The Decision Seminar as an Instrument of Power and Enlightenment«, 1993. Entsprechende Ausbildungsmodelle werden vorgelegt in UN Department for Development Support and Management Services, *Improving Public Policy Analysis: Study Material for Top Executives*, 1993.
27 Z. B. Ben W. Heineman jr. und Curtis A. Hessler, *Memorandum for the President: A strategic Approach to Domestic Affairs* in den 1980s, 1980; Carlos Matus, *Adios Senor Presidente*, 1987; Howard W. Wriggins, *The Rulers' Imperative: Strategies for Political Survival in Asia and Africa*, 1969; und Christopher Hodgkinson, *The Philosophy of Leadership*, 1983, a. a. O. Ich selbst werde mich im gleichen Sinne dazu äußern, Yehezkel Dror, *The Path of the Ruler: A Mirror for Leaders*, und *On Ruling: Statecraft for Top Decision Makers*, beides noch in Arbeit.
28 Zu dieser verhängnisvollen Fehlentwicklung siehe Michael Young, *The Rise of the Meritocracy* (1870–2033), 1958.
29 Robert J. Sternberg und Richard K. Wagner, Hrsg., *Practical Intelligence: Nature and Origins of Competence in the Everyday World*, 1986.

30 Im Sinne von Michael Polanyi, *Personal Knowledge: Towards a Post-Critical Philosophy*, 1974.
31 Z. B. Joel D. Aberbach, Robert D. Putman und Bert A. Rockman, *Bureaucrats and Politicians in Western Democracies*, 1981; Colin Campbell und George J. Szablowski, *The Super-Bureaucrats: Strucutre and Behavior in Central Agencies*, 1979; und Mattei Dogan, Hrsg., *The Mandarins of Western Europe: The Political Role of Top Civil Servants*, 1975.
32 Das erfordert schon selbstradikale Reformen, siehe z. B. P. B. H. Birks, Hrsg., *Examining the Law Syllabus: Beyond the Core*, 1993.
33 Dieser Begriff wurde übernommen von Hugh Heclo, *A Government of Strangers: Executive Politics in Washington*, 1977. Siehe auch G. Calvin Mackenzie, Hrsg., *The In- and Outers: Presidential Appointees and Transient Government in Washington*, 1987.
34 Kernial Singh Sandhu und Paul Wheatley, Hrsg., *Management of Success*, 1989, besonders 4. Kapitel.
35 Siehe R. Dwarkadas, *Role of Higher Civil Service in India*, 1958; B. B. Misra, *Government and Bureaucracy in India*, 1947–1976; und David C. Potter, *India's Political Administrators* 1919–1983, 1986.
36 Siehe auch Jonathan Boston u. a., Hrsg., *Reshaping the State*, 1991.
37 Richard L. Merritt und Anna J. Merritt, Hrsg., *Innovation in the Public Sector*, 1985, und F. Guenther Schaefer und Eamon McInemey, Hrsg., *Strengthening Innovativeness in Public Sector Management*, 1988.
38 Eine sehr aufschlußreiche Darstellung der oberen politischen Ebenen der Vereinten Nationen und der mit ihnen verbundenen Institutionen findet sich bei Brian Urquhart und Erskine Childers, *A World in Need of Leadership: Tomorrow's United Nations*, 1990.
39 Vergleiche Charles Wolf jr., *Markets or Governments Choosing Between Imperfekt Alternatives*, 1991.
40 Das Versagen des Marktes sollte nicht unterschätzt werden wie in Tyler Cowen, Hrsg., *The Theory of Market Failure: A Critical Examination*, 1988.
41 Lester M. Salamon, Hrsg., *Beyond Privatization: The Tools of Government Action*, 1989, bringt ganz neue Ideen.
42 Zu diesem Thema siehe R. Dwarkadas, *Role of Higher Civil Service in India*, 1958; B. B. Misra, *Government and Bureaucracy in India 1947–1976*, 1986, und David C. Potter, *India's Political Administrators 1919–1983*, 1986.
43 Dwarkadas a. a. O., 1958, S. 196.
44 Siehe zum Beispiel Sheila Jasanoff, *The Fifth Branch: Science Advisers as Policymakers*, 1990, und Bruce L. R. Smith, *The Advisers: Scientists in the Policy Process*, 1992.
45 Dieses Thema wird ausführlich behandelt bei Harvey Goldman, *Max Weber and Thomas Mann: Calling and the Shaping of the Self*, 1988.

13. Kapitel
Vertiefung des politischen Denkens

1 Christian Meier, *Die Ohnmacht des allmächtigen Diktators Caesar*, 1980.
2 Paradoxerweise weiß man in den armen Ländern im allgemeinen sehr genau, welches die richtige Gesundheitspolitik ist; dieses Problem wird ausführlich besprochen in World Bank, *World Development Report 1993: Investing in Health*, 1993. Doch in der Praxis folgen diese Länder einer kontraproduktiven Gesundheitspolitik, indem sie den Westen immitieren.
3 Alexander King und Bertrand Schneider, *The First Global Revolution*, 1991, S. 138.
4 Rudolph Klein, »Creatures of the Short Cut«, 1994.
5 Siehe z. B. Ann Ruth Willner, *The Spellbinders. Charismatic Political Leadership*, 1984. Zum besseren Verständnis sollte dieses Buch neben einigen guten Biographien gelesen werden, wie Jean Lacouture, *De Gaulle – The Rebel: 1890–1944*, 1990, und Jean Lacouture, *De Gaulle – The Ruler: 1945–1970*, 1991. Als Beispiel für gefährliche Möglichkeiten Alan Bullock, *Hitler and Stalin: Parallel Lives*, 1991.
6 Siehe z. B. Howard Gardener, *Creating Minds*, 1993.
7 Das kommt sehr gut zum Ausdruck in Herrlee G. Creel, *The Origins of Statecraft in China*, Bd.I: *The Western Chou Empire*, 1970, und vom selben Verfasser *Shen Pu-Hai: A Chinese Political Philosopher of the Fourth Century B. C.*, 1974.
8 Siehe Peter Donaldson, *Machiavelli and Mystery of State*, 1988.
9 Siehe Ronald Mellor, *Tacitus*, 1993, S. 92–97.
10 Siehe auch Henry A. Myers, *Medieval Kingship*, 1982.
11 Diese Auffassung unterscheidet sich von der sehr viel weiter gehenden Konzeption des Begründers der modernen Politikwissenschaft, Harold Lasswell: siehe *A Pre-view of Policy Sciences*, 1971.
12 Während der Begriff des politischen Denkens sehr viel umfassender ist als derjenige der »politschen Analyse«, gibt uns letzterer wertvolle Hinweise auf wichtige Grundgedanken. Eine gute Einführung in die umfassende Literatur über die politische Analyse stammt von David L. Weimer und Aidan R. Vining, *Policy Analysis: Concepts and Practice*,1992. Die Bedeutung der Staatskunst für die Menschheit wird behandelt werden in Yehezkel Dror, *On Ruling: Statecraft for Top Decision Makers*, in Vorbereitung.
13 Siehe auch Richard Rose, *Lesson-Drawing in Public Policy: A Guide to Learning across Time and Space*, 1993.
14 Über den bedeutenden Unterschied zwischen der »Neuheit des Einzigartigen« (im Sinne neuer spezifischer Aspekte, welche die Gesamtheit eines Phänomens nicht verändern) und des »radikal Neuen« (im Sinne des Entstehens einer neuen Art wie etwa einer neuen Spezies) siehe Carl R. Hausman, *A Discourse on Novelty and Creation*, 1984.
15 Dieser Ausdruck wird vorgeschlagen von Peter M. Senge, *The Fifth Discipline*, 1990, besonders S. 13–14.
16 Donald N. Michael, *On Learning to Plan – and Planning to Learn*, 1973.
17 Siehe Bertrand de Jouvenel, *The Art of Conjecture*, 1967.
18 Siehe das Dokument des Club of Rome von Nicole Rosensohn und Bertrand

Schneider, *For a Better World Order: The Message from Kuala Lumpur*, 1993, S. 11–116.
19 Siehe Shimon Peres und Arie Naor, *The New Middle East*, 1993.
20 Siehe Rachel Elboim-Dror, *Yesterday's Tomorrow*, Bd. I: *Zionist Utopias*, Bd. II: *An Anthology of Zionist Utopias*, 1993 in hebräischer Sprache. Die englische Übersetzung ist in Vorbereitung.
21 Siehe Pamela Naville-Sington und David Sington, *Paradise Dreamed: How Utopian Thinkers have Changed the Modern World*, 1993.
22 Siehe Gary Hamel und C. K. Prahalad, »Strategy as Stretch and Leverage«, 1993.
23 Siehe Allan Schick, *The Capacity of Budget*, 1990.
24 Eine ungewöhnliche Auffassung vertritt zum Beispiel Gunther Teubner, *Law as an Autopoietic System*, 1992.
25 Z. B. B. Hawrylyshyn, *Road Maps to the Future: Towards More Effective Societies. A Report to the Club of Rome*, 1980; Paul Kennedy, *The Rise and Fall of the Great Powers*, 1987; Mancur L. Olsen jr., *The Rise and Decline of Nations: Economic Growth, Stagflation, and Social Rigidities*, 1982; und Roberto Managabeira Unger, *Plasticity into Power: Comparative-Historical Studies on the Institutional Conditions of Economic and Military Success*, 1987.
26 Shmuel N. Eisenstadt, *Revolution and the Transformation of Societies*, 1978.
27 Z. B. J. A. Tainter, *The Collapse of Complex Societies*, 1988.
28 Frederic Wakeman jr., *The Great Enterprise: The Manchu Reconstruction of Imperial Order in Seventeenth-Century China*, 1985.
29 Eine handliche einbändige Ausgabe ist Arnold Toynbee, *A Study of History*, 1972.
30 Diese Position, die heute die meisten Historiker und Sozialwissenschaftler akzeptieren, wird sehr gut dargestellt in Roberto Managabeira Unger, *Part I of Politics, a Work in Constructive Social Theory: False Necessity – Anti-Necessitarian Social Theory in the Service of Radical Democracy*, 1987.
31 Eine davon leicht abweichende Analyse findet sich in James O'Connor, *The Meaning of Crisis: A Theoretic Introduction*, 1987.
32 Siehe auch Michael Godet, *Crisis are Opportunities*, 1985.
33 Siehe auch Angelo Codevilla, *Informing Statecraft: Intelligence for a New Century*, 1992.
34 Eine gute Einführung ist Walter Laqueur, *A World of Secrets: The Uses and Limits of Intelligence*, 1985.
35 Z. B. vergleiche Yaacow Y. Vertzberger, *The World in Their Minds: Information Processes, Cognition and Perception in Foreign Policy Decisionmaking*, 1990.
36 Zu ähnlichen Schwierigkeiten siehe Michael Handel, Hrsg., *Leader and Intelligence*, 1989.
37 Z. B. P. Checkland, *Systems Thinking, Systems Practice*, 1981; W. C. Churchman, *The Systems Approach: Revised and Updated*, 1982. Sehr viel ausführlicher sind H. J. Miser und E. S. Quade, Hrsg., *Handbook of Systems Analysis: Overview of Uses, Procedures, Applications, and Practice*, 1985; und H. J. Miser und E. S. Quade, Hrsg., *Handbook of Systems Analysis: Craft Issues, and Procedural Cuices*, 1988; Kenyon B. De Greene, Hrsg., *A Systems-Based Approach to Policymaking*, 1993, beschäftigt sich direkt mit globalen Veränderungen.

38 Siehe z. B. M. Campanella, *Between Rationality and Cognition: Policy-Making Under Conditions of Uncertainty, Complexity, and Turbulence*, 1988.
39 T. C. Schelling, *Micromotives and Macrobehavior*, 1978.
40 Wie in der von Harold Lindstone und anderen vorgeschlagenen Form in *Multiple Perspectives for Decisionmaking: Bridging the Gap Between Sciences and Action*, 1984.
41 Das ist eine Anwendung des Gesetzes der notwendigen Mannigfaltigkeit in der Informationstheorie. Siehe W. Ross Ashbey, *An Introduction to Cybernetics*, 1975, S. 206 ff.
42 Siehe auch Lawrence B. Slobodkin, *Simplicity and Complexity in Games of Intellect*, 1992.
43 Basil Davidson, *The Black Man's Burden*, 1992.
44 Siehe auch Keith Lehrer, *Metamind*, 1990.

14. Kapitel
Stärkung der geistigen Kräfte

1 Siehe z. B. James G. March und Johan P. Olsen, *Rediscovering Institutions*, 1989, und R. Kent Weaver, Bert A. Rockman, Hrsg., *Do Institutions Matter?*, 1993.
2 Siehe z. B. Douglass C. North, *Institutions Institutional Change and Economic Performance*, 1990.
3 Siehe z. B. Mary Douglas, *How Institutions Think*, 1987.
4 Siehe z. B. Russell L. Ackoff und Fred E. Emery, *On Purposeful Systems*, 1972.
5 Siehe Karl W. Deutsch, *The Nerves of Government*, 1969.
6 Z. B. Stafford Beer, *Decision and Control: The Meaning of Operational Research and Management Cybernetic*, 1966.
7 Vergleiche Stafford Beer, *Brain of the Firm*, 1981, und mit seinem Buch *The Heart of Enterprise*, 1979.
8 Jean Blondel und Ferdinand Müller-Rommel, Hrsg., *Governing Together: The Extent and Limits of Joint Decision-Making in Western European Cabinets*, 1993.
9 Siehe z. B. Maurice Godelier, *The Making of Great Men: Male Domination and Power Among the New Guinea Baruya*, 1986.
10 Siehe auch Group of Thirty, *The Summit Process and Collective Security: Future Responsibility Sharing*, 1991.
11 Wie besprochen in Stjepan G. Mestrovic, *The Coming Fin de Siecle*, 1991.
12 Wie besprochen in Eric Fromm, *The Fear of Freedom*, 1960.
13 Siehe z. B. Gabriel Sheffer, Hrsg., *Innovative Leaders in International Politics*, 1993.
14 J. Peter Euben, *The Tragedy of Political Theory: The Road not Taken*, 1990, S. 102, Anm. 21.
15 Dieses Erfordernis wird oft übersehen. Siehe z. B. Stanley N. Katz, Steven C. Wheatley und Melanie Beth Oliviero, Hrsg., *Constitutionalism and Democracy*, 1993, und A. E. Dick Howard, Hrsg., *Constitution Making in Eastern Europe*, 1993.

16 Besonders bedeutend in der umfangreichen Literatur ist Brian Urquahrt und Erskine Childers, *A World in Need of Leadership*, 1990.
17 Siehe z. B. Hans von Hentig, *Über den Caesarenwahnsinn: Die Krankheit des Kaisers Tiberius*, 1924.
18 Siehe z. B. Jon Elster, *Ulysses and the Sirens*, 1984.
19 Wie besprochen in T. C. Schelling, *Joyce and Consequence*, 1984.
20 Wie besprochen in Charles O. Hucker, *The Censorial System of Ming China*, 1966, und erläutert anhand einzelner Fälle in Arthur F. Wright und Denis Twitchett, Hrsg., *Confucian Personalities*, 1962.
21 Wie besprochen in Tessa Blackstone und William Plowden, *Inside the Think Tank: Advising the Cabinet, 1971–1983*, 1988.
22 Vergleiche z. B. Blackstone und Plowden, ebenda; Collin Campbell und Margaret Jane Wyszomirsky, Hrsg., *Executive Leadership in Anglo-American Systems*, 1991; William Plowden, Hrsg., *Advising the Rulers*, 1987; Carol H. Weiss, Hrsg., *Organizations for Policy Analysis: Helping Government Think*, 1992; Walter Williams, *Washington, Westminster, and Whitehall*, 1988, und Walter Williams, *Mismanaging America: The Rise of the Anti-Analytic*, 1990.
23 Siehe z. B. Lewis H. Lapham, *The Wish for Kings: Democracy at Bay*, 1993.
24 Dieses Problem wird sehr treffend dargestellt von Benjamin Akzin, »The Revival of Monarchy«, 1962.
25 Siehe Veronica Maclean, *Crowned Heads. Kings, Sultans, and Emperors: A Royal Quest*, 1993. Zu dieser Debatte im Vereinigten Königreich siehe Elizabeth Longford, *Royal Throne: The Future of the Monarchy*, 1993.
26 Wie angedeutet von Michael Billig, *Talking of the Royal Family*, 1991.
27 Siehe Jean Blondel, *World Leaders: Heads of Government in the Postwar Period*, 1980, besonders S. 264–266. Hier wird das »ungleiche duale System« unterstützt, in dem ein Premierminister und ein Monarch oder Präsident gemeinsam regieren. Über die Verhältnisse in Frankreich siehe Robert Elgie, *The Role of the Prime Minister in France, 1981–1991*, 1993. Die Probleme, die in Ländern entstehen, in denen Präsidenten und Premierminister gemeinsam regieren, werden behandelt in Matthew Sober Shugart und John M. Carey, *Presidents and Assemblies: Constitutional Design and Electoral Dynamics*, 1993.
28 Siehe auch Serge Taylor, *Making Bureaucracies Think: The Environmental Impact Statement Strategy of Administrative Reform*, 1984.
29 Ein Vergleich der gegenwärtig notwendigen Reformen der auswärtigen Beziehungen mit den jüngsten Vorschlägen für die Verbesserung des außenpolitischen Handels und der Darstellung dieser Außenpolitik zeigt, wie rasch sich diese Erfordernisse verändern und wie schwierig es ist, darüber Voraussagen zu machen angesichts der konservativen Haltung der die Außenpolitik bestimmenden Politiker. Dazu siehe z. B. Graham Allison und Peter Szanton, *Remaking Foreign Policy: The Organizational Connection*, 1976; Frederick C. Mosher und John E. Harr, *Programming Systems and Foreign Affairs Leadership: An Attempted Innovation*, 1970; Robert L. Rothstein, *Planning, Prediction, and Policymaking in Foreign Affairs: Theory and Practice*, 1972; Central Policy Review Staff (Vereinigtes Königreich), *Review of Overseas Representation*, 1977; Parliament of the Commonwealth of Australia, *Australia's Overseas Representation: Report from the House of Representatives Standing Committee on Expenditure*, 1977; und Commission on the Organization of the Government for the Conduct of Foreign Policy (USA), *Report*, 1975. Doch alle diese

und ähnliche Untersuchungen, Berichte und Vorschläge sind, so wertvoll sie zunächst gewesen sein mögen, heute schon überholt.
30 Siehe auch Angelo Codevilla, *Informing Statecraft*, 1992.
31 *The Economist*, 10. April 1993, S. 15.
32 Siehe Adam Yuen-Chung Lui, *The Hanlin Academy: Training Ground for the Ambitious 1644–1850*, 1981.
33 Diese Beurteilungen stützen sich auf eine vergleichende Studie des Verfassers, die zum Teil zusammengefaßt wird in Yehezker Dror, »Required Breakthroughs in Think Tanks«, 1984. Eine anschließende Untersuchung ergab keine wesentlichen Veränderungen.
34 Interessant in diesem Zusammenhang ist Henry Petroski, *To Engineer is Human: The Role of Failure in Successful Design*, 1985, verglichen mit Eliot A. Cohen und John Gooch, *Military Misfortunes: The Anatomy of Failure in War*, 1990.
35 Siehe auch Carl M. Brauer, *Presidential Transitions: Eisenhower Through Reagan*, 1986.
36 David M. Ricci, *The Transformation of American Politics*, 1993.
37 Siehe z. B. Sylvia Ostry, Hrsg., *Authority and Academic Scribblers: The Role of Research in East Asian Policy Reform*, 1991, und Raymond J. Struyk, Makiko Ueno und Takahiro Suzuki, *A Japanese Think Tank: Exploring Alternative Models*, 1993. Die Erfahrungen des Center for Policy Research in Neu-Delhi einschließlich seiner Arbeiten über Probleme des Regierens sind ebenfalls interessant und werden im letzten Kapitel genauer untersucht werden.
38 Siehe z. B. IIASA, *Science and Sustainability: Selected Papers on IIASA's 20th Anniversary*, 1992.
39 Siehe den wichtigsten Artikel von John Platt, »Research and Development Needs for Solving Global Problems«, 1981.
40 Siehe auch Chris Argyris, *On Organizational Learning*, 1992, besonders Teil I, und Frans L. Leeuw, Ray C. Rist und Richard C. Sonnichsen, Hrsg., *Can Governments Learn? Comparative Perspectives on Evaluation and Organizational Learning*, 1993, neben der bereits genannten Literatur.
41 George F. Kennan, *Around the Cragged Hill: A Personal and Political Philosophy*, 1993, S. 236.
42 Ebenda, S. 236–248.
43 Siehe Lester W. Milbrath, *Envisioning a Sustainable Society*, 1989, S. 288–300.
44 Über die ersten Jahre dieser sehr interessanten Kombination aus einer Denkfabrik und einem formalen Beratergremium für die Regierung siehe E. M. H. Hirsch Ballin, *Publiekrecht en Peleid: Fundamentele Kwesties Rondom het Functioneren van de Wetenschappelijke Raad voor het Regeringsbeleib*, 1979. Eine neuere Beurteilung dieser Körperschaft findet sich in Netherlands Scientific Council for Government Policy, *Report and Evaluation of the Fourth Term in Office: 1988–1992*, 1993.
45 Vincent Descombes, *The Barometer of Modern Reason: On the Philosophies of Current Events*, 1993, 2. Kapitel.
46 Siehe Paul M. McNeill, *The Ethics and Politics of Human Experimentation*, 1993.

15. Kapitel
Umstrukturierung der Beziehungen innerhalb der Regierungen

1 Siehe auch Lynn H. Miller, *Global Order: Values and Power in International Politics*, 1990. Doch die meisten Texte über die öffentliche Verwaltung übersehen die drastischen Auswirkungen der sich verändernden zwischenstaatlichen Beziehungen für den gesamten Staatsapparat. Siehe z. B. Jan-Erik Lane, *The Public Sector: Concepts, Models and Approaches*, 1993. Auf die neuen Bedürfnisse geht in einigen Kapiteln näher ein Franz-Xaver Kaufmann u. a., *The Public Sector: Challenge for Coordination and Lerarning*, 1991.
2 Zitiert in Michael Brint, *A Genealogy of Political Culture*, 1991, S. 42.
3 Dieser Gesichtspunkt wird sehr deutlich dargestellt in Jean-Marie Guehenno, *La Fin de la Démocratie*, 1993. Hier wird auch die Bedeutung für die Zukunft besprochen.
4 Eine andere Perspektive bringen Robert H. Jackson und Alan James, Hrsg., *States in a Changing World: A Contemporary Analysis*, 1993.
5 Siehe Richard Rosecrance, *The Rise of the Trading State: Commerce and Conquest in the Modern World*, 1986.
6 Siehe Philip G. Cerney, *The Changing Architecture of Politics: Agency and the Future of the State*, 1990. Hier sollte man bedenken, daß die Regionen im Hinblick auf den wirtschaftlichen Wettbewerb eine große Bedeutung haben, wie dies auch betont wird in Michael Porter, *The Competitive Advantage of Nations*, 1990.
7 Siehe Charles Reynolds, *The Politics of War: A Study of the Rationality of Violence in Inter-State Relations*, 1989.
8 Siehe Robert Gilpin, *War and Change in World Politics*, 1981.
9 Siehe Bruce Russet, *Grasping the Democratic Peace*, 1993.
10 Wie zum Beispiel Konflikte zwischen reichen und armen Ländern, ethnische Konflikte und kulturelle Gegensätze. Neben der bereits genannten Literatur siehe Bernard N. Nossiter, *The Global Struggle for More: Third World Conflicts with Rich Nations*, 1987; Nassau A. Adams, *Worlds Apart: The North-South Divide and the International System*, 1993; und Kamal S. Shehadi, *Ethnic Self-Determination and the Break-up of States*, 1994.
11 Siehe R. B. J. Walker, *Inside/Outside: International Relations as Political Theory*, 1993. Der Bereich der zwischenstaatlichen Beziehungen ist allerdings größer als der Bereich der internationalen Beziehungen.
12 Siehe auch Hedley Bull, *The Anarchical Society*, 1977.
13 Siehe auch Helmut Dietl, *Institutionen und Zeit*, 1993.
14 Siehe Adam Watson, *The Evolution of International Society*, 1992. Eine prägnante Behandlung des gleichen Themas findet sich bei Hans-Heinrich Nolte, *Die eine Welt: Abriß der Geschichte des internationalen Systems*, 1993.
15 Siehe Fernand Braudel, *On History*, 1980. Es ist sehr bedauerlich, daß Braudel die letzten zwei Bände der von ihm geplanten vierbändigen Geschichte über die Identität Frankreichs, die die auswärtigen Beziehungen der französischen Regierung behandelten, nicht hat beenden können, denn damit hätte er wahrscheinlich einen wesentlichen Beitrag zu dem von uns behandelten Thema geleistet. Die bereits veröffentlichten Bände, die zeigen, wie er mit diesem Thema umgeht, sind

Fernand Braudel, *The Identity of France*. Bd. I: *History and Environment*, 1988, und Bd. II: *People and Production*, 1990.
16 Charles Wolf jr., *Markets or Governments: Choosing Between Imperfect Alternatives*, 1991.
17 Einige Leute behaupten, eine sogenannte »verschwommene Logik« könnte zu einem solchen Durchbruch führen, was ich allerdings bezweifeln muß. Eine lesbare Einführung in dieses Thema findet sich bei Daniel McNeill und Paul Freiberger, *Fuzzy Logic*, 1993. Immerhin zeigt die Geschichte der Bruchgleichungen, daß früher als komplexe Zufallsphänomene angesehene Erscheinungen ganz deterministische Berechnungsformen sind, und daraus sollten wir erkennen, daß Voraussagen künftiger Ereignisse, die uns als in gewisser Weise chaotisch erscheinen, nicht gemacht werden können. Utopische Zukunftsvisionen über Möglichkeiten, wirtschaftliche Abläufe und vieles andere vorauszubestimmen, finden sich bei Isaac Asimov, *Forward the Foundation*, 1993. Dieses Buch, das letzte des Verfassers, ist das erste der *Foundation*-Reihe und behandelt im wesentlichen das Zusammentreffen zwischen einem detaillierten Superprogramm gesellschaftlicher Architektur kosmischer Dimensionen mit zufälligen Mutationen.
18 Siehe Andrew B. Schmookler, *The Illusion of Choice: How the Market Economy Shapes our Destiny*, 1993. Man sollte jedoch darauf achten, eine irrationale Ablehnung der Marktwirtschaft zu vermeiden, wie man sie bei vielen Intellektuellen antrifft. Zu diesem Thema siehe Ernest van den Haag, Hrsg., *Capitalism: Sources of Hostility*, 1979.
19 Robert Wade, *Governing the Market*, 1990; siehe aber auch World Bank, *The East Asia Miracle: Economic Growth, and Public Policy*, 1993, eine ganz andere Interpretation.
20 Neben der bereits genannten Literatur siehe die Kontroversen und Feststellungen bei John Williamson, *The Political Economy of Policy Reform*, 1993, besprochen in *The Economist*, 22. Januar 1994, S. 65.
21 Doch wie schon gesagt können Bürgerinitiativen auf lokaler Ebene sehr viel wirksamer sein und sich auch auf die Wirtschaft des ganzen Landes auswirken.
22 Siehe Partha Dasgupta, *An Inquiry into Well-Being and Destitution*, 1993.
23 Siehe Chris Bramall, *In Praise of Maoist Economic Planning: Living Standards and Economic Development in Sichuan since 1931*. 1993.
24 Im Sinne von Eric Hoffer, *The True Believer*, 1951.
25 Siehe Elinor Ostrom, *Governing the Commons: The Evolution of Institutions for Collective Action*, 1990.
26 Eine interessante Behandlung gewisser Gesichtspunkte wie zum Beispiel des Ansehens einer Regierung und gewisser nützlicher staatlicher Strategien wie der dynamischen Unvereinbarkeit findet sich bei Michael Bruno, *Crisis, Stabilization, and Economic Reform: Therapy by Consensus*, 1993.
27 Das behauptet Herbert A. Simon, *The Sciences of the Artificial*, 1981.
28 Die üblichen Formen der industriellen Demokratie scheinen oft versagt zu haben, so daß neue Möglichkeiten entwickelt und erprobt werden sollten. Siehe IDE International Research Group, *Industrial Democracy in Europe Revisited*, 1993.
29 Neben der bereits genannten Literatur siehe Douglas Keller, *Television and the Crisis of Democracy*, 1990.
30 Auch in dieser Hinsicht ist es interessant, die Ethik der Medien mit der Ethik im

Geschäftsleben zu vergleichen. Siehe z. B. Clifford Christians, John P. Ferre und P. Mark Fackler, *A Social Ethics of News*, 1993, und Edward R. Freeman, Hrsg., *Business Ethics: The State of the Art*, 1991, und auch Brenda Sutton, Hrsg., *The Legitimate Corporation: Essential Readings in Business Ethics and Corporate Governance*, 1993.

31 Wichtige, wenn auch trotz des anspruchsvollen Titels nicht ausreichende Empfehlungen finden sich bei Task Force on the Future of Public Television, *Reinventing Public Television*, 1993. Interessant sind auch die Vorschläge in Douglas Keller, *Television and the Crisis of Democracy*, 1990.

32 Robert Eden, *Political Leadership and Nihilism: A Study of Weber and Nietzsche*, 1983, S. 95; siehe besonders 3. Kapitel.

33 Wenn zum Beispiel Meinungen wie die in Andrew Feenberg, *Critical Theory of Technology*, 1993, vorherrschen würden, dann hätte das schlimme Folgen für die Wissenschaft und auch für die Möglichkeiten des Eingreifens der Regierungen zur Einschränkung wissenschaftlicher Aktivitäten.

34 Wie empfohlen von Alexander King und Bertrand Schneider, *The First Global Revolution*, 1991, S. 185–187.

35 Siehe Ulrich Mosiek, *Verfassungsrecht der Lateinischen Kirche*, 1978.

36 Siehe L. J. Sharpe, Hrsg., *The Rise of Meso Governance in Europe*, 1993.

37 Siehe Bertelsmannstiftung, *Carl Bertelsmann Prize 1993: Democracy and Efficienty in Local Government*, Bd. I: *Documentation of the International Research*, 1993. Hier werden die von zehn angesehenen Fachleuten eingeführten Neuerungen in der lokalen Verwaltung besprochen, die nach einer vergleichenden Studie ausgewählt worden sind.

38 Siehe L. Phillips, *Looking Backward: A Critical Appraisal of Communitarian Thought*, 1993, und Daniel Bell, *Communitarianism and its Critics*, 1993. Obwohl er die Möglichkeiten der Lebensformen innerhalb von Gemeinschaften überschätzt, ist das Buch von Philip Selznick ein wichtiger Beitrag zu diesem Thema: *The Moral Commonwealth: Social Theory and the Promise of Community*, 1992. Ebenso anregend, aber in mancher Hinsicht fragwürdig sind vergleichbare Ideen in Jonathan Gershuny, *After Industrial Society? The Emerging Self-Service Economy*, 1978. Wie zu hoffen ist, sind die Ideen in dem folgenden Buch eher zu verwirklichen: Amitai Etzioni, *The Spirit of Community: Rights, Responsibilities, and the Communitarian Agenda*, 1993.

39 Siehe A. S. Oberal. *Population Growth Employment, and Poverty in Third-World Mega-Cities: Analytical and Policy Issues*, 1993, und Thomas Angotti, *Metropolis 2000: Planning, Poverty, and Politics*, 1993.

40 Harlan Cleveland, *Birth of a New World*, 1993.

41 Sehr wichtig für das Verständnis der Voraussetzungen für die Koordination und die Auswirkungen auf die zwischenstaatlichen Beziehungen ist Christina Bicchieri, *Rationality and Co-ordination*, 1993.

42 Hier beziehe ich mich auf Nicholas Rescher, *Pluralism: Against the Demand for Consensus*, 1993, besonders 8. und 9. Kapitel.

43 Siehe Mary L. Volcansek, Hrsg., *Judicial Politics and Policy-Making in Western Europe*, 1992, besonders S. 109–136. Zum gleichen Thema, aber in einem anderen Zusammenhang, siehe Alfred C. Amman jr., *Administrative Law in a Global Era*, 1992.

44 Diesen Begriff habe ich übernommen von Ronald Dworking, *Laws's Empire*, 1986.

45 Siehe Frederick Schauer, *Playing by the Rules: A Philosophical Examination of Rule-Based Decision-Making in Law and in Life*, 1991.
46 Ivan Illich, *Tools for Conviviality*, 1973.
47 Dieser Gedanke wird ausführlich behandelt in The South Commission, *The Challenge to the South*, 1990.
48 Die praktische Anwendung der Idee, ausgehend von den Beziehungen zwischen Nord und Süd im Wohlfahrtsstaat konkrete politische Maßnahmen zu entwikkeln, wird zum Teil besprochen in John Gray, *Beyond the New Right*, 1993.

16. Kapitel
Stärkung einer künftigen Weltregierung

1 Es wird oft vergessen, daß die Vereinten Nationen sich auch schon früher erfolgreich um die Erhaltung des Friedens bemüht und dabei wertvolle Erfahrungen gemacht haben, aus denen wir einiges lernen können. Das sind insbesondere die Bemühungen von Ralph Bunche und Dag Hammarskjöld. Dazu siehe Brian Urquhart, *Ralph Bunche*, 1993.
2 Siehe z. B. William J. Durch, Hrsg., *The Evolution of UN Peacekeeping: Case Studies and Comparative Analysis*, 1993.
3 Zu den Schwierigkeiten, auf die künftige Bemühungen der Vereinten Nationen um die Erhaltung des Friedens stoßen werden, siehe Mats R. Berdal, *Whither UN Peacekeeping?*, 1993, und Paul F. Diehl, *International Peacekeeping*, 1993. Das gleiche Thema wird auch behandelt in Janne E. Nolan, Hrsg., *Shared Destiny: Cooperation and Security in the 21st Century*, 1993. Dies ist eine Darstellung der Arbeit des Cooperative Security Consortium auf Veranlassung der Carnegie Corporation.
4 Siehe z. B. Paul Ekins, *A New World Order: Grassroots Movements for Global Change*, 1992. Im Gegensatz dazu siehe Adam Roberts und Benedict Kingsbury, Hrsg., *United Nations, Devided World: The UN's Roles in International Relations*, 1993.
5 Diese Ansicht wird sehr überzeugend vertreten in Harlan Cleveland, *Birth of a New World*, 1993. Parallele Vorschläge zu diesem Thema finden sich in Lee A. Kimball, *Forging International Agreement: Governmental Institution for Environment and Development*, 1992.
6 Siehe James M. Rosenau und Ernst-Otto Czempiel, Hrsg., *Governance Without Government: Order and Change in World Politics*, 1992.
7 Wie schon gesagt, glaube ich, daß Thukydides das Wesentliche besser erkannt hat als Hobbes, und folge daher der Analyse in Laurie M. Johnson, *Thucydides, Hobbes, and the Interpretation of Realism*; 1993. Dennoch kann nicht ausgeschlossen werden, daß die Entwicklung den Vorstellungen von Hobbes folgen wird, wie dies zum Beispiel zum Ausdruck kommt in Robert D. Kaplan, »The Coming Anarchy«, 1994. Sollte das geschehen, wird die Menschheit nicht besonders erfreut sein, wenn angesichts des Fehlens eines bestimmten Systems eine Weltlage entsteht, die sich mit den Zuständen im Römischen Reich vergleichen läßt. Siehe Andrew Lintott, *Imperium Romanum: Politics and Administration*, 1993.

8 World Energy Council, *Energy for Tomorrow's World*, 1993.
9 Zu Regimen im Sinne von Systemen der Normen und Regeln, die das Verhalten unter besonderen Umständen bestimmen, siehe Volker Rittberger und Peter Mayer, *Regime Theory in International Relations*, 1993.
10 Grenville Clark und Louis B. Sohm, *World Order Through World Law*, 1966.
11 Um nur einige der zahlreichen Veröffentlichungen zu diesem Thema zu erwähnen, siehe Saul H. Mendlovitz, Hrsg., *On the Creation of a Just World Order*, 1975; Richard A. Falk, *A Study of Future Worlds*, 1975; Richard A. Falk, Samuel S. Kim und Saul H. Mendlovitz, Hrsg., *The United Nations and a Just World Order*, 1991; und Richard A. Falk, Robert C. Johansen und Samuel S. Kim, Hrsg., *The Constitutional Foundations of World Peace*, 1993. Über weitere wichtige Arbeiten wird berichtet in Maria Stern-Pettersson, »Reading the Project, ›Global Civilization: Challenges for Sovereignty, Democracy, and Security‹«, 1993.
12 Z. B. Ramon Tamames, *A New World Order*, 1991.
13 Eine kurze und fast noch aktuelle Zusammenfassung findet sich bei Peter R. Baeher und Leon Gordenker, *The United Nations in the 1990s*, 1992. Dazu die ausführliche Darstellung und entsprechende Vorschläge in dem kürzlich erschienenen Buch über die Charta der Vereinten Nationen von Bruno Simma, Hrsg., *The Charter of the United Nations: A Commentary*, 1994.
14 Siehe z. B. Boutros Boutros-Ghali, *An Agenda for Peace: Preventative Diplomacy, Peacemaking, and Peace-keeping*, 1992.
15 Wie besprochen von Christina Bicchieri in *Rationality and Coordination*, 1993, und in Nicholas Rescher, *Pluralism: Against the Demand for Consensus*, 1993, In beiden Werken werden wichtige Ideen für die Anwendung im globalen Zusammenhang erörtert.
16 Siehe Cornelius Castoriadis. *The Imaginary Institutions of Society*, 1987.
17 Im Hinblick auf die Menschheit als Ganzes werden diese Probleme behandelt in Benedict Anderson, *Imagined Communities: Reflections on the Origin and Spread of Nationalism*, 1991. Einige dieser Ideen werden auch behandelt in Mike Featherstone, Hrsg., *Global Culture: Nationalism, Globalization, and Modernity*, 1990.
18 Martin Lees, »Functions of the Future: The International Management of the World Economy«, 1989.
19 Das ist ein sehr wichtiger Gesichtspunkt, was die Feststellungen über die Leistungsfähigkeit der Zentralbanken bei der Regulierung der Geldpolitik beweist, die davon abhängig ist, wieweit sie durch politisches Eingreifen beeinflußt werden; siehe Alex Cukierman, *Central Bank Strategy, Credibility, and Independence: Theory and Evidence*, 1992.
20 Siehe z. B. C. R. Neu, *A New Bretton Woods: Rethinking International Economic Institutions and Arrangements*, 1993.
21 »International Economic Institutions and Arrangements: New Choices in a New World«, 1993, S. 7.
22 Siehe auch William Bloom, *Personal Identity, National Identity, and International Relations*, 1993.
23 Eine aufschlußreiche Fallstudie liefert Alexis Heraclides, *The Helsinki-2 Negotiations: The Making of a Pan-European Intergovernmental Organization*, 1993.

17. Kapitel
Wachsame Aufmerksamkeit

1 Charles O. Hucker, *The Censorial System of Ming China*. 1966, S. 2.
2 Das entspricht der Unterscheidung zwischen mehr auf gesetzliche Regelungen und mehr auf Fachwissen gestützten Verwaltungen in Bernard S. Silberman, *Cages of Reason: The Rise of the Rational State in France, Japan, the United States, and Great Britain*, 1993.
3 Ähnliche Probleme werden besprochen in Philip Alston, Hrsg., *The United Nations and Human Rights: A Critical Appraisal*, 1992.
4 Siehe z. B. Human Rights Watch, *Human Rights Watch World Report*, 1993: *An Annual Review of Developments and the Bush Administration's Policy on Human Rights Worldwide*, 1993. Auch Wissenschaftler können zu diesem Thema wertvolle Beiträge leisten, dazu siehe Charles Humana, Hrsg., *World Human Rights Guide*, 1993.
5 Ein sehr wichtiges Buch ist Herbert Kaufman, *Time, Chance, and Organizations: Natural Selection in a Perilous Environment*, 1985.
6 Über die Stärke des Einflusses von Interessengruppen in zentralistisch regierten Staaten siehe Ezra N. Suleiman, *Private Power and Centralization in France: The Notaires and the State*, 1987. Über internationale Organisationen gibt es keine derartigen Untersuchungen, aber ich meine, daß der Einfluß von Interessengruppen hier noch sehr viel stärker, ja sogar viel zu stark ist.

18. Kapitel
Umgang mit Krisen

1 Siehe z. B. L. K. Comfort, Hrsg., *Managing Disaster: Strategies and Policy Perspectives*, 1988; U. Rosenthal, M. T. Charles und P. Hart, Hrsg., *Coping with Crisis: The Management of Disasters, Riots, and Terrorism*, 1989; und *Journal of Contingencies and Crisis Management*. Die erste Ausgabe dieser Zeitschrift ist im März 1993 erschienen.
2 Joseph A. Schumpeter, *Capitalism, Socialism, and Democracy*, 1942, 7. Kapitel, dt. 1946.
3 Siehe Gabriel A. Almond, Scott C. Flanagan und Robert J. Mundt, Hrsg., *Crisis, Choise, and Change: Historic Studies of Political Development*, 1973.
4 Das gilt auch für Großunternehmen. Siehe Kenyon B. De Greene, *The Adaptive Organization: Anticipation and Management in Crisis*, 1982, und Thierry C. Pauchant und Ian I. Mitroff, *Transforming the Crisis-Brone Organization: Preventing Individual, Organizational, and Environmental Tragedies*, 1992.
5 Siehe James Gleick, *Chaos: Making a New Science*, 1988.
6 Zu diesem Konzept siehe Bernard Williams, *Moral Luck: Philosophical Papers 1973–1980*, 1981, 2. Kapitel.
7 Eine weitere ähnliche Situation wird besprochen in Joel S. Migdal, *Strong Societies and Weak States: State-Society Relations and State Capabilities in the Third World*, 1988.

8 Empfehlungen aufgrund zu optimistischer Vermutungen können kontraproduktiv sein. Siehe z. B. Luiz Carlos Bresser Pereira, José Mair Maravall und Adam Przeworsky, *Economic Reforms in New Democracies: A Social Democratic Approach*, 1993.
9 Karl Schmitt, *Der Begriff des Politischen*, 1963, und Karl Schmitt, *Politische Theologie: Vier Kapitel zur Lehre von der Souveränität*, 1979.
10 Siehe Donna Gomien, Hrsg., *Broadening the Frontiers of Human Rights: Essays in Honour of Asbjorn Eide*, 1993, Teil III, und Shao-Chuan Leng, Hrsg., *Coping with Crises: How Governments deal with Crises*, 1990.
11 *The Economist*, 4. September 1993, S. 18.
12 Siehe auch Daniel Yergin und Thane Gustavson, *Russia 2010: and What it Means for the World*, 1993.
13 Das ist damit zu vergleichen, was auch bei der Entwicklungshilfe häufig geschah. Siehe Doug Porter, Bryant Allen und Gaye Thompson, *Development in Practice: Paved with Good Intentions*, 1991.

Schlußbemerkungen
Quantensprung durch Umgestaltung des Staatsapparats

1 Der ungarische Landedelmann Imre Madách hat 1862 ein dramatisches Epos mit dem Titel *Die Tragödie des Menschen* veröffentlicht, das einige Krititer mit den Werken von Milton, Goethe, Byron und Ibsen vergleichen. Darin läßt er Adam in Begleitung von Luzifer durch verschiedene geschichtliche Perioden gehen und behandelt dabei die Frage nach der Bedeutung der menschlichen Existenz mit allen Hoffnungen und Enttäuschungen. Eine neue englische Übersetzung ist Imre Madách, *The Tragedy of Man*, 1993.
2 Zitiert in Everett C. Ladd, »The End of Endism?«, 1993, S. 12.
3 Thukydides, *Geschichte des Peloponnesischen Krieges*, 3. Kapitel, S. 204.
4 W. Robert Connor, *Thucydides*, 1984, S. 104.
5 Solche Gefahren und Möglichkeiten werden dargestellt von Uner Kirdar und Leonhard Silk, Hrsg., *A World Fit for People*, 1993.
6 Siehe auch Peter Gay, *The Cultivation of Hatred: The Bourgeois Experience, Victoria to Freud*, 1993.
7 Siehe auch Robert Nisbet, *History of the Idea of Progress*, 1980.
8 Siehe Herbert A. Simon, *Reason in Human Affairs*, 1983, 2. Kapitel; Alexander Murray, *Reason and Society in the Middle Ages*, 1985; und Ernest Gellner, *Reason and Culture: The Historic Role of Rationality and Rationalism*, 1992. Um sich vor dem Irrtum zu hüten, daß eine stärkere »Rationalisierung« notwendig sei, siehe Daniel Pick, *War Machine: The Rationalisation of Slaughter in the Modern Age*, 1993.
9 Siehe Jonathan Kingdon, *Self-Made Man*, 1993, und Walter Truett Anderson, *To Govern Evolution: Further Adventures of the Political Animal*, 1987.
10 Das wird dramatisch zum Ausdruck gebracht in einer Studie über ein Reserve-Polizeibataillon, das aber keine SS-»Eliteeinheit« ist, von Christopher R. Browning, *Ordinary Men: Reserve Police Battalion 101 and the Final Solution in Poland*, 1992; sollte gelesen werden in Verbindung mit Peter J. Haas, *Morality*

After Auschwitz: The Radical Challenge of the Nazi Ethic, 1988. Hier zeigt sich, wie einfach es ist, den Begriffen »gut« und »böse« eine neue Bedeutung zu geben.

11 Stanley Milgram, *Obedience to Authority*, 1974.

12 Siehe Erwin Laszlo, *Goals in a Global Community*, 1977; Erwin Laszlo, *Systems Sciences and World Order*, 1983; Erwin Laszlo u. a., *Goals for Mankind*, 1977; und Hans Küng, *Global Responsibility*, 1991. Weitere vielleicht wünschenswerte Veränderungen der Wertbegriffe werden illustriert durch den Begriff »Euergetik«, das heißt, die Pflicht, Reichtümer für das öffentliche Wohl einzusetzen, und der Druck der Öffentlichkeit, das zu tun, wie dies in den hellenischen und römischen Städten üblich war. Siehe Paul Veyne, *Bread and Circus: Historical Sociology and Political Pluralism*, 1980. Würden wir diese Wertmäßigkeit anlegen, dann würden sich unsere Vorstellungen von der »Rationalität« entschieden verändern, und Bücher wie Richard J. Zeckhauser, Hrsg., *Strategy and Choice*, 1991, hätten wahrscheinlich zum Teil einen ganz anderen Inhalt.

13 Es läßt sich nicht voraussagen, ob die Menschheit ganz neue Wertbegriffe entwickeln wird oder nicht, und wir können auch nicht sagen, welchen Inhalt sie haben werden. Interessante Gedanken zu diesen Fragen finden sich bei John R. Platt, *The Step to Man*, 1966. Etwas anders wird das ausgedrückt in Heiner Roetz, *Confucian Ethics of the Axial Age: A Reconstruction under the Aspect of the Breakthrough Toward Postconventional Thinking*, 1993.

14 Einige Andeutungen in dieser Richtung finden sich in Paul Schafer, *The New World Order: A Contribution to the World Decade for Cultural Development*, 1989. Zum Vergleich siehe die wichtigsten Veröffentlichungen des UNESCO-Projekts für die Zukunft der Kultur, zusammengefaßt von Eleonora Barbieri Masini: *The Future of Culture*, Bd. I: *Meeting of the Working Group on the Futures of Culture*, 1991; Bd. II: *The Prospects of Africa and America*, 1992, und Bd. III: *The Futures of Asian Cultures: Perspectives on Asia's Futures*, 1993.

15 Wenn oben gesagt wurde, daß sich die Wissenschaft weitgehend allen staatliches Eingriffen entzieht, dann gilt das auch hier.

16 Siehe Geoffrey Hawthorn, *Plausible Worlds: Possibility and Understanding in History and the Social Sciences*, 1991. Eine andere Ansicht findet sich bei Christopher Lloyd, *The Structure of History*, 1993.

17 Siehe Christian Meier, *Die Entstehung des Politischen bei den Griechen*, 1980, Teil C.

18 Siehe Herrlee G. Creel, *The Origins of Statecraft in China*, Bd. I.: *The Western Chou Empire*, 1970.

19 Siehe J. Peter Euben, »The Battle of Salamis and the Origins of Political Theory«, 1986.

20 J. Peter Euben, *The Tragedy of Political Theory: The Road not Taken*, 1990, S. 127.

21 Siehe Robert C. Palmer, *English Law in the Age of the Black Death, 1348–1381*, 1994, sollte gelesen werden im Zusammenhang mit Robert S. Gottfried, *The Black Death: Natural and Human Disaster in Medieval Europe*, 1983, 5.–7. Kapitel.

22 Kerry Whiteside, *Merleau-Ponty and the Foundations of an Existential Politics*, 1988.

23 Ebenda, S. 183-184.

24 Harlan Cleveland, *Birth of a New World: An Open Moment for International Leadership*, 1993.
25 Siehe Karl Dietrich Bracher, *Die Auflösung der Weimarer Republik*, 1978, und David Abraham, *The Collapse of the Weimar Republic: Political Economy and Crisis*, 1981.
26 Siebenter Brief, Übersetzung zitiert aus J. Peter Euben, *The Tragedy of Political Theory: The Road not Taken*, 1990, S. 240, Anm. 4.
27 Vergleiche Karl W. Deutsch, *Functions and Transformations of the State: Notes Towards a General Theory*, 1980. Verwandte theoretische Fragen werden besprochen in D. M. Armstrong, *A Combinational Theory of Possibility*, 1989.
28 Heute trifft man im Wirtschaftsleben immer wieder auf den Begriff des »Re-engineering«. Die Verwaltung großer Unternehmen muß in vieler Hinsicht reformiert werden, unter anderem weil die Wirtschaft den Anforderungen der *raison d'humanité* genügen muß, ohne dabei an Leistungsfähigkeit zu verlieren. Aber auch in der Geschäftswelt könnte das »Re-engineering« ein Wunschtraum bleiben und nur in sehr geringem Ausmaß zu verwirklichen sein. Es wäre sicherlich falsch, diese Idee auf die Regierungstätigkeit zu übertragen. Zur Ideologie des »Re-engineering« als einer »Revolution« siehe Michael Hammer und James Champy, *Reengineering the Corporation: A Manifesto for Business Revolution*, 1993.
29 Damit soll die Qualität der Geschäftsführung in großen Unternehmen und ihre Bedeutung für die Verbesserung der öffentlichen Verwaltung nicht bestritten werden. Dieses Buch gründet sich in der Tat zum Teil auf das Studium einer Reihe von Werken, die dieses Thema behandeln. Einen allgemeinen Überblick geben zum Beispiel D. D. Prentice und Peter Holland, Hrsg., *Contemporary Issues in Corporate Governance*, 1993. Zu den Problemen der Erweiterung des Zeithorizonts siehe Michael T. Jacobs, *Short-Term America. The Causes and Cures of Our Business Myopia*, 1991, und Michael Porter »Capital Disadvantage: America's Failing Capital Investment System«, 1992. Zur Erweiterung des Wissens als Voraussetzung für erfolgreiches Handeln siehe Solveig Vikstrom und Richard Normann, *Knowledge and Value: A New Perspective on Corporate Transformation*, 1993. Zur Notwendigkeit, bei der Führung großer Wirtschaftsunternehmen Handlungsfreiheit und Verantwortlichkeit miteinander zu verbinden, siehe Jonathan Charkham, *Keeping Good Company: A Study of Corporate Governance in Five Countries*, 1994. Zur Suche nach Strategien siehe John Kay, *Foundations of Corporate Success: How Business Strategies add Value*, 1993. Die Zeitschrift *Corporate Governance: An International Review*, die seit Januar 1993 erscheint, enthält ebenfalls wertvolles Material. Aber obwohl in den Bereichen der staatlichen Verwaltung und der Führung großer Unternehmen manches voneinander gelernt werden kann, gibt es zwischen beiden fundamentale Unterschiede, und es muß besonders darauf geachtet werden, daß die Reform der öffentlichen Verwaltungen (und auch der Führung von großen Unternehmen) davor geschützt wird, bestimmte Geschäftspraktiken zu übernehmen.
30 Siehe Augustin Ranney, »The Divine Science: Political Engineering in American Culture«, 1976.
31 Siehe auch Paul Thagard, *Conceptual Revolutions*, 1992, und Terence Ball, James Farr und Russell L. Hanson, Hrsg., *Political Innovation and Conceptual Change*, 1989.

32 Das zeigen sehr deutlich die Ausstellungen im Palazzo Grassi von 1986 in Venedig (siehe Pontus Hulten, *Futurism + Futurisms*, 1987) und im Museum of Modern Art in New York im Jahr 1984 (siehe William Rubin, Hrsg., *»Primitivism« in 20th Century Art: Affinity of the Tribal and the Modern*). Zur Kontinuität menschlicher Gewohnheiten, aus denen sich gesellschaftliche Institutionen und auch Regierungsformen entwickelt haben, siehe Michael Dayagi-Mendels, *Perfumes and Cosmetics in the Ancient World*, 1989.
33 Es läßt sich nicht genau sagen, welchen Einfluß die sogenannte »Primatenpolitik« gehabt hat (siehe Glendon Schubert und Roger D. Masters, Hrsg., *Primate Politics*, 1991.) Bei der Behandlung der Frage, wieweit von unseren tierischen Vorfahren übernommene Verhaltensweisen in menschlichen Einrichtungen und Regierungsformen noch zum Ausdruck kommen (siehe z. B. Jared Diamond, *The Rise and Fall of the Third Chimpanzee: How Our Animal Heritage Affects the Way we Live*, 1991, und Alexandra Maryanski und Jonathan H. Turner, *The Social Cage*, 1992), wird der große Unterschied zwischen dem Verhalten der höheren Primaten und dem des Menschen oft unterschätzt. Die »sozialbiologischen« Erklärungen des menschlichen Wesens sind im allgemeinen recht primitiv, auch wenn ein beeindruckender wissenschaftlicher Apparat dahintersteht (siehe besonders Edward O. Wilson, *Sociobiology: The New Synthesis*, 1975, und *On Human Nature*, 1978). Immerhin setzt die menschliche Natur unseren staatlichen Einrichtungen gewisse Grenzen, und die menschliche Natur ist ein Ergebnis der natürlichen Evolution. Die Regierungsformen selbst entstehen innerhalb von quasievolutionären Prozessen; siehe Tatu Vanhanen, *On the Evolutionary Roots of Politics*, 1992.
34 Zu dem Konzept der von »großen Männern« beherrschten Gesellschaften siehe Alexandra Maryanski und Jonathan H. Turner, *The Social Cage*, 1992, S. 113–119, und die hier zitierte Literatur.
35 Siehe Herbert Goldhammer, *The Adviser*, 1978.
36 Siehe Irving L. Janis, *Groupthink: Psychological Studies of Policy Decisions and Fiascoes*, 1982, und Paul 't Hart, *Groupthink in Government: A Study of Small Groups and Policy Failures*, 1990.
37 Siehe Michael Mann, *The Sources of Social Power*, Bd. I: *A History of Power from the Beginning to A. D. 1760*. 1986, und *The Sources of Social Power*, Bd. II: *The Rise of Classes and Nation States, 1760–1914*, 1986.
38 Über Neuerungen im wörtlichen Sinne siehe Carl R. Hausman, *A Discourse on Novelty and Creation*, 1984.
39 Zu den in den Gemälden von Duccio erkennbaren neuen Methoden siehe Geoffrey Hawthorn, *Plausible Worlds: Possibility and Understanding in History and the Social Sciences*, 1991, 4. Kapitel.
40 Einige sehen darin eine »Revolution«. Siehe Oliver MacDonagh, »The Nineteenth Century Revolution in Government: A Reappraisal«, 1958, und Roy MacLeod, Hrsg., *Government and Expertise: Specialists, Administrators, and Professionals, 1860–1919*, 1988.
41 Das entspricht Herman Kahn, *Thinking on the Unthinkable*, 1962.
42 Zitiert in Henry Steele Commager, *Commager en Tocqueville*, 1993, S. 111.
43 Die hier vorgeschlagenen Reformen sind vielleicht zu stark von meinem westlichen Denken beeinflußt und gelten deshalb nicht für Regierungen in anderen Kulturen. In asiatischen Ländern wird man vielleicht ganz andere Wege gehen müssen. Siehe zum Beispiel die Studien, die auf Veranlassung des Center for

Policy Research in Neu-Delhi durchgeführt worden sind: K. M. de Silva. *Sri Lanka: Problems of Governance*, 1993; Musahid und Akmal Hussain, *Pakistan: Problems of Governance*, 1993; Rehman Sobhan, *Bangladesh: Problems of Governance*, 1993, und Bhabani Sen Gupta, *India: Governance of the World's Second Largest Country*, 1994.

44 Siehe Mark Bovens und Paul 't Hart, *Policy Fiascoes and Policy Analysis: Studies in Failures of Governance* (in Vorbereitung).
45 John E. Chubb und Paul E. Peterson, Hrsg., *Can the Government Govern?*, 1989.
46 Dieses Konzept hat Johan Huizinga 1938 entwickelt. Siehe sein Buch *Homo Ludens: A Study of the Play-Element in Culture*, 1955.
47 *International Herald Tribune*, 20/21. November 1993, S. 4

Danksagung

1 Alexander King und Bertrand Schneider, *The First Global Revolution*, 1991.
2 Harlan Cleveland, *Birth of a New World: An Open Moment für International Leadership*, 1993.
3 Die literarische Behandlung des Themas dieses Buches ist oft der Fachliteratur überlegen und vermittelt zutreffendere Einsichten in die Realität des Regierens. Ein Beispiel dafür ist Julian Barnes, *The Porcupine*, 1992. Die Memoiren und Autobiographien von Politikern und höheren Regierungsbeamten vermitteln uns ebenfalls wichtige Einblicke, müssen aber oft durchaus kritisch gelesen werden. Zu dieser Frage siehe John Sturrick, *The Language of Autobiography*, 1993, und George Egerton, Hrsg., *Political Memoir: Essays on the Nature and the Functions of a Polygenre*, 1993.

Literaturverzeichnis

Dieses Literaturverzeichnis enthält alle im Text und in den Anmerkungen zitierten Titel sowie die Titel einiger Veröffentlichungen, die mir bei der Arbeit an diesem Buch geholfen haben, obwohl sie in den Anmerkungen nicht genannt werden.

Aberbach, Joel D., Robert D. Putnam und Bert A. Rockman, *Bureaucrats and Politicians in Western Democracies*, Cambridge, MA, 1981.

Abraham, David, *The Collapse of the Weimar Republic: Political Economy and Crisis*, Princeton 1981.

Ackoff, Russel L. und Fred E. Emery, *On Purposeful Systems*, Chicago 1972.

Adams, Nassau A., *Worlds Apart: The North-South Divide and the International System*, London 1993.

Ager, Derek, *The New Catrastrophism: The Importance of the Rare Even in Geological History*, Cambridge 1993.

Akzin, Benjamin, »The Revival of Monarchy«, *Prognosis* Nr. 13, 1. Juni 1962. Zum ersten Mal veröffentlicht in französischer Sprache in *Futuribles*, Paris.

Allison, Graham und Peter Szanton, *Remaking Foreign Policy The Organizational Connection*, New York 1976.

Almond, G. A. und S. Verba, *The Civic Culture: Political Attitudes and Democracy in Five Nations*, Princeton 1963.

Almond, Gabriel A., Scott C. Flanagan und Robert J. Mundt, Hrsg., *Crisis, Choice, and Change: Historic Studies of Political Development*, Boston 1973.

Almond, G. A. und S. Verba, Hrsg., *The Civic Culture Revisited*, Boston 1980.

Alston, Philip, Hrsg., *The United Nations and Human Rights: A Critical Appraisal*, Oxford 1992.

Amman jr., Alfred C., *Administrative Law in a Global Era*, Ithaca, NY, 1992.

Anderson, Benedict, *Imagined Communities: Reflections on the Origin and Spread of Nationalism*, neu überarbeitete Auflage, London 1991.

Anderson, Walter Truett, *To Govern Evolution: Further Adventures of the Political Animal*, Boston 1987; *Reality Isn't What It Used to Be: Theatrical Politics, Ready-to-Wear Religion, Global Myths, Primitive Chic, and Other Wonders of the Postmodern World*, San Francisco 1990.

Angelotti, Thomas, *Metropolis 2000: Planning, Poverty, and Politics*, London 1993.
Appleyard, Bryan, *Understanding the Present: Science and the Soul of Modern Man*, New York 1992.
Argyris, Chris, *On Organizational Learning*, Oxford 1992.
Armstrong, D. M., *A Combinational Theory of Possibility*, Cambridge 1989.
Ashby, W. Ross, *An Indroduction to Cybernetics*, New York 1957.
Asimov, Isaac, *Forward The Foundation*, New York 1993.
Asprey, Robert B., *The German High Command at War: Hindenburg and Ludendorff Conduct World War I.*, New York 1991.
Attfield, Robin und Barry Wilkins, Hrsg., *International Justice and the Third World: Studies in the Philosophy of Development*, London 1992.
Ayittey, George B. N., *Africa Betrayed*, New York 1992.
Backscheider, Paula R., *Spectacular Politics: Theatrical Power and Mass Politics in Early Modern England*, Baltimore, MD, 1993.
Baeher, Peter R. und Leon Gordenker, *The United Nations in the 1990s*, London 1992.
Ball, Terence, James Farr und Russel L. Hanson, Hrsg., *Political Innovation and Conceptual Change*, Cambridge, UK, 1988.
Ballin, E. M. H. Hirsch, *Publiekrecht en Beleid: Fundamentele Kwesties Rondom het Functioneren van de Wetenschappelijke Raad voor het Regeringsbeleid*, Alphen aan den Rijn 1979.
Baral, Lok Raj, *Nepal: Problems of Governance*, Neu-Delhi 1993.
Barnes, Julian, *The Porcupine*, London 1992.
Barrow, John D., *Pi In the Sky: Counting, Thinking, and Being*, Oxford 1992.
BBV Fundación Study Group unter Michael Foucher, *The Next Europe: An Essay About Alternatives and Strategies Towards a New Vision of Europe*, Madrid 1993.
Becker, Ernest, *The Denial of Death*, New York 1973.
Beckford, James A., Hrsg., *New Religious Movements and Rapid Social Change*, Beverly Hills 1986.
Beer, Stafford, *Decision and Control: The Meaning of Operational Research and Management Cybernetic*, London 1966; *The Heart of Enterprise*, London 1979; *Brain of the Firm*, 2. Auflage, London 1981.
Bell, Daniel, *Communitarianism and Its Critics*, Oxford 1993.
Berdal, Mats R., *Whither UN Peacekeeping?*, Adelphi Paper 281 (Oktober), London 1993.
Berman, Morris, *The Reenchantment of the World*, Ithaca 1981.
Bertelsmann-Stiftung, *Carl Bertelsmann Preis 1993: Democracy and Efficiency in Local Government*, Bd. I: *Documentation of the International Research*, Gütersloh 1993.
Betts, Richard K. und Samuel P. Huntington, »Dead Dictators and Rioting Mobs: Does the Demise of Authoritarian Rulers Lead to Political Instability?« International Security, Bd. 10, Nr. 3 (Winter), S. 112–146, 1985.
Beveridge, Annette Susannah, Übersetzerin, *Banur-nama: Memoirs of Babur*, Neu-Delhi 1989.
Bicchieri, Cristina, *Rationality and Co-ordination*, Cambridge, UK, 1993.
Billing, Michael, *Talking of the Royal Family*, London 1991.
Birks, P. B. H., Hrsg., *Examining the Law Syllabus: Beyond the Core*, Oxford 1993.

Bjoergo, Tore und Bob Witte, Hrsg., *Racist Violence in Europe*, New York 1993.
Blackstone, Tessa und William Plowden, *Inside the Think Tank: Advising the Cabinet, 1971–1983*, London 1988.
Blondel, Jean, *World Leaders: Heads of Government in the Postwar Period*, London 1980.
Blondel, Jean und Ferdinand Mueller-Rommel, Hrsg., *Governing Together: The Extent and Limits of Joint Decision-Making in Western European Cabinets*, New York 1993.
Bloom, Allan, *The Closing of the American Mind*, New York 1987.
Bloom, William, *Personal Identitiy, National Identity, and Internatinal Relations*, Cambridge, UK, 1993.
Bok, Derek, *The Cost of Talent*, New York 1993.
Bok, Sissela, *Lying: Moral Choice in Public and Private Life*, New York 1979.
Boston, Jonathan u. a., Hrsg., *Reshaping the State: New Zealand's Bureaucratic Revolution*, Auckland 1991.
Boulding, Kenneth E., *Ecodynamics: A New Theory of Societal Evolution*, Beverly Hills 1981.
Boutros-Ghali, Boutros, *An Agenda for Peace: Preventative Diplomacy, Peacemaking, and Peace-keeping*, New York 1992.
Bovens, Mark und Paul 't Hart, in Vorbereitung: *Policy Fiascoes and Policy Analysis: Studies in Failures of Governance*.
Bracher, Karl Dietrich, *Die Auflösung der Weimarer Republik*, Düsseldorf 1978.
Bramall, Chris, *In Praise of Maoist Economic Planning: Living Standards and Economic Development in Sichuan since 1931*, Oxford 1993.
Brantlinger, Patrick, *Bread and Circus: Theories of Mass Culture as Social Decay*, Ithaca 1983.
Braudel, Fernand, *On History*, Chicago 1980; *The Identity of France*, Bd. I: *History and Environment*, London 1988; *The Identity of France*, Bd. II: *People and Production*, London 1990.
Brauer, Carl M., *Presidential Transitions: Eisenhower Through Reagan*, New York 1986.
Brecht, Arnold, *Kann die Demokratie überleben: Die Herausforderungen der Zukunft und die Regierungsformen der Gegenwart*, Stuttgart 1978.
Brewer, Garry D. und Peter de Leon, *The Foundations of Policy Analysis*, Homewood 1983.
Breyer, Steven, *Breaking the Vicious Circle*, Cambridge, MA, 1993.
Brint, Michael, *A Genealogy of Political Culture*, Boulder 1991.
Brown, Lester R. u. a., *State of the World: A Worldwatch Institute Report on Progress Toward a Sustainable Society*, New York 1993.
Browning, Christopher R., *Ordinary Men: Reserve Police Battalion 101 and the Final Solution in Poland*, New York 1992.
Bruno, Michael, *Crisis, Stabilization, and Economic Reform: Therapy by Consensus*, Oxford 1993.
Buchan, David, *Europe: The Strange Superpower*, Aldershot 1993.
Buckler, Steve, *Dirty Hands: The Problem of Political Morality*, Aldershot 1993.
Büchmann, Georg, *Geflügelte Worte*, Berlin 1964.
Budzieszewski, J., *The Resurrection of Nature: Political Theory and the Human Character*, Ithaca 1986; *The Nearest Coast of Darkness: A Vindication of the Politics of Virtues*, Ithaca 1988.

Buisseret, David, Hrsg., *Monarchs, Ministers, and Maps: The Emergence of Cartography as a Tool of Governance in Early Modern Europe*, Chicago 1993.
Bull, Hedley, *The Anarchial Society*, London 1977.
Bullock, Alan, *Hitler and Stalin: Parallel Lives*, London 1991.
Burke, Peter, *The French Historical Revolution: The Annales School 1929–1989*, Cambridge, UK, 1990.
Burke, T. Patrick, *No Harm: Ethical Principles for the Economy*, New York 1993.
Caiden, Gerald E., *Administrative Reform Comes of Age*, New York 1991.
Calabresi, Guido und Philip Bobbit, *Tragic Choice*, New York 1979.
Cameron, Euan, *The European Reformation*, Oxford 1991.
Campanella, M., Hrsg., *Between Rationality and Cognition: Policy-Making Under Conditions of Uncertainty, Complexity, and Turbulence*, Turin 1988.
Campbell, Colin und George J. Szablowski, *The Super-Bureaucrats: Structure and Behavior in Central Agencies*, Toronto 1979.
Campbell, Colin und Margaret Jane Wyszomirsky, Hrsg., *Executive Leadership in Anglo-American Systems*, Pittsburgh 1991.
Canetti, Elias, *Masse und Macht*, Hildesheim 1960.
Carnoy, Martin u. a., Hrsg., *The New Global Economy in the Information Age: Reflections on Our Changing World*, University Park, Pennsylvania 1993.
Castles, Stephen und Mark J. Miller, *The Age of Migration: International Population Movements in the Modern World*, London 1993.
Castoriadis, Cornelius, *The Imaginary Institutions of Society*, Cambridge, UK, 1987 (erste Veröffentlichung in französischer Sprache 1975).
Central Policy Review Staff (UK), *Review of Overseas Representation*, London 1977.
Cerney, Philip G., *The Changing Architecture of Politics: Agency and the Future of the State*, London 1990.
Chanteur, Janine, *From War to Peace*, Boulder, CO, 1992.
Charkham, Jonathan, *Keeping Good Company: A Study of Corporate Governance in Five Countries*, Oxford 1994.
Charlesworth, Max, *Bioethics in a Liberal Society*, Cambridge, UK, 1993.
Checkland, P., *Systems Thinking, Systems Practice*, Chichester, UK, 1981.
Cherniak, C., *Minimal Rationality*, Cambridge, MA, 1986.
Christians, Clifford, John P. Ferre und P. Mark Fackler, *A Social Ethics of News*, New York 1993.
Chubb, John E. und Paul E. Peterson, Hrsg., *Can the Government Govern?* Washington, DC, 1989.
Churchman, W. C., *The Systems Approach: Revised and Updated*, New York 1982.
Clark, Grahame, *The Identity of Man*, London 1983.
Clark, Grenville und Louis B. Sohm, *World Order Through World Law*, 3. erweiterte Auflage, Cambridge, MA, 1966.
Cleveland, Harlan, *The Knowledge Executive: Leadership in an Information Society*; New York 1985; *Birth of a New World: An Open Moment for International Leadership*, San Francisco 1993.
Clinton, David, *The Two Faces of National Interest*, Baton Rouge, LA, 1993.
Codevilla, Angelo, *Informing Statecraft: Intelligence for a New Century*; New York 1992.
Cohen, Eliot A. und John Gooch, *Military Misfortunes: The Anatomy of Failure in War*, New York 1990.

Colley, Linda, *Britons: Forging the Nation 1707–1837*, New Haven 1992.
Collini, Stefan, Donald Winch und John Burrow, *That Noble Science of Politics: A Study in Nineteenth-Century Intellectual History*, Cambridge, UK, 1983.
Collins, Stephen L., *From Divine Cosmos to Sovereign State: An Intellectual History of Consciousness and the Idea of Order in Renaissance England*, Oxford 1989.
Comfort, L. K., Hrsg., *Managing Disaster: Strategies and Policy Perspectives*, Durham, NC, 1988.
Commager, Henry Steele, *Commager on Tocqueville*, Columbia, MO, 1993.
Commission on the Organization of the Government for the Conduct of Foreign Policy (USA), *Report*, Washington, DC, 1975.
Connor, Steven, *Theory and Cultural Value*, Oxford 1992.
Connor, W. Robert, *Thucydides*, Princeton 1984.
Cotgrove, Stephen, *Catastrophe or Cornucopia: The Environment, Politics, and the Future*, Chichester, UK, 1982.
Cowen, Tyler, Hrsg., *The Theory of Market Failure: A Critical Examination*, Fairfax, VA, 1988.
Creel, Herrlee G., *The Origins of Statecraft in China*, Bd. I: *The Western Chou Empire*, Chicago 1970; *Shen Pu-Hai: A Chinese Political Philosopher of the Fourth Century B. C.*, Chicago 1974.
Creveld, Martin Van, *The Transformation of War*, New York 1991.
Crossman, Richard, *The Diaries of a Cabinet Minister*, 3 Bde., London 1975–1977.
Crozier, Michel, *The Stalled Society*, New York 1973.
Crozier, Michel, Samuel P. Huntington und Joji Watanuki, *The Crisis of Democracy: Report on the Governability of Democracy to the Trilateral Commission*, New York 1975.
Cukierman, Alex., *Central Bank Strategy, Credibility, and Independence: Theory and Evidence*, Cambridge, MA, 1992.
Daly, Herman A. und Kenneth N. Townsend, Hrsg., *Valuing the Earth: Economics, Ecology, Ethics*, 2. Auflage, Boston.
Dasgupta, Partha, *An Inquiry into Well-Being and Destitution*, Oxford 1993.
Davidson, Basil, *The Black Man's Burden: Africa and the Curse of the Nation-State*, New York 1992.
Davies, A. F., *Skills, Outlooks and Passions: A Psychoanalytic Contribution to the Study of Politics*, Cambridge, UK, 1980.
Dayagi-Mendels, Michael, *Perfumes and Cosmetics in the Ancient World*, Jerusalem 1989.
deLeon, Peter, *Thinking About Political Corruption I*, Armonk, NY, 1993.
Derlien, Hans-Ulrich und George J. Szablowski, *Regime Transition, Elites, and Bureaucracies in Eastern Europe*, Sonderausgabe *Gouvernance*, Bd. 6, Nr. 3, Juli 1993.
Dermandt, Alexander, *Metaphern für Geschichte: Sprachbilder und Gleichnisse im historisch-politischen Denken*, München 1978.
Descombes, Vincent, *The Barometer of Modern Reason: On the Philosophies of Current Events*, New York 1993, Übersetzung aus dem Französischen.
Deuchler, Martina, *The Cunfucian Transformation of Korea: A Study of Society and Ideology*, Cambridge, MA, 1993.
Deutsch, Carl W., *The Nerves of Government*, New York 1969; »On the Learning Capacity of Large Political Systems« in: Manfred Kochen, Hrsg., *Information for Action: From Knowledge to Wisdom*, S. 61–83, New York 1975; *Functions and*

Transformations of the State: Notes Towards a General Theory, Arbeitspapier, Berlin 1980.
Diamond, Jared, *The Rise and Fall of the Third Chimpanzee: How Our Animal Heritage Affects the Way we Live*; London 1991.
Diehl, Paul F., *International Peacekeeping*, Baltimore 1993.
Dietl, Helmut, *Institutionen und Zeit*, Tübingen 1993.
Dillenschneider, Robert L., *A Briefing for Leaders: Communication as the Ultimate Exercise of Power*, New York 1992.
Dobson, Andrew, *An Introduction to The Politics and Philosophy of José Ortega y Gasset*, Cambridge 1989.
Dobson, Andrew und Paul Lucardie, Hrsg., *The Politics of Nature: Explorations in Green Political Theory*, London 1993.
Dogan, Mattei, Hrsg., *The Mandarins of West Europe: The Political Role of Top Civil Servants*, New York 1975; *Pathways to Power: Selecting Rulers in Pluralistic Democracies*, Boulder, CO, 1989.
Donaldson, Peter, *Machiavelli and Mystery of State*, Cambridge, UK, 1988.
Doob, Penelope Reed, *The Idea of the Labyrinth: From Classical Antiquity Through the Middle Ages*, Ithaca 1990.
Doran, Charles F., *Systems in Crisis: New Imperative of High Politics at Century's End*, Cambridge 1991.
Douglas, Mary, *How Institutions Think*, London 1987.
Douglas, Mary und Aaron Wildavsky, *Risk and Culture: An Essay on the Selection of Technical and Environmental Dangers*, Berkeley 1982.
Drews, Robert, *The End of the Bronze Age: Changes in Warfare and the Catastrophy of ca 1200 BC*, Princeton 1993.
Dror, Yehezkel, *Crazy States: A Counterconventional Strategic Problem*, neue Auflage Millwood, NY, 1980; *Public Policymaking Reexamined*, erweiterte Auflage, Brunswick, NJ, 1983; »Required Breakthroughs in Think Tanks«, *Policy Sciences*, Bd. 16, S. 199–225, 1984; »Advanced Workshops in Policy Analysis for Senior Decision Makers: Lessons from Experience« in: Sidney Mailick, Solomon Hobermas und Stephen J. Wall, Hrsg., *The Practice of Management Development*, S. 15–161, New York 1988; *Policymaking under Adversity*, Brunswick, NJ, 1988; »Israel Will Go in Traumas«, *The Jerusalem Journal of International Relations*, Bd. 14, Nr. 4, S. 60–84; »School for Rulers« in: Kenyon B. De Greene, Hrsg., *A Systems-Based Approach to Policymaking*, Boston 1993; in Vorbereitung: *The Path of the Ruler: A Mirrow for Leaders.*; in Vorbereitung: *On Ruling: Statecraft for Top Decision Makers*; in Vorbereitung: *Fanaticism: A Lethal Security Issue*.
Duemler, David G., *Bringing Life to the Stars*, Lanham, MD, 1993.
Dumont, Louis, *Homo Hierarchicus: The Caste System and Its Implications*, neu durchgesehene Auflage, Chicago 1981.
Dunn, John, *Western Political Theory in the Face of the Future*, 2. Auflage, Cambridge, UK, 1993.
Dunn, John, Hrsg., *Democracy: The Unfinished Journey – 508 BC to AD 1993*, Oxford 1992.
Dupuy, Trevor, *Future Wars*, London 1992.
Durch, William J., Hrsg., *The Evolution of UN Peacekeeping: Case Studies and Comparative Analysis*, New York 1993.
Dwarkadas, R., *Role of Higher Civil Service in India*, Bombay 1958.

Dworking, Ronald, *Law's Empire*, London 1986.
Edelman, Murray, *The Symbolic Uses of Politics*, Urbana 1964; *Politics as Symbolic Action: Mass Arousal and Quiescence*, New York 1971; *Constructing the Political Spectrum*, Chicago 1988.
Eden, Robert, *Political Leadership and Nihilism: A Study of Weber and Nietzsche*, Gainesville, FL, 1993.
Egerton, George, Hrsg., *Political Memoir: Essays on the Nature and the Functions of a Polygenre*, London 1993.
Ehrenfeld, David, *Beginning Again: People and Nature in the New Millennium*, Oxford 1993.
Eida, Asbjorn u. a., Hrsg., *The Universal Declaration of Human Rights: A Commentary*, Oslo 1992.
Eisenstadt, Shmuel N., *Revolution and the Transformation of Societies*, New York 1978.
Eisenstadt, Shmuel N., Hrsg., *The Origins and Diversity of Axial Age Civilizations*, Albany 1986.
Ekins, Paul, *A New World Order: Grassroots Movements for Global Change*, London 1992.
Elboim-Dror, R., *Yesterday's Tomorrow:* Bd. I: *Zionist Utopias*, Bd. II: *An Anthology of Zionist Utopias*, Jerusalem 1993. In hebräischer Sprache, wird gegenwärtig ins Englische übersetzt.
Elgie, Robert Elgie, *The Role of the Prime Minister in France, 1981–91*, London 1993.
Elias, Norbert, *The Court Society*, Oxford 1969; *The Civilizing Process*, Bd. I: *The History of Manners*, Oxford 1978; *The Civilizing Process*, Bd. II: *State Formation and Civilization*, Oxford 1982.
Elkind, Stephen L. und Carol Edward Soltan, Hrsg., *A New Constitutionalism: Designing Political Institutions for a Good Society*, Chicago 1993.
Elliot, J. H., *The Count-Duke of Olivares: The Statesman in an Age of Decline*, New Haven 1986.
Elster, Jon, *Sour Grapes*, Cambridge, UK, 1983; *Ulysses and the Sirens*, neu durchgesehene Auflage, Cambridge, UK, 1984; *Solomonic Judgements*, Cambridge, UK, 1989; *Local Justice: How Institutions Allocate Scarce Goods and Necessary Burdens*, Cambridge, UK, 1993; *Political Psychology*, Cambridge, UK, 1993.
Elster, Jon und John E. Roemer, Hrsg., *Interpersonal Comparisons of Well-Being*, Cambridge, UK, 1991.
Elster, Jon und Rune Slagstad, Hrsg., *Consitutionalism and Democracy*, Cambridge, UK, 1988.
Enzensberger, Hans Magnus, *Political Crumbs*, London 1990. Erste Veröffentlichung in deutscher Sprache 1982.
Eribon, Didier, *Michel Foucault*, Cambridge, MA, 1991.
Ester, Peter, Loek Halman und Ruud de Morr, Hrsg., *The Individualizing Society: Value Change in Europe and North America*, Tilburg 1993.
Etheredge, L. S., *Can Governments Learn? American Foreign Policy and Central American Revolutions*, New York 1985.
Etzioni, Amitai, *The Active Society: A Theory of Societal and Political Processes*, New York 1968; *The Moral Dimension: Toward a New Economics*, New York 1988; *The Spirit of Community: Rights, Responsibilities, and the Communitarian Agenda*, New York 1993.

Euben, J. Peter, »The Battle of Salamis and the Origins of Political Theory«, *Political Theory*, Bd. 14, Nr. 3, S. 359–390; »The Polical Science of Political Corruption« in: Terence Ball, James Farr und Russell L. Hanson, Hrsg., *Political Innovation and Conceptual Change*, Cambridge, UK, 1988; *Greek Tragedy and Political Theory*, Berkeley 1986; *The Tragedy of Political Theory: The Road not Taken*, Princeton 1990.

Evans, Peter B., Harold K. Jacobson und Robert D. Putnam, Hrsg., *Double-Edged Diplomacy: International Bargaining and Domestic Politics*, Berkeley.

Evans, Peter, Dietrich Rueschemeyer und Theda Skocpol, Hrsg., *Bringing the State Back In*, New York 1985.

Ewen, Stuart, *Captains of Consciousness: Advertising and the Social Roots of the Consumer Culture*, New York 1976.

Ezrahi, Yaron, *The Descent of Icarus: Science and the Transformation of Contemporary Democracy*, Cambridge, MA, 1990.

Ezrahi, Yaron, Everett Mendelsohn und Howard Segal, Hrsg., *Technology, Pessimism, and Postmodernity*, Boston 1994.

Falk, Richard A., *A Study of Future Worlds*, New York 1975.

Falk, Richard A., Samuel S. Kim und Saul H. Mendlovitz, Hrsg., *The United Nations and a Just World Order*, Boulder, CO, 1991.

Falk, Richard A., Robert C. Johansen und Samuel S. Kim, Hrsg., *The Constitutional Foundations of World Peace*, Albany 1993.

Fayol, Henry, *General and Industrial Management*, London 1949.

Featherstone, Mike, Hrsg., *Global Culture: Nationalism, Globalization and Modernity*, London 1990.

Feenberg, Andrew, *Critical Theory of Technology*, Oxford 1993.

Fernandez-Santamaria, J. A., *Reason of State and Statecraft in Spanish Political Thought, 1595–1640*, New York 1983.

Fishkin, James S., *Democracy and Deliberation: New Directions for Democratic Reform*, New Haven 1991.

Fleck, Dirk C., *Go! Die ko-Diktatur*, Hamburg 1993.

Fleisher, Cornell H., *Bureaucrat and Intellectual in the Ottoman Empire: The Historian Mustafa Ali (1541–1600)*, Princeton 1986.

Foot, Philippa, *Virtues and Vices and Other Essays in Moral Philosophy*, Berkeley 1978.

Forde, Steven, *The Ambition to Rule: Alcibiades and the Politics of Imperialism in Thucydides*, Ithaca 1989.

Foucault, Michel, *Power/Knowledge: Selected Interviews and Other Writings*, herausgegeben von Colin Gordon, New York 1980.

Foxley, Alejandro, Michael S. McPherson und Guillermo O'Donnel, Hrsg., *Development, Democracy, and the Art of Trespassing: Essays in Honor of Albert O. Hirschman*, Notre Dame, IN, 1986.

Freeman, Edward R., Hrsg., *Business Ethics: The State of the Art*, Oxford 1991.

French, Peter A., Theodore E. Uehling jr. und Howard K. Wettstein, Hrsg., *Midwest Studies in Philosophy*, Bd. XIII: *Ethical Theory: Character and Virtue*, Notre Dame, IN, 1988.

Friedman, John, *Planning in the Public Domain: From Knowledge to Action*, Princeton 1987.

Fromkin, David, *A Peace to End All Peace: The Fall of the Ottoman Empire and the Creation of the Modern Middle East*, New York 1989.

Fromm, Erich, *The Fear of Freedom*, London 1960.
Fukuyama, Francis, *The End of History and The Last Man*, New York 1992.
Fuller, Graham E., *The Democracy Trap: Perils of the Post-Cold War World*, New York 1991.
Fundación BBV, *Human Genome Project: Ethics*, Madrid 1992.
Fundación Santillana, *Learning for the Future: Health Education*, Madrid 1993.
Galtung, Johan, *The True Worlds*, New York 1980.
Gamson, William, A., *Talking Politics*, Cambridge, UK, 1993.
Gardener, Howard, *Creating Minds: An Anatomy of Creativity Seen Through the Lives of Freud, Einstein, Picasso, Stravinsky, Eliot, Graham, and Gandhi*, New York 1993.
Garfield, Charles, *Second to None: How Our Smartest Companies Put People First*, Burr Ridge, IL, 1991.
Gasset, José Ortega y, *The Revolt of the Masses*, Notre Dame, IN, 1985. Wurde zunächst 1929 in spanischer Sprache veröffentlicht.
Gay, Peter, *The Cultivation of Hatred: The Bourgeois Experience Victoria to Freud*, New York 1993.
Geertz, Clifford, *The Interpretation of Culture*, New York 1973.
Gellner, Ernest, *Plough, Sword and Book: The Structure of Human History*, Chicago, 1988; *Reason and Culture: The Historic Role of Rationality and Rationalism*, Oxford 1992.
Gelven, Michael, *Why Me? A Philosophic Inquiry into Fate*, DeKalb, IL, 1991.
George, Alexander L., *Bridging the Gap: Theory and Practice in Foreign Policy*, Washington, DC, 1993.
George, Robert P., *Making Men Moral: Civil Liberties and Public Morality*, Oxford 1993.
Gershuny, Jonathan, *After Industrial Society? The Emerging Self-service Economy*, Atlantis Highlands, NJ, 1978.
Giarini, Orio und Walter R. Stahel, *The Limits to Certainty*, ein Bericht an den Club of Rome, Dordrecht 1989.
Giddens, Anthony, *The Constitution of Society: Outline of the Theory of Structuration*, Cambridge, UK, 1984.
Gilbert, Robert, *The Mortal President*, New York 1993.
Gillis, John R., Hrsg., *Commemorations: The Politics of National Identity*, Princeton 1994.
Gilner, Salvador, *Governability and the Future of Modern Society*, Barcelona 1989.
Gilpin, Robert, *War and Change in World Politics*, Cambridge, UK, 1981; *The Political Economy of International Relations*, Princeton 1987.
Gleick, James, *Chaos: Making a New Science*, New York 1988.
Glotz, Peter, Rita Süssmuth und Konrad Seitz, *Die planlosen Eliten: Versäumen wir Deutschen die Zukunft?*, München 1992.
Godelier, Maurice, *The Making of Great Men: Male Domination and Power Among the New Guinea Baruya*, Cambridge, MA, 1986.
Godet, Michel, *Crises Are Opportunities*, Montreal 1985.
Goffman, Ervin, *The Presentation of Self in Everyday Life*, Harmondsworth, UK, 1959.
Goldhamer, Herbert, *The Adviser*, New York 1978.
Goldman, Harvey, *Max Weber and Thomas Mann: Calling and the Shaping of the Self*, Berkeley 1988.

Gomien, Donna, Hrsg., *Broadening the Frontiers of Human Rights: Essays in Honour of Asbjorn Eide*, Oslo 1993.
Gooch, John, *The Plans of War*, London 1974.
Goode, William J., »The Protection of the Inept«, *American Sociological Review*, Bd. 32, Nr. 1, Februar 1967, S. 5–19.
Gooding, Robert E., *Motivating Political Morality*, Oxford 1992.
Goodwin, Barbara, *Justice by Lottery*, New York 1992.
Gore, Al, *Earth in Balance: Ecology and the Human Spirit*, New York 1992; *The Gore Report on Reinventing Government – From Red Tape to Results: Creating a Government That Works Better and Costs Less*, New York 1993.
Gottfried, Robert S., *The Black Death: Natural and Human Disaster in Medieval Europe*, New York 1983.
Gould, Peter C., *Early Green Politics: Back to Nature, Back to the Land, and Socialism in Britain 1880–1900*, New York 1988.
Gray, John, *Beyond the New Right*, London 1993.
Green, Vivian, *The Madness of Kings: Personal Trauma and the Fate of Nations*, Far Thrupp, UK, 1993.
Greene, Kenyon B. De, *The Adaptive Organization: Anticipation and Management in Crisis*, New York 1982.
Greene, Kenyon B. De, Hrsg., *A Systems-Bases Approach to Policymaking*, Boston 1993.
Greenfeld, Liah, *Nationalism: Five Roads to Modernity*, Cambridge, MA, 1992.
Griffin, James, *Well-Being: Its Meaning, Measurement, and Moral Importance*, Oxford 1986.
Griffiths, Phillips, A., Hrsg., *The Impulse to Philosophise*, Cambridge, 1992.
Group of Thirty, *The Summit Process and Collective Security Future Responsibility Sharing*, Washington, DC, 1991.
Guardini, Romano, *Tugenden*, Mainz 1967; *Sorge um den Menschen*, 2 Bde., Mainz 1988 und 1989, zum ersten Mal veröffentlicht 1966 und 1967.
Guehenno, Jean-Marie, *La Fin de la Démocratie*, Paris 1993.
Gupta, Bhabani Sen, *India: Governance of the World's Second Largest Country*, Neu-Delhi 1994.
Haag, Ernest van den, Hrsg., *Capitalism: Sources of Hostility*, Washington, DC, 1979.
Haas, Ernst B., *When Knowledge is Power: Three Models of Change in International Organizations*, Berkeley 1990.
Haas, Peter J., *Morality After Auschwitz: The Radical Challenge of the Nazi Ethics*, Philadelphia 1988.
Habermas, Jürgen, *Legitimation Crisis*, London 1976.
Hajib, Yusuf Khass, *Wisdom of Royal Glory: A Turko-Islamic Mirror for Princes*, Chicago 1983. Wurde im Jahr 1069 in einem türkischen Dialekt geschrieben.
Hallpike, C. R., *The Principles of Social Evolution*, Oxford 1988.
Hamel, Gary und C. K. Prahalad, »Strategy as Stretch and Leverage«, *Harvard Business Review*, März–April 1993, S. 75–84.
Hammer, Michael und James Champy, *Reengineering the Corporation: A Manifestor for Business Revolution*, New York 1993.
Handel, Michael I., Hrsg., *Leaders and Intelligence*, London 1989.
Handy, Charles, *The Age of Unreason*, Boston 1990; *The Age of Paradox*, Boston 1994.

Hardin, Garrett, *Living Within Limits: Ecology, Economics, and Population Taboos*, Oxford 1993.
Hare, R. M., *Freedom and Reason*, Oxford 1963.
Harell, Yehuda, *The New Kibbutz*, Tel Aviv 1993.
Harenberg, Bodo, Hrsg., *Die Bilanz des 20. Jahrhunderts*, Dortmund 1991.
Harpham, Geoffrey Galt, *The Ascetic Imperative in Culture and Criticism*, Chicago 1987.
Harre, Rom, *Social Being*, Oxford 1993.
Harrison, Lawrence E., *Who Prospects: How Cultural Values Shape Economic and Political Success*, New York 1992.
Hart, Paul 't, *Goupthink in Government: A Study of Small Groups and Policy Failures*, Amsterdam 1990.
Hausman, Carl R., *A Discourse on Novelty and Creation*, 2. Auflage, Albany 1984.
Hawrylyshyn, B., *Road Maps to the Future: Towards More Effective Societies. A Report to the Club of Rome*, New York 1980.
Hawthorn, Geoffrey, *Plausible Worlds: Possibility and Understanding in History and the Social Sciences*, Cambridge, UK, 1991.
Hayano, David M., *Poker Faces: The Life and Work of Professional Card Players*, Berkeley 1982.
Hayek, Friedrich A., *Law, Legislation, and Liberty*, Bd. III: *The Political Order of a Free People*, London 1979.
Heclo, Hugh, *A Government of Strangers: Executive Politics in Washington*, Washington, DC, 1977.
Heidorn, Joachim, *Legitimität und Regierbarkeit: Studien zu den Legitimitätstheorien von Max Weber, Niklas Luhmann, Jürgen Habermas und der Unregierbarkeitsforschung*, Berlin 1982.
Heim, Michael, *The Metaphysics of Virtual Reality*, Oxford 1993.
Heineman jr., Ben W. und Curtis A. Hessler, *Memorandum for the President: A Strategic Approach to Domestic Affairs in the 1980s*, New York 1980.
Held, David, Hrsg., *Prospects for Democracy: North, South, East, West*, Cambridge, UK, 1993.
Henderson, Hazel, »Social Innovation and Citizen Movements«, *Futures*, Bd. 25, Nr. 3, August 1993, S. 23–338.
Hennis, Wilhelm, Peter Graf Kielmansegg und Ulrich Matz, Hrsg., *Regierbarkeit: Studien zu ihrer Problematisierung*, 2 Bde., Stuttgart 1979.
Henshall, Nicholas, *The Myth of Absolutism: Change and Continuity in Early Modern European Monarchy*, London 1992.
Hentig, Hans v., *Über den Caesarenwahnsinn: Die Krankheit des Kaisers Tiberius*, München 1924.
Heraclides, Alexis, *The Helsinki-2 Negotiations: The Making of a Pan-European Intergovernmental Organization*, London 1993.
Hermet, Guy, *Culture et Démocratie*, Paris 1993.
Hesse, Joachim Jens, Hrsg., *Administrative Transformation in Central and Eastern Europe: Towards Public Sector Reform in Post-Communist Society*, Oxford 1993.
Hesse, Joachim Jens und Arthur Benz, *Die Modernisierung der Staatsorganisation: Institutionspolitik im internationalen Vergleich: USA, Großbritannien, Frankreich, Bundesrepublik Deutschland*, Baden-Baden 1990.
Heyd, David, *Genethics: Moral Issues in the Creation of People*, Berkeley 1992.

Hine, Thomas, *Facing Tomorrow: What the Future Has Been – What the Future Can Be*, New York 1991.
Hirschman, Albert O., *The Strategy of Economic Development*, New Haven 1958; *Exit, Voice, and Loyalty: Responses to Decline in Firms, Organizations, and States*, Cambridge, MA, 1970; *Rival Views of Market Society and Other Recent Essays*, New York 1986.
Hirst, Paul, *Associative Democracy. New Forms of Economic and Social Governance*, Oxford 1993.
HMSO, *The Reorganisation of Central Government*, London 1972.
Hodgkinson, Christopher, *The Philosophy of Leadership*, Oxford 1983.
Hoffer, Eric, *The True Believer*, New York 1951.
Hogwood, B. W. und G. B. Peters, *The Pathology of Public Policy*, Oxford 1985.
Holte, John, Hrsg., *Chaos: The New Science*, Lanham MD, 1993.
Hood, Christopher und B. Guy Peters, Hrsg., *Rewards at the Top: A Comparative Study of High Public Office*, London 1994.
Howard, A. E. Dick, Hrsg., *Constitution Making in Eastern Europe*, Washington, DC, 1993.
Howe, Leo und Allan Wain, Hrsg., *Predicting the Future*, Cambridge, UK, 1993.
Hucker, Charles O., »Confucianism and the Chinese Censorial System« in: David S. Nivison und Arthur F. Wright, Hrsg., *Confucianism in Action*, Stanford 1959, S. 182–208; *The Censorial System of Ming China*, Stanford 1966.
Huizinga, Johan, *Homo Ludens: A Study of the Play-Element in Culture*, Boston 1955.
Hulten, Pontus, *Futurism and Futurisms*, London 1987.
Human Rights Watch, *Human Rights Watch World Report 1993: An Annual Review of Developments and the Bush Administration's Policy on Human Rights Worldwide*, New Haven 1993.
Humana, Charles, Hrsg., *World Human Rights Guide*, 3. Auflage, Oxford 1993.
Hunold, Gerfried W. und Wilhelm Korff, Hrsg., *Die Welt für Morgen: Ethische Herausforderungen im Anspruch der Zukunft*, München 1986.
Huntington, Samuel P., *The Third Wave: Democratization in the Late Twentieth Century*, Norman 1991; »The Clash of Civilizations?«, *Foreign Affairs*, Bd. 72, Nr. 3, Sommer 1993, S. 22–49.
Hurka, Thomas, *Perfectionism*, New York 1993.
Hussain, Mushahid und Akmal Hussain, *Pakistan: Problems of Governance*, Neu-Delhi 1993.
Huxley, Aldous, *The Human Situation: Lectures at Santa Barbara*, London 1980.
Hybel, Alex Roberto, *How Leaders Reason: US Intervention in the Caribbean Basin and Latin America*, Oxford 1979.
IDE International Research Group, *Industrial Democracy in Europe Revisited*, Oxford 1993.
IIASA, *Science and Sustainability: Selected Papers on IIASA's 20th Anniversary*, Laxenburg 1992.
Illich, Ivan, *Tools for Conviviality*, New York 1973.
Ingelhart, Ronald, *Culture Shift in Advanced Industrial Society*, Princeton 1990.
Institute of Social Studies, *Overdevelopment: A Series of Public Lectures*, Den Haag 1979.
Isensee, Josef und Hans Mayer, *Zur Regierbarkeit der parlamentarischen Demokratie*, Köln 1979.

Jackson, Robert H. und Alan James, Hrsg., *States in a Chancing World: A Contemporary Analysis*, Oxford 1993.
Jacobs, Jane, *Systems of Survival: A Dialogue on the Moral Foundations of Commerce and Politics*, New York 1992.
Jacobs, Michael T., *Short-Term America: The Causes and Cures of Our Business Myopia*, Boston 1991.
Jamieson, Kathleen Hall, *Dirty Politics: Deception, Distraction, and Democracy*, Oxford 1992.
Jänicke, Martin, *State Failure: The Impotence of Politics in Industrial Society*, Cambridge, UK, 1990.
Janis, Irving L., *Groupthink: Psychological Studies of Policy Decisions and Fiascoes*, neu durchgesehene Auflage, Boston 1982.
Jantsch, Erich, *Design for Evolution: Self-Organization and Planning in the Life of Human Systems*, New York 1975.
Jasanoff, Sheila, *The Fifth Branch: Science Advisers as Policymakers*, Cambridge, MA, 1990.
Jaspers, Karl, *Vom Ursprung und Ziel der Geschichte*, München 1949; *Die Atombombe und die Zukunft des Menschen: Politisches Bewußtsein in unserer Zeit*, München 1958; *Psychologie der Weltanschauungen*, 2. Auflage, Berlin 1960, erstmals veröffentlicht 1922.
Johnson, Allen W. und Timothy Earle, *The Evolution of Human Societies: From Foraging Group to Agrarian State*, Stanford 1987.
Johnson, Laurie M., *Thucydides, Hobbes, and the Interpretation of Realism*, DeKalb, IL, 1993.
Johnson, Lawrence E., *A Morally Deep World: An Essay on Moral Significance and Environmental Ethics*, Cambridge, UK, 1993.
Johnson, Mark, *Moral Imagination: Implications of Cognitive Science for Ethics*, Chicago 1993.
Jouvenel, Bertrand de, *The Art of Conjecture*, New York 1967.
Jowitt, Ken, *New World Disorder: The Leninist Extinction*, Berkeley 1992.
Kahn, Herman, *On Thermonuclear War*, Princeton 1961; *Thinking on the Unthinkable*, New York 1962.
Kahnemann, Daniel, Paul Slovic und Amos Tversky, Hrsg., *Judgement Under Uncertainty: Heuristics and Biases*, Cambridge, UK, 1982.
Kaplan, Robert D., »The Coming Anarchy«, *Atlantic Monthly*, Februar 1994, S. 44–77.
Karplus, Walter J., *The Heavens Are Falling: The Scientific Prediction of Catastrophes in Our Time*, New York 1992.
Katz, Stanley N., Steven C. Weatley und Melanie Beth Oliviero, Hrsg., *Constitutionalism and Democracy: Transitions in the Contemporary World*, Oxford 1993.
Kaufman, Herbert, *Time, Chance, and Organizations: Natural Selection in an Perilous Environment*, Chatham, NJ, 1985.
Kaufman-Osborn, Timothy V., *Politics/Sense/Experience: A Pragmatic Inquiry into the Promise of Democracy*, Ithaca 1991.
Kaufmann, Franz-Xaver, Hrsg., *The Public Sector: Challenge for Coordination and Learning*, Berlin 1991.
Kaus, Mickey, *The End of Equality*, New York 1992.
Kay, John, *Foundations of Corporate Success: How Business Strategies add Value*, Oxford 1993.

Keegan, John, *A History of Warfare*, London 1993.
Kekes, John, *Facing Evil*, Princeton 1990; *The Morality of Pluralism*, Princeton 1993.
Keller, Douglas, *Television and the Crisis of Democracy*, Boulder, CO, 1990.
Kenez, Peter, *The Birth of the Propaganda State: Soviet Methods of Mass Mobilization 1917–1929*, Cambridge, UK, 1985.
Kennan, George F., *Around the Cragged Hill: A Personal and Political Philosophy*, New York 1993.
Kennedy, Paul, *The Rise and Fall of the Great Powers*, New York 1987; *Preparing for the Twenty-First Century*, New York 1993.
Kennedy, Paul, Hrsg., *Grand Strategies in War and Peace*, New Haven 1991.
Kierkegaard, Søren, *The Sickness Unto Death: A Christian Psychological Exposition for Upbuilding and Awakening*, Princeton 1980. Erste Veröffentlichung 1848 in dänischer Sprache.
Kimball, Lee A., *Forging International Agreement: Governmental Institutions for Environment and Development*, Washington, DC, 1992.
King, Alexander und Bertrand Schneider, *The First Global Revolution: A Report by the Council of The Club of Rome*, London 1991.
Kingdon, Jonathan, *Self-Made Man*, New York 1993.
Kirdar, Uner, Hrsg., *Change: Threat of Opportunity*, 5 Bde., New York 1992.
Kirdar, Uner und Leonard Silk, Hrsg., *A World Fit for People*, Albany 1993.
Klein, Rudolph, »Creatures of the Short Cut«, *Times Literary Supplement*, 11. Februar 1994, S. 12.
Kohn, Alfie, *Punishing by Rewards: The Trouble with Gold Stars, Incentive Plans, A's, Praise, and Other Bribes*, Boston 1993.
Kossoy, Edward und Abraham Ohry, *The FELDSHERS: Medical Sociological and Historical Aspects of Medicine with Below University Level Education*, Jerusalem 1992.
Krell, David Ferrel, Hrsg., *Martin Heidegger: Basic Writings*, New York 1977.
Krueger, Anne O., *Political Economy and Policy Reform in Developing Countries*, Cambridge, MA, 1993.
Kuhn, Thomas S., *The Structure of Scientific Revolutions*, 2. Auflage, Chicago 1970; *The Essential Tension: Selected Studies in Scientific Traditions and Change*, Chicago 1977.
Küng, Hans, *Global Responsibility: In Search of a New World Ethics*, New York 1991.
Kupperman, Joel J., *Character*, Oxford 1991.
Kymlicka, Will, *Contemporary Political Philosophy: An Introduction*, Oxford 1990.
Laband, John, *Kingdom in Crisis: The Zulu Response to the British Invasion of 1879*, Manchester 1992.
Lacouture, Jean, *De Gaulle – The Rebel: 1890–1944*, London 1990; *De Gaulle – The Ruler: 1945–1970*, London 1991.
Ladd, Everett C., »The End of Endism?«, *Times Literary Supplement*, 10. Dezember 1993.
Lane, Ian-Eric, *The Public Sector: Concepts Models and Approaches*, London 1993.
Lange-Eichbaum, Wilhelm und Wolfram Kurth, *Genie, Irrsinn und Ruhm: Genie-Mythos und Pathographie des Genies*, 6. Auflage, München 1967. Erste Auflage 1927.

Langston, Thomas S., *Ideologues and Presidents: From the New Deal to the Reagan Revolution*, Baltimore 1992.
Lapham, Lewis H., *The Wish for Kings: Democracy at Bay*, New York 1993.
Laqueur, Walter, *A World of Secrets: The Uses and Limits of Intelligence*, New York 1985.
Lasswell, H., *A Pre-view of Policy Sciences*, New York 1971.
Laszlo, Erwin, *Goals in a Global Community*, New York 1977; *Systems Sciences and World Order: Selected Studies*, Oxford 1983.
Laszlo, Erwin u. a., *Goals for Mankind: A Report to the Club of Rome on the New Horizons of Global Community*, New York 1977.
Lees, Martin, »Functions of the Future: The International Management of The World Economy«, Privatdruck, 9. Oktober 1989.
Leete, Richard und Iqbal Alam, *The Revolution in Asian Fertility: Dimensions, Causes, and Implications*, Oxford 1993.
Leeuw, Frans L., Ray C. Rist und Richard C. Sonnichsen, Hrsg., *Can Governments Learn? Comparative Perspectives on Evaluation and Organizational Learning*, Brunswick, NJ, 1993.
Lehrer, Keith, *Metamind*, Oxford 1990.
Leng, Shao-chuan, Hrsg., *Coping with Crises: How Governments Deal with Crises*, Lanham, MD, 1990.
Lerner, Michael, *Surplus Powerlessness: The Psychodynamics of Everyday Life... and the Psychology of Individual and Social Transformation*, London 1991.
Lerner, Steve, *Earth Summit: Conversations with Architects of an Ecologically Sustainable Future*. Eine Veröffentlichung der Commonweal und Friends of the Earth in den Vereinigten Staaten, Bolinas, CA, 1991; *Beyond the Earth Summit: Conversations with Advocates of Sustainable Development*, Bolinas, CA, 1992.
Lesourne, Jacques, *Education et Société: Les Défis de l'An 2000*, Paris 1988; *The Economics of Order and Disorder*, Oxford 1992.
Levine, Robert A., »If It's Worth Doing At All, Is It Worth Doing Wrong?«, *RAND Issue Paper*, Santa Monica, August 1993.
Lewin Leif, *Self-Interest and Public Interest in Western Politics*, Oxford 1991.
Lewin Leonard C. (Pseudonym), *Report from Iron Mountain on the Possibility and Desirability of Peace*, New York 1967.
Lewis, Bernard, *The Political Language of Islam*, Chicago 1988.
Lindblom, Charles E., *The Intelligence of Democracy*, New York 1965; *Inquiry and Change: The Troubled Attempt to Understand and Shape Society*, New Haven, 1990.
Linstone, Harold A. u. a., *Multiple Perspectives for Decisionmaking: Bridging the Gap Between Sciences and Action*, New York 1984.
Linstone, Harald A. und Ian I. Mitroff, *The Challenge of the 21st Century: Managing Technology and Ourselves in a Shrinking World*, Albany 1994.
Lintott, Andrew, *Imperium Romanum: Politics and Administration*, London 1993.
Lloyd, Christopher, *The Structure of History*, Oxford 1993.
Longford, Elisabeth, *Royal Throne: The Future of the Monarchy*, London 1993.
Lowi, Theodore J., *The End of Liberalism: The Second Republic of the United States*, 2. Auflage, New York 1979.
Lübbe, Hermann, *Geschichtsbegriff und Geschichtsinteresse: Analytik und Pragmatik der Historie*, Basel 1977; *Politischer Moralismus: Der Triumph der Gesinnung über die Urteilskraft*, Berlin 1987.

Lucas, J. R., *Responsibility*, Oxford 1993.
Lui, Adam Yuen-chung, *The Hanlin Academy: Training Ground für the Ambitious 1644–1850*, Hamden, CO, 1981.
Luntz, Frank I., *Candidates, Consultants, and Campaigns: The Style and Substance of American Electioneering*, Oxford 1988.
Luttwak, Edward N., *The Endangered American Dream*, New York 1994.
Lynn jr., Laurence E., *Managing the Public's Business: The Job of the Government Executive*, New York 1981.
Maalouf, Amin, *The First Century After Beatrice*, London 1993.
Macalpine, Ida und Richard Hunter, *George III and the Mad-Business*, London 1991. Erste Auflage 1969.
MacDonagh, Oliver, »The Nineteenth Century Revolution in Government: A Reappraisal«, *Historical Journal*, Bd. I, Nr. 1, 1958, S. 52–67.
Macdonald, Douglas J., *Adventures in Chaos: American Intervention for Reform in the Third World*, Cambridge, MA, 1992.
MacIntyre, Alasdair, *After Virtue*, Notre Dame, IN, 1978.
Mackenzie, G. Calvin, Hrsg., *The In-and-Outers: Presidential Appointees and Transient Government in Washington*, Baltimore 1987.
Maclean, Veronica, *Crowned Heads. Kings, Sultans, and Emperors: A Royal Quest*, London 1993.
MacLeod, Roy, Hrsg., *Government and Expertise: Specialists, Administrators, and Professionals, 1860–1919*, Cambridge, UK, 1988.
MacMahon, Edward B. und Leonard Curry, *Medical Cover-Ups in the White House*, Washington, DC, 1987.
Madách, Imre, *The Tragedy of Man*, Edinburgh 1993.
Maddison, Angus, *Dynamic Forces in Capitalist Development: A Long-Run Comparative View*, Oxford 1991.
Madsen, Douglas und Peter G. Snow, *The Charismatic Bond: Political Behavior in Time of Crisis*, Cambridge, MA, 1991.
Mann-Borgese, Elisabeth, *The Future of the Oceans*, ein Bericht an den Club of Rome, Montreal 1986.; in Vorbereitung *Ocean Governance: A Model for Global Governance in the 21st Century?*
Mann, Michael, *The Sources of Social Power*, Bd. I: *A History of Power from the Beginning to A. D. 1760*, Cambridge 1986; *The Sources of Social Power*, Bd. II: *The Rise of Classes and Nation States, 1760–1914*, Cambridge, UK, 1993.
Mann, Michael, Hrsg., *The Rise and Decline of the Nation State*, Oxford 1990.
Maoz, Z., *National Choices and International Processes*, Cambridge, UK, 1990.
March, James G., *Decisions and Organizations*, Oxford 1988.
March, James G. und Johan P. Olsen, *Rediscovering Institutions: The Organizational Basis of Politics*, New York 1989.
Margolis, Howard, *Paradism and Barriers: How Habits of Mind Govern Scientific Beliefs*, Chicago 1992.
Márquez, Gabriel García, *The General in his Labyrinth*, New York 1990.
Martin, M. W., Hrsg., *Self-Deception and Self-Understanding: New Essays in Philosophy and Psychology*, Lawrence 1985.
Marty, Martin E. und R. Scott Appleby, Hrsg., *Fundamentalism Observed*, Chicago 1991; *Fundamentalism and Society: Reclaiming the Sciences, the Family, and Education*, Chicago 1993; *Fundamentalisms and the State: Remaking Politics, Economies, and Militance*, Chicago 1993.

Maryanski, Alexandra und Jonathan H. Turner, *The Social Cage: Human Nature and The Evolution of Society*, Stanford 1992.
Masini, Eleonora Barbieri, *Why Futures Studies?*, London 1993.
Masini, Eleonora Barbieri, Hrsg. und UNESCO, *The Future of Culture*, Bd. I: *Meeting of the Working Group on the Futures of Culture*, Paris 1991; Bd. II: *The Prospects for Africa and Latin America*, Paris 1992; Bd. III: *The Futures of Asian Cultures: Perspectives on Asia's Futures*, Bangkok 1993.
Masini, Eleonora, Jim Dator und S. Rodgers, Hrsg., *The Futures of Development*, Paris 1991.
Matus, Carlos, *Adios, Señor Presidente*, Caracas 1987.
May, Ernest R., *»Lessons« of the Past: The Uses and Misuses of History in American Foreign Policy*, New York 1972.
Mazrui, Ali A., *Cultural Engineering and Nation Building in East Africa*, Evanston, IL, 1972.
McDonald, Oonagh, *The Future of Whitehall*, London 1992.
McIntyre, Angus, Hrsg., *Aging and Political Leadership*, Albany 1988.
McNeill, Daniel und Paul Freiberger, *Fuzzy Logic*, New York 1993.
McNeill, Paul M., *The Ethics and Politics of Human Experimentation*, Cambridge, UK, 1993.
Meadows, Donnella H. u. a., *The Limits to Growth: A Report to the Club of Rome*, New York 1972.
Meadows, Donnella H., Dennis L. Meadows und Jorgen Randers, *Beyond the Limits: Global Collapse or a Sustainable Future*, London 1992.
Meier, Christian, *Die Entstehung des Politischen bei den Griechen*, Frankfurt am Main 1980; *Die Ohnmacht des allmächtigen Diktators Cäsar*, Frankfurt am Main 1980.
Meinecke, Friedrich, *Die Idee der Staatsräson in der Neuen Geschichte*, München 1957; erste Auflage 1924/25; *Weltbürgertum und Nationalstaat*, München 1969; erste Auflage 1907.
Meisami, Julie Scott, Hrsg. und Übersetzerin, *The Sea of Precious Virtues: A Medieval Islamic Mirror for Princes*, Salt Lake City 1991.
Mellor, Ronald, *Tacitus*, London 1993.
Mendlovitz, Saul H., Hrsg., *On the Creation of a Just World Order*, New York 1975.
Mennell, Stephen, *Norbert Elias: An Introduction*, Oxford 1992.
Merritt, Richard L. und Anna J. Merritt, Hrsg., *Innovation in the Public Sector*, Beverly Hills, CA, 1985.
Mestrovic, Stjepan G., *The Coming Fin De Siecle*, London 1991; *The Barbarian Temptation: Towards a Postmodern Critical Theory*, London 1993.
Metcalfe, Les und Sue Richards, *Improving Public Management*, revidierte Auflage, London 1990.
Michael, Donal N., *The Unprepared Society: Planning for a Precarious Future*, New York 1968; *On Learning to Plan – and Planning to Learn*, San Francisco 1973; »Governing by Learning in an Information Society« in: Steven A. Rosell u. a., Hrsg., *Governing in an Information Society*, Montreal 1992, S. 121–133, »Governing by Learning: Boundaries, Myths, and Metaphors«, *Futures*, Bd. 25, Nr. 1, 1993, S. 81–89.
Migdal, Joel S., *Strong Societies and Weak States: State-Society Relations and State Capabilities in the Third World*, Princeton 1988.

Milbrath, Lester W., *Envisioning a Sustainable Society: Learning a Way Out*, Albany 1989.
Milgram, Stanley, *Obedience to Authority*, London 1974.
Miller, Lynn H., *Global Order: Values and Power in International Politics*, Boulder, CO, 1990.
Miller, Richard W., *Moral Differences: Truth, Justice, and Conscience in a World of Conflict*, Princeton 1993.
Milstein, Uri, *The General Theory of Security: The Survival Principle*, Kiron, Israel, 1991.
Miser, H. J. und Quade, E. S., Hrsg., *Handbook of Systems Analysis: Overview of Uses, Procedures, Applications, and Practice*, New York 1985; *Handbook of Systems Analysis: Craft Issues and Procedural Choices*, New York 1988.
Misra, B. B., *Government and Bureaucracy in India 1947–1976*, Neu-Delhi 1986.
Mohn, Reinhard, *Success Through Partnership: An Entrepreneurial Strategy*, New York 1988, Übersetzung aus dem Deutschen; *Efficiency and Capacity for Evolution in the Public Service*, Gütersloh 1993.
Moll, Peter, *From Scarcity to Sustainability: Futures Studies and the Environment – The Role of the Club of Rome*, Frankfurt am Main 1991.
Mommsen, W. J. und W. Schluchter, Hrsg., *Wissenschaft als Beruf/Politik als Beruf, Max-Weber-Gesamtausgabe* (Bd. 17), Tübingen 1992.
Montaigne, Michel de, *The Essays of Michel de Montaigne*, übersetzt und herausgeben von M. A. Screech, London 1991.
Montgomery, John D., *Forced to Be Free: The Artificial Revolution in Germany and Japan*, Chicago 1975.
Moscovici, Serge, *The Age of the Crowd: A Historical Treatise on Mass Psychology*, Cambridge, UK, 1985. Zuerst 1981 in französischer Sprache erschienen.
Moselley, Christopher und R. E. Asher, Hrsg., *Atlas of the World's Languages*, London 1994.
Mosher, Frederick C. und John E. Harr, *Programming Systems and Foreign Affairs Leadership: An Attempted Innovation*, New York 1970.
Mosiek, Ulrich, *Verfassungsgericht der Lateinischen Kirche*, 3 Bde., Freiburg 1978.
Moulton, Harper W. und Arthur A. Fickel, *Executive Development: Preparing for the 21st Century*, Oxford 1992.
Moynihan, Daniel Patrick, *Pandaemonium: Ethnicity in International Politics*, Oxford 1993; »Iatrogenic Government: Social Policy and Drug Research«, *The American Scholar*, Bd. 62, Nr. 3, S. 351–362, Sommer 1993.
Murray, Alexander, *Reason and Society in the Middle Ages*, Oxford 1985.
Myers, Henry A., *Medieval Kingship*, Chicago 1982.
Nagel, Thomas, *Mortal Questions*, Cambridge, UK, 1979.
Nardin, Terry und David R. Maple, Hrsg., *Traditions of International Ethics*, Cambridge, UK, 1992.
Naville-Sington, Pamela und David Sington, *Paradise Dreamed: How Utopian Thinkers have Changed the Modern World*, Bloomsbury 1993.
Neisbitt, J. und P. Aburdene, *Megatrends 2000*, London 1990.
Nelson, Robert H., *Reaching for Heaven on Earth: The Theological Meaning of Economics*, Savage, MD, 1991.
Netherlands Association for the Club of Rome, *A Declaration of Human Responsibilities Vis-à-Vis »The Universal Declaration of Human Rigths«*, Arbeitspapier ISSN-0920-9328, erarbeitet zusammen mit der Stiftung »Erasmus Liga«, 1992.

Netherlands Scientific Council for Government Policy, *Report and Evaluation of the Fourth Term in Office: 1988–1992,* Den Haag 1993.
Neu, C. R., *A New Bretton Woods: Rethinking International Economic Institutions and Arrangements,* Santa Monica, CA, 1993; »International Economic Institutions and Arrangements: New Choices in a New World«, *RAND Summer Institute Issue Paper,* Santa Monica, CA, April 1993.
Neustadt, Richard E., *Presidential Power: The Politics of Leadership from FDR to Carter,* revidierte Auflage, New York 1980.
Neustadt, Richard E. und Ernest R. May, *Thinking in Time: The Uses of History for Decision Makers,* New York 1986.
Nichols, Johanna, *Linguistic Diversity in Space and Time,* Chicago 1992.
Nietzsche, Friedrich, *Vom Nutzen und Nachteil der Historie für das Leben,* Neuauflage München 1988.
Nisbet, Robert, *History of the Idea of Progress,* Neuauflage, Brunswick, NJ, 1993.
Nolan, Janne E., Hrsg., *Shared Destiny: Cooperation and Security in the 21st Century,* Washington, DC, 1993.
Nolte, Ernst, *Geschichtsdenken im 20. Jahrhundert: Von Max Weber bis Hans Jonas,* Frankfurt am Main 1991.
Nolte, Hans-Heinrich, *Die Eine Welt: Abriß der Geschichte des Internationalen Systems,* revidierte Auflage, Hannover 1993.
Nordlinger, Eric A., *On the Autonomy of the Democratic State,* Cambridge, MA, 1981.
North, Douglass C., *Institutions, Institutional Change, and Economic Performance,* Cambridge, UK, 1990.
Nossiter, Bernard N., *The Global Struggle for More: Third World Conflicts with Rich Nations,* New York 1987.
Nussbaum, Martha C., *The Fragility of Goodness: Luck and Ethics in Greek Tragedy and Philosophy,* Cambridge, UK, 1986.
Nussbaum, Martha C. und Amartya Sen, Hrsg., *The Quality of Life,* Oxford 1993.
Oberal, A. S., *Population Growth, Employment and Poverty in Third-World Mega-Cities: Analytical and Policy Issues,* London 1993.
O'Connor, James, *The Meaning of Crisis: A Theoretic Introduction,* Oxford 1987.
OECD, *Innovation Policy: France,* Paris 1986.
Oestreich, Gerhard, *Neostoicism and The Early Modern State,* Cambridge, UK, 1982.
Ohmae, Kenichi, *The Borderless World: Power and Strategy in the Interlinked Economy,* New York 1990.
Olson jr., Mancur L., *The Rise and Decline of Nations: Economic Growth, Stagflation, and Social Rigidities,* New Haven 1982.
O'Neill, Michael J., *The Roar of the Crowd: How Television and People Power Are Changing the World,* New York 1993.
Osborne, David und Ted Gaebler, *Reinventing Government: How the Entrepreneurial Spirit is Transforming the Public Sector,* Reading, MA, 1992.
Osherson, D. N. und Smith, E. E., Hrsg., *Thinking – An Invitation to Cognitive Science,* Bd. III, Cambridge, MA, 1990.
Ostrom, Elinor, *Governing the Commons: The Evolution of Institutions for Collective Action,* Cambridge, UK, 1990.
Ostry, Sylvia, Hrsg., *Authority and Academic Scribblers: The Role of Research in East Asian Policy Reform,* San Francisco 1991.

Ozment, Steven, *The Age of Reform 1250–1550: An Intellectual and Religious History of Late Medieval and Reformation Europe,* New Haven 1980.
Page, William, Hrsg., *The Future of Politics,* London 1983.
Palmer, Anthony, »Beyond Representation« in: A. Phillips Griffiths, *The Impulse to Philosophise,* Cambridge 1992.
Palmer, Robert C., *English Law in the Age of the Black Death, 1348–1381,* Raleigh, NC, 1994.
Papademetriou, Demetrios G., *At the Precipice?: Europe and Migration,* Washington, DC, 1993.
Parker, Geoffrey und Lesley M. Smith, Hrsg., *The General Crisis of the Seventeenth Century,* London 1978.
Parliament of Australia, *Australia's Overseas Representation: Report from the House of Representatives Standing Committee on Expenditure,* Canberra 1977.
Pauchant, Thierry C. und Ian I. Mitroff, *Transforming the Crisis-Prone Organization: Preventing Individual, Organizational, and Environmental Tragedies,* San Francisco 1992.
Paulos, John Allen, *Innumeracy: Mathematical Illiteracy and its Consequences,* New York 1988; *Beyond Numeracy: Ruminations of a Number Man,* New York 1991.
Payne, John W., James R. Bettmann und Eric J. Johnson, *The Adaptive Decision Maker,* Cambridge, UK, 1993.
Paz, Octavio, *One Earth, Four or Five Worlds: Reflections on Comtemporary History,* San Diego 1985.
Pears, David, *Motivated Irrationality,* Oxford 1984.
Pereira, Luiz Carlos Bresser, José Mair Maravall und Adam Przeworksi, *Economic Reforms in New Democracies: A Social-Democratic Approach,* Cambridge, UK, 1993.
Peres, Shimon und Arie Naor, *The New Middle East,* New York 1993.
Petroski, Henry, *To Engineer is Human: The Role of Failure in Successful Design,* New York 1985.
Pettit, Philip, »Consequentialism« in: Peter Singer, Hrsg., *A Companion to Ethics,* Oxford 1991.
Pfaff, William, *The Wrath of Nations: Civilization and the Furies of Nationalism,* New York 1993.
Phillips, L., *Looking Backward: A Critical Appraisal of Communitarian Thought,* Princeton, NJ, 1993.
Pick, Daniel, *War Machine: The Rationalisation of Slaughter in the Modern Age,* New Haven 1993.
Platt, R. John, *The Step to Man,* New York 1966; »Research and Development Needs for Solving Global Problems« in: UNESCO, *Social Implications of the Scientific and Technological Reproduction,* S. 341–352, Paris 1981.
Plowden, William, Hrsg., *Advising the Rulers,* Oxford 1987.
Polanyi, Michael, *Personal Knowledge: Towards a Post-Critical Philosophy,* Chicago 1974.
Porritt, Jonathan, »Sustainable Development: Panacea, Platitude, or Downright Deception?« in: Bryan Cartledge, Hrsg., *Energy and the Environments: The Linacre Lectures 1991/92,* 2. Kapitel, Oxford 1993.
Porter, Doug; Bryant Allen und Gaye Thompson, *Development in Practice: Paved With Good Intentions,* London 1991.

Porter, Gareth und Janet Welsh Brown, *Global Environmental Politics*, Boulder, CO, 1991.
Porter, Michael R., *The Competitive Advantage of Nations*, London 1990: »Capital Disadvantage: America's Failing Capital Investment System«, in: *Harvard Business Review*, September–Oktober 1942.
Post, Jerrold M. und Robert S. Robins, *When Illness Strikes The Leader... From George III to Ronald Reagan*, New Haven 1993.
Postman, Neil, *Amusing Ourselves to Death: Public Discourse in the Age of Show Business*, New York 1985.
Potter, David C., *India's Political Administrators 1919–1983*, Oxford 1986.
Powell jr., G. Birminghang, *Contemporary Democracies, Participation, Stability, and Violence*, Cambridge, MA, 1982.
Prentice, D. D. und Peter Holland, Hrsg., *Contemporary Issues in Corporate Governance*, Oxford 1993.
PUMA, Public Management: *OECD Country Profiles*, Paris 1993; *Public Management Developments: Survey 1993*, Paris 1993.
Putman, Robert D., *Making Democracy Work: Civic Traditions in Modern Italy*, Princeton 1993.
Pye, L. W. und S. Verba, Hrsg., *Political Culture and Political Development*, Princeton.
Ranney, Austin, »The Divine Science: Political Engineering in American Culture«, in: *American Political Science Review*, Bd. 70, Nr. 1, März 1976, S. 140–148.
Rapoport, Anatol und Albert M. Chammah, *Prisoner's Dilemma: A Study in Conflict and Cooperation*, Ann Arbor 1965.
Rawls, John, *A Theory of Justice*, Oxford 1972; *Political Liberalism*, New York 1993.
Regan, Bryant T. jr. und Elizabeth Z. Williams, Hrsg., *Recreating Authority in Revolutionary France*, New Brunswick, NJ, 1992.
Bericht des unabhängigen Ausschusses zu Fragen der internationalen Entwicklung unter dem Vorsitz von Willy Brandt, *North-South: A Programme for Survival*, London 1980.
Rescher, Nicholas, *Pluralism: Against the Demand for Consensus*, Oxford 1993.
Reynolds, Charles, *The Politics of War: A Study of the Rationality of Violence in Inter-State Relations*, New York 1989.
Rheingold, Howard, *The Virtual Community*, Reading, MS.
Ricci, David M., *The Transformation of American Politics: The New Washington and the Rise of Think Tanks*, New Haven 1993.
Riddell, Peter, *Honest Opportunism: The Rise of the Career Politician*, London 1993.
Riezler, Kurt, »Political Decisions in Modern Society« in: *Ethics*, Bd. 64, Nr. 2, Teil 2, S. 1–55, Januar 1954.
Rimmerman, Craig A., *Presidency by Plebiscite: The Reagan-Bush Era in Institutional Perspective*, Colorado Springs 1992.
Rittberger, Volker und Peter Mayer, *Regime Theory in International Relations*, Oxford 1993.
Roberts, Adam und Benedict Kingsbury, Hrsg., *United Nations, Divided World: The UN's Roles in International Relations*, 2. Auflage, Oxford.
Robertson, Roland, *Globalization: Social Theory and Global Culture*, London 1992.

Robson, William A., »The Reform of Government« in: *The Political Quarterly*, Bd. 35, Nr. 2, S. 193–211, April–Juni 1964.

Roetz, Heiner, *Confucian Ethics of the Axial Age: A Reconstruction Under the Aspect of the Breakthrough Toward Postconventinal Thinking*, Albany 1993.

Rokeach, Milton, *Open and Closed Mind*, New York 1960; *The Nature of Human Values*, New York 1973; *Understanding Human Values: Individual and Societal*, New York 1979.

Rose, Nikolas, *Governing the Soul: The Shaping of the Private Self*, London 1990.

Rose, Richard, *Lesson-Drawing in Public Policy: A Guide to Learning Across Time and Space*, Chatham, NJ, 1993.

Rosecrance, Richard und Arthur A. Stein., Hrsg., *The Domestic Bases of Grand Strategy*, Ithaca 1993.

Rosell, Steven A. u. a., *Governing an Information Society*, Montreal 1992.

Rosenau, James N., *Turbulence in World Politics – A Theory of Change and Continuity*, Princeton 1990.

Rosenau, James N. und Ernst-Otto Czempiel, Hrsg., *Governance Without Government: Order and Change in World Politics*, Cambridge, UK, 1992.

Rosensohn, Nicole und Bertrand Schneider, *Latin America: Facing Contradictions and Hopes*, Bericht an den Club of Rome, Madrid 1993; *For a Better World Order: The Message from Kuala Lumpur*, Bericht an den Club of Rome, Madrid 1993.

Rosenthal, U., Charles, M. T. und Hart, P. 't., Hrsg., *Coping With Crisis: The Management of Disasters, Riots, and Terrorism*, Springfield, IL, 1989.

Rothstein, Robert L., *Planning, Prediction, and Policymaking in Foreign Affairs: Theory and Practice*, Boston 1972.

Königlich Schwedisches Ministerium für Auswärtige Angelegenheiten, *To Choose a Future: A Basis for Discussion and Deliberation on Future Studies in Sweden*, Stockholm 1974.

Rubin, William, Hrsg., »*Primitivsm*« in: *20th Century Art: Affinity of the Tribal and the Modern*, 2 Bde., New York 1984.

Rufin, Jean-Christophe, *L'empire et les nouveaux barbares*, Paris 1991.

Russet, Bruce, *Grasping the Democratic Peace*, Princeton 1993.

Sachedina, Abdulaziz Abdulhussein, *The Just Ruler in Shi'ite Islam: The Comprehensive Authority of the Jurist in Imamite Jurisprudence*, Oxford 1988.

Said, Edward W., *Orientalism*, New York 1979; *Culture and Imperialism*, New York 1993.

Salamon, Lester M. Ed., *Beyond Privatization: The Tools of Government Action*, Washington, D. C., 1989.

Samuels, Andrew, *The Political Psyche*, London 1993.

Sandhu, Kernial Singh und Paul Wheatley, Hrsg., *Management of Success: The Moulding of Modern Singapore*, Singapur 1989.

Sandoz, Ellis, *The Voegelinian Revolution: A Biographical Introduction*, Baton Rouge 1981.

Sartre, Jean-Paul, *Notebooks for an Ethics*, Chicago 1992. In französischer Sprache erschienen 1983.

Saul, John Ralston, *Voltaire's Bastards: The Dictatorship of Reason in the West*, New York 1992.

Schaefer, F. Guenther und Eamon McInemey, Hrsg., *Strengthening Innovativeness in Public Sector Management*, Maastricht 1988.

Schafer, Paul, *The New World Order: A Contribution to the World Decade for Cultural Development*, Paris 1989.
Schaff, A. und G. Friedrichs, *Microelectronics and Society For Better and Worse*, ein Bericht an den Club of Rome, Oxford 1982.
Schauer, Frederick, *Playing by the Rules: A Philosophical Examination of Rule-Based Decision-Making in Law and in Life*, Oxford 1991.
Schell, Jonathan, *The Fate of the Earth*, New York 1982.
Schelling, T. C., *Micromotives and Macrobehavior*, New York 1978; *Choice and Consequence*, Cambridge, MA, 1984.
Schick, Allen, *The Capacity of Budget*, Washington, DC, 1990.
Schickler, Richard, *Intimate Strangers: The Culture of Celebrity*, New York 1986.
Schlesinger jr., Arthur, »The Radical« in: *The New York Review of Books*, Bd. 40, Nr. 4, Februar 1993.
Schmitt, Karl, *Der Begriff des Politischen*, Berlin 1963, 1. Auflage 1927; *Politische Theologie II: Die Legende von der Erledigung jeder politischen Theologie*, Berlin 1970; *Theorie der Partisanen: Zwischenbemerkung zum Begriff des Politischen*, 2. Auflage, Berlin 1975; *Politische Theologie: Vier Kapitel zur Lehre von der Souveränität*, Berlin 1979; *Politische Romantik*, Berlin 1982.
Schmookler, Andrew Bard, *The Illusion of Choice: How the Market Economy Shapes Our Destiny*, Albany 1993.
Schneider, Bertrand, *The Barefoot Revolution: A Report to the Club of Rome*, London 1988.
Scholtz, Harald, *Nationalsozialistische Ausleseschulen: Internatsschulen als Herrschaftsmittel des Führerstaats*, Göttingen 1973.
Schon, Donald A., *Beyond the Stable State: Public and Private Learning in an Changing Society*, London 1971; *The Reflextive Practitioner: How Professionals Think in Action*, New York 1983.
Schubert, Glendon und Roger D. Masters, Hrsg., *Primate Politics*, Carbondale 1991.
Schulman, Paul R., *Large-Scale Policy Making*, New York 1980.
Schumpeter, Joseph A., *Capitalsm, Socialism, and Democracy*, New York 1942.
Selznick, Philip, *The Moral Commonwealth Social Theory and the Promise of Community*, Berkeley 1992.
Senge, Peter M., *The Fifth Discipline: The Art and Practice of the Learning Organization*, New York 1990.
Sennett, Richard, *The Fall of Public Man: On the Social Psychology of Captalism*, New York 1978.
Sharpe, L. J., Hrsg., *The Rise of Meso Governance in Europe*, London 1993.
Sheffer, Gabriel, Hrsg., *Innovative Leaders in International Politics*, Albany, NY, 1993.
Shehadi, Kamal S., *Ethnic Self-determination and the Break-up of States*, London 1994.
Shonfield, Andrew, *The Use of Public Power*, Oxford 1982.
Shugart, Matthew Sober und John M. Carey, *Presidents and Assemblies: Constitutional Design and Electoral Dynamics*, Cambridge, UK, 1993.
Sikora, R. I. und Brian Barry, Hrsg., *Obligations to Future Generations*, Philadelphia 1978.
Silberman, Bernard S., *Cages of Reason: The Rise of the Rational State in France, Japan, the United States, and Great Britain*, Chicago 1993.

Silva, K. M. de, *Sri Lanka: Problems of Governance*, Neu-Delhi 1993.
Simenton, Dean Keith, *Genius, Creativity, and Leadership: Historiometric Inquiries*, Cambridge, MA, 1984.
Simma, Bruno, Hrsg., *The Charter of the United Nations: A Commentary*, Oxford 1994.
Simon, Herbert A., *The Sciences of the Artificial*, revidierte Auflage, Cambridge, MA, 1981; *Reason in Human Affairs*, Stanford 1983.
Sims jr., H. P., D. A. Gioia u. a., *The Thinking Organization: Dynamics of Organizational Social Cognition*, San Francisco 1986.
Singer, Max, *Passage to a Human World: The Dynamics of Creating Wealth*, Indianapolis, IN, 1987.
Singer, Max und Aaron Wildavski, *The Real World Order: Zones of Peace; Zones of Turmoil*, Chatman, NJ, 1993.
Sivan, Emmanuel, *Radical Islam: Medieval Theology and Modern Politics*, New Haven 1985.
Sklair, Leslie, *Sociology of the Global System: Social Change in Global Perspective*, New York 1991.
Slaughter, Richard A., »Looking for the Real ›Megatrends‹« in: *Futures*, Bd. 25, Nr. 8, S. 827–849, 1993.
Slobodkin, Lawrence B., *Simplicity and Complexity in Games of the Intellect*, Cambridge, MA, 1992.
Smiley, Marion, *Moral Responsibility and the Boundaries of Community: Power and Accountability from a Pragmatic Point of View*, Chicago 1992.
Smith, Bruce L. R., *The Advisers: Scientists in the Policy Process*, Washington, DC, 1992.
Smith, James A., *The Idea Brokers: Think Tanks and the Rise of the New Policy Elite*, New York.
Sniderman, Paul M., Richard A. Brody and Philip E. Tetlock, *Reasoning and Choice: Explorations in Political Psychology*, Cambridge, UK, 1991.
Sobhan, Rehman, *Bangladesh: Problems of Governance*, Neu-Delhi 1993.
Solschenizyn, Alexander, *The Red Wheel: A Narrative in Discrete Periods of Time – August 1914/Knot I.*, New York 1989, in russischer Sprache erschienen 1971.
Sorensen, Roy A., *Though Experiments*, Oxford 1992.
Sorikin, P. A., *Man and Society in Calamity: The Effects of War, Revolution, Famine, Pestilence Upon Human Mind, Behaviour, Social Organization, and Cultural Life*, New York 1942.
Soto, Hernando De, *The other Path: The Invisible Revolution in the Third World*, New York 1989.
South Commission, *The Challenge to the South*, Oxford 1990.
Sprangens jr., Thomas, *Reason and Democracy*, Durham, NC, 1990.
Spiaerenburgh, Pieter, *The Spectacle of Suffering*, Cambridge 1984.
Springborg, Patricia, *The Problem of Human Needs and the Critique of Civilisation*, London 1981.
Stark, Rodney und William Sims Bainbridge, *The Future of Religion: Secularization, Revival, and Cult Formation*, Berkeley 1985.
Starn, Randolph und Loren Partridge, *Arts of Power: Three Halls of State in Italy, 1300–1600*, Berkeley 1992.
Sternberg, Robert J. und Richard K. Wagner, Hrsg., *Practical Intelligence: Nature and Origins of Competence in the Everyday World*, Cambridge, UK, 1986.

Sternhall, Zeev, *The Birth of Fascist Ideology: From Cultural Rebellion to Political Revolution,* Princeton 1994.
Stern-Pettersson, Maria, »Reading the Project, ›Global Civilization: Challenges for Sovereignty, Democracy, and Security‹« in: *Futures,* Bd. 25, Nr. 2, S. 123–138, März 1993.
Struyk, Raymond J., Makiko Ueno und Takahiro Suzuki, *A Japanese Think Tank: Exploring Alternative Models,* Washington, DC, 1993.
Sturrock, John, *The Language of Autobiography,* Cambridge, UK, 1993.
Suleiman, Ezra N., *Private Power and Centralization in France: The Notaires and the State,* Princeton 1987.
Suter, Keith, *Global Change: Armageddon and the New World Order,* Sutherland, Australien, 1993.
Sutton, Brenda, *The Legitimate Corporation: Essential Readings in Business Ethics and Corporate Governance,* Oxford 1993.
Sztompka, Pjotr, *Society in Action: The Theory of Social Becoming,* Chicago 1991.
Tainter, J. A., *The Collapse of Complex Societies,* Cambridge, UK, 1988.
Talmon, Jacob, *The Origins of Totalitarian Democracy,* London 1952.
Tamames, Ramon, *A World Order,* Madrid 1991.
Tambiah, S. J., *World Conqueror and World Renouncer: A Study of Buddhism and Policy in Thailand Against a Historical Background,* Cambridge, UK, 1976.
Tamir, Yael, *Liberal Nationalism,* Princeton 1993.
Task Force on the Future of Public Television, *Reinventing Public Television,* Washington, DC, 1993.
Taylor, Charles, *Sources of the Self: The Making of the Modern Identity,* Cambridge, MA, 1989; *Multiculturalism and »The Politics of Recognition«,* Princeton 1992.
Taylor, Serge, *Making Bureaucracies Think: The Environmental Impact Statement Strategy of Administrative Reform,* Stanford 1984.
Temking, Larry S., *Inequality,* New York 1993.
Tennsje, Torbjörn, *Populist Democracy: A Defence,* London 1992.
Tester, Keith, *Civil Society,* London 1992.
Teubner, Gunther, *Law as an Autopoietic System,* Oxford 1992.
Thagard, Paul, *Conceptual Revolutions,* Princeton 1992.
Thomas, Rosamund M., Hrsg., *Teaching Ethics,* Bd. I: *Government Ethics,* Cambridge, UK, 1993.
Thompson, Janna, *Justice and World Order: A Philosphical Inquiry,* London 1992.
Thompson, Michael, Richard Ellis und Aaron Wildavsky, *Cultural Theory,* Boulder, CO, 1990; »Political Culture« in: Mary Hawkesworth und Maurice Kogan, Hrsg., *Encyclopedia of Government and Politics,* 2 Bde., London 1992.
Thompson, Wayne C., *In The Eye of the Storm: Kurt Riezler and the Crises of Modern Germany,* Iowa 1980.
Thukydides, *The Peloponnesian War. The Complete Hobbes Translation,* Chicago 1989.
Thurow, Lester, *Head to Head: The Coming Economic Battle Among Japan, Europe, and America,* New York 1992.
Tobin, Richard, *The Expendable Future: U. S. Politics and the Protection of Biological Diversity,* Durham.
Toffler, Alvin, *Future Shock,* New York 1971; *Power Shift: Knowledge, Wealth, and Violence at the Edge of the 21st Century,* New York 1990.

Toffler, Alvin und Heidi, *War and Anti-War: Survival at the Dawn of the 21st Century*, New York 1993.
Toynbee, Arnold, *A Study of History: The One-Volume Edition*, Oxford 1972.
Tuchman, Barbara W., *The March of Folly: From Troy to Vietnam*, New York 1984.
Tufte, Edward R., *Political Control of the Economy*, Princeton 1978.
Tulis, Jeffrey K., *The Rhetorical Presidency*, Princeton 1987.
UNESCO, *World Science Report*, Paris 1994.
UNFPA, *The State of World Population 1993*, New York 1993.
Unger, Peter, *Ignorance: A Case for Scepticism*, Oxford 1975.
Unger, Roberto Managabeira, *Part I of Politics, a Work in Constructive Social Theory: False Necessity – Anti-Necessitarian Social Theory in the Service of Radical Democracy*, Cambridge, UK, 1987; *Plasticity into Power: Comparative-Historical Studies on the Institutional Conditions of Economic and Military Success*, Cambridge, UK, 1987.
Union of International Associations, *Encyclopedia of World Problems and Human Potential*, 2 Bde., 3. Auflage, München 1991.
United Nations, *Global Outlook 2000: Economic, Social, Environmental*, New York 1990.
United Nations Department for Development Support and Management Services, *Improving Public Policy Analysis: Study Material for Top Executives*, New York 1993.
United Nations Development Programme, *Human Development Report*, Oxford 1993.
United Nations Environmental Programme, *Environmental Data Report 1993–1994*, 4. Auflage, Oxford 1993.
University of British Columbia, *Global Perspective: Internationalized Management Education. Special Issue of Journal of Business Administration*, Bd. 21, Nr. 1 und 2, 1992/93.
Urquhart, Brian, *Ralph Bunche*, New York 1993.
Urquhart, Brian und Erskine Childers, *A World in Need of Leaderships: Tomorrow's United Nations*, Uppsala, Schweden, 1990.
Vanhanen, Tatu, *On the Evolutionary Roots of Politics*, Neu-Delhi 1992.
Vertzberger, Yaacov Y., *The World in Their Minds: Information Processes, Cognition, and Perception in Foreign Policy Decisionmaking*, Stanford 1990.
Veyne, Paul, *Bread and Circus: Historical Sociology and Political Pluralism*, London 1990.
Vikstrom, Solveig und Richard Normann, *Knowledge and Value: A New Perspective on Corporate Transformation*, London 1993.
Viroli, Maurizio, *From Politics to Reason of State: The Acquisition and Transformation of the Language of Politics 1250–1600*, Cambridge, UK, 1993.
Voegelin, Eric, *The New Science of Politics: An Introduction*, Chicago 1952; *The Ecumenic Age*, Bd. IV, *Order and History*, Baton Rouge 1974.
Volcansek, Mary L., Hrsg., *Judicial Politics and Policy-Making in Western Europe*, London 1992.
Vries, Manfred, F. R. de Kets u. a., *Organization on the Couch: Clinical Perspectives on Organizational Behavior and Change*, San Francisco 1991.
Wade, Robert, *Governing the Market: Economic Theory and the Role of Government in East Asian Industrialization*, Princeton 1990.

Wagar, Warren W., *The Next Three Futures: Paradigms of Things to Come*, London 1992.
Wakeman jr., Frederic, *The Great Enterprise: The Manchu Reconstruction of Imperial Order in Seventeenth-Century China*, 2 Bde., Berkeley 1985.
Walker, R. B. J., *Inside/Outside: International Relations as Political Theory*, Cambridge, UK, 1993.
Wallace, James F., *Virtues and Vices*, Ithaca 1978.
Wallerstein, Immanuel, *The Modern World-System*, New York 1974.
Walzer, Michael, *Just and Unjust Wars: A Moral Argument with Historical Illustration*, New York 1977; *Sphere of Justice: A Defence of Pluralism and Equality*, New York 1983.
Wamsley, Gary L. u. a., *Refounding Public Administration*, Newbury Park, CA, 1990.
Ward, Keith, *A Vision to Pursue: Beyond the Crisis in Christianity*, London 1991.
Warnke, Martin, Hrsg., *Politische Architektur in Europa: Vom Mittelalter bis heute – Repräsentation und Gemeinschaft*, Köln 1984.
Watson, Adam, *The Evolution of International Society*, London 1992.
Wattenberg, Martin P., *The Rise of Candidate-Centered Politics: Presidential Elections in the 1980s*, Cambridge, MA, 1992.
Weaver, R. Kent und Bert A. Rockman, Hrsg., *Do Institutions Matter? Government Capabilities in the United States and Abroad*, Washington, DC, 1993.
Weber, Eugen, *France Fin de Siècle*, Cambridge, MA, 1986.
Weidenfeld, Werner und Josef Janning, Hrsg., *Europe in Global Change: Strategies and Options for Europe*, Gütersloh 1993.
Weimer, David L. und Aidan R. Vining, *Policy Analysis: Concepts and Practice*, 2. Auflage, Englewood-Cliffs, NJ, 1992.
Weiss, Carol H., Hrsg., *Organizations for Policy Analysis: Helping Government Think*, Newbury Park, CA, 1992.
Weizsäcker, Ernst U. von, *Earth Politics*, London 1994.
Welch, David A., *Justice and the Genesis of War*, Cambridge 1993.
Wellard, Kate und James G. Copestake, Hrsg., *Non-Governmental Organizations and the State in Africa: Rethinking Roles in Sustainable Agricultural Development*, London 1993.
Werlen, Benno, *Society, Action, and Space: An Alternative Human Georgraphy*, London 1993.
Whiteside, Kerry H., *Merleau-Ponty and the Foundations of an Existential Politics*, Princeton 1988.
Wildavsky, Aaron, *Searching for Safety*, New Brunswick, NJ, 1988.
Will, George F., *Statecraft as Soulcraft: What Government Does*, New York 1983.
Willard, Andrea R. und Charles H. Norchi, »The Decision Seminar as an Instrument of Power and Enlightment« in: *Political Psychology*, Bd. 14, Nr. 4, S. 575–606.
Williams, Bernard, *Moral Luck: Philosophical Papers 1973–1980*, Cambride, UK, 1981.
Williams, Bernard u. a., *Politics, Ethics, and Public Service*, London 1985.
Williams, Trevor A., *Learning to Manage Our Future: The Participative Redesign of Societies in Turbulent Transition*, New York 1982.
Williams, Walter, *Washington, Westminster, and Whitehall*, Cambridge, UK, 1988; *Mismanaging America: The Rise of The Anti-Analytic Presidency*, Lawrence, KS, 1990.

Williamson, John, *The Political Economy of Policy Reform*, Washington, DC, 1993.
Willner, Ann Ruth, *The Spellbinders: Charismatic Political Leadership*, New Haven 1984.
Wilson, Edward O., *Sociobiology: The New Synthesis*, Cambridge, MA, 1975; *On Human Nature*, Cambridge, MA, 1978.
Wiseman, T. P., *New Men in the Roman Senate 139 BC – AD 14*, Oxford 1971.
Wittrock, Bjorn, Hrsg., *Governance in Crisis*, Sonderausgabe, *Policy Sciences*, Bd. 15, April 1983.
Wolf jr., Charles, *Markets or Governments: Choosing Between Imperfect Alternatives*, Cambridge, MA, 1991.
World Bank, *World Development Report 1992: Development and the Environment*, Oxford 1992; *The East Asia Miracle: Economic Growth and Public Policy*, Oxford 1993; *World Development Report 1993: Investing in Health*, Oxford 1993.
World Commission on Environment and Development, *Our Common Future*, Oxford 1987.
World Energy Council, *Energy for Tomorrow's World*, New York 1993.
Wriggins, Howard W., *The Rulers' Imperative: Strategies for Political Survival in Asia and Africa*, New York 1969.
Wright, Arthur F. und Denis Twitchett, Hrsg., *Confucian Personalities*, Stanford 1962.
Yankelovich, Daniel und I. M. Dester, Hrsg., *Beyond the Beltway: Engaging the Public in U.S. Foreign Policy*, New York 1994.
Yankelovich, Daniel und Sidney Harman, *Starting with the People*, Boston 1988.
Yates, Douglas, *The Ungovernable City*, Boston 1977.
Yergin, Daniel und Thane Gustafson, *Russia 2010: And What it Means for the World*, New York 1993.
Young, Michael, *The Rise of the Meritocracy (1870–2033)*, London 1958.
Zaller, John R., *The Nature and Origins of Mass Opinion*, Cambridge, UK, 1992.
Zeckhauser, Richard J., Hrsg., *Strategy and Choice*, Cambridge, MA, 1991.
Zolo, Danilo, *Democracy and Complexity: A Realistic Approach*, Cambridge, UK, 1992.
Zuboff, S., *In the Age of the Smart Machine*, Cambridge, MA, 1990.

Stichwortverzeichnis

Abschaffung überholter Institutionen, Funktionen und Verfahren 279
Absolutismus 196, 314
Abtreibung 53, 69, 99
Afrika 88, 194, 206
Ägypten 269
»Akademie für Forschungen auf dem Gebiet der politischen Wissenschaft« 183 f.
Akademien, politische 184 ff.
Alexander der Große 17
Alkibiades 144
Almond, G. A. 81, 89, 323
Altersstruktur 68
Amnesty International 224, 276
Amoralität (Auswirkungen der) 137
Ämterkauf 188
Amtsmißbrauch 314
Amtsperioden 83, 96, 103, 173, 220
Amtszeit siehe Amtsperioden
Analyse, politische 226, 336
Anhörung, öffentliche (im Fernsehen) 159
Apartheid 44, 199, 286
Arbeitsgemeinschaften 186 f., 190
Arbeitsgruppen (aus Fachberatern) 103, 218
Arbeitslosigkeit 84, 194, 237 f.
Arbeitsteilung (politische), zukünftige 236, 257, 339
»Architektur, kulturelle« 127
Aristoteles 21, 108
Armut 10, 64, 244
Aspen Institute 187
Atomkrieg 26, 121, 241, 280, 296
Atomwaffen 119, 282
Aufgabenteilung siehe Arbeitsteilung
Aufstieg und Verfall, Ursachenergründung 202
Augustinus 133
Ausschüsse, beratende 232 f.
»Ausstattung mit Vollmachten« 242
Australien 68
Auswahlverfahren 189
Außenministerien, zukünftige (Aufgaben der) 223
Autorität, demokratische (Aufrechterhaltung der) 242
»Avantgarde« 127 f.
axiales Zeitalter siehe Zeitalter, axiales

Babur (Mogul) 19
Bacon, Francis 226
»Barbaren, neue« 85
Barcelona 10, 184
Beamte 28, 42, 172, 191, 334
Bedrohung, atomare 203 f.
»Bedürfnisse« 122
»begriffliche Revolution« 303
»Beherrschung des Volkswillens« 245
Belgien 220

Ben Gurion, David 219
Berater (von Spitzenpolitikern) 22, 216 ff., 334
Beratergremien (siehe auch Ausschüsse) 232 f.
»Beratungsausschuß für den Umgang mit langfristigen gesellschaftlichen Problemen« 232
»Beratungsforen, ethische« 234
Bereicherung, illegale (von Spitzenpolitikern) 141
Bertelsmann-Stiftung 257, 343
Besetzung, militärische 290 f.
Bestechlichkeit siehe Korruption
Bestechung siehe Korruption
Bevölkerung 36, 103, 106, 147 ff., 150 ff., 167, 278
–, Beteiligung an der Politik 112, 114 f., 124, 126, 147 ff., 152, 165, 257
Bewußtsein (Abkapselung des) 165
–, menschliches (Veränderung des) 126 f.
–, Quantensprung im 297
Beziehungen zwischen Staat und Privatorganisationen 242 f.
–, zwischenstaatliche 100, 128, 237 ff., 254, 258 f., 261, 339 f., 343
Bildungspolitik 253
Biotechnologie 65, 79, 119
Bismarck, Otto von 229
Bloom, Allan 165, 333
Bombay 69
Bosnien 59, 288
Boutros-Ghali, Boutros 267, 345
Brandt, Willy 316
Brasilien 269
Braudel, Fernand 241, 341
Bretton-Woods-Verfahren 271
Brookings Institution 226, 229
Bruckmann, Gerhard 323
Bunche, Ralph 344
Bundeszentrale für politische Bildung 153
Burckhardt, Jacob 303
Bürger siehe Bevölkerung
Bürgerbewegungen siehe Bürgerinitiativen
Bürgerinitiativen 21, 31, 57, 67, 98, 101, 103 f., 147, 156 f., 168, 170 f., 175 ff., 240, 254, 263, 272, 302
bürgerliche Gesellschaft 23 f.
Bürokratie, Auswertung der 201

Cadbury Report 247
Cambridge, Universität von 184
Carnegie Corporation 344
Cäsar, Gaius Julius 194
»Cäsarenwahn« 216
Celebian, Kinalizade Ali 13
Center for Policy Research 302, 340, 351

Central Policy (Review) Staff 217, 339
Chaostheorie 16, 312
Chauvinismus, politischer 152
China 69, 74, 88, 96, 191, 196, 226, 244, 269, 274 f., 299, 303, 312
Christen 312
Cicero, Marcus Tullius 113, 133
Círculo de Lectores 7, 309
Civil Service Reform Act 227
Clark, Grenville 266, 344
Clausewitz, Carl von 318
Cleveland, Harlan 300, 308, 344, 349, 351
Club of Rome 7 f., 10, 25, 120, 174, 224, 235, 302, 306, 315, 320, 336
– on of Global Governance 302
– on Arms Control Education 153
Commission on Arms Control Education 153
–, on Global Governance 302
Committee on Viable Constitutionalism 302
Connor, W. Robert 295
Cooperative Security Consortium 344
»Cordon sanitaire« 48
»Corporate Governance« (Zeitschrift) 349
Council of The Club of Rome 308
Crossman, Richard 19

Dasgupta, Partha 244, 342
Datensammlung und -auswertung 223 ff.
Demographie 14, 59, 65 ff.
»Demokratie« (Definition) 87
–, Anerkennung der Grundidee 89
–, direkte 16, 172, 332
–, Einführung von (Probleme) 86
–, Grundsätze der 305
–, heutige (Unzulänglichkeit der) 49
–, indirekte 161
–, industrielle 342
–, liberale 30, 66
–, plebiszitäre 286
–, Stärkung der 25
–, Verbreitung der 81
Demokratien und Spitzenpolitiker 215
Demokratien, liberale siehe Demokratien, westliche
Demokratien, westliche 29, 32, 66, 81, 125, 136, 171, 173, 177, 209
Demokratisierung, stärkere 91, 151
Denken, politisches 115, 194 ff., 199, 201 ff., 206 ff., 230, 336
»Denkfabrik« bzw. »Denkfabriken« (siehe auch F+E-Organisationen) 103, 212, 226, 233, 340
»Denkfaulheit« 195
Descartes, René 323
Descombes, Vincent 234, 340
Desorientierung 60 f., 200
Deutschland 86, 111, 150, 313

Devisenspekulation 314
Dezentralisierung 236
Diez-Hochleitner, Ricardo 8, 307
Diktatur, konstitutionelle 51 f., 287 f.
–, ökologische 323
Dionysius, König 217
Dirigismus 111
Dogmatismus, Vermeiden von 293
»Dorfgemeinschaft, globale« 62
Dritte Welt 85, 89, 136, 138, 150, 320
Drogenhandel 62, 132, 138, 237 f.
Drogenmißbrauch 33
Durkheim, Émile 136, 214

École Nationale d'Administration (ENA) 183, 189
Eden, Robert 251
Einfluß, asiatischer auf die globale Entwicklung 265
Eingreifen, internationales 288 f.
Einwanderungspolitik 85
Elias, Norbert 38, 39, 63, 315, 319, 323
Elitebeamte 190 f.
»Elitedenken« 135
»Eliten« (Definition) 169
– (siehe auch Spitzenpolitiker) 41 f., 60 f., 67 169 ff., 221
Emotionen, Steuerung von 154 ff.
ENA siehe École Nationale d'Administration
Energiebedarf (Zunahme des) 264
Entscheidungen, moralische 37
–, politische (Untersuchung von) 230 f.
–, »tragische« 99
Entscheidungsfreiheit 40, 104, 171
Entscheidungsträger siehe Spitzenpolitiker
»Entwicklung, aufrechtzuerhaltende« 121 ff.
Entwicklungshilfe 347
Entwicklungsländer siehe Dritte Welt
Entwicklungstendenzen, 224
Erfahrungen, traumatische (Bewältigung von) 200
Erkenntnisfähigkeit, menschliche (Grenzen der) 205
»Ermächtigung« (Definition) 255 f.
Erneuerung, politische (Vorbereitung) 300 ff.
»erste globale Revolution« 116
Erster Weltkrieg 313
Earthwatch 153
Erziehungswesen (Verbesserung des) 99, 165
Esperanto (Kunstsprache) 156
Ethik 23, 44, 192, 233 ff., 342 f.
»ethnische Säuberungen« 143
Euben, J. Peter 299, 348
»Euergetik« 348
Europäische Kommission 157
Europäische Union 25, 57, 75, 82, 84, 162, 185, 223, 237 f., 240, 254 f., 265, 269, 314
Europäischer Gerichtshof 260, 278
Europäisches Parlament 157
Europol 62
Evolution 296, 315, 350
Exekutive, Stärkung der 213 ff.
– und Legislative (Balance zwischen) 214

F + E-Organisationen (siehe auch »Denkfabrik« bzw. »Denkfabriken«) 226 ff., 252
Fachseminare für politische Wissenschaften 184
Familie, Mißachtung der 47
Fanatismus 84, 110, 127, 321
Faschismus 196
»Federalist Papers« 196
Fehlentscheidungen (von Spitzenpolitikern) 173, 218
Fehler (Eingeständnis von) 230
–, politische 227
–, (in den USA) 227
Feminismus 102
Fernsehen (siehe auch Massenmedien) 38, 42, 148, 152, 158, 249 ff., 331
Fernsehwahlkampf 158
Fishkin, James S. 124, 328
Foreign Corrupt Practices Act 141
Forschungs- und Entwicklungsorganisationen, politische siehe F + E-Organisationen
Forschungsprogramme für globale Probleme 229
Foucault, Michel 38, 313
Frankreich 183, 339, 341
Freidenkertum 102
freie Marktwirtschaft siehe Marktwirtschaft, freie
Fremdenfeindlichkeit 66, 84, 127
Führer, politische siehe Spitzenpolitiker
»Führerprinzip« 196
Fundamentalismus 43, 60, 65, 78, 127, 315
»Furcht vor der Freiheit« 214
»Fürstenspiegel« 104, 133, 187
Futuristen, italienische 303

García Márquez, Gabriel 323
GATT General Agreement on Tariffs and Trade 269
Gaulle, Charles de 177
Geburtenkontrolle 235
Geburtenrate 47, 49, 69
Geertz, Clifford 156
–, Robert P. 331
Gefühle (Beeinflussung von) siehe Emotionen, Steuerung von
Geldpolitik, Regulierung der 345
General Accounting Office (USA) 275
Generationen, künftige 33 f.
Genf 276
Genmanipulation 72, 99, 121
Gentechnik bzw. -technologie 79, 119, 234 f.
»Geometrie der Fraktale« 312
George, Robert P. 157
Gerechtigkeit, globale 47 f., 50
Gerichtshof, internationaler 142 f., 291
Gesellschaften, Destabilisierung 68 f.
Gesundheitsfürsorge 165
Gesundheitspolitik 194, 336
Gewaltmonopol, staatliches 21
Gewerkschaften 82, 238
Gibbon, Edward 202
Glaubensvorstellungen 78 ff.
»Global commons« 45
Global Security Program 184
»globale politische Kultur« 90

globale Veränderungen siehe Veränderungen
Gramsci, Antonio 313
Grenzen (des Machbaren) 303 ff.
Griechenland 102, 130, 196, 299
Großbritannien 142, 217, 326, 339
»große Frauen/Männer« 303
Großmächte 113, 125
Großstädte 237, 254, 257 f.
Grundrechte der 43, 290
Grundwerte, westliche 43 f.
Grüne (Partei) 78, 82
»Gruppendenken« 103
Guardini, Romano 149, 328 f.
»gutes Leben« (ein) 30 ff., 38 f., 42 ff., 49

Hamel, Gary 200, 337
Hammarskjöld, Dag 344
»Hände, schmutzige« 50 f., 51
Handeln, politisches 197, 202 f., 217
Handlungsfähigkeit, individuelle (des Staates) 238 ff.
Handlungsfreiheit, Einschränkung der 259
Hanlin-Akademie 226
Hare R. H. 118
Harvard-Universität 184
Haus der Weisheit Salomos 226
Hawthorn, Geoffrey 350
Hayek, Friedrich 326 f.
Hegel, Georg Wilhelm Friedrich 126
Heidegger, Martin 13, 312
Helsinki-Ausschuß 234
Heraklit 14
Herder, Johann Gottfied 88
Herrscher siehe Regierungen, zukünftige bzw. Spitzenpolitiker
Hirschman, Albert O. 97, 325
Hobbes, Thomas 168, 297, 344
Holocaust 297
»Homo economicus« 134
– »ludens« 306
Hsün-tzu (Philosoph) 93
Hucker, Charles O. 274, 346
Human Rights Watch 276, 318
Huntingdon, Samuel 294
Huxley, Aldous 65
»hypergoods« 311

Identität, Erhaltung der nationalen 220
Ideologien 33, 78 ff.
IIASA International Institute for Applied Systems Analysis 229, 340
Illich, Ivan 20
Imperativ, ethischer 125
–, kategorischer 124 f.
–, moralischer 111
Imperialismus, kultureller siehe Kulturimperialismus
Indien 69, 87, 96, 189, 191, 269
Individualismus, selbstsüchtiger 36
Individuum 102, 125
Indonesien 68 f. 269
Information, persönliche (durch politische Kandidaten) 160
Informationstechnologien 62, 64, 70 f. 223
innere Angelegenheiten eines anderen Landes, Eingriff in die 290 f.
»Institut für fortgeschrittene Studien

381

auf dem Gebiet der Weltpolitik« 229
»Integration« 237
»Intelligenz der Demokratie« 325
Intelligenz, künstliche siehe Kybernetik
»Intelligenz, praktische« 188
»Intentionalismus« 117
»Interesse, öffentliches« 40
Interessenvertretungen siehe Regierungen
Interessenwahrung (der freien Marktwirtschaft) 247
International Alert 224
Internationaler Währungsfonds 49
Internationales Institut für strategische Studien 224
Interpol 62
»Intuition der Öffentlichkeit« 149
Irak 142, 263
Iran 312
Islam 265
Israel 61, 312
Italien 132

Japan 86, 269, 132
Jaspers, Karl 312
Jefferson, Thomas 167
Jesuiten 255
Johannes Paul II., Papst 124
Jouvenel, Bertrand de 124, 162, 199, 328, 332, 336
Jugoslawien 143, 263, 285
Julius II., Papst, 172, 333
Jung, C. G. 306

Kandidaten (politische) 158 ff., 176, 180 ff.
»Kandidatentribunal« 160
Kant, Immanuel 53, 88, 140
Kartelle (in der Marktwirtschaft) 243
Katastrophen (als Erneuerungsanstoß) 304 ff.
Kennan, George F. 340
Kernenergie, Verwendung der 84
Kernwaffen siehe Atomwaffen
Khaldun, Ibn 85
Kibbuzbewegung 32, 219, 333
King, Alexander 10, 151, 153, 174, 179, 194 f., 307 f., 312, 321, 326, 331, 343, 351
Klimaveränderung 322
Kollegs, politische 186
Kommandowirtschaft 16, 111, 286
Kommunikationsmöglichkeiten siehe Informationstechnologien
Kommunismus 78, 102, 264, 285
Konfuzianer siehe Konfuzianismus
Konfuzianismus 28 f. 102, 108, 150
Konfuzius 53, 133
Konkurrenzneid 230
»Konsequenzionalismus« 117
Konsultativrat, globaler politischer 233
Kontrollorgane, unabhängige 277
Korea 150
Körperschaften siehe Organisationen
korrupte Praktiken siehe Korruption
Korruption 53, 83, 110, 130 ff., 142 f., 172, 177, 329
Kräfte, geistige (Stärkung der) 212 ff.
Kreativität (als Grundlage der Regierungstätigkeit) 104, 112, 195, 197 f., 209, 302
Krieg bzw. Kriege (siehe auch Atomkrieg) 56, 76, 119, 121, 239, 297, 317 f.
»Kriegspolitik« 239
Kriminalität 62
Krisen 280 ff., 285 ff., 300
–, Bewältigung von siehe Krisenmanagement
Krisenbewältigung siehe Krisenmanagement
Krisenmanagement, 59, 115, 203 f., 280 ff., 285 ff.
Krisensituationen, Durchspielen von 282 f.
»Kultivierung des Hasses« 295 f.
Kulturen, politische 81 ff., 85, 90 f., 96
kultureller Imperialismus siehe Kulturimperialismus
Kulturen, fremde (zwangsweise Einführung) 86
–, nationale (Schutz von) 250
–, politische 84, 125 ff., 137
Kulturimperialismus 44, 123, 316, 323
künftige Generationen siehe Generationen, künftige
Küng, Hans 317
Kybernetik 71, 104, 213

Lebensstandard 47, 64
Lebensverhältnisse 34, 90
Lees, Martin 270, 307, 345
Legalismus bzw. Legalisten 28, 108, 278
Legislative 162, 231
»Legitimationskrise« 81
Lehranstalten, staatswissenschaftliche 184 f.
Leibniz, Gottfried Wilhelm 297
Leistungsfähigkeit der Behörden, Förderung der 256 ff.
Lesourne, Jacques 10, 165, 332
Lincoln, Abraham 151
»Lokalpatriotismus« 245
Lokalverwaltung, Neuerungen in der 343
Losbestimmung (von Politikern) 163

Machtmißbrauch 136, 141, 215
Machtstreben 174, 239 f.
Madách, Imre 294
Mafia 62, 132, 138
Malaysia 68, 199
»Malaysia 2002« 199
»mani pulite« 132
Märkte siehe Marktwirtschaft, freie
Marktwirtschaft, freie 16, 23, 66, 134, 136, 271, 286, 242 ff., 247, 248 f., 342
Marx, Karl 126
Marxisten 313
Massenmedien (siehe auch Fernsehen) 82 f., 99, 124, 132, 138 f., 148, 157, 165, 277 f., 170, 178, 195, 230, 249, 277 f.
Massenvernichtungswaffen 72, 321
Mehrfachstaatsbürgerschaft 157
Meier, Christian 336
Meinke, Hans 309
Meinung, öffentliche 151 f., 158

Meinungsverschiedenheiten, ideologische 265
Menschenrechte 11, 24, 36, 105, 118, 120, 134, 169, 242, 249, 251, 277
Menschheit 21, 56, 69, 121 ff., 148, 175
Menschlichkeit, Verbrechen gegen die 143 f., 289
Meridian-Gruppe 302
Merleau-Ponty, Maurice Jean-Jacques 299 f.
Mexiko 284
Michael, Donald M. 199, 336
Milbrath, Lester W. 232, 340
Milgram, Stanley 297, 348
Militäreinsätze 284
Mill, John Stuart 286
Minderheiten, 152, 164
Minderheitsregierungen 167
»Mißbrauch der Geschichte« 103
»Mitleidsmüdigkeit« 155
Monarchien, konstitutionelle 220 f.
Montaigne, Michel de 134, 329
Montesquieu, Charles de Secondat 108
Moralität 31, 109, 138 ff.
Moralkodex 144 ff., 169
»motivierte Irrationalitäten« 149

Nachrichtendienste 205, 223
»Nachtwächterstaat« 111
Nachwuchs, Anwerbung und Förderung von 177
Naher Osten 199, 285, 303
Nationalismus, aggressiver 84
Nationalsozialismus 300, 331
Nationalstaaten 88, 206
»Nature« (Zeitschrift) 322
Neobarbarismus, globaler 261
Neu, C. R. 270 f. 345
Neu-Delhi 302, 340, 351
Neue Weltordnung 266
»Neuerfindung der Regierung« 314
Neuseeland 189, 311
New York, Museum of Modern Art 350
NGOs 12
Niederlande 87
Nietzsche, Friedrich 103, 251, 251
Nihilismus 60
Nonkonformismus 82
Notfälle siehe Krisen
Notstand (Ausrufung des) 287
Notstandsregierungen 287 f.
Notstandssituationen siehe Krisen

OECD Organisation für wirtschaftliche Zusammenarbeit und Entwicklung 97, 224, 252, 307, 318
Öffentlichkeit siehe Bevölkerung
»Ohnmacht des Allmächtigen« 194
Olivares (Großherzog) 324
Ombudsmänner 275
Opposition, Mitspracherecht der 213
Optionen 197, 207
Organisationen 77, 81 f., 89 ff., 95, 156 f., 221 f., 273
Ortega y Gasset, José 70
Osmanisches Reich 312
Österreich 231
Ozonschicht, Zerstörung der 77, 263

Parlamente, Überwachung der 220
Parteidenken 217 f.
Parteien, politische 83, 158
»Partnerstaat« 239
Paz, Octavio 75, 320
Peccei, Aurelio 307
»Perfektionismus« 31
Perikles 102
»Perspektiven, globale« 222
Philosophie, politische 28 ff., 34, 41, 45 f., 48, 50, 53, 102, 172
Plato 53, 102, 133, 188, 216 f.
PLO 61
Pluralismus 23, 46, 112 f., 166, 249, 251, 260, 270 f., 290, 302
Politik als Lehrfach 152
– als »schmutziges Geschäft« 177, 333
–, Beteiligung an der 192 f.
–, Neugestaltung der 97
–, praktische 172, 178 f.
–, Vermarktung der 82 f.
Politiker (siehe auch Spitzenpolitiker) 132, 176 ff.
– (Entscheidung für den Beruf des) 176 f.
–, Aufstieg (zum Spitzenpolitiker) 178 f.
–, Besoldung der 180
Politikerlaufbahn, Ablehnung der 174
»politische Analytiker« 191
»politische Korrektheit« 316
politische Kultur siehe Kulturen, politische
politische Philosophie siehe Philosophie, politische
»politische Planer« 191
politisches Denken siehe Denken, politisches
Polybius 108
Popper, Karl 70
»Pragmatismus« 197
Prahalad, C. K. 200, 337
Primatenpolitik 350
»primitive Gesellschaften, Modernisierung« der 317
»Primitivismus« 303
»Prisoner's Dilemma« 36
Privatwirtschaft siehe Marktwirtschaft, freie
Prosperität, Zunahme der 64 f.
»public management« 314
Punta del Este 315
Putman, Robert D. 88 f.
Pye, Lucian 81

Quäker 333
Qualitätsmaßstäbe siehe Wertmaßstäbe

Radikalismus, selektiver 97
Raison d'etre 299
Raison d'humanité 45 f., 89, 95, 109 f., 113 ff., 116 ff., 120 ff., 123 ff., 128 ff., 139, 143, 151, 154, 156, 165, 181, 200, 235, 268, 276, 282, 290, 299, 302, 305, 349
RAND Corporation 226, 271
RAND Graduate School 184
»Rat des Wissens, der Weisheit und der Erfahrung« 232
»Rationalität der Gesellschaft«, Förderung der 151

»Raumschiff Enterprise«, 157
»Re-engineering« 303, 349
»Recht auf Privatsphäre« 134 f.
Rechtsempfinden, Mangel an 48
Rechtsnormen, internationale 120
Rechtsordnung, 201, 299
Rechtsprechung 99, 101 f., 260 f. 299, 317
Reformen 212, 292 f., 335, 349
Reformideen, Mangel an 301
Regenwälder 47, 95
»Regierbarkeit« 81
Regieren, »moralisches« 110, 174
Regierende siehe Regierung(en)
Regierung(en) 10 f., 18 f., 21 ff., 25 ff., 55, 82, 98, 135, 150 f., 169, 192 f., 197, 208 f., 214, 278, 244 f., 300 ff.
–, zukünftige 14 ff., 36, 38, 54, 91 f., 97 ff., 101 ff., 124, 107 ff., 151, 234 f.
Regierungsapparat siehe Regierung(en), zukünftige)
Regierungsebenen 113, 255 f.
»Regierungseliten, führende« 169 f.
Regierungsfähigkeit 16, 104, 117, 139, 190 f., 197
Regierungsform siehe Regierung(en)
Regierungskapazität, Qualitätssteigerung siehe Regierung(en)
Regierungskapazitäten siehe Regierung(en)
»Regierungskrise« 81
Regierungsmitglieder, Eignung der 101
Regierungssystem, pluralistisches siehe Pluralismus
Regierungssysteme siehe Regierung(en)
Regierungstätigkeit siehe Regierung(en)
Regierungsunfähigkeit 280
»Regierungszentrum« 214
Religionen, große siehe Weltreligionen
Republik Südafrika 60, 191, 199, 285, 292
Ressourcen 200 f., 270, 282
Revisoren 275
»Revolution der Begriffe« 156
»Revolutionen« 284
Richelieu, Armand Jean du Plessis 324
»Richtlinien für den Umgang mit Wissenschaft und Technologie« 252
Rio de Janeiro, Weltgipfelkonferenz von 118
Rohstoffverschwendung 56, 121
Rom 194
römische Republik 52, 160, 177
römisches Kaiserreich 177
Rousseau, Jean-Jacques 40
Rüstungsbegrenzung, Überwachung der 96, 277
Rußland (siehe auch Sowjetunion) 16, 86, 191, 244, 269, 285, 292

Salomo (bibl. König) 48
Sanktionen, internationale 141 f.
Santander 10
Sartre, Jean-Paul 134, 329
Saul, John Ralston 180
Schlesinger, Arthur jr. 33, 167
»Schmetterlingseffekt« 312
Schmitt, Karl 287, 347

Schneider, Bertrand 151, 153, 179, 194 f., 307 f., 312 f., 321, 326 f., 331, 334, 337, 343, 351
Schopenhauer, Arthur 140
Schumpeter, Joseph A. 285, 346
Schwangerschaften, Verbot von 69
Scott, Lord Justice 142
»Seiteneinsteiger« 190
Selbstvernichtung, Verhinderung der 299
selektiver Radikalismus 18
Shelley, Percy Bysshe 294
Singapur 93, 189
Sitzungsperioden, Verlängerung der 186
Smith, Adam 140
Sohm, Louis B. 266, 344
Sokrates 130
Solidarität 36, 155 ff., 297
Solschenizyn, Alexander 17, 313
Somalia 49, 59, 285, 288
Sondervollmachten, Mißbrauch von 287
»Sonnenuntergangs-Gesetzgebung« 230
»Souveränität« 287
Sowjetunion (siehe auch Rußland) 39, 59 f., 66, 130, 150, 264 f.
»soziale Rationalität« 315
»Soziobiologie« 315
Spanien 220
Spengler, Oswald 85
Spitzenpolitiker 136 ff., 140 f., 167 ff., 175 f., 178 ff., 213 f., 217 ff., 247, 281 f., 334, 339
Sprache 118, 156 f.,
Staatsapparat siehe Regierung(en)
Staatsausgaben, Senkung der 25
»Staatsbegriff« 333
»Staatsdienst« 192 f.
Staatsführung, Neuerungen in der 303
Staatskunst (siehe auch Politik) 195 ff., 203, 210, 216, 223, 274, 299, 301 f.
Staatsoberhaupt, symbolisches 220
Staatsräson 45 f., 95, 328
»Staatsrat« 232
State Comptroller Office 275
Stockholm, Umweltkonferenz von 121
Strafrecht, internationales 125
Studientexte (für Spitzenpolitiker) 187
Studienurlaub 185 f.
»Subsidiarität« 237, 242, 255 f., 259
Subsidiaritätsprinzip 255 f.
Südafrikanische Republik siehe Republik Südafrika
Supermächte, (Konflikte zwischen) 76
Supra-Staat 254 f.
Symbole) 156 f., 220 ff.

Tacitus, Publius Cornelius 196, 216
Taylor, Charles 311
Technologie 59, 70 ff.
»territorialer Imperativ« 257
Terrorismus 62, 143, 164, 280, 282
Thailand 150
»The Economist« (Zeitschrift) 33, 225, 290, 322 f., 329, 340, 347
Thukydides 50, 168, 294 f., 344, 347
Tocqueville, Alexis de 237, 305
Tokio 258
Toynbee, Arnold J. 202, 337
Transnational International 142

383

Treibhauseffekt 72, 77
Treuhandverwaltung 289 ff.
Tugenden, politische 114 f., 130 ff., 140

»überdachte Ausgewogenheit« 108
»Überentwicklung« 120
»Übermensch« 297
Überwachung (von Politikern) 132 f.
Überwachungssysteme 274
Umweltschutz 24, 53, 72, 77, 99, 104, 117, 122, 237 f., 263, 267, 277
– (Beobachtung des) 277
–, Maßnahmen für 122
Umweltschützer siehe Umweltschutz
»Umweltverschmutzung, Quoten für die« 120
Umweltzerstörung 225
Unabhängigkeit, staatliche, Verletzung der 47
UNDP Human Development Reports 224, 318
UNESCO 71, 316, 348
Unfähigkeit (zu regieren) 25
UNITAR United Nations Institute for Training and Research 229
United Nations Convention on the Law of the Sea 77
United Nations University 184
Unparteilichkeit, globale 47
»Unregierbarkeit« 25, 81, 280
Unternehmen, multinationale 24
Unterrichts- und Lehrmöglichkeiten 153 f.
Unterstützung, materielle 49
Untugenden, politische 114 f., 130 ff., 137
Urbanisierung 68
Urteilsfähigkeit, Mangel an 195
USA siehe Vereinigte Staaten
Utopien 200, 342

Venedig, Palazzo Grassi 350
Veränderungen 14 ff., 36, 56, 58, 168, 173, 201, 284 f.
Verantwortungsbewußtsein, menschliches 120
Verantwortungsübernahme 206
Verba, S. 81, 89, 323
Vereinbarungen und Konventionen, internationale 118
Vereinigte Staaten 24, 40, 69, 134, 141, 181, 196, 214, 226 f., 230 f., 244, 264 f., 269, 305, 311, 316, 332
– –, Oberstes Gericht 40
– –, zukünftige Rolle der 264 f.
Vereinte Nationen 189 f., 208 f., 215, 232 ff., 233, 239, 248, 262 ff., 266 f., 271 ff., 276 f., 284 ff., 288 ff., 318, 344 f.
Verfassung (der UN), Verbesserung der 267
Verfassungen, neue (Durchsetzung von) 178
Verhalten, korruptes siehe Korruption
Verhalten, moralisches 130, 135
–, unmoralisches 131
Verhaltenskodex siehe Moralkodex
Verlagerungen, weltwirtschaftliche 65
Verpflichtungen, traditionelle 131
»Verwaltung, Verbesserung der« 275

Voegelin, Eric 88, 324
Volk siehe Bevölkerung
Völkermord 124, 143
Volksbefragungen 148, 161
Volksbegehren 40
Volksentscheide 84, 162 f., 172, 175
»Volkswille« 40
Vollmachten, zukünftige, Verteilung der 236
Vorausbestimmung, geschlechtliche 72
Voraussagen der Zukunft siehe Zukunftsprognosen

Wahlen 133 f., 148, 158 f., 161 ff., 173 f. 247, 286
–, Zusammenlegung von 163
Wähler 103, 132, 148, 159
Wahlkampf 132, 158 f., 173
Wahlperioden, Verlängerung der 185
Wahlrecht (für Mitglieder der EU) 157
Wahlsystem (Schwächen des) 134
Wahlverfahren 173, 180
Wahlwerbung 152
Wahrscheinlichkeitsrechnungen 207
Wanderungsbewegungen, internationale 68
Ward, Barbara 121
Weber, Max 314
Wechselbeziehungen zwischen Staat und Marktwirtschaft 244 f.
– – lokalen und globalen Institutionen 254
–, globale 63
Weigerung, politische Ämter zu übernehmen 177
Weimarer Republik 300
Weltbank 49, 85, 224, 318
Weltbevölkerung, Anstieg der 67 ff., 72
Weltbürgertum 328
»Welterziehung« 153
Welthandel 75
Weltkonferenz über die Verwaltung der Großstädte 258
Weltlage 225, 239
Weltpolitik 74 ff., 185
Weltraumaktivitäten, menschliche 79
Weltraumforschung 252
Weltregierung 66, 231, 233, 237, 255, 266, 283, 316, 324, 333
– (Definition) 273
– (der Supermächte) 241
– zukünftige 89, 223, 271 ff., 277
Weltreligionen 124, 126
Weltwirtschaft, Lenkung der 270 f.
Werbung, politische siehe Wahlwerbung
Wertanalysen 207 f.
Wertbegriffe siehe Wertmaßstäbe
Wertmaßstäbe 59, 78 ff., 108 ff., 117, 137, 139, 242
Wertmaßstäbe, westliche 48, 150
–, zukünftige 78
Werturteile siehe Wertmaßstäbe
Wertvorstellungen siehe Wertmaßstäbe
westliche Staaten siehe Demokratien, westliche
Wettbewerb, interkultureller 44
Wettbewerbsfähigkeit, Verbesserung der 95

Wirtschaftsblöcke, neue 75
Wirtschaftsgefüge, Destabilisierung 68 f.
Wirtschaftsmanagement 314
Wirtschaftspolitik 332
Wirtschaftsunternehmen als Gemeineigentum 245
–, internationale 238
Wirtschaftsverbände 98
Wirtschaftswachstum 98, 108, 244
Wissenschaft (Definition) 251 f.
– und Staat (Verhältnis) 252 f.
– und Technik, Einfluß von 117
– und Technologie 10, 14
–, Finanzierung der 253
–, politische, neue 237
–, staatliche Reglementierung der 253
–, Überwachung der 74
–, Umgang mit der 251 ff.
Wissenschaftlicher Rat für Regierungspolitik 232
Wissensstand (der Politiker), Erhöhung des 12
Woodrow Wilson Center 229
World Academy of Arts and Science 304
World Commission on Environment and Development 121 f.
World Energy Council 264
World Orders Model Project 266
World Ressources Institute 224
World Watch Institute 276
Worldwatch Institute State of the World 224, 318

Zamenhof, Ludwik 156
Zapatista-Revolte 284
Zeitalter, axiales 298, 312
Zeiteinteilung (der Spitzenpolitiker) 218 ff.
–, Überprüfung der 219
Zeitverschwendung 219
»Zensur« 101 f.
Zensur, Vermeidung von (im Fernsehen) 251
Zentralisierung 236
Ziele (Verwirklichung von) 199
Zionismus 200
Zivilbeamte 180, 183, 188 ff.
Zivilisation, weltweite (Schaffung einer) 62
Zivilisationen, buddhistische und hinduistische 312
Zukunft der Menschheit (Veränderungen) 93
–, Sorge um die 63
Zukunftsaussichten, globale 225
Zukunftsprognosen 16, 79
Zukunftsvorhersagen siehe Zukunftsprognosen
Zulu (Volk) 324
Zusammenarbeit (von Staaten) 258 f.
–, größere weltpolitische 268
–, zukünftige 236
Zusammenschlüsse, staatliche 238
»Zweckdienlichkeit«, Verlangen nach 108
Zweckdienlichkeitsprinzip 29
Zweiter Weltkrieg 86